"十四五"国家重点出版物出版规划项目

城市安全出版工程·城市基础设施生命线安全工程丛书

国家出版基金项目
NATIONAL PUBLICATION FOUNDATION

名誉总主编　范维澄
总　主　编　袁宏永

城市桥梁安全工程

李　舒　王静峰　主　编
赵作周　周　宇　甘露一　吴华勇　韦　韩　副主编

URBAN BRIDGE SAFETY
ENGINEERING

中国建筑工业出版社

图书在版编目（CIP）数据

城市桥梁安全工程 = URBAN BRIDGE SAFETY
ENGINEERING / 李舒，王静峰主编；赵作周等副主编 .
北京：中国建筑工业出版社，2025.7. ——（城市基础设
施生命线安全工程丛书 / 范维澄，袁宏永主编）.
ISBN 978-7-112-31386-0

Ⅰ. U448.157

中国国家版本馆 CIP 数据核字第 20259A9K99 号

丛书总策划：范业庶
责任编辑：赵欧凡　杜　洁
责任校对：张　颖

城市安全出版工程·城市基础设施生命线安全工程丛书
名誉总主编　范维澄
总　主　编　袁宏永

城市桥梁安全工程

URBAN BRIDGE SAFETY ENGINEERING

李　舒　王静峰　主　编

赵作周　周　宇　甘露一　吴华勇　韦　韩　副主编

*

中国建筑工业出版社出版、发行（北京海淀三里河路9号）

各地新华书店、建筑书店经销

北京海视强森图文设计有限公司制版

建工社（河北）印刷有限公司印刷

*

开本：787毫米×1092毫米　1/16　印张：19$\frac{1}{2}$　字数：407千字

2025 年 7 月第一版　2025 年 7 月第一次印刷

定价：88.00元

ISBN 978-7-112-31386-0

　　（45239）

城市安全出版工程·城市基础设施生命线安全工程丛书
编 委 会

我们特别欣喜地看到由袁宏永教授领衔，清华大学安全科学学院和中国建筑工业出版社共同组织，国内住建行业和公共安全领域的相关专家学者共同编写的"城市安全出版工程·城市基础设施生命线安全工程丛书"正式出版。丛书全面梳理和阐述了城市生命线安全工程的理论框架和技术体系，系统总结了我国城市基础设施生命线安全工程的实践应用。这是一件非常有意义的工作，可谓恰逢其时。

城市发展要把安全放在第一位，城市生命线安全是国家公共安全的重要基石。城市生命线安全工程是保障城市供水、排水、燃气、热力、桥梁、综合管廊、轨道交通、电力等城市基础设施安全运行的重大民生工程。我国城市生命线设施规模世界第一，城市生命线设施长期高密度建设、高负荷运行，各类地下管网长度超过 550 万 km。城市生命线设施在地上地下互相重叠交错，形成了复杂巨系统并在加速老化，已经进入事故集中爆发期。近 10 年来，城市生命线发生事故两万多起，伤亡超万人，每年造成 450 多万居民用户停电，造成重大人员伤亡和财产损失。全面提升城市生命线的保供、保畅、保安全能力，是实现高质量发展的必由之路，是顺应新时代发展的必然要求。

国内有一批长期致力于城市生命线安全工程科学研究和应用实践的学者和行业专家，他们面向我国城市生命线安全工程建设的重大需求，深入推进相关研究和实践探索，取得了一系列基础理论和技术装备创新成果，并成功应用于全国 70 多个城市的生命线安全工程建设中，创造了显著的社会效益和经济效益。例如，清华大学合肥公共安全研究院在国家部委和地方政府大力支持下，开展产学研用联合攻关，探索出一条以场景应用为依托、以智慧防控为导向、以创新驱动为内核、以市场运作为抓手的城市生命线工程安全发展新模式，大幅提升了城市安全综合保障能力。

丛书坚持问题导向，结合新一代信息技术，构建了城市生命线风险

"识别—评估—监测—预警—联动"的全链条防控技术体系，对各个领域的典型应用实践案例进行了系统总结和分析，充分展现了我国城市生命线安全工程在风险评估、工程设计、项目建设、运营维护等方面的系统性研究和规模化应用情况。

丛书坚持理论与实践相结合，结构比较完整，内容比较翔实，应用覆盖面广。丛书编者中既有从事基础研究的学者，也有从事技术攻关的专家，从而保证了内容的前沿性和实用性，对于城市管理者、研究人员、行业专家、高校师生和相关领域从业人员系统了解学习城市生命线安全工程相关知识有重要参考价值。

目前，城市生命线安全工程的相关研究和工程建设正在加快推进。期待丛书的出版能带动更多的研究和应用成果的涌现，助力城市生命线安全工程在更多的城市安全运行中发挥"保护伞""护城河"的作用，有力推动住建行业与公共安全学科的进一步融合，为我国城市安全发展提供理论指导和技术支撑作用。

中国工程院院士、清华大学公共安全研究院院长　范维澄

2024 年 7 月

丛书前言

党和国家高度重视城市安全，强调要统筹发展和安全，把人民群众生命安全和身体健康作为城市发展的基础目标，把安全工作落实到城市工作和城市发展的各个环节、各个领域。城市供水、排水、燃气、热力、桥梁、综合管廊、轨道交通、电力等是维系城市正常运行、满足人民群众生产生活需要的重要基础设施，是城市的生命线，而城市生命线是城市运行和发展的命脉。近年来，我国城市化水平不断提升，城市规模持续扩大，城镇化加快导致城市功能结构日趋复杂，安全风险不断增大，燃气爆炸、桥梁垮塌、路面塌陷、城市内涝、大面积停水停电停气等城市生命线事故频发，造成严重的人员伤亡、经济损失及恶劣的社会影响。

城市生命线工程是人民群众生活的生命线，是各级领导干部的政治生命线，迫切要求采取有力措施，加快城市基础设施生命线安全工程建设，以公共安全、科技为核心，以现代信息、传感等技术为手段，搭建城市生命线安全监测网，建立监测运营体系，形成常态化监测、动态化预警、精准化溯源、协同化处置等核心能力，支撑宜居、安全、韧性城市建设，推动公共安全治理模式向事前预防转型。

2015年以来，清华大学合肥公共安全研究院联合国内优势单位，针对影响城市生命线安全的系统性风险，开展基础理论研究、关键技术突破、智能装备研发、工程系统建设以及管理模式创新，攻克了一系列城市风险防控预警技术难关，形成了城市生命线安全工程运行监测系统和标准规范体系，在守护城市安全方面蹚出了一条新路，得到了国务院的充分肯定。2023年5月，住房和城乡建设部在安徽合肥召开推进城市基础设施生命线安全工程现场会，部署在全国全面启动城市生命线安全工程建设，提升城市安全综合保障能力、维护人民群众生命财产安全。

为认真贯彻国家关于推进城市安全发展的精神，落实住房和城乡建设部关于城市基础设施生命线安全工程建设的工作部署，中国建筑工业出版社相关编辑对住房和城乡建设部的相关司局、城市建设领域的相关协会以及公共安全领域的重点科研院校进行了多次走访和调研，经过深入的沟通和交流，确定与清华大学合肥公共安全研究院共同组织编写"城市安全出版工程·城市基础设施生命线安全工程丛书"。通过全面总结全国城市生命线安全领域的现状和挑战，坚持目标驱动、需求导向，系统梳理和提炼最新研究成果和实践经验，充分展现我国在城市生命线安全工程建设、运行和保障方面的最新科技创新和应用实践成果，力求为城市生命线安全工程建设和运行保障提供理论支撑和技术保障。

"城市安全出版工程·城市基础设施生命线安全工程丛书"共9册。其中，《城市生命线安全工程》在整套丛书中起到提纲挈领的作用，介绍城市生命线安全工程概述、安全运行现状、风险评估、安全风险综合监测理论、监测预警技术与方法、平台概述与应用系统研发、安全监测运营体系、安全工程应用实践和标准规范。其他8个分册分别围绕供水安全、排水安全、燃气安全、供热安全、桥梁安全、综合管廊安全、轨道交通安全、电力设施安全，介绍该领域的行业发展现状、风险识别评估、风险防范控制、安全监测监控、安全预测预警、应急处置保障、工程典型案例和现行标准规范等。各分册相互呼应，配套应用。

"城市安全出版工程·城市基础设施生命线安全工程丛书"的作者有来自清华大学、清华大学合肥公共安全研究院、北京交通大学、中国矿业大学（北京）等著名高校和科研院所的知名教授，有中国市政工程华北设计研究总院有限公司、国网智能电网研究院等工程单位的知名专家，也有来自中国城镇供水排水协会、中国城镇供热协会等的行业专家。通过多轮的研讨碰撞和互相交流，经过诸位作者的辛勤耕耘，丛书得以顺利出版，问世于众。本套丛书可供地方政府尤其是住房和城乡建设领域、公共安全领域的主管部门使用，也可供行业企业、科研机构和高等院校使用。

衷心感谢住房和城乡建设部的大力指导和支持，衷心感谢各位编委和各位编辑的辛勤付出，衷心感谢来自全国各地城市基础设施生命线安全工程的科研工作者，共同为全国城市生命线安全工程发展贡献力量。

随着全球气候变化、工业化与城镇化持续加速，城市面临的极端灾害发生频度、破坏强度、影响范围和级联效应等超预期、超认知、超承载。城市生命线安全工程的科技发展和实践应用任重道远，需要不断深化加强系统性、连锁性、复杂性风险研究。希望"城市安全出版工程·城市基础设施生命线安全工程丛书"能够抛砖引玉，欢迎大家批评指正。

　　桥梁作为城市交通基础设施的重要组成部分，承载着人类对快捷、安全、可靠交通的期许。桥梁不仅是城市发展的"命脉"，更是城市生命线安全工程的重要节点，其安全运行直接关系到每一位交通参与者的生命和财产安全，并对城市运行效率和社会稳定产生深远影响。在城市化进程不断加速的时代背景下，《城市桥梁安全工程》一书的编撰和出版，具有重要的现实意义。

　　"城市安全出版工程·城市基础设施生命线安全工程丛书"的主编袁宏永教授在生命线安全工程领域造诣深厚、追求执着，本人深感敬佩。《城市桥梁安全工程》作为该丛书的重要组成部分，聚焦城市桥梁领域的安全管理和工程实践，承载了作者们对于桥梁安全工程的深入思考与科研成果。作为一名长期从事桥梁工程科研和教学工作者，我深知这一主题的重要性，也对这本书的问世感到无比欣喜。

　　近年来，交通超载、车船撞击以及极端自然灾害等因素频繁引发桥梁突发事故，作为一名桥梁工程领域的从业者，我对此深感痛心，同时也深感桥梁安全问题的严峻性及解决的迫切性。桥梁的安全运行关乎城市交通的顺畅，更关乎人民生命财产的保障。城市桥梁安全工程作为一门综合性的交叉学科已不再局限于传统的桥梁工程学，而是涵盖了与安全监测、风险评估、应急管理等多个关键领域的融合与拓展。《城市桥梁安全工程》一书正是在这样的背景下应运而生。全书围绕城市桥梁的安全问题，系统梳理了桥梁安全工程的理论框架与技术体系，全面覆盖了从风险评估到监测预警、从日常运行维护到应急管理的全链条内容，既包含了桥梁安全的基本理论与技术方法，也融入了近年来国内外桥梁工程领域的最新研究成果与工程实践，特别是在结构监测和突发事件处置方面提供了诸多创新性的技术手段。本书不仅为城市桥梁安全工程的实践提供了科学依据，也可为从业人员提供系统的参考指南。

"桥通则路通，路通则人通。"《城市桥梁安全工程》一书的出版，为城市生命线安全工程的技术进步添上了浓墨重彩的一笔，也为未来的城市智能化运维提供了坚实的理论支撑。在此，我诚挚地向广大读者推荐本书，期待它能够为相关领域的学术研究、技术开发和工程实践带来更多启发。

　　最后，向为本书付出辛勤努力的编者团队致以崇高敬意，并衷心祝愿本书能够获得广泛的关注和好评，为中国城市桥梁安全工程的科学研究与技术应用作出更大贡献。

同济大学桥梁工程系教授、博士生导师

教育部"长江学者"特聘教授

国际桥梁与结构工程协会（IABSE）副主席

2024 年 10 月

前言

《城市桥梁安全工程》作为"城市安全出版工程·城市基础设施生命线安全工程丛书"的第六分册，由清华大学合肥公共安全研究院联合清华大学、合肥工业大学、安徽建筑大学、上海市建筑科学研究院有限公司、交通运输部公路科学研究院、合肥市城市生命线工程安全运行监测中心等单位共同编写完成。本书旨在系统地探讨和研究城市桥梁的安全管理和工程实践，为相关领域的研究人员、工程技术人员及管理人员提供全面的理论基础和实践指导。

近年来，随着城市化进程的加快，桥梁作为重要的交通基础设施，其安全性和可靠性受到越来越多的关注。桥梁安全不仅关系到交通的顺畅，更涉及公共安全和社会稳定。因此，如何有效地进行桥梁的风险监测、评估预测、应急管理和维护已成为城市基础设施建设和管理中的关键问题。

本书结合国内外桥梁安全管理的最新研究成果和实践经验，系统阐述了桥梁安全工程的基本理论、技术方法及管理措施。内容涵盖桥梁评估预测与风险分析、桥梁结构监测与数据分析、桥梁应急管理与处置方案等多个方面。通过对典型案例的分析，本书力求使读者能够深入理解和掌握桥梁安全工程的核心内容和实际操作方法。

编写本书的初衷在于推动城市桥梁安全工程的理论研究和实践应用，提升我国在该领域的整体水平。同时，也希望本书能够为相关从业人员提供有价值的参考，促进桥梁安全管理的科学化、规范化和系统化。

在本书的编写过程中，得到了各级领导、专家学者及相关单位的大力支持和帮助，本书编制过程中得到中国建筑出版传媒有限公司的大力支持，在此表示衷心感谢。由于编者水平有限，书中难免存在不足之处，恳请广大读者批评指正，以便进一步完善。

希望本书的出版能够为我国城市桥梁安全工程的研究和实践提供有力支持，为保障城市基础设施的安全运行贡献一份力量。

目录

第3章　城市桥梁风险辨识与评估

第4章　城市桥梁安全监测技术

第5章　城市桥梁监测预警技术

第 6 章　城市桥梁评估预测技术

第7章　城市桥梁安全工程运行维护

第8章　城市桥梁应急管理

第 9 章 城市桥梁安全管控平台

第10章 城市桥梁安全工程典型案例汇编

第 11 章 城市桥梁安全创新发展

第 12 章　城市桥梁政策与标准规范解读

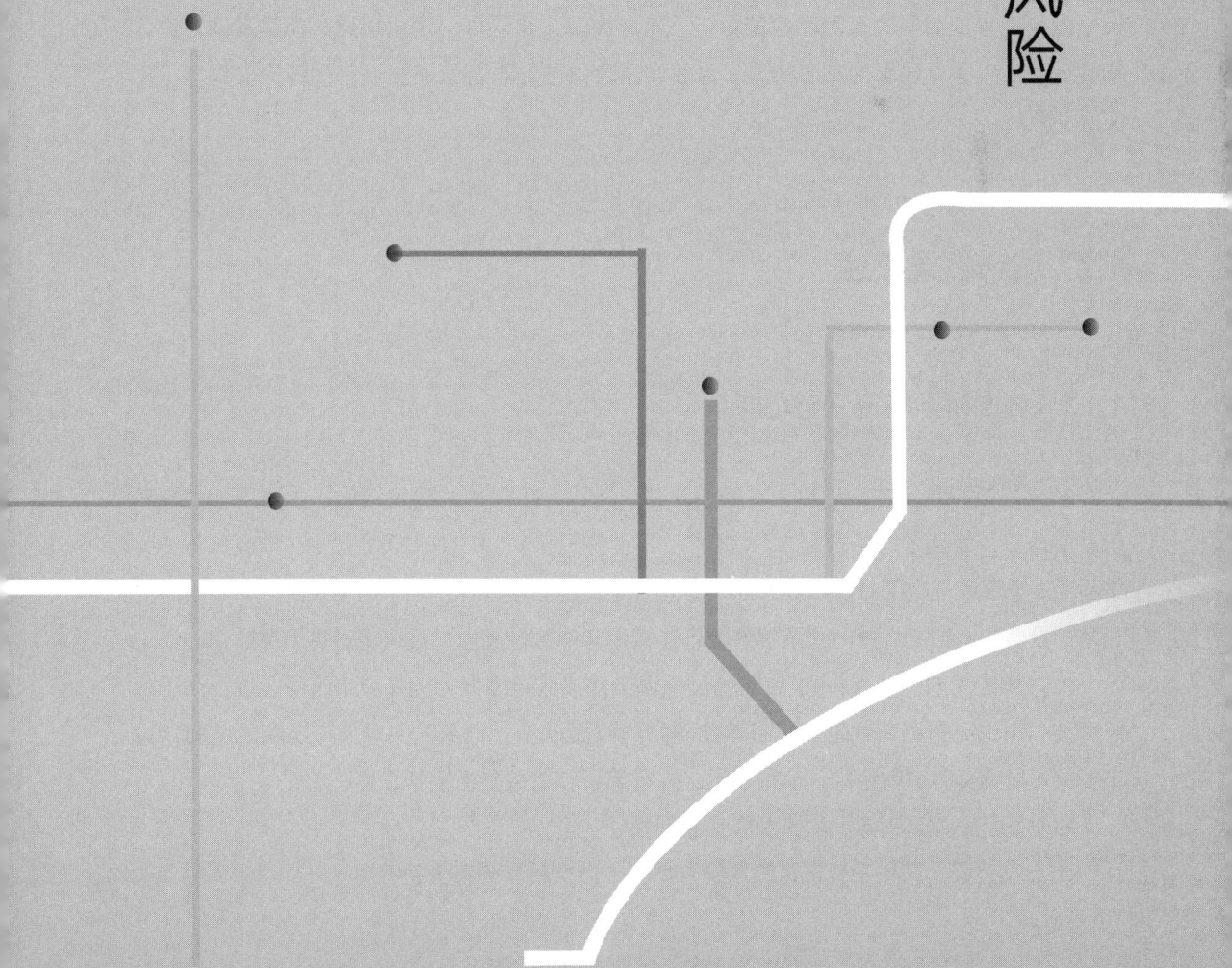

第 1 章

城市桥梁概述与运行风险

本章聚焦于城市桥梁的体系化认知与风险解构，系统解析其功能分类、技术演进及风险作用机理。基于《城市桥梁设计规范》CJJ 11—2011（2019 年版）、《公路桥涵设计通用规范》JTG D60—2015 等，结合柞水大桥垮塌、国道 312 无锡段锡港路上跨桥面侧翻事故等典型事故案例，重点探讨城市桥梁在结构自身缺陷、运营荷载（作用）及环境灾害扰动下的多维风险耦合机制。通过桥梁发展历程的纵向梳理，揭示从木质古桥到智能桥梁的技术跃迁，结合全国桥梁运行规模与增速数据，阐明建设模式从"增量扩张"向"质量提升"的转型趋势。

从风险科学视角，构建"结构—荷载—环境"三重防线理论框架，剖析材料疲劳、设计缺陷、超载倾覆、船舶撞击、洪水掏空等典型风险源的破坏路径。建立"先天抗损—动态适应—灾害抵御"的风险评估逻辑链。通过虎门大桥涡振、汶川地震桥损等案例，论证韧性设计对灾害链阻断的核心价值，为后续风险评估与防控策略提供基础理论支撑与工程实践参照。

1.1 城市桥梁概述

1.1.1 城市桥梁的定义与功能

桥梁是指跨越河流、湖泊、道路、铁路、峡谷等障碍物的建筑结构，主要用于支持和承载交通流，保证各类通行需求。《城市桥梁设计规范》CJJ 11—2011（2019 年版）与《公路桥涵设计通用规范》JTG D60—2015 皆对桥梁的定义与设计作出了明确规定。其不仅是交通基础设施的一部分，同时也承担着城市连接、功能分区整合、经济促进等多重作用。

本书所定义的"城市桥梁"，特指位于城市建成区范围内，连接城市不同区域，用于跨越河流、湖泊、道路、铁路、峡谷等障碍物的桥梁设施。根据服务对象与功能的不同，城市桥梁可以细分为市政桥梁、公路桥梁、人行天桥和轨道交通桥等几类。

根据功能和服务对象，城市桥梁通常包括：

①市政桥梁：服务于城市道路系统，如城市立交桥、跨河大桥等。

②公路桥梁：位于城市区域内的公路桥梁，主要承载高速或快速交通流。

③人行天桥：专门为行人跨越城市道路或轨道交通所建的桥梁。

④轨道交通桥：城市地铁、轻轨等轨道交通线路所依托的桥梁，如高架轨道桥。

1.1.2　城市桥梁的分类

城市桥梁按照不同的分类标准可分为多个类别，主要包括按功能、结构形式、跨越的障碍类型及材料等维度的分类。

根据功能不同，城市桥梁可以分为市政桥梁、公路桥梁、轨道交通桥、人行天桥和综合性桥梁。其中，市政桥梁主要服务于城市道路系统，承载机动车、非机动车和行人流量，是城市交通网络的重要组成部分，通常由市政管理部门负责建设与维护。公路桥梁则用于承载城市范围内的高速或快速交通流，结构更为坚固，以满足大流量、高速行驶的要求。轨道交通桥专门为地铁、轻轨、有轨电车等城市轨道交通系统提供支撑，多采用高架形式，以减少对地面交通的干扰，同时确保轨道运行的稳定性。人行天桥主要用于行人跨越城市道路或轨道交通，有助于减少交通冲突，提高行人安全性，其设计往往结合城市景观和无障碍通行要求。综合性桥梁则兼具多种交通功能，如同时服务公路、轨道交通和人行通道，需兼顾不同交通方式的承载需求，通常结构复杂，设计要求较高。

根据结构形式不同，城市桥梁可分为梁式桥、拱桥、斜拉桥、悬索桥及组合体系桥梁。梁式桥是最常见的桥型，其受力方式主要依靠梁的弯曲承载荷载，适用于短中跨桥梁，并且施工相对简单，维护管理较为方便。拱桥则利用拱的受力特性，将荷载通过拱圈传递至桥墩，具有良好的抗压能力，适用于跨越较大跨度的河流或谷地，同时具备较高的耐久性和稳定性。斜拉桥采用塔、索、梁协同受力，具有较强的跨越能力，桥面刚度较高，能够有效减少车辆通行时的振动，但施工要求较高，对索力的长期监测和维护需求较大。悬索桥主要依靠主缆悬挂桥面，其特点是能够跨越超大跨度水域或山谷，受风荷载影响较大，因此需要精确的风洞试验和抗风设计。组合体系桥梁则将不同结构体系结合，以提高受力性能，适应更复杂的地形和使用需求，其结构往往更为复杂，需要进行多因素的结构优化分析。

根据跨越的障碍类型不同，城市桥梁可分为跨河桥、跨海桥、跨谷桥、跨道桥及跨市政管线桥。跨河桥是城市桥梁中最常见的类型，主要用于跨越江河湖泊，保障两岸交通畅通。跨海桥通常具有超大跨度，需考虑风浪、海潮等环境因素，对桥梁抗风、抗震及耐久性要求较高。跨谷桥主要用于山地或丘陵地带，以克服地形障碍，提高区域间交通联系，其结构需满足较高的抗震和抗风要求。跨道桥用于跨越公路、铁路或城市快速路，以减少交通干扰，保障通行效率。跨市政管线桥则专门用于承载燃气、电力、供水等市政管线，保证城市基础设施的正常运行，其结构需兼顾承载管线荷载和维护便利性。

　　根据材料的不同，城市桥梁可分为混凝土桥、钢桥、组合结构桥和石桥。混凝土桥包括钢筋混凝土桥和预应力混凝土桥，因其结构稳定、耐久性高、施工工艺成熟，在城市桥梁建设中应用最为广泛。钢桥因其自重较轻、施工周期短、适用于大跨度桥梁，常用于快速建设的交通干线桥梁，但维护成本相对较高。组合结构桥采用钢—混结合或其他新型复合材料，使其兼具钢桥和混凝土桥的优点，提高了结构的综合性能，同时降低了施工成本和维护难度。石桥主要用于景观桥或历史遗存，其耐久性强，但建设成本高、施工周期较长，因此在现代桥梁建设中应用较少。

1.2　桥梁发展与运行规模

1.2.1　桥梁发展历程

　　桥梁的建设历史可以追溯到古代人类社会，最初的桥梁多以天然材料（如木材、藤蔓或石块）搭建，主要用于跨越河流、峡谷等自然障碍，满足基本的通行需求，如图1-1所示的赵州桥。随着人类文明的发展，桥梁逐渐从简单的木桥、浮桥演变为更坚固耐久的石拱桥，其中，古代中国的石拱桥技术尤为突出，其合理的受力体系与耐久的结构形式使其成为世界桥梁史上的典范。

　　进入近代，随着钢铁冶炼和混凝土技术的发展，桥梁逐步向钢桥、混凝土桥过渡，桥梁设计也开始从经验建造向科学计算发展。19世纪中后期，梁桥、拱桥、悬索桥等结构形式的桥梁相继涌现，大跨度桥梁成为可能，悬索桥和斜拉桥等新型结构形式进一步推动了桥梁技术的发展。20世纪以来，桥梁工程进入现代化阶段，预应力混凝土技术、钢—混组合结构、索体系桥梁等新技术的应用，使得桥梁的跨越能力大幅提高，桥梁建设进入快速发展时期，如图1-2所示。与此同时，计算机技术的引入使桥梁设计更加精确，有限元分析等方法提高了桥梁结构的安全性和可靠性。

　　进入21世纪，桥梁工程向着智能化、绿色化和大跨度方向发展。智能桥梁技术的应用，如物联网监测系统、大数据分析、人工智能辅助检测等，使桥梁健康监测与维护更加高效。材料技术的进步推动了高性能混凝土、碳纤维复合材料等在桥梁中的应用，提高了桥梁的耐久性和承载能力。

　　此外，随着城市化的加速，桥梁建设更加注重与城市景观融合，许多城市桥梁不仅具备交通功能，还承担着城市文化、景观美化等多重作用。

图 1-1　赵州桥 ❶

图 1-2　城市立交桥 ❷

1.2.2　桥梁运行规模

　　我国桥梁运行规模的持续扩张，反映了基础设施建设的高速发展及交通运输体系的现代化进程。截至 2023 年，全国桥梁总数已突破百万座，稳居世界第一，并在桥梁工程的设计、施工、运维等方面处于全球领先地位。桥梁建设不仅支撑了城市交通系统的完善，也在区域经济发展、城镇化推进及国家综合交通体系构建中发挥了关键作用。

　　从桥梁建设增速来看（图 1-3），自 2018 年以来，桥梁总量保持稳步增长，每年新增桥梁数量持续增长。根据《2023 年交通运输行业发展统计公报》的数据，2018 年全国公路桥梁数量约为 85.15 万座，之后逐年递增，2020 年突破 90 万座，并在 2022 年达到 103.32 万座。从增速来看，2019—2023 年，桥梁增速维持在 3%~8%，反映出我国桥梁建设进入相对平稳的增长期。然而，2023 年桥梁增速有所回落，下降 4.46%，表明在基础设施趋于完善的背景下，桥梁建设模式正从"规模扩张"向"质量提升"转变。

全国公路桥梁数量

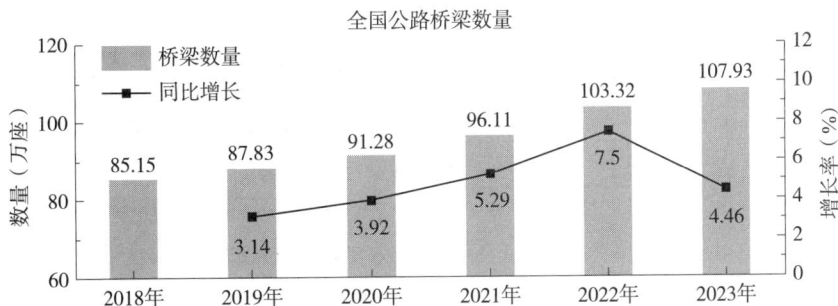

图 1-3　桥梁发展规模及增速 ❸

---

❶　邵玉姿，方敏，强郁文，等 ."感受中国历史文化的魅力与活力"（外国友人镜头里的中国古建筑）[N/OL]. 人民日报，2024-06-17[2025-05-26].http://paper.people.com.cn/rmrb/html/2024-06/17/nw.D110000renmrb_20240617_1-17.htm.

❷　李昂 . 合肥市：绿色出行，智能调度　五里墩立交桥的现代化之路 [EB/OL].（2024-08-30）[2025-05-26]. http://www.cfgw.net.cn/xb/content/2024-08/30/content_25106654.html.

❸　《2023 年交通运输行业发展统计公报》。

此外，随着智能交通技术的发展，我国桥梁运营管理水平也在不断提升。近年来，基于物联网、大数据、人工智能的桥梁安全监测系统逐步推广，结合无人机巡检、远程监测等手段，提高了桥梁状态评估与预警能力，进一步提升桥梁的运营安全性和使用寿命。未来，随着高性能材料、新型桥梁结构及智能监测技术的应用，我国桥梁建设将更加注重耐久性、安全性及绿色可持续发展，实现从"桥梁大国"向"桥梁强国"的跃升。

1.3 城市桥梁风险来源与分析

城市桥梁运行过程中，风险往往来源于结构自身缺陷、环境灾害的冲击以及运营荷载因素的影响。这些风险因素单独或共同作用，可能诱发桥梁结构不同程度的损伤甚至事故。因此，明确风险源及分析机制是有效开展风险管控的前提。

桥梁垮塌属于城市桥梁安全事故中的极端情形，不仅可能造成严重经济损失，还可能引发交通系统瘫痪、人员伤亡等次生灾害，对社会稳定产生重大影响。究其本质，桥梁垮塌是"结构内在缺陷"与"外部扰动"长期交互演化的结果，其风险来源可系统性解构为三类：结构自身风险、运营荷载（作用）风险及环境灾害风险（图1-4）。

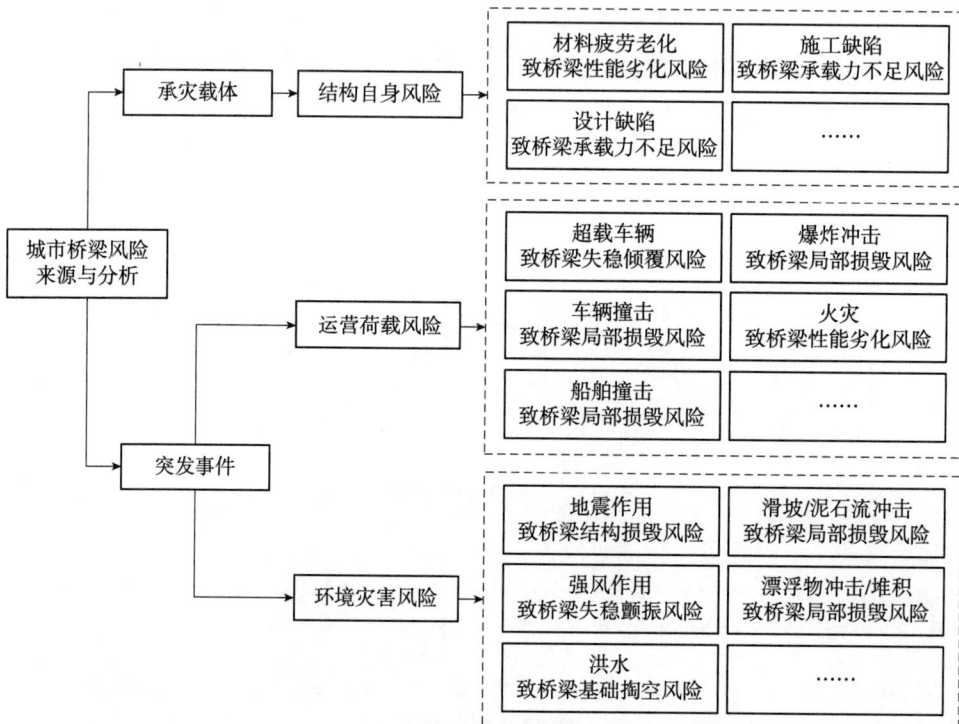

图1-4 城市桥梁风险来源与分析

从工程韧性视角看，三类风险分别对应桥梁安全的三重防线：

结构自身风险——决定桥梁的"先天抗损能力"，涉及材料、设计与施工的固有可靠性。

运营荷载（作用）风险——反映桥梁在运营阶段受到的动态荷载或作用极限（简称：运营荷载风险），如车辆荷载、冲击荷载、火灾作用等，与交通管理、人为干预直接相关。

环境灾害风险——考验桥梁"对外界扰动的适应性"，需通过灾害链分析与气候响应设计加以规避。

然而，上述三类风险并非孤立存在：超载（运营荷载）可能加速材料疲劳（自身结构），而洪水冲刷（环境灾害）则会暴露隐蔽施工缺陷（结构自身）。因此，本节以"城市桥梁风险来源与分析"为主线，逐层剖析各类风险的特征及其对桥梁安全的威胁路径，为后续风险评估与防控策略提供理论锚点。

1.3.1　桥梁事故统计分析

桥梁作为现代交通体系的重要组成部分，其安全性不仅关乎公众出行便利性，更直接影响社会经济的稳定。然而，受多种因素影响，桥梁灾害事故仍时有发生，成为基础设施安全管理的重要议题。在时间分布上，桥梁事故多发生于雨季和冬季，其中汛期洪水冲击、冻融损伤等因素是事故频发的主要原因。同时，夜间事故比例相对较高，部分事故由驾驶员未能及时察觉桥梁异常状况造成。不同桥型事故率的统计分析表明，中小跨度桥梁的事故率明显高于大跨度桥梁，这与维护频率较低、承载超标运输等问题密切相关。

从事故诱因的角度来看，桥梁事故的风险来源主要可归纳为结构自身风险、运营荷载风险和环境灾害风险三大类别。结构自身风险主要涉及桥梁的设计、施工及长期服役中的结构耐久性问题。一方面，部分老旧桥梁因建设标准较低，承载能力有限，随着长期使用，结构耐久性逐渐下降，容易出现钢筋锈蚀、桥面开裂、支座变形等问题，进而影响桥梁整体稳定性。另一方面，部分桥梁在设计阶段未充分考虑极端环境条件，如洪水、地震作用等，在特殊环境下的抗灾能力不足，导致安全隐患增加。此外，施工质量问题也是结构自身风险的重要组成部分，施工过程中可能因偷工减料、材料强度不足或工艺控制不当，造成桥梁初始质量缺陷，使其在服役期内更易发生损坏。运营荷载风险则主要指桥梁在运营过程中受到外部作用的影响，尤其是超载运输、车辆冲击及意外撞击等问题。其中，超载运输是导致桥梁结构失效的主要因素之一，长期超载运营会导致桥梁疲劳损伤不断累积，降低结构承载能力，最终引发断裂或垮塌。此外，部分桥梁还可能因车辆或船舶的冲击而发生结构损坏，特别是在码头区、主干道交会处等高交通流量区域，桥梁受到外部撞击的概率较高，若缺乏相应的保护措施，则容易造成局部甚至整体结构失效。环境灾害风险则涵盖了洪水、地震等环境因素对桥梁安全的影响。例如，洪水冲刷可能削弱桥墩基础稳定性，长期积累可能造成桥梁整体垮塌。地震振动对桥梁结构的冲击较大，可能导致下部结构严重损坏或整体失效，特别是在抗震设防标准较低的老旧桥梁中更为常见。而在寒冷地区，冻融循环作用加速桥梁材料劣化，导致结构裂缝不断扩展，使桥梁的耐久性进一步降低。这些风险因素往往相互交织，最终导致桥梁事故的发生。因此，在桥梁风险管控过程中，需要针对不同类别的风险来源，制定相应的预防和应对措施，以提高桥梁的整体安全性和耐久性。

从典型事故来看，桥梁事故的发生往往具有一定的规律性。在超载运输导致的桥梁垮塌事故中，部分桥梁长期处于超负荷运行状态，最终在某次超载车辆通行时发生断裂垮塌。调查结果表明，这类事故的主要特征是桥梁原本设计承载能力有限，且在服役期间缺乏有效维护，长期累积的疲劳损伤未能及时发现并修复，最终导致结构失效。在水毁事故中，一些山区公路桥在汛期遭遇洪水冲刷，桥墩基础严重侵蚀，最终导致整体垮塌。事后分析表明，该类事故往往与桥梁基础设计不合理、防冲刷措施不足以及未建立有效的洪水预警机制密切相关。在施工质量问题导致的事故中，部分新建桥梁在通车后不久即发生结构断裂，调查发现施工过程中存在混凝土强度不足、钢筋布置不合理等问题，进一步印证了施工质量管理的重要性。这些事故的发生不仅带来了巨大的经济损失，也造成了严重的人员伤亡。因此，如何加强桥梁的安全管理和降低事故风险，是桥梁工程领域亟待解决的重要问题。

针对桥梁事故的主要诱因，需要从多个方面加强安全管理以降低风险。在桥梁设计阶段，应充分考虑极端荷载、环境因素及长期运营需求，提高结构耐久性，优化抗震、防冲刷等安全措施。超载运输治理方面，应严格执行超限管理制度，加强货运车辆监管，避免超载运输对桥梁造成累积损伤。在桥梁运营阶段，应完善桥梁检测与养护机制，推广桥梁安全监测系统，结合无人机巡检、远程监测等技术，提高桥梁状态评估的准确性，及时发现安全隐患并采取相应措施。此外，在极端天气和灾害防范方面，应加强灾害预警体系建设，在洪水、台风、地震等极端事件发生前，采取提前预警、限流管控等措施，降低灾害对桥梁的影响。在施工质量控制方面，应严格执行施工质量管理制度，加强施工过程的监理，确保桥梁结构满足设计标准，提高使用寿命和安全性。桥梁安全管理是一项系统性、长期性的工作，只有通过科学设计、严格施工、精细化管理及智能监测等多重手段，才能有效减少桥梁事故的发生，提高桥梁运行的安全性与可靠性。

1.3.2　结构自身风险分析

结构自身风险是指因桥梁材料性能退化、构件损伤累积以及设计施工缺陷等因素导致的固有安全隐患，其本质是结构"抗损能力"随时间或事件而衰减的过程，这些灾害通常源于桥梁的物理和材料特性。

1. 材料疲劳老化致桥梁性能劣化风险

事件概述：2001年11月7日凌晨4时30分左右，四川省宜宾市南门大桥发生严重垮塌事故（图1-5）。这座被誉为"亚洲第一拱"的提篮式中承式拱桥，在未受到任何外力撞击的情况下突然断裂为三截，造成3辆汽车坠江、1艘小运沙船被毁，2

图1-5　南门大桥发生断裂 ❶

人死亡、2人失踪、3人受伤。宜宾市区南北交通一度中断，给当地经济和社会运行带来了重大影响。事故发生后，相关专家赶赴现场调查。现场勘查结果显示，桥梁断裂处的承重钢缆已严重锈蚀，部分钢缆内部甚至出现断裂现象。此外，南门大桥原设计车流量与实际通行量存在较大出入，随着城市经济的发展和交通量的增长，桥梁长期处于超负荷运行状态，承载能力逐渐衰退，最终导致结构失效。

风险诱因：南门大桥的垮塌主要源于长期疲劳损伤和腐蚀导致结构性能下降的共同作用。钢缆在持续的交通荷载下不断累积疲劳裂纹，同时受潮湿环境影响，锈蚀进一步削弱了钢缆的强度，使局部应力集中加剧裂纹扩展。此外，大桥采用单层吊杆体系，缺乏冗余承载能力，任何一根吊杆失效都可能引发连锁反应，最终导致整体破坏。

破坏机制：桥梁长期承受车辆振动、风荷载等循环应力作用，材料内部逐渐产生微小裂纹；在雨水、盐雾等环境侵蚀下，裂纹尖端不断氧化锈蚀，导致裂纹加速扩展。当裂纹长度达到临界值时，材料突然断裂，失去承载能力。若桥梁缺乏冗余设计（如仅靠单一构件支撑），局部断裂会引发相邻构件应力激增，最终导致连锁性垮塌。

2. 设计缺陷致桥梁承载力不足风险

事件概述：2021年8月11日18时30分，嵊州市艇湖城市公园内的8号景观桥发生局部垮塌（图1-6），事故发生时桥上有游客经过，桥体突然下陷，造成游客恐慌和经济损失，所幸未造成人员伤亡。该桥于2019年11月7日竣工验收，但在短短两年内就出现严重质量问题。2024年1月26日，嵊州市人民政府公布的事故调查报告指出，设计、施工和监理各环节均存在严重缺陷，尤其是基础设计不合理，未充分考虑水文条件和地质特性，最终导致桥基失稳，引发垮塌。

---

❶　桥梁安全网.宜宾市小南门金沙江大桥桥塌原因与修缮方案 [EB/OL].（2015-07-29）[2025-05-26].https://www.qiaoliangaq.com/detail/797.html.

风险诱因：该桥的设计缺陷主要体现在基础设计与地质分析的严重错误。设计单位在方案制定时，错误引用了与工程无关的地勘报告，导致桥梁基础支撑在不适合的地层上，未充分考虑冲刷影响，使得地基在长期浸水后发生沉降。

图 1-6   8 号景观桥局部塌陷 ❶

破坏机制：设计阶段对荷载分布、地质条件或极端工况考虑不足，导致关键部位（如桥墩、连接节点）强度储备不足。类似地，独柱墩桥梁在偏心荷载下抗倾覆能力薄弱，一旦超载车辆行驶至桥面边缘，支座的横向约束力无法平衡倾覆力矩，桥面会像"跷跷板"一样侧翻。此类破坏往往突发且不可逆。

图 1-7   沱江大桥垮塌 ❷

3. 施工缺陷致桥梁承载力不足风险

事件概述：2007 年 8 月 13 日 16 时 45 分，湖南省凤凰县堤溪沱江大桥在施工过程中发生特别重大垮塌事故（图 1-7），造成 64 人死亡、4 人重伤、18 人轻伤，直接经济损失达 3974.7 万元。事故发生时主拱圈及腹拱圈施工已基本完成，正处于拆除支架的阶段。调查发现，大桥在施工过程中存在严重质量问题，包括主拱圈砌筑材料未达标、施工方案擅自变更、支架拆除顺序不合理等，导致主拱圈砌体整体性和强度降低。在拱上荷载持续增加的情况下，拱脚砌体强度达到破坏极限，引发连锁垮塌，最终造成桥梁整体垮塌。

风险诱因：施工单位在未经批准的情况下，擅自变更主拱圈施工方案，并在施工过程中违规使用低质量的料石，导致砌体整体性降低。此外，主拱圈砌筑完成后，施工方未按规范进行强度检测就提前拆除了支架，导致尚未达到设计强度的主拱圈直接承受上部荷载，最终承载能力失效。

破坏机制：施工过程中偷工减料（如混凝土强度不足）、工艺违规（如预应力张拉失控）或监管缺失，导致桥梁存在隐蔽缺陷。这些缺陷在投入使用初期可能无明显表现，但随着时间推移，在车辆荷载和环境侵蚀的反复作用下，缺陷区域应力集中，逐渐发展为贯通裂缝或变形过大，最终引发结构整体失稳。

❶ 赵晨峻. 竣工验收不足两年发生局部垮塌，嵊州艇湖公园 8 号景观桥事故查明 [EB/OL].（2024-02-23）[2025-05.26]. https://weibo.com/ttarticle/p/show?id=2309405004714440786449.

❷ 安全监管总局. 湖南凤凰县沱江大桥垮塌事故 41 人遇难 63 人生还 [Z/OL].（2007-08-16）[2025-5-26].https://www.gov.cn/gzdt/2007-08/16/content_718500.htm.

1.3.3　运营荷载风险分析

桥梁在服役期间因人为活动直接引发的荷载、作用或事件（如超载、撞击、火灾等）超出其设计承载能力或预期工况，导致结构损伤累积、功能退化或突发性破坏的潜在威胁。因此需要通过管控监管、监测和耐久性设计等措施加以防范。

1. 超载车辆致桥梁失稳倾覆风险

事件概述：2019 年 10 月 10 日 18 时 10 分，江苏省无锡市 312 国道锡港路上跨桥发生严重侧翻事故（图 1-8）。事故发生时，桥面上有多辆车辆通行，包括两辆满载钢卷的半挂车及三辆小型车辆。行车记录仪画面显示，桥面在瞬间发生剧烈侧翻，导致桥下正常通行的车辆被压毁。事故造成 3 人死亡、2 人重伤，现场救援持续数小时，社会影响极为恶劣。后续调查结果显示，事故的直接原因是重型货车严重超载，导致桥梁结构失稳，最终发生倾覆。

风险诱因：事故的主要风险诱因是超载货车引发的偏心荷载效应。调查显示，桥面上两辆半挂车各载有约 160t 钢卷，总质量远超桥梁的设计荷载。货物分布不均导致桥面受力失衡，形成显著的偏心荷载，使桥梁结构产生额外的弯矩与剪力，支座系统因此遭受极限应力。由于桥梁设计虽符合标准但未针对极端超载情况进行强化，其抗倾覆能力不足，在荷载超过临界值后，桥体发生滑移并失稳。

破坏机制：超载车辆重量远超桥梁设计极限，尤其是车辆靠桥面一侧行驶时，会产生巨大的偏心荷载。这种偏心荷载使桥墩承受不对称压力，导致支座脱离桥面或桥墩倾斜，桥面失去平衡，在数秒内发生侧翻。

2. 车辆撞击致桥梁局部损毁风险

事件概述：2019 年 5 月 18 日，杭州市一人行天桥垮塌（图 1-9）。事故由一辆运输超高

图 1-8　无锡市 312 国道锡港路上跨桥发生严重侧翻事故 ❶　　图 1-9　车辆撞击致杭州市一人行天桥垮塌 ❷

❶　李博 . 无锡高架桥侧翻事故致 3 人死亡 [EB/OL].（2019-10-11）[2025-05-26].http://pic.people.com.cn/n1/2019/1011/c1016-31394971-5.html.

❷　魏少璞 . 杭州闹市区一人行天桥垮塌：遭夜行货车所载超高金属构件撞击 [EB/OL].(2019-05-19)[2025-05-26]. https://society.huanqiu.com/article/9CaKrnKkApk.

设备的平板车引发，该车装载的盾构设备直径达 9.5m，整体高度约 5.1m，远超人行天桥限高 4.5m。当车辆经过该天桥东南段时，超高设备直接撞击钢箱梁，导致长 33.5m、宽 4m 的钢箱梁整体脱落。

风险诱因：超高车辆未按规定路线行驶，撞击桥梁上部结构，超出了桥梁设计时预留的净空高度。此外，由于城市桥梁缺乏有效的主动防撞预警系统，管理部门未能及时拦截违规车辆进入限高区域，导致事故发生。

破坏机制：超高、超宽车辆撞击桥体上部结构（如梁体、限高架），或失控车辆横向撞击桥墩。撞击瞬间产生的冲击力远超设计防护等级，导致被撞区域混凝土破碎、钢筋弯曲。若撞击位置为关键受力构件（如独柱墩），局部损毁会直接引发桥面垮塌。

3. 船舶撞击致桥梁局部损毁风险

事件概述：2024 年 2 月 22 日凌晨 5 时 31 分，佛山籍集装箱船"良辉 688"因操作失误，先后撞击广州市南沙区沥心沙大桥的 18 号、19 号桥墩，导致下行通航孔桥面断裂（图 1-10）。事故发生时，桥面上有 4 辆汽车和 1 辆电动摩托车行驶，撞击造成桥体瞬间垮塌，致使 5 人不幸遇难，2 人受伤。事故发生后，广州市交通运输局紧急启动应急预案，协调多部门开展搜救及桥梁风险排查。由于 19 号桥墩严重倾斜，为避免次生灾害，救援队伍拆除了受影响的 19 号、20 号跨梁，以消除进一步垮塌风险。

风险诱因：本次事故的主要诱因是船舶航行操作失误，导致船只偏离航道，直接撞击桥墩。

破坏机制：航行船舶因操作失误或机械故障偏离航道，以高速撞击桥墩。船体动能转化为巨大的冲击力，轻则造成桥墩表面混凝土剥落，重则使桥墩倾斜、断裂。桥墩损伤后，其上方桥面因支撑不足发生塌陷，并可能牵连相邻桥跨。

4. 爆炸冲击致桥梁局部损毁风险

事件概述：2013 年 2 月 1 日上午 8 时 52 分，连霍高速洛三段义昌大桥发生严重爆炸

图 1-10　船舶撞击致沥心沙大桥垮塌 ❶

冲击事故（图 1-11），导致桥面垮塌约 80m，造成 10 人死亡、11 人受伤，多辆车辆坠落。事故由非法运输的烟花爆竹在桥上发生爆炸引起，爆炸威力巨大，导致南半幅桥面完全毁损，北半幅桥板松动，致使连霍高速公路双向中断。事发后，相关部门迅速展开事故调查，发现烟花爆竹运输过程

❶ 图片来源：广州"2·22""良辉 688"轮触碰沥心沙大桥事故调查报告。

中存在严重违规操作,运输企业未取得
危险品运输资质,运输车辆严重超载,
并未采取符合安全标准的包装和押运措
施,最终导致爆炸事故的发生。

风险诱因:肇事车辆运输的烟花
爆竹超许可范围非法生产,且使用不符
合标准的蛇皮袋包装,在运输过程中极
易受外力作用引发爆炸。此外,运输企
业未取得危险品运输许可,违规将货物

图 1-11 爆炸冲击致桥梁垮塌 ❶

冒充普通百货进行运输,未采取必要的防护措施。由于桥梁在设计时未充分考虑此类高强
度爆炸冲击载荷,爆炸冲击波对结构造成严重破坏,导致桥面瞬间失效并垮塌。

破坏机制:桥上或桥下爆炸产生的高压冲击波,瞬间摧毁桥面、支座等构件。爆炸还
会引发火灾,高温使钢材软化、混凝土爆裂,进一步削弱结构强度。若爆炸发生在桥墩附
近,可能导致基础移位,引发连锁垮塌。

5. 火灾致桥梁性能劣化风险

(1) 万安桥火损

事件概述:2022 年 8 月 6 日,福建省宁德市屏南县的万安桥发生火灾(图 1-12),尽管
火势于晚间 10 时 45 分扑灭,但桥体严重损毁,仅剩桥头部分相对完好。万安桥建于宋代,
历经多次重建和维修,是国家重点文物保护单位。初步调查显示,火灾由民用火源引起,
此次火灾未造成人员伤亡,但桥梁的结构遭到严重破坏,最终导致垮塌。

风险诱因:火灾对桥梁的危害源自
极高的温度和长时间的局部高温作用。
木质桥梁尤其容易受火灾影响,火源的
发生通常与人为因素密切相关。万安桥
的火灾原因初步归结为民用火,这表明
火灾可能源自周围环境管理不到位或人
为不当使用火源。桥梁的材质和年久失
修使其抗火能力大大降低,尤其是木质
结构容易快速燃烧。

图 1-12 火灾后的万安桥 ❷

---

❶ 肖孟 . 连霍义昌大桥炸坍事故至少坠落 25 辆车 5 人死亡 [EB/OL].(2013-02-01)[2025-05-26].https://www.gov.cn/jrzg/2013-02/01/content_2324957.htm.

❷ 王选辉 . 现场丨福建万安桥六跨木构建筑只剩一跨,救火村民:火势太快 [EB/OL].(2022-08-07)[2025-05-26].https://j.eastday.com/p/1659870988034908.

破坏机制：火灾产生的高温使钢材强度急剧下降（600℃时强度损失超50%），混凝土表层爆裂剥落，内部钢筋直接暴露于火焰。木质结构桥梁则会因燃烧快速失去支撑能力。即使火灾扑灭，材料性能的不可逆损伤也会显著降低桥梁承载力和耐久性。

（2）潮白河大桥火损

事件概述：2025年4月23日，北京市顺义区潮白河大桥突发火情，桥体主跨在火灾中整体坍塌，虽因断路及时未造成人员伤亡，但作为典型城市跨河交通枢纽，其结构毁损引发社会广泛关注。事故桥梁为一座典型的中承飞燕式钢管混凝土系杆拱桥，建成于1999年，主桥中跨达108m，采用无纵梁桥面结构。火灾发生于清晨时段，起火点位于桥底部敷设电缆沟槽内，持续燃烧时间超6h。事故发生后，北京市交通委员会通报称，火情导致桥梁系杆受损、吊杆失效，引发主梁支承系统整体垮塌，调查组已对事件提级处理（图1-13）（需特别说明的是，本节内容撰写时，事故的正式灾害调查评估报告尚未公开发布，相关风险诱因及结构破坏机制仅依据公开媒体报道、桥梁结构资料及事件图像进行的技术性分析推测，具体情况仍需以权威调查结论为准）。

风险诱因：事故疑似由桥底电缆敷设不当引发火情所致。起火点位于桥底部的景观照明电缆沟槽，初发时火源隐蔽，造成结构长时间暴露于高温环境，未能有效控火。桥梁主结构为柔性系杆-刚性拱组合体系，荷载主要通过吊杆传递至拱圈，而吊杆采用平行高强钢丝构成，其力学性能对温度高度敏感。火灾造成局部高温集中作用于多根吊杆，导致钢丝强度与弹性模量显著衰减，发生温度膨胀与蠕变失稳。同时，该桥建成于20世纪90年代，

图1-13　潮白河桥吊杆火损

未采用当前主流的加劲纵梁桥面体系，冗余度低、结构退化明显，吊杆一旦失效难以形成跨索荷载分担机制，导致桥面系统整体丧失承载路径。

破坏机制：火灾期间索体表面温度大幅升高，钢丝强度未能维持火灾工况下最低承载能力安全系数，导致一系列"索破坏—梁失稳—支承失效"破坏过程。事故暴露出传统中承无纵梁桥面结构对火灾冲击的抵抗能力极为薄弱，尤其在高温持续暴露、吊杆集中布置的结构体系下，单点失效将迅速扩展为系统性崩塌。

该事件意义重大，反映出桥梁关键承重构件（如系杆、吊杆、主缆等）对高温环境极为敏感，一旦发生局部温升失控，将可能迅速导致结构受力路径失稳、整体体系塌落，需高度重视关键部位的温控隔热与耐灾冗余保护。尤其需要指出的是，随着城市景观美化工程的推进，沿桥敷设的亮化设施逐渐增多，成为城市标志性符号与网红打卡点。然而，当前桥梁亮化设施在电缆布局、防火包覆、敷设规范等方面的消防安全标准尚不清晰，部分采用易燃外包材料、布设于结构关键受力区的做法更是隐含重大风险。如何在桥梁亮化、美观性与结构本体安全之间取得平衡，亟需在后续设计导则、材料技术与运维机制中加以明确与规制。

1.3.4　环境灾害风险分析

环境灾害风险是指由自然环境扰动引发的桥梁结构损伤或功能失效的潜在威胁，其本质是桥梁对外界环境变化的适应性不足或抗灾冗余缺失。这类风险既包含渐进性侵蚀（如环境气候腐蚀材料），也涵盖突发性极端事件（如地震、洪水），需通过韧性设计与灾害链阻断加以应对。

1. 地震作用致桥梁结构损毁风险

事件概述：百花大桥位于四川省映秀镇附近，地处汶川地震震中约 1.5km 的位置。该桥全长495.55m，设计为连续梁结构，桥墩高达 30.87m。2008 年 5 月 12 日汶川大地震发生时，由于震中位于桥梁附近，强烈的地震波引发了桥梁的严重损毁。桥梁的部分桥墩和桥面在震后完全垮塌，造成重大财产损失和交通中断。事故的直接原因是地震作用超出了桥梁设计的承载能力，导致结构无法抵御极端的地震荷载（图 1-14）。

图 1-14　百花大桥桥墩弯剪破坏 ❶

---

❶ 中国公路勘察设计协会 . 科普 | 梁桥抗震 [EB/OL].（2022-04-16）[2025-05-26]. https://www.chsda.org.cn/article/3026.

风险诱因：百花大桥在设计和建造过程中存在多项不利于抗震性能的因素。首先，桥墩设计不合理，出现了"强梁弱柱效应"，即桥墩的设计过于薄弱，而上部桥梁部分过于强大，导致结构失效时主要发生在桥墩。其次，桥墩配箍率低，现场测得桥墩的螺旋箍筋配比仅为 0.06%，远低于规范要求的 0.3%，导致桥墩的核心混凝土几乎没有约束，缺乏足够的延性性能。再次，混凝土骨料质量问题，使用的河卵石骨料未达到抗震设计标准，导致混凝土的胶结强度低，容易发生脆性崩溃。最后，支承方式设计不当，在桥梁的曲线段上采用了固定支座与活动支座组合，导致地震时水平地震力几乎完全由桥墩的固定支座承受，造成支座破坏后引发结构垮塌。

破坏机制：地震对桥梁的破坏机制主要体现在地震波的多向作用下，地面振动通过纵波、横波和面波传递能量。纵波会引起桥墩的压缩和拉伸，虽然破坏力较弱，但容易导致基础脱空或桥台开裂；横波引发桥面左右摆动，产生横向剪切力，挑战桥梁的抗震能力，易导致支座滑移、梁体碰撞甚至落梁；面波则引发桥墩与地基的复杂扭动，可能导致桩基断裂或桥面整体倾斜。当桥梁抗震设计不足时，地震波的多向叠加作用可导致桥墩产生弯剪破坏、上部结构垮塌。地震的破坏不仅影响桥梁本身，还可能引发次生灾害，如崩塌、滑坡等，进一步加剧桥梁的破坏。

2. 强风作用致桥梁失稳颤振风险

事件概述：2020 年 5 月 5 日 14 时，广东省虎门大桥出现了明显的桥体抖动现象（图 1-15），双向车道立即封闭。事故发生后，工作人员迅速对大桥进行了紧急检查。通过实时监控，专家发现桥梁的振动主要是由于桥面设置的水马改变了桥梁的气动外形，引发了桥梁的涡振现象。虽然涡振导致了桥梁的轻微抖动，并造成了交通中断，专家表示这类涡振现象对桥梁的结构安全并无实质性影响。该事件暴露了桥梁设计中对气动特性和强风影响的忽视，并引发了对加强桥梁监测和防范措施的进一步讨论。

图 1-15　虎门大桥因剧烈抖动被封闭 ❶

风险诱因：虎门大桥的振动事故主要由桥面设置的水马所引发。水马改变了桥梁的气动外形，使得原本稳定的空气流动变得不规则，从而引发了涡振现象。涡振是桥梁在特定气象条件下发生的共振现象，尤其在大风天气下，强风与桥梁表面产生的湍流相互作用，导致振动频率与桥梁的固

❶ 张莉莉，魏星 . 广东虎门大桥发生异常抖动，已封闭并进行交通管制 [EB/OL].（2020-05-05）[2025-05-26]. https://news.qq.com/rain/a/20200505A0O46N?pc.

有频率接近，产生共振效应。除此之外，桥梁多年来超负荷运行和频繁的交通流量，也可能使得桥梁表面微小的结构缺陷或气动特性问题逐渐暴露，进而在强风的作用下引发更为明显的振动。研究表明，对悬浮体系桥梁加装减振器可以有效抑制拉索的大幅振动，使得振动限制在预设的范围内，进一步提高桥梁的抗风性能，减少涡振对桥梁结构的潜在风险。

破坏机制：强风掠过桥梁时，气流在梁体上下表面产生压力差，导致桥面像旗帜一样上下摆动（竖向颤振）或左右扭动（扭转颤振）。若风速达到临界值，桥梁的自振频率与风振频率"同步"，摆动幅度急剧增大（类似秋千越荡越高），钢箱梁焊缝开裂、拉索疲劳断裂。极端情况下，桥面因过度变形而整体断裂，或拉索锚固端被拉脱。

3. 洪水致桥梁基础掏空风险

事件概述：2020 年 7 月 7 日，黄山市镇海桥在经历了连续暴雨和洪水的冲击后，遭到严重毁坏（图 1-16）。镇海桥所在的横江流域自入梅以来经历了 13 次暴雨过程，降水量大幅超出历史同期水平。2020 年 7 月 7 日，洪峰水位突破警戒线，流量达到 $2900m^3/s$，造成了洪水持续冲刷和高水位浸泡。尽管

图 1-16　水损后的黄山市镇海桥 ❶

桥梁设计中已设置了防洪分水台，但由于急速水流的冲击，在桥墩背面形成了强烈的回流，极大地加速了基础的掏空，最终导致桥面和桥墩的严重损坏。

风险诱因：本次洪水对镇海桥的毁坏主要由持续的洪水冲刷与长时间的高水位浸泡所致。横江流域的暴雨和高水位导致水流强度剧增，尤其是水流与桥墩背面形成的回流作用，直接加大了桥梁基础的掏空风险。虽然桥梁设计时考虑到了分水台的设置来应对洪水，但暴雨引发的急流与洪峰水位的突然增加超出了设计承受范围，尤其在桥墩背面积聚的强大水流对基础造成了持续冲击，最终导致桥墩和桥面损坏。

破坏机制：洪水携带泥沙高速冲刷桥墩周围土体，如同"掏空地基"。桥墩下方的泥土被水流卷走后，形成空洞，导致桥墩失去支撑。随着冲刷深度增加，桥墩逐渐倾斜，上部桥面因受力不均产生裂缝。若遇持续洪水，多个桥墩基础同时被掏空，桥梁会像"多米诺骨牌"一样连续垮塌。

4. 滑坡 / 泥石流冲击致桥梁局部损毁风险

事件概述：2023 年 7 月 6 日凌晨，G5012 恩广高速达万段万州至达州方向 6 号大桥发生局部垮塌事故（图 1-17）。事故发生时，山体岩石突发崩塌，巨石冲毁了桥梁的 1 号墩

❶　刘方强 . 今天，这座"泡了汤"的 480 岁老桥开修了 [EB/OL]. （2020-11-12）[2025-05-26]. https://www.thecover.cn/news/6030374.

图 1-17　恩广高速达万段万州至达州方向6 号大桥因落石冲击垮塌 ❶

柱，造成部分桥面垮塌。事故导致两辆车受损并自燃，3 人受伤。该桥位于 K230+679 处，2012 年建成通车，桥梁的上部结构为斜交的双幅装配式简支 T 梁，下部结构为柱式墩。桥墩设置在山谷底部，遭遇危岩的冲击造成局部桥墩断裂，进而引发整体桥梁的部分垮塌。

风险诱因：事故的主要诱因是桥墩位置选择不当及山体崩塌引发的落石冲击。事故桥梁的 1 号桥墩设置在山谷底部，虽然这一位置便于施工和设计，但靠近陡峭的坡岸，极易受危岩落石的影响。大规模降雨后，山体内的危岩松动并发生崩塌，崩落的巨石直接冲击了桥墩，导致墩柱断裂。由于墩身缺乏横系梁支撑，桥墩稳定性较弱，未能有效抵抗落石的冲击，从而导致结构局部损坏并引发桥面垮塌。

破坏机制：山体滑坡或泥石流裹挟巨石、树木，以高速冲击桥墩或桥跨。冲击瞬间，桥墩如同被重锤击打，混凝土表面破碎、钢筋弯曲；若泥石流规模较大，桥跨可能被直接掩埋或推离桥墩。此外，泥石流堆积物堵塞河道，抬高水位形成二次洪水，进一步加剧桥梁损毁。

5. 漂浮物冲击 / 堆积致桥梁局部损毁风险

（1）冰凌冲击致桥梁支座移位

事件概述：2021 年 3 月 29 日，黑龙江省哈尔滨市方正县的新兴大桥因蚂蚁河河面发生特大凌汛，冰凌冲击导致桥墩发生严重损毁（图 1-18）。事故发生在 3 月 28 日夜间，冰凌急剧增多，水位上升，流速加快。2021 年 3 月 29 日早上 5 时 50 分，桥梁的 1 号桥板发生下沉移位，随后在同日 11 时 40 分，2、3 号桥墩垮塌。尽管此次事故未造成人员伤亡，但大桥的部分主梁垮塌，造成严重的

图 1-18　新兴大桥因冰凌撞击导致垮塌 ❷

❶ 李朕，贾宜超 . 四川恩广高速突发山体岩石崩塌致桥梁受损 [EB/OL].（2023-07-06）[2025-05-26].https://photo.cctv.com/2023/07/06/PHOA04XiIAYkf6e3k9Tbd6s3230706.shtml#M4jTJmsf7KoS230706_1.
❷ 杨思琪 . 哈尔滨方正县大桥坍塌系冰凌撞击所致 [EB/OL].（2021-03-31）[2025-05-26].https://www.xinhuanet.com/politics/2021-03/31/c_1127277784.htm.

交通中断。事故的直接原因是冰凌对桥墩的猛烈撞击，这一事件暴露了在特殊天气条件下，桥梁结构面对自然灾害的脆弱性和应急管理的不足。

风险诱因：随着气温的下降，水面上形成大量冰凌，这些冰凌随着河水流动，在强水流作用下撞击桥梁结构。冰凌的冲击力远超常规水流作用，对桥墩产生了强烈的机械冲击，加剧了桥墩的破坏风险。尤其是在水位高、流速快的情况下，冰凌的撞击力更为猛烈。

破坏机制：冰凌或洪水中的树干、集装箱等漂浮物，随水流高速撞击桥墩。冰凌坚硬锋利，造成桥墩表面剥落、钢筋外露；大型漂浮物撞击则使桥墩倾斜或移位。长期反复撞击还会削弱桥墩强度，在后续洪水或地震中更易损毁。

（2）漂流物堆积致桥墩桩基失稳

事件概述：2024 年 7 月 19 日，陕西省商洛市柞水县境内的水阳高速严坪村Ⅱ号大桥在特大暴雨引发的山洪中垮塌，造成 25 辆车坠河，62 人死亡失踪，直接经济损失超过 1.5 亿元。事故发生时，桥梁右幅 10 号墩的两根墩柱（10-2、10-3）在短时间内同时折断，桥墩支承的主梁整体垮落（图 1-19）。

风险诱因：该事件发生于典型山区河流交汇地带，受极端暴雨叠加影响，金井河及其支流发生山洪，流域最大小时降水量达 59mm，造成大量坡面植被、木耳大棚、公路构件、农房建筑物等冲刷物被卷入河道。漂流物在水流推动下快速下泄，遇桥墩处集中堆积，形成高约 3m、宽逾 12m 的"漂流物壅塞墙"。桥梁采用"斜交正做"布置，加上施工过程中未按图纸埋置系梁，反而抬高至河床面，使桥下过流断面缩小，极大增强了漂流物的阻塞倾向，严重放大了局部水流压力与结构受力，最终导致桥墩折断（图 1-20）。

图 1-19　柞水大桥局部垮塌　　　　　　　图 1-20　折断的桥墩

　　破坏机制：该桥的失稳过程表现为典型的"堆积诱导型结构破坏"，大量漂流物在桥墩迎水面快速堆积，持续产生强烈推力。桥墩由于桩基外露、系梁高度不当等构造缺陷，其实际承载能力低于设计预期。在洪水长时间冲击与漂流物集中推击作用下，桥墩桩基水平承载力被迅速耗尽，导致 10 号墩的两根墩柱断裂倾覆。桥墩失稳直接引发上部主梁断裂坠落，进而造成车辆连续坠河、桥体整体垮塌。调查测算显示，漂流物推击力在总破坏作用中占比达 57%，是决定性致灾因素，远高于水流压力（35%）和结构自身缺陷所致水阻力（8%）。该事件表明，山区桥梁在面临流域型强降雨与漂流物冲击时，若结构设计未考虑堆积效应与推力放大机制，将极易出现"局部堵塞—推力超限—桩基剪断—系统垮塌"的灾变链条。

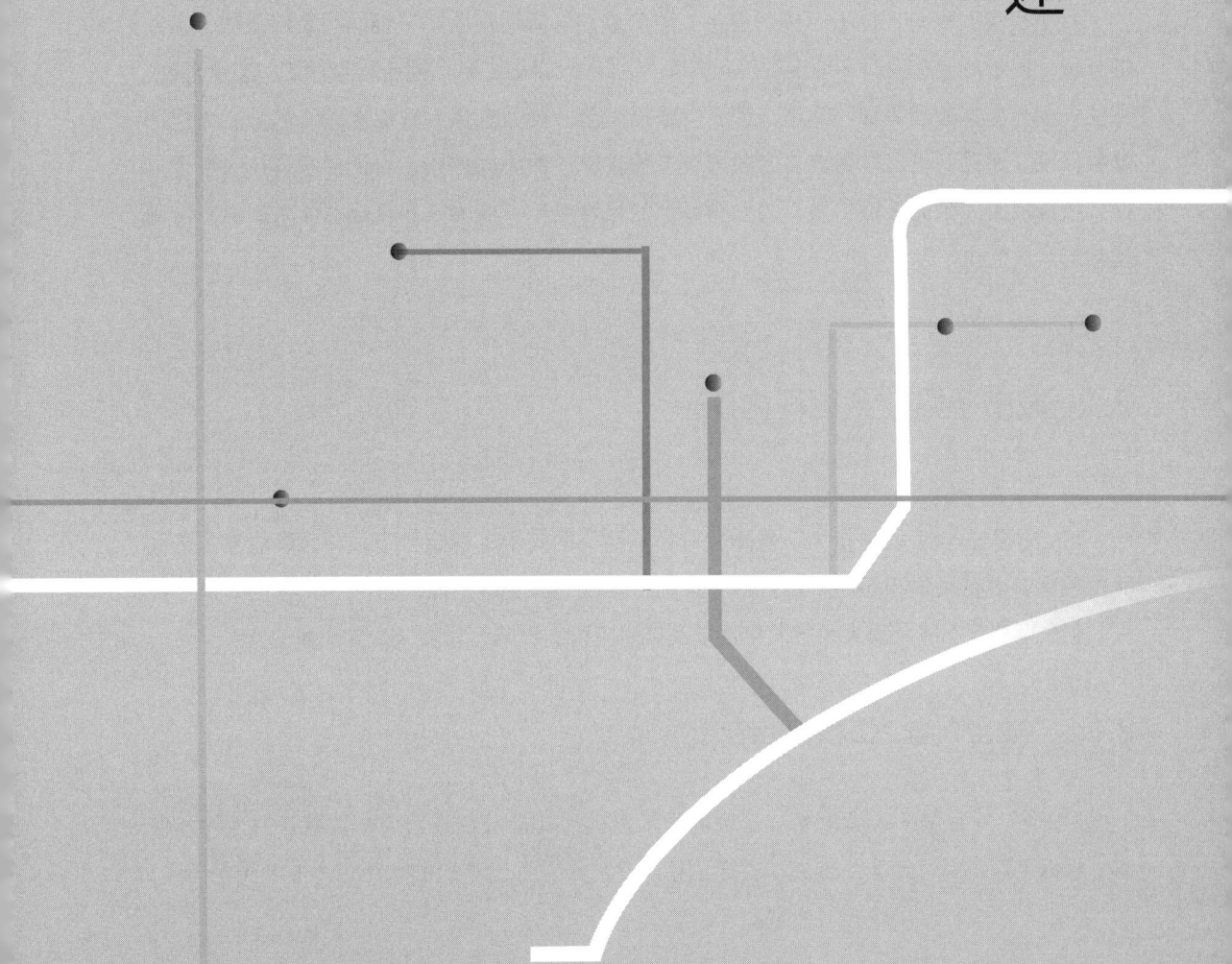

第 2 章　城市桥梁安全工程概述

城市桥梁安全工程指为了确保桥梁在运营期内安全、稳定运行，通过风险辨识、结构监测、状态评估、风险预警及应急管理等一系列工程与管理措施，系统防范和降低桥梁运营过程中可能面临的风险。

本章聚焦于城市桥梁安全工程的体系化构建与全链条管理，系统解析其多学科交叉属性、风险防控框架及全周期管控环节。基于《城市桥梁设计规范》CJJ 11—2011（2019 年版）、《城市桥梁养护技术标准》CJJ 99—2017 等标准，结合典型案例，重点探讨"结构－荷载－环境"耦合作用下的安全防控机理。通过引入公共安全三角形理论，构建"承灾载体－突发事件－应急响应"三位一体的风险闭环管理体系，阐明从灾害要素识别到事件链阻断的逻辑路径。

从工程实践视角，提出"预防准备－监测监控－预测预警"三级防控策略，结合事件链分析，揭示荷载超限、环境突变等风险场景的动态演化规律。围绕风险评估、监测预警、评估预测与应急管理等核心环节，建立"数据驱动－模型支撑－智能决策"的全生命周期管控体系。通过剖析日常管养、专项检查与韧性设计的协同作用，论证多学科技术融合对提升桥梁抗灾冗余的关键价值，为后续章节的风险量化、监测技术及应急体系提供方法论基础与实践范式。

2.1 城市桥梁安全工程内涵

城市桥梁安全工程是指为了保障城市桥梁结构的安全、稳定运行，预防事故发生，及时发现解决潜在风险和问题所进行的一系列工程措施和管理手段。其主要目标是确保桥梁在其生命周期内能够承受人为突发事件以及自然灾害的影响，保障公众和交通的安全。

2.1.1 "安全"与"工程"相结合

"安全"一词源于人类对生存环境的根本需求，其核心在于避免一切潜在的危险和伤害。根据《汉语大词典》的定义，安全泛指没有危险、不出事故的状态。而《韦氏大词典》

进一步将其解释为：没有伤害、损伤或危险的状态。这一基本概念在历史的长河中始终贯穿于人类社会，无论是早期的生存斗争，还是现代社会的生产生活，安全始终被视为不可或缺的价值追求。

在城市桥梁工程领域，"安全"不仅仅是一个理念，而是贯穿设计、施工、运营与维护全过程的核心目标。桥梁作为城市交通的重要枢纽，其安全直接关系到公共生命财产安全和城市运行稳定。为此，安全必须与工程实践深度融合，从而形成一个跨学科、多层次的综合管控体系。现代城市桥梁不仅需要在日常运行中保证结构稳定、抗震抗风，而且必须应对超载、材料老化、环境侵蚀等一系列复杂风险。由此，安全在桥梁工程中体现为一种动态的风险管理状态，不仅要求在正常工况下无事故发生，更需要在极端荷载和恶劣环境下保持足够的安全裕度。这就要求工程师在设计阶段就充分考虑各类潜在风险，并在运营过程中通过实时监测和预警系统，实现风险的早预防、早发现和早处置。

安全工程的发展历程也充分展示了其多学科交融的特性。安全工程最早起源于工业革命时期，当时事故频发促使人们开始关注劳动保护与生产安全。随着时间的推移，安全管理的理念逐步从单纯的事故预防扩展到全生命周期的风险控制。现今，安全工程涵盖了结构力学、材料科学、环境工程、信息技术、管理科学以及行为科学等多个学科。尤其在桥梁工程中，这种跨学科的协同合作，不仅依靠先进的监测手段和数据分析工具来实时监测结构状态，还通过科学的风险评估方法和预警模型，为桥梁提供全程的安全保障。

从技术层面看，安全工程融合了结构工程、材料科学、信息技术、管理科学、行为科学等多个学科的理论与方法。这种多学科的交融体现在以下几个方面：

1. 工程技术与风险管理的结合

安全工程不仅依赖于精密的工程设计与施工技术，还要求在设计阶段充分考虑各类极端荷载和环境条件，确保结构在使用寿命内能够抵御各种潜在风险。这种设计思想要求工程师在分析结构受力、材料疲劳及环境侵蚀等问题时，必须同时运用统计学、概率论以及可靠性分析等风险管理工具。

2. 信息技术与监测预警的集成

进入信息化时代后，各种传感器、物联网、大数据和人工智能技术被广泛应用于安全工程领域。通过实时监测和数据分析，安全工程可以在桥梁等重大基础设施出现异常前及时发出预警，并采取相应的应急措施。这种全过程管理模式涵盖了从数据采集、风险评估到预警响应等关键环节，能够及时发现并应对桥梁安全隐患，提升桥梁安全管理的主动性和有效性。

3. 人的行为与安全文化的建设

除了技术手段，安全工程还强调人的因素。随着安全管理理论的发展，行为科学被引入到安全工程中，用以分析和改善人机系统的设计及操作过程。安全不仅依靠硬件技术，更依赖于建立完善的安全文化和管理制度，以确保各个环节都能落实到位，形成从"风险识别"到"风险化解"的全链条管理。

在当代城市桥梁工程中，安全工程的多学科属性尤为显著。近年来，诸如四川省宜宾市南门大桥垮塌、国道312无锡段锡港路上跨桥面侧翻等事故，均突显出城市桥梁在面对复杂荷载、环境影响以及管理难题时所存在的安全隐患。这些案例不仅使公众对桥梁安全问题高度关注，也为安全工程提出了新的要求和挑战。正是在这样的背景下，安全工程必须借助多学科交叉的优势，形成以技术支撑、数据监测、风险预警、应急响应为核心的综合防控体系，从而更有效地保障城市桥梁及其他重要基础设施的长期安全运行。

近年来，随着"智慧城市"和"韧性城市"概念的发展，桥梁安全工程正逐渐向智慧化与韧性管理方向迈进。通过集成物联网、人工智能、大数据分析等技术，构建桥梁安全监测与管理系统，实现桥梁风险的实时监测、智能预警和快速响应；同时，借助韧性城市建设理念，增强桥梁结构抵抗风险和快速恢复能力，成为桥梁安全工程领域发展的重要趋势。

2.1.2　城市桥梁安全工程特点

尽管城市桥梁安全工程是设计、施工、运营、维护等多学科交融的综合成果，但其风险来源和破坏形式往往是由多重因素相互作用耦合而成。举例来说，在繁忙的交通环境下，长期承受重载车辆可能会使桥梁的关键连接节点处产生微小裂纹，并在连续循环荷载作用下逐渐演变为严重的疲劳损伤；同时，极端温差或暴雨等可能引发桥梁构件热胀冷缩，加上原有施工工艺中存在的不足，使潜在的结构弱点暴露无遗。

在此背景下，城市桥梁安全工程展现出以下几个显著特点：

1. 结构复杂性

现代城市桥梁通常具有多功能、多层次的结构形式，其设计不仅要满足交通流量的承载需求，还要考虑与城市其他基础设施（如排水、电力、通信等）的衔接。

（1）多系统集成：桥梁往往需要嵌入多种管线、监测设备以及装饰性和功能性构件。这种集成不仅增加了设计难度，也使得施工过程充满变数。例如，高架桥在设计时需要同时考虑车辆通行、雨水排放及信号线敷设，各系统之间的相互影响可能会导致局部受力不均，从而引发裂缝或局部变形。

（2）复杂受力状态：桥梁结构通常由多个构件构成，各构件之间存在复杂的力学传递关系。在多种荷载作用下（如恒载、活载、温度应力等），任何一处的局部缺陷都可能引发整体性能的下降。比如，桥梁在节点区域因应力集中问题，容易出现微小的裂纹，这些裂纹若不及时处理，便可能发展成大面积的损伤，影响整座桥梁的抗震和抗疲劳能力。

（3）设计与施工的协同要求：在设计阶段，工程师需要对整个结构的强度、刚度和稳定性进行全面计算；而在施工阶段，任何工序的偏差或材料质量的不合理变动，都可能使原本设计合理的结构在实际运行中暴露出隐患。正是这种复杂的系统特性，使得结构复杂性成为城市桥梁安全管理中最为棘手的挑战之一。

2. 荷载多样化

城市桥梁不仅需要承载常规交通荷载，还要面对多种不同形式和频次的荷载冲击，其荷载种类的多样性是安全风险的重要来源之一。

（1）交通流量的不确定性：桥梁在日常运营中会受到机动车、行人、非机动车等多种荷载的影响。在高峰时段，车辆密集导致的动态荷载变化尤为显著，而超载现象则会使结构长期处于超负荷状态，进而加剧材料疲劳和老化。在某些缺乏严格的超载监控措施的区域，大型货车频繁超载通行，导致桥梁关键构件的疲劳损伤加速累积，成为安全隐患的诱发点。

（2）荷载组合效应：不同类型的荷载在实际运行中往往不是单一作用，而是组合起来共同影响桥梁的受力状态。长期、连续的重复荷载会导致结构的疲劳累积，而偶发的瞬时冲击则可能引发局部结构失效。这种多重荷载叠加效应对桥梁的设计和监测提出了更高要求，要求在设计阶段充分考虑各种荷载的组合工况，并在运营中采用安全监测系统进行实时数据分析，以便提前发现风险迹象。

3. 环境影响大

长期处于开放环境中的桥梁，会受到气候条件、地质特性以及水文环境的多重作用。在温差较大的地区，反复的热胀冷缩现象会使得构件之间的连接部位产生微小裂缝，而暴雨和洪水则可能对桥梁基础和支撑结构造成冲击，使得原本的安全裕度大幅下降。与此同时，盐雾、潮湿等环境因素对钢材和混凝土的腐蚀作用，也会长期逐渐削弱结构性能，这要求在设计和维护阶段必须充分考虑环境因素的影响，并通过定期检测和维修来延缓劣化过程。

4. 维护管理难度高

作为城市交通的关键节点，桥梁一旦停运维修将对交通秩序和经济活动产生重大影响，因此维护工作往往需要在保证交通畅通的前提下进行。由于许多结构性问题，如内部钢筋腐蚀、混凝土劣化等，初期并不易被常规检查所发现，这就迫使管理者必须依靠高精度的实时监测系统来捕捉早期异常，从而实现预防性维护，避免风险的累积和突发事故的发生。同时，设备更新、数据采集和人员培训等方面的投入也进一步增加了维护管理的复杂性和难度。

5. 安全要求极高

各国在桥梁设计、施工以及运营过程中都制定了严格的标准和规范，以确保结构在面对各种意外荷载和自然灾害时仍能保持足够的安全裕度。现代桥梁安全工程依托先进的传感器网络和实时数据分析系统，对桥梁的振动、变形、裂缝扩展等关键指标进行持续监测，一旦监测到异常数据就能迅速发出预警，从而组织应急处置和科学决策，确保整个结构在全生命周期内都处于安全运行状态。这种全方位、多层次的安全防控体系，正是应对多因素耦合作用下桥梁安全挑战的根本保障。

明确城市桥梁安全工程的内涵和特点，是开展桥梁安全管理的基础，这为后续明确桥梁安全工程各个实施环节提供了必要前提。

2.2　城市桥梁安全工程实施的主要环节

在城市桥梁安全工程中，各个环节都有其独特的内涵和功能。通过科学合理的安全管理体系，各个环节的有效实施可以最大限度地减少意外事故的发生，提高桥梁的耐久性和安全性，具体包括：日常管养、专项检查、风险评估、监测预警、评估预测与应急管理等。

其中，日常管养与专项检查在标准规范以及行业书籍中均有涉及，因此本书将重点介绍从风险评估到应急管理的城市桥梁安全工程全链条环节。

2.2.1　日常管养

日常管养主要指桥梁在日常运行期间，通过例行检测、维护和保养措施，确保桥梁结构及其附属设施保持在安全、稳定的状态。在城市桥梁安全工程体系中，日常管养是保障结构全生命周期安全的核心实践前提，已被纳入国内外权威标准框架。我国《城市桥梁养护技术标准》CJJ 99—2017 与《公路桥涵养护规范》JTG 5120—2021 要求建立"检查－评估－养护"动态循环机制（图2-1）。

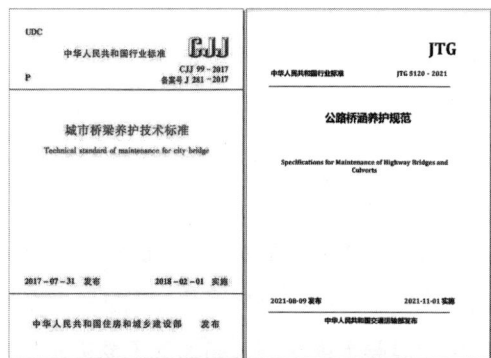

图 2-1　我国现行桥梁养护规范

通过定期结构检测、病害分级处置及预防性养护实现风险早识别、早干预。通过定期养护，有效改善结构的脆弱性，提高桥梁的承灾能力，从而阻止或减缓损伤发展的趋势。这一环节以预防为主，构成了桥梁安全保障的基础。

2.2.2　专项检查

专项检查是指在日常管养之外，根据桥梁运行特点和风险点进行的有针对性的检测与评估。它侧重于对关键部位和特殊工况进行详细检查，如检测结构裂缝、钢筋锈蚀、基础沉降等问题。专项检查不仅依托现行的检测规范和技术标准，而且通过精密仪器和数据采集手段，对桥梁承载能力和耐久性进行综合评估，从而为风险评估提供准确、可靠的基础数据。

2.2.3　风险评估

风险评估是整个桥梁安全工程中极为关键的一环，它通过对桥梁的地理环境、桥型结构、交通流量以及历史事故数据的综合分析，识别出桥梁可能面临的各种风险因素。利用专家经验、统计数据和定性、定量分析方法，构建出每座桥梁的典型风险模型，并对风险等级进行划分。例如，依据桥梁所在区域的地震、洪水等自然灾害频发程度，以及桥梁设计时考虑的安全裕度，对风险进行多层次评估。风险评估不仅能够明确桥梁自身存在的结构缺陷或潜在损伤，还可以辨识因外部荷载（如超载运输、车船撞击）引发的风险。只有在评估出桥梁存在一定风险的情况下，才建议进一步部署监测设备，以便对这些高风险部位进行实时监测。风险评估实际上为后续监测预警的布点和参数设定提供了科学依据，帮助管理部门精准定位防控重点，实现风险防控与资源优化配置的有机结合。

2.2.4　监测预警

监测预警环节依托于现代化的传感器技术、无线通信和大数据平台，实时采集桥梁在各个关键部位的结构响应数据，如应变、位移、振动、温度等。通过设定严格的安全阈值或阈值模型，当监测数据出现超限情况时，系统会首先对数据进行智能筛查和校验，确认这些异常是由真实的结构变化引起，而非传感器故障或环境干扰。经人工或系统判断无误后，触发预警机制，通过短信、邮件或专用预警平台将信息及时传递给桥梁养护部门和相关管理单位，促使他们迅速采取应对措施。监测预警不仅可以在事故初期捕捉到微小的变化，还可以通过多项指标的联动分析，实现对结构安全状态的多维度预测。该环节对于预防重大事故的发生起到至关重要的作用，是实现从"实时监控"到"预防干预"的重要举措。

2.2.5　评估预测

评估预测环节侧重于利用历史监测数据和实时数据，通过统计分析和趋势预测方法，对桥梁未来的安全状态进行科学预判。即便在监测数据未触发即时报警的情况下，通过长期数据积累，也可以分析出结构的性能衰退趋势、疲劳损伤累积情况，甚至对突发事故可能发生的时间、地点及影响范围作出预测。通过建立数学模型、利用机器学习算法，管理部门可以对桥梁剩余使用寿命、关键构件的健康状态以及潜在风险的发展趋势进行定量分析和预测，为预防性维护和合理调度养护资源提供数据支持。该环节不仅能够提前警示可能的安全隐患，还可以为应急预案的制定提供前瞻性参考，使得桥梁的全生命周期管理更为科学和精准。

2.2.6　应急管理

应急管理是当桥梁出现突发事件或监测预警后，迅速启动应急预案、组织现场处置和事后恢复的重要环节。它不仅包括制定详尽的应急预案、建立跨部门联动机制，还涉及现场应急响应、资源调度、信息传递与事故后评估总结等多个方面。通过构建信息化应急指挥平台，整合桥梁监测数据、历史事故经验和专家意见，各相关部门可以在第一时间了解事故发生的具体情况，并迅速展开协同作战，制定应急处置方案。应急管理不仅旨在最大限度降低人员伤亡和财产损失，还包括对事故原因的分析、应急措施的优化以及事后恢复重建工作的组织与实施。这样一个完整的应急体系，不仅保障了突发事件下的即时反应，更为今后的风险评估和预防措施的改进提供了重要数据和宝贵经验。

在明确桥梁安全工程实施的主要环节基础上，制定针对性的综合防控策略将进一步提高桥梁风险防控的有效性与精准性。

2.3　面向城市桥梁风险的综合防控策略

2.3.1　公共安全三角形与事件链理论

1. 公共安全三角形理论

在桥梁风险防控中，可以借鉴公共安全领域的"公共安全三角形理论"，构建一个从风险产生到应急处置的闭环管理体系。简单来说，这一理论认为，一个突发事故从孕育到最终造成灾害，其过程可以归纳为三个核心要素：

（1）突发事件本身

指那些不可预测且突然发生的事故或灾害。

（2）受灾对象（承灾载体）

指事故影响的对象。对于桥梁来说，既包括桥梁自身的结构（如桥墩、梁体等），也包括依赖桥梁进行交通运输的人群和车辆。例如，桥梁发生局部断裂不仅会造成结构损坏，还可能导致交通中断和人员伤亡。本书暂不考虑"人"的承灾载体，后文中提到的承灾载体在无特别说明时，皆指代桥梁本体。

（3）应急管理

指在事故发生后，所采取的各种应对措施。这包括事故发生后紧急启动的预警系统、交通疏导、救援和修复工作。有效的应急管理可以在事故初期就进行干预，阻止事故的扩大。

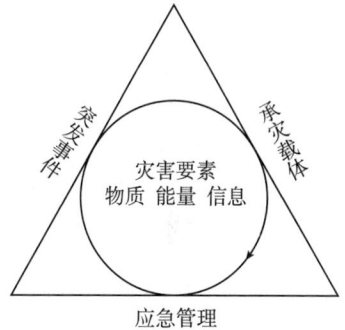

图 2-2　公共安全三角形理论示意图

这三者相互依存，构成了一个闭环的三角形框架（图 2-2），它不仅揭示了事故发生的内在逻辑，也为风险预防、预警和应急处理提供了理论依据。

2. 灾害要素：物质、能量与信息

进一步细化公共安全三角形理论，可以将导致突发事件的根本因素归纳为三种灾害要素：

（1）物质形式的灾害要素

桥梁的风险往往源于物质量的累积变化。例如，荷载超载、腐蚀和材料老化等问题，本质上反映的是物质作用于结构，当这种作用超过临界值时，便会引发结构破坏。特别是无毒无害物质（如常规荷载），在初期可能不易引起注意，但一旦累积到一定程度，便会产生质的飞跃；而有毒有害物质（如因化学反应产生的腐蚀产物）则直接削弱桥梁结构性能，增加事故风险。

（2）能量形式的灾害要素

能量在桥梁风险中同样扮演重要角色。地震、风灾等自然灾害，都是由于能量的急剧释放或异常传递引发的。地震时，地下岩层积累的弹性势能突然释放，形成震动波，直接影响桥梁的结构稳定性；而当风的频率与桥梁固有频率接近时，则可能引起共振，导致结构疲劳甚至断裂。

（3）信息类的灾害要素

在城市桥梁安全工程中，虽然信息类灾害要素的直接影响不如物质和能量因素明显，但其作用主要体现在桥梁监测、管理和预警系统的有效性上。信息传递过程中的数据丢失、延迟或误差，也可能会导致对桥梁安全状况的误判，从而延误必要的维护与应急处理。

3. 事件链与承灾载体的关系

在实际应用中，突发事件往往并非孤立发生，而是通过"事件链"产生连锁反应。例如：

2024 年 8 月 3 日，四川省康定市因气温异常偏高导致冰雪迅速融化，加上持续降雨引发的沟道堵溃，迅速形成了大规模的山洪泥石流，泥石流冲出固体物源约 58 万 m³，携带的孤石直径最大可达 6m。这种巨大能量与大量固体物质的协同作用直接冲击了桥梁的主梁和桥墩，造成了严重的结构损毁。该事件充分体现了事件链与承灾载体之间的内在联系：自然条件的异常演变使得灾害要素（物质和能量）的释放达到极限，经过事件链传递直接作用于桥梁这一承灾载体，从而引发了结构性灾害（图 2-3）。

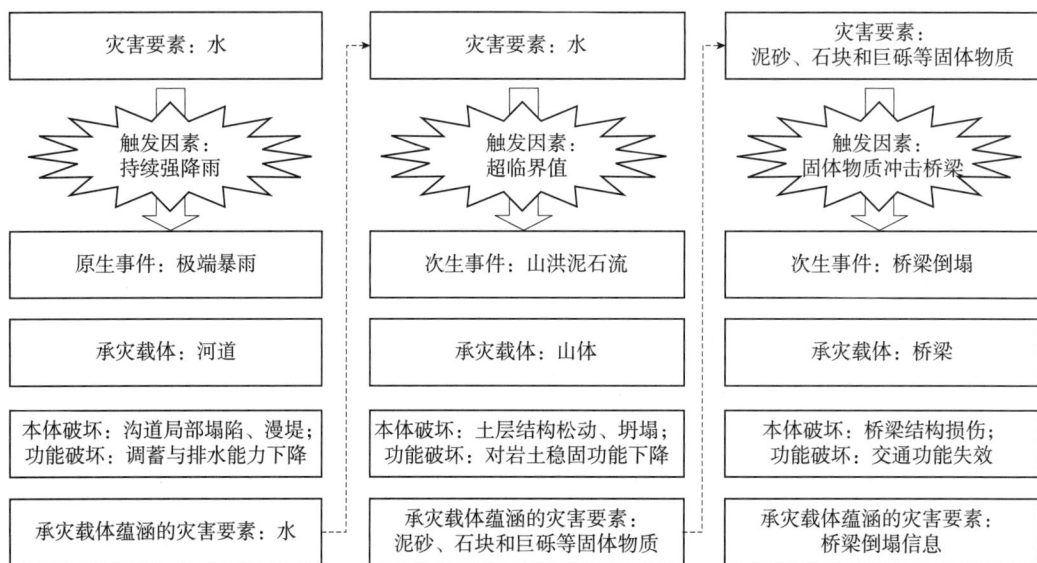

图 2-3　事件链案例

通过深入剖析事件链，可识别出风险的触发点和传递路径，从而在应急管理中提前采取措施，切断次生事件的发生链条。

2.3.2　针对承灾载体的防控策略

1. 预防准备

面向承灾载体的预防准备，一方面指采取适当的技术手段降低承灾载体的脆弱性以增强承灾载体的承灾能力，另一方面指在承灾载体受损初期阻止或减弱损伤发展趋势的临时应变措施。

（1）降低脆弱性以提高承灾能力

提高设计强度：提高设计强度旨在降低脆弱性并提高系统、结构或设施的承灾能力。例如在结构设计初期就预留更加充分的安全储备，以确保在地震、飓风或其他极端灾害中能够承受更大的荷载作用。随着我国经济的飞速发展，交通运输量增长飞快，而早期的桥梁设计标准难以满足相关需求，为提高桥梁的承灾能力，我国针对 1956 年制定的《公路工程设计准则》（修订草案）进行了 4 次修订，分别为 1972 年发布的《公路工程技术标准》（试行）、1989 年发布的《公路桥涵设计通用规范》、2004 年发布的《公路桥涵设计通用规范》JTG D60—2004 以及 2015 年发布的《公路桥涵设计通用规范》JTG D60—2015，荷载标准和结构设计方法都有变动。

增强系统的冗余性和多样性：增强系统的冗余性和多样性意味着在关键组件和设备中引入备用部件，以确保即使一部分系统失效，整个系统仍能正常运行，这种冗余性有助于防止单点故障，提高了系统的可靠性和可恢复性。

使用高性能材料或构件：使用高性能材料意味着采用更坚固、更耐久的材料和构建技术。例如，在桥梁设计中，可以选择更高性能的混凝土、布设减隔震支座，来确保桥梁在各恶劣环境下的承灾能力。

（2）阻止或减弱损伤发展趋势

加强设施养护维修，及时采取大中修、小修、预防性养护等一系列手段消除设施病害，延长设施使用周期，保证桥梁抵御突发事件的能力。

2. 监测监控

面向承灾载体的监测监控主要是对承灾载体在突发事件作用下可能存在的破坏方式和程度进行监测监控。

对桥梁安装监测监控设备开展日常监测是避免事故的重要手段和环节，通过对桥梁运行参数的监测，可以及时发现相关重要数据。例如，在台风天气，通过实时监测桥梁振动、结构变形等相关数据是否已接近临界值，来判断城市桥梁的安全情况，一旦监测参数达到临界值附近就立刻采取合理的控制措施及预警联动，从而防止由于超出临界值发生桥梁结构性事故。

3. 预测预警

面向承灾载体的预测预警指基于对承灾载体在突发事件作用下的响应特征和规律的认识，结合相关监测信息，预测承灾载体可能发生的失效或破坏的规模与程度，并进行预警。

2.3.3　针对突发事件的防控策略

1. 预防准备措施

面向突发事件的预防准备指通过分析识别灾害要素的早期形态、特征与规模，采用恰当的技术手段防止灾害要素被触发或达到其临界值，从而防止突发事件的发生。基于对灾害要素突破临界值或被触发的模式和演化规律的认识，在突发事件发生后尽可能短的时间内启动恰当的防控技术，从而抑制突发事件发展的规模和程度。

举例来说，车辆荷载是桥梁工程在运营过程中的主要荷载，虽然我国通过多次修订提高设计荷载等级，但车辆超载仍然是普遍现象。相关研究表明，超载重车对桥梁运营安全造成严重威胁，是桥梁运营期管理监控的主要风险源。依据某市安装了监测系统的案例桥梁监测数据显示（表 2-1），在 2022 年，该桥通过动态称重系统监测到 75t 以上超载车辆累计 13215 辆，其中最重超载车辆为 178.35t。

某市案例桥梁超载情况   表 2-1

车重（t）	累计车辆（辆）
≥ 75	13215
≥ 100	194
≥ 120	18

因此对于该类风险，应积极防止灾害要素被触发或达到其临界值，在突发事件形成的早期就将风险控制住。

（1）防止灾害要素被触发或达到其临界值：如在桥梁上桥口加装限重限高设施。

（2）抑制突发事件发展的规模和程度：如针对重车堵塞规律，及时联动交警部门开展现场疏导工作，防止因大量重车滞留桥上导致的桥梁承载能力超限垮塌。

2. 监测监控措施

面向突发事件的监测监控，一方面是对灾害要素的临界值和可能的触发要素进行监测监控；另一方面是对突发事件作用的类型、强度、时空特性进行监测监控。

3. 特征预测措施

面向突发事件的预测预警指基于对灾害要素引发突发事件的机理和规律的认识结合相关监测信息，对事件发生的大致时间、地点、影响范围、程度等进行预测预警。

2.3.4　基于城市桥梁风险场景的风险管控措施

2.3.2 节和 2.3.3 节分别介绍了针对承灾载体和突发事件的防控策略，阐述了承灾载体和突发事件的内在联系与协同作用。基于 1.3 节提出的城市桥梁风险来源，本节从承灾载体和突发事件两个维度出发，提出基于城市桥梁风险场景的全链条风险管控措施，如图 2-4 所示。以期为城市桥梁风险管理提供系统性的指导方案。

图 2-4　不同风险场景的风险管控措施

风险来源	风险管控		
	预防准备	监测监控	预测预警
材料疲劳老化致桥梁性能劣化风险	采用耐久材料提高桥梁的抗疲劳能力；建立桥梁全生命周期档案；制定周期性维护计划	部署应变、位移、线度、振动、裂缝等结构类传感器；实时监测结构响应	构建材料退化数学模型，结合监测数据预测测剩余使用寿命
设计缺陷致桥梁承载力不足风险	实施BIM正向设计验证，采用冗余度≥2.0的结构体系对既有缺陷桥梁进行设计加固		建立数字学生平台，充分考虑极端端荷载下结构响应
施工缺陷致桥梁承载力不足风险	提升监管力度，严格把控施工过程质量；对施工过程关键构件连接部分进行重点检测		结合施工过程中的监测数据与后期使用数据，预测可能因施工缺陷引发的结构问题
超载车辆致桥梁失稳倾覆风险	通过智能限高限重装置防止超载车辆通行；联动交通部门及时封桥或限流	设置动态称重系统，实时监测过往车辆的重量和荷载；安装交通监控	基于长桥梁监测数据，建立区域性车-桥耦合模型，对常性超载时段和区域进行预测，与相关部门提前部署
车辆撞击致桥梁局部损毁风险	桥梁引道设计加强车道偏离预警系统，警示驾驶员；在桥梁设计时加强对防撞设施的设计	安装冲振动类传感器，使用视频监控实时监控车辆撞击的情况	基于交通流和历史事故数据，结合桥梁监测预测高撞击风险时段和位置
船舶撞击致桥梁局部损毁风险	航道布设智能导航预警，实时识别正常船舶偏移；在桥墩设计时加强防撞设施的设计	实装水上监测设备、监测船舶航行轨迹与重型车辆的接近情况	基于船舶航行轨迹、水文等信息，预测船舶撞击风险，并进行声光报警
爆炸撞击致桥梁局部损毁风险	对危险品车辆制定专有车道或限行路径；在关键构件上增加防护涂层或缓冲材料，减小结构损害	对危险品车辆进行定位，避免进入重点桥梁区域	基于桥梁构物理数据、构建力学模型，预测结构在爆炸冲击中的临界失效时间
火灾致桥梁性能劣化风险	禁止在桥址区维护存放易燃易爆物，检修沿桥敷设天火装置	部署红外热成像监控设备	构建热-力耦合模型，预测结构在火场中的临界失效时间
地震作用致桥梁结构损毁风险	因自然灾害不可完全阻止，防控应聚焦于韧性提升以削减灾害客链：拉震设计优化与设置减震隔震装置	布置强震仪阵列，实时监测地震动参数	基于场地土振动类结构监测数据，构件振动传播模型，预测桥梁在不同地震动速度下的可靠度
强风作用致桥梁失稳颤振风险	因自然灾害不可完全阻止，防控应聚焦于韧性提升以削减灾害客链：安装主动控制气动阻尼板和阻尼装置	架设三维超声风速仪，实时监测风场特性	基于风场数据与结构频率模型，开发风致振动界风速预测模型，提前1h预警
洪水致桥梁基础掏空风险	因自然灾害不可完全阻止，防控应聚焦于韧性提升以削减灾害客链：河床辅设防冲刷桥衍石笼；桥基加固	使用冲刷流量、冲刷深度监测设备，评估水流对桥梁基础的冲刷影响	结合气象预报与实时水位数据，预测洪水对桥梁基础的可能性
滑坡泥石流冲击致桥梁局部损毁风险	因自然灾害不可完全阻止，防控应聚焦于韧性提升以削减灾害客链：山体辅设拦石网或设置石坝缓冲槽	部署地声传感器、坡面监测设备或交通感知设备以及视频监控，监测山体的活动情况	结合地质监测数据与气象条件，预测滑坡和泥石流的发生可能性
漂浮物冲击/淤积致桥梁局部损毁风险	因自然灾害不可完全阻止，防控应聚焦于韧性提升以削减灾害客链：破冰，避免大规模冰坝；上游部署拦流槽	安装温度类传感器、水流监控设备，实时监控桥下冰凌和漂浮物情况	结合气温、流量与实时监测数据，预测桥梁受冰流和漂浮的风险

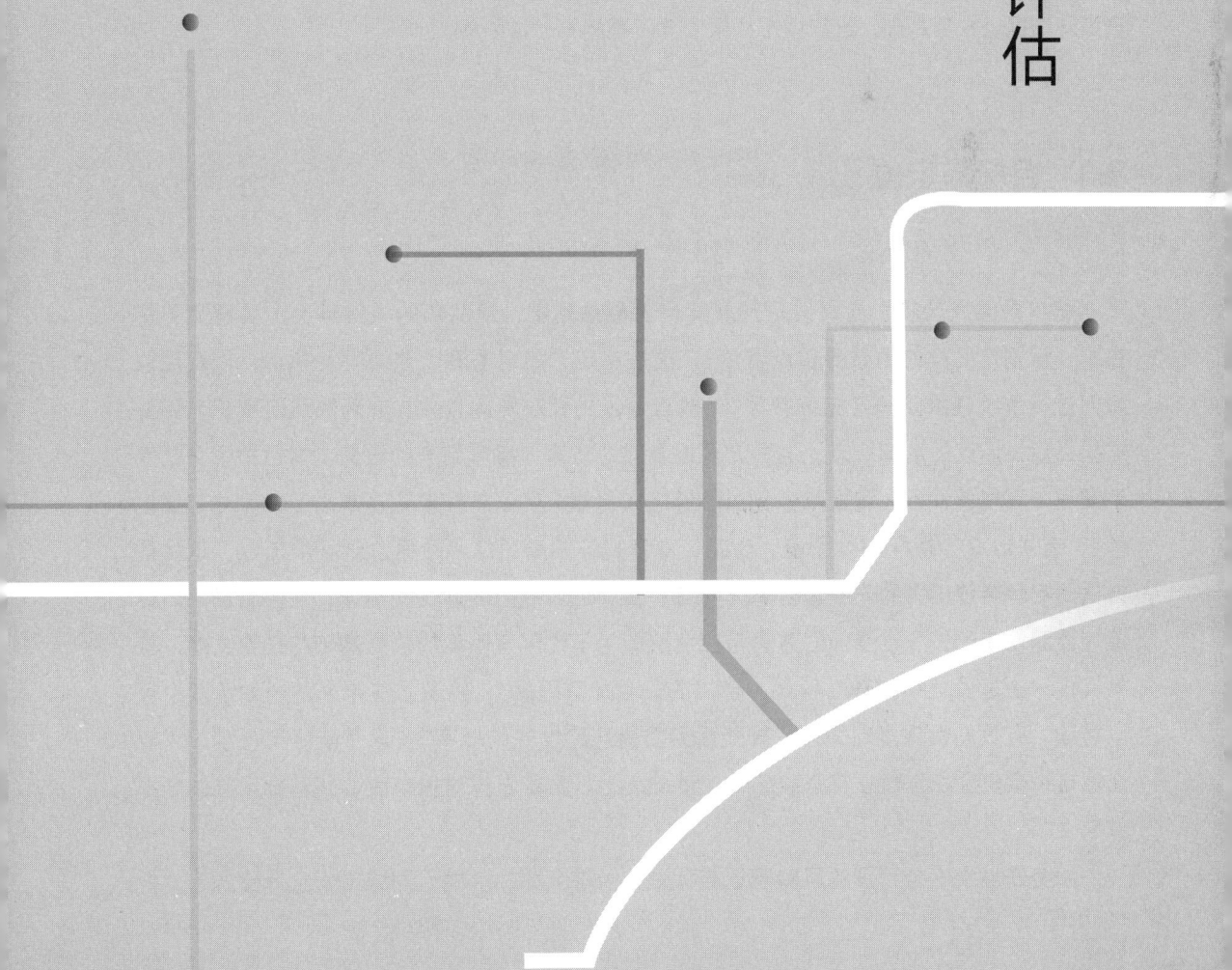

第 3 章

城市桥梁风险辨识与评估

本章聚焦于城市桥梁风险动态辨识与量化评估体系，系统解析"风险识别 – 分级管控"全流程技术框架。作为城市桥梁安全工程的首要环节与基础支撑，风险评估通过科学界定建成区范围内桥梁的风险等级，为后续监测布点等风险管控措施提供关键决策依据。

风险评估的核心价值在于精准定位风险优先级：基于建成区桥梁的风险等级排序（如四色图分级），管理部门可优先对较大风险（橙色）、重大风险（红色）桥梁部署实时监测系统，集中资源解决桥梁在多源风险耦合作用下的安全问题；而对低风险的（蓝色）桥梁则可以采用周期性检测策略，实现资源优化配置。这一"靶向防控"逻辑贯穿桥梁全生命周期，通过量化风险接受阈值与韧性边界，本章为后续章节的监测技术选型、预警参数设定等环节提供数据基础，筑牢城市桥梁安全工程的第一道防线。

3.1　目标与定位

城市桥梁风险辨识与评估是开展安全工程最基础、最前端的关键环节，其意义不仅在于"识别什么样的桥梁要重点监测"，更是决定"如何监测、监测哪些指标，以及后续如何进行系统性的防护与应急管理"。换言之，只有在具备充分、准确的风险辨识与评估结果之后，后续的监测布点、监测方式以及应急方案才能做到有的放矢。城市桥梁身处复杂交通与环境条件下，常面临多元风险源（如自然灾害、结构老化、超载运输、外部撞击等），无法以单一指标加以衡量。为此，本章将详细阐述从风险概念到标准流程、从评估方法到实际辨识工具的一整套体系化内容：旨在通过系统的评估和辨识，让各管理部门在筹划监测设备配置、维修加固方案与应急演练等工作时有明确的数据基础与理论支撑，从而实现"在建设之初就确立科学、全局的安全运营思想"，以及"在未来的长期运营中可以持续、有效地发现潜在隐患，降低桥梁重大风险发生的概率"。只有走好这一步，才能让城市桥梁安全工程建立在坚实的专业基础之上，真正发挥对城市生命线基础设施的守护作用。

服务于城市安全管理的风险辨识与评估，能够全面、准确识别城市安全风险源，分析事件发生的可能性及可能导致的人员伤亡、经济损失、城市运行中断、生态环境和社会秩序影响等方面后果，确定风险等级，为后续开展风险处置，以及完善应急预案、开展应急演练等应急管理重要工作建立基础。而城市桥梁作为重要的基础设施之一，进行风险辨识与评估是至关重要的一项工作。

风险辨识与评估是一个系统性的过程，旨在识别潜在的风险源，并对这些风险进行定量或定性的评估，以便制定有效的风险管理策略。其中风险辨识是识别与城市桥梁相关的各种潜在危险和威胁的过程，包括自然灾害（如地震、洪水）、人为因素（如交通事故、恶意破坏）等。而风险评估则是在辨识基础上，对不同风险因素的可能性和影响程度进行定量或定性评估，以获得综合的风险水平。定性评估通常使用描述性词汇（如重大、较大、中、低）表示风险的程度，而定量评估则使用数值表达。

风险辨识与评估的关联是动态迭代的，风险辨识是评估的前提，而评估结果可能反哺辨识的完善（例如发现未识别的次生风险）；同时风险辨识与评估是在多学科协同下完成，需融合结构工程、材料科学、气象学、交通管理等多领域知识并依赖物联网（如安全监测系统）、大数据分析（如裂缝发展趋势预测）等现代技术的支撑下完成。

3.2　风险辨识与评估流程

1. 第一阶段：计划与准备

（1）基本情况调研

结合城市生命线行业现状，对桥梁重点风险进行系统的梳理，确定具体的评估范围以及涉及行业的主管部门。

（2）调研函编制

按照项目评估目标，根据各行业特点，结合各行业主管部门现有信息化平台数据，编制调研函。

（3）确定调研行程

结合调研内容，编制相关部门调研行程表，确定各行业主管部门调研联系人和走访时间等。

2. 第二阶段：动员部署

组织制定城市生命线风险评估整体实施方案、相关工作专项方案，召开动员部署会议，举办专题业务培训，统一思想认识，明确目标任务、工作内容、工作程序、责任分工、时限要求，做好各项前期准备工作，营造浓厚氛围。

3. 第三阶段：调研走访

成立调研工作小组，采取"分级分类、逐级深入、稳步推进"的方式，深入有关部门开展专题调研，并组织、协调、指导、督促各级各有关部门配合做好有关基础信息采集、基础资料收集和核实等工作。

（1）相关单位调研

对建成区内重点生命线工程设施进行走访调研。调研内容主要包括：重点部门走访、座谈，典型设施实地考察，收集资料、核实情况，安全风险地图核查等。

（2）补充调研与后续沟通

在评估报告编制期间的各阶段，需要不间断地对重点企业、行业主管部门进行沟通交流，并根据项目进展适时安排集中的补充调研。

4. 第四阶段：评估报告初稿编制

项目组对调研走访收集的资料，进行汇总、梳理、统计、分析，对城市生命线安全风险因素进行识别、分类、评估、分级，重点辨识、评估存在的重大风险点，全面评估城市主要生命线设施安全风险构成、分布以及整体风险水平，针对重点设施提出建议措施，分别编制城市生命线风险评估报告、城市生命线风险清单、绘制生命线安全风险四色图。

5. 第五阶段：成果初审

对各项成果文本初稿进行征求意见，对各项成果完整性、数据可靠性、初步建议措施的可行性等进行审核，形成修改意见和资料补充调研意见。项目组结合初审意见，修订完善形成项目成果送审稿。

6. 第六阶段：成果评审

组织第三方专家团队，对项目组提交的各项成果文本送审稿进行评审，进一步对各项成果完整性、数据可靠性、建议措施的可行性等进行审核，形成专家组评审意见和修改建议。项目组结合专家组评审意见，对各项成果进一步认真修改完善，并经专家组确认。

3.3 风险辨识与评估标准

根据 ALARP（As Low As Reasonably Practicable）法则对风险可容忍程度的描述，参照《风险管理 风险评估技术》GB/T 27921—2023，根据风险是否可接受，设定统一的风险等级判定标准限值。判定时需要根据致灾因子、风险点、危险源分布情况及监管力量配比分别设定相应的等级判定标准和限值，最终将风险分析的结果与预先设定的风险准则相比较，确定风险等级（图 3-1、表 3-1）。

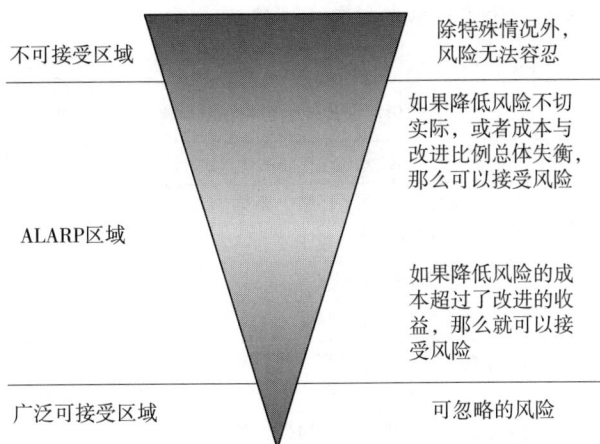

图 3-1　ALARP 法则对风险可容忍程度的描述

风险判定标准　　　　　　　　　　　　　　　　　　　表 3-1

风险分级	低风险	一般风险	较大风险	重大风险
可接受风险标准（ALARP 法则）	可忽略风险	需要降低的风险	需要降低的风险	不可接受的风险
	定量风险分级参考我国个人和社会可接受风险标准			
安全管控要求	无	正常管控	针对性管控措施	维护改造
国家监管要求	无	无	重点监管	重点监管

　　风险评估结果统一按照阈值 [0，100] 输出综合风险评估分值，将评价分数进行档次划分，按照大于 80 分、60~80 分、40~60 分、小于 40 分划为 4 个等级，依据划分分数评出红、橙、黄、蓝 4 个等级，分别表示重大风险、较大风险、一般风险和低风险。对于依据《公路桥梁技术状况评定标准》JTG/T H21—2011 对桥梁进行技术等级评定判定为 4、5 类桥梁的，或依据《城市桥梁养护技术标准》CJJ 99—2017 判定为 D、E 级的桥梁，由于结构自身风险较大可能已经造成承载能力不足、桥梁主结构损伤等结构安全性风险，可直接纳入重大风险管理桥梁（表 3-2）。

城市桥梁风险源分级评定标准表　　　　　　　　　　　表 3-2

风险等级	计算分值
重大风险源（Ⅰ级）	符合 ★ 项条件 ❶ 或综合得分大于 80 分
较大风险（Ⅱ级）	综合得分 60~80 分
一般风险（Ⅲ级）	综合得分 40~60 分
低风险（Ⅳ级）	综合得分小于 40 分

---

❶　详见表 3-3。

其中，桥梁风险评估评价指标参考如表 3-3 所示。

城市桥梁风险评估评价指标参考 表 3-3

Ⅰ级指标	Ⅱ级指标	等级	备注
危险性 H	桥梁结构自身风险 H_1	4 类（D 级）、5 类（E 级）桥梁	
		3 类桥梁（C 级）	
		2 类桥梁（B 级）	
		1 类桥梁（A 级）	
	第三方施工破坏风险 H_2	附近地区发展程度较高，建筑施工活动较少	
		附近地区处于快速发展阶段，建筑施工活动较多	
		附近地区处于刚开发阶段，建筑施工活跃或未来 5 年内存在地铁建设等大型工程规划，或者存在第三方施工破坏记录	
	地质灾害风险 H_3	附近 100m 存在各类地质隐患点	
		存在地质灾害引发桥梁损坏记录	
	地震灾害风险 H_4	特殊设防类——甲类	
		重点设防类——乙类	
		其他类别或未填	
		存在地震引发桥梁损坏记录	
	其他风险 H_5	上述未涉及的其他风险	
脆弱性 V	桥梁规模涵洞 V_1	特大桥	各类桥梁按标准规范或地方规定确认
		大桥	
		中桥	
		小桥	
		涵洞	
	在役年限 V_2	一级	50 年≤在役年限
		二级	40 年≤在役年限＜50 年
		三、四级	三级：30 年≤在役年限＜40 年；四级：20 年≤在役年限＜30 年
		五、六级	五级：10 年≤在役年限＜20 年；六级：在役年限＜10 年
	是否为下穿桥梁 V_3	是下穿桥梁	下穿公路、铁路等
		不是下穿桥梁	
	附近重要防护目标数量 V_4	附近存在人员密集场所或重要政府单位、科研机构等	附近 100m 内存在学校、医疗机构、餐饮场所、住宿场所、宗教活动场所、党政军机关建筑、大型群众文化活动场所、福利机构、高层建筑、火车站、客运站、商场、体育场馆、休闲娱乐场所、机场、供电设施、广播通信设施、文物保护单位、科研机构

续表

Ⅰ级指标	Ⅱ级指标	等级	备注
风险防控能力 C	安全管理 C_1	设立专门的安全管理机构且有健全的管理制度和信息化管理手段	
		有兼职的安全管理机构	
		无安全管理机构	
	突发事故应急预案 C_2	科学全面合理	
		基本合理	
		不合理	
	桥梁养护 C_3	按相关规范和地方管理制度执行	
		未按相关规范和地方管理制度执行	

分级标准	重大风险（红色）	较大风险（橙色）	一般风险（黄色）	低风险（蓝色）
	＞80 分	60~80 分	40~60 分	＜40 分

为便于读者理解，构建几个简单的指标介绍其权重评分的具体定义过程：

假设某脆弱性因素 V 可以分为人员伤亡 V_1、经济损失 V_2 以及社会影响 V_3，进一步的脆弱性细则可以划分为附近人群 V_{11}、敏感人群 V_{12}、交通影响 V_{21}、重要设施 V_{22}、桥梁事故本身 V_{31}、弱势人群 V_{32} 以及重要场所或设施 V_{33}，具体如表 3-4 所示。

桥梁脆弱性因素评价指标　　　　　　　　表 3-4

脆弱性因素分类	脆弱性因素细类	评价指标	指标评价说明
人员伤亡 V_1	附近人群 V_{11}	桥梁区域位置、桥梁规模、人员密集场所等	综合估计附近车流、人流密集程度
	敏感人群 V_{12}	学校、医院、养老院、福利机构等	灾害敏感人员更容易受到事故的伤害
经济损失 V_2	交通影响 V_{21}	桥梁区域位置	综合分析桥梁事故造成的交通影响
	重要设施 V_{22}	附近其他生命线设施情况	综合分析事故对附近道路、供电、通信等设施的破坏
社会影响 V_3	桥梁事故本身 V_{31}	自身影响	综合评价桥梁事故的社会影响
	弱势人群 V_{32}	学校、医院、养老院、福利机构等	弱势群体更容易引起社会关注
	重要场所或设施 V_{33}	政府单位、文物保护设施、科研机构等	重要场所或设施更容易引起社会关注

在求解过程中，通过对各类桥梁事故造成的人员、经济损失和社会影响等灾害情况进行分析，对脆弱性因素进行权重分配，对脆弱性因素 V_1~V_3 进行重要性判断，得到以下判断矩阵：

$$A_\text{V} = \begin{pmatrix} 1 & 3 & 3 \\ 0.33 & 1 & 1 \\ 0.33 & 1 & 1 \end{pmatrix}$$

通过归一化权重，可得权重矩阵为 [0.6，0.2，0.2]。

继续对细类的脆弱性因素进行权重分配，对 V_1 来说，有 V_{11}、V_{12} 共 2 个细类因素，对其进行权重分配。

对脆弱性因素 V_{11}~V_{12} 进行重要性判断，得到以下判断矩阵：

$$A_\text{V1} = \begin{pmatrix} 1 & 3 \\ 0.33 & 1 \end{pmatrix}$$

通过归一化权重，可得权重矩阵为 [0.75，0.25]。

继续对细类的脆弱性因素进行权重分配，对 V_2 来说，有 V_{21}、V_{22} 共 2 个细类因素，对其进行权重分配。得到以下判断矩阵：

$$A_\text{V2} = \begin{pmatrix} 1 & 1 \\ 1 & 1 \end{pmatrix}$$

通过归一化权重，可得权重矩阵为 [0.5，0.5]。继续对细类的脆弱性因素进行权重分配，对 V_3 来说，共有 V_{31}~V_{33} 共 3 个细类因素，对其进行权重分配，可得权重矩阵为 [0.34，0.33，0.33]。

通过专家讨论，可以进一步对危险性、脆弱性和风险防控能力权重进行分配，判断矩阵如下：

$$A = \begin{pmatrix} 1 & 3 & 1 \\ 0.33 & 1 & 0.33 \\ 1 & 3 & 1 \end{pmatrix}$$

通过归一化权重，计算可得权重矩阵为 [0.43，0.14，0.43]，综合上述细分项，可以得到脆弱性因素权重表，见表 3-5：

桥梁危险性、脆弱性和风险防控能力权重分配　　　　表 3-5

Ⅰ级指标	Ⅱ级指标	Ⅲ级指标
脆弱性 V（0.14）	人员伤亡 V_1（0.084）	附近人群 V_{11}（0.063）
		敏感人群 V_{12}（0.021）
	经济损失 V_2（0.028）	交通影响 V_{21}（0.014）
		重要设施 V_{22}（0.014）
	社会影响 V_3（0.028）	桥梁事故本身 V_{31}（0.010）
		弱势人群 V_{32}（0.009）
		重要场所或设施 V_{33}（0.009）

对城市桥梁运营期进行事故树分析，有利于确定桥梁事故的发生原因，发现城市桥梁的风险源。确定城市桥梁运营期事故为顶上事件，其事故树分析模型如图 3-2、图 3-3 所示。

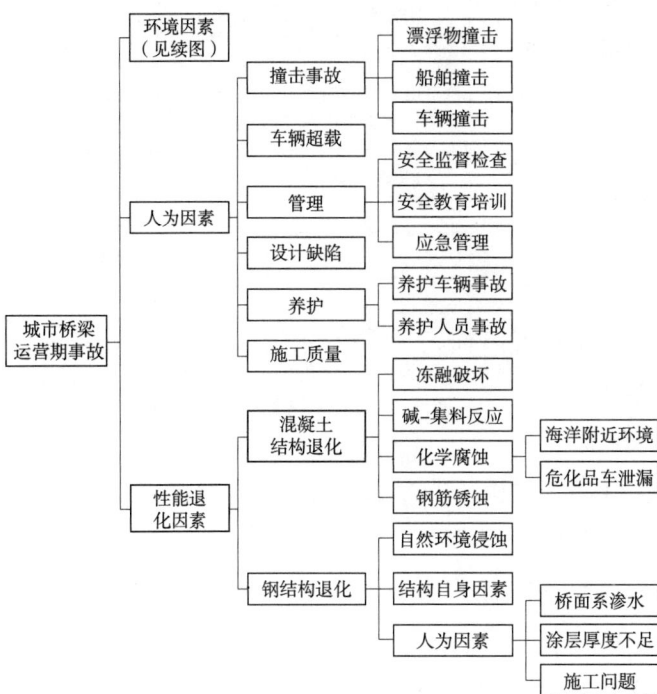

图 3-2　城市桥梁运营期事故树分析模型

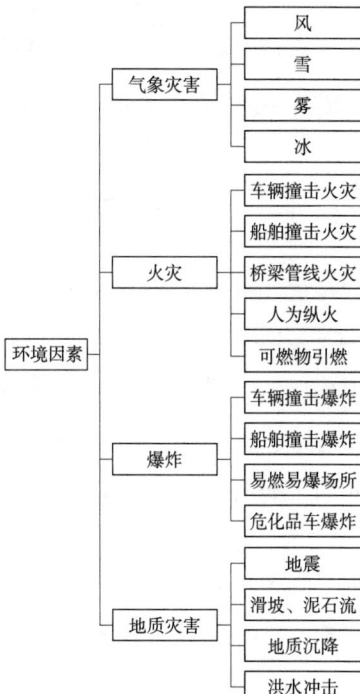

图 3-3　城市桥梁运营期事故树分析模型（续）

3.4　城市桥梁风险评估方法

常用的风险辨识与评估方法包括专家经验法、事故树分析法（Fault Tree Analysis，FTA）、层次分析法（Analytic Hierarchy Process，AHP）、模糊综合评价法和机器学习分析法等。针对不同类型桥梁及风险特征，应选取合适的方法或方法组合，提高评估的准确性和可靠性。

3.4.1　基于知识经验的评估

基于知识经验的桥梁风险评估是指依靠专家的知识和经验，对桥梁建设过程中可能出现的风险因素进行识别、分析和评估的一种方法。它主要依赖于专家对桥梁工程的技术要求、施工条件、地质环境、气象条件等方面的了解和判断，通过定性或定量分析，确定各风险因素的可能性和影响程度，从而为桥梁建设提供风险管理依据。

基于知识经验的风险评估方法流程图见图 3-4。

这种方法可以在缺乏详细数据或时间有限的情况下使用，并提供专业性和实践性的风险评估结果。然而，这种方法也存在一些挑战，如专家意见的主观性、知识的局限性等，需要结合实际情况和多方面的参考进行综合评估。

3.4.2 基于风险发生概率的评估

基于风险发生概率的桥梁风险评估方法是一种系统性的方法，用于量化和分析桥梁结构可能面临的各种风险事件的概率。这种方法的核心概念是基于可靠的数据和统计分析来评估

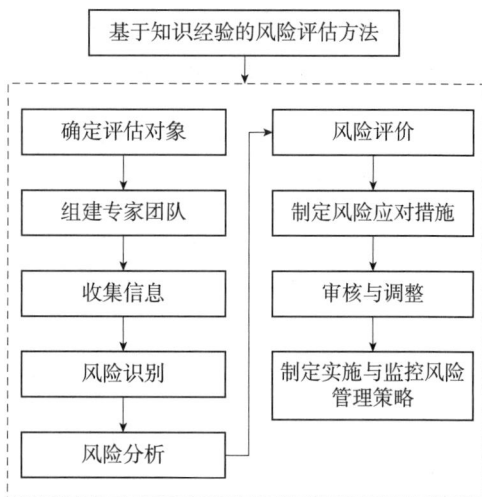

图3-4 基于知识经验的风险评估方法流程图

不同风险的发生概率，以便更准确地了解桥梁结构的潜在风险，并制定相应的风险管理策略。

基于风险发生概率的评估方法通常包括以下步骤：

（1）数据收集：收集与桥梁相关风险因素有关的数据，包括历史事件记录、监测数据、桥梁设计参数、材料特性、环境条件等。

（2）风险因素识别：确定可能影响桥梁安全性的各种风险因素，如自然灾害、交通负荷、材料老化、设计或施工缺陷等。

（3）概率模型建立：为不同类型的风险事件建立概率模型，可以基于统计分析、可靠性分析、蒙特卡罗模拟等方法。

（4）概率评估：使用建立的概率模型，对每个风险事件的概率进行评估。这涉及将概率模型应用于实际数据，以计算事件发生的概率。

（5）风险合并：如果涉及多个风险因素，需要将它们的概率合并以计算整体风险概率。这可以通过概率论的合并方法来实现。

（6）风险评估：将风险概率与风险事件的影响关联起来，以确定不同风险事件的风险级别。通常，较高概率的风险事件被视为更紧迫需要管理的风险。

（7）风险管理策略：根据评估的风险级别，制定相应的风险管理策略。这可能包括定期检查、维护、修复、升级或重建桥梁结构。

基于风险发生概率的评估方法流程图见图3-5。

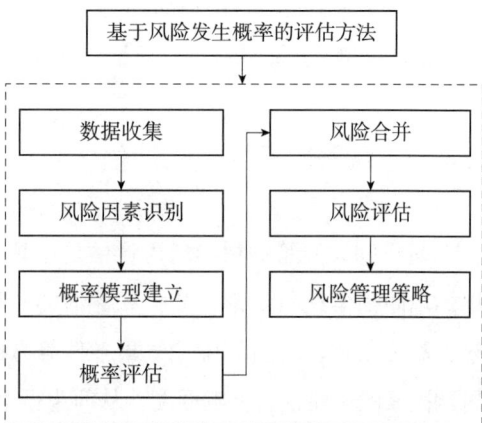

图3-5 基于风险发生概率的评估方法流程图

总的来说，基于风险发生概率的桥梁风险评估方法具有定量性和科学性。然而，它的有效性和准确性高度依赖于数据的可用性和质量，以及模型的精确性。因此在实际应用中，通常会将这种方法与其他风险评估方法（如基于知识经验的方法）结合使用，以获取更全面的风险图景。

3.4.3　基于风险灾变事故树的评估

基于风险灾变事故树的桥梁风险评估方法是一种系统性的分析方法，旨在识别和评估桥梁工程中可能发生的风险和事故，以便采取适当的预防和应对措施。这种方法结合了事件树和故障树的原理，用于分析各种可能导致事故或灾变的事件和故障，以及它们之间的关联和影响。主要概念划分表见表 3-6。

主要概念划分表　　　　　　　　　　　　　　　　　　表 3-6

基于风险灾变事故树的评估方法				
概念划分	风险灾变事故树	事件节点	门节点	概率估计
含义	这是一种图形工具，用于描述和分析灾难性事故的可能发生路径。它是由事件节点、门节点和逻辑门连接而成的树状结构，用于表示各种事件和条件之间的因果关系。在桥梁风险评估中，风险灾变事故树用于表示可能导致桥梁事故的各种因素和事件	事件节点表示一个特定的事件或条件，例如地震、洪水、结构损坏、维护失效等	门节点表示逻辑关系，包括"与门"（AND 门，表示所有事件同时发生）和"或门"（OR 门，表示其中一个事件发生）	在风险灾变事故树中，每个事件节点和逻辑门都关联着概率值，表示该事件或条件发生的概率。这些概率值可以基于历史数据、统计分析、专家判断等方法估算而来

基于风险灾变事故树的评估方法通常包括以下步骤：

（1）问题定义和目标制定：定义需要评估的桥梁风险问题，明确评估的目标和范围。

（2）事件识别：确定可能导致桥梁事故的各种事件和条件，包括自然灾害、结构缺陷、维护失效等。

（3）构建风险灾变事故树：利用事件节点、门节点和逻辑门，构建风险灾变事故树，描述各事件之间的因果关系。

（4）概率估计：为每个事件节点和逻辑门分配概率值，表示其发生概率。这通常需要基于数据和专业知识来估计。

（5）事故树分析：通过对风险灾变事故树进行分析，可以计算不同事故路径的发生概率，识别潜在风险。

（6）风险评估：结合事故树分析的结果，评估不同风险路径的风险级别。这有助于确定哪些风险最需要关注和管理。

（7）风险管理策略：基于评估结果，制定相应的风险管理策略，包括预防措施、维护计划、紧急响应等。

（8）监控和更新：定期监控桥梁的运营状况，更新风险灾变事故树和概率估计，以反映新的知识和数据。

基于风险灾变事故树的评估方法流程图见图3-6。

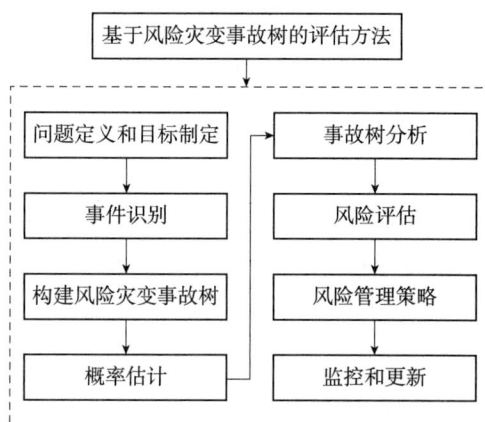

图3-6　基于风险灾变事故树的评估方法流程图

3.4.4　基于风险层次分析的评估

基于风险层次分析（Risk Hierarchy Analysis）的桥梁风险评估方法是一种系统性的方法，用于确定桥梁工程中可能出现的各种风险，并对这些风险进行定性和定量的评估。

以下是使用基于风险层次分析的桥梁风险评估方法的一般步骤：

（1）风险识别：确定所有与桥梁工程相关的潜在风险因素。这可能包括自然因素（如地震、洪水、气象条件）、工程因素（如设计错误、施工问题）、运营因素（如交通负荷、维护问题）等。

（2）风险分类：将识别的风险因素分为不同的类别，例如技术风险、环境风险、社会风险、经济风险等。这有助于更好地组织和管理风险。

（3）确定风险因子：对每个风险因素进行详细分析，确定其可能性和影响程度。可能性通常用概率分布来表示，而影响程度可以用指标如财务损失、人员伤亡等来衡量。

（4）风险层次分析：使用层次分析法（AHP）或其他类似的方法，为每个风险因素分配权重，以确定其相对重要性。这涉及建立一个层次结构，将风险因素分为不同的层次，并为每个因素分配权重，以反映其对整体风险的贡献。

（5）风险评估：结合可能性和影响程度，计算每个风险因素的风险值。通常使用以下公式来计算风险值：

$$风险值 = 可能性 \times 影响程度$$

（6）风险优先级排序：将风险因素按照其风险值进行排序，以确定哪些风险最为关键和紧急，需要优先处理。

（7）风险管理策略：开发针对高优先级风险的风险管理策略。这可以包括风险规避、风险减轻、风险转移或风险接受等措施。

（8）监测和更新：持续监测和评估桥梁项目中的风险，随着项目的进展，不断更新风险评估和管理策略。

基于风险层次分析的评估方法流程图见图 3-7。

通过层次结构和权重设置，可以帮助决策者理清风险因素的重要性和相互关系，并提供决策的依据。然而，该方法对权重的设定和选择敏感，需要合理设置权重并进行充分的敏感性分析。同时，对层次结构的构建和评估指标的选择也需要考虑实际情况和专家意见。

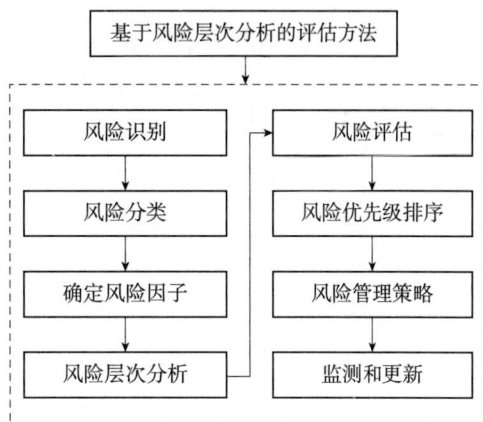

图 3-7　基于风险层次分析的评估方法流程图

3.4.5　基于风险损失分析的评估

基于风险损失分析的评估方法（Risk Loss Analysis）是一种定量分析桥梁结构健康和安全性的方法，其核心思想是通过评估可能风险事件的潜在损失来量化桥梁的风险。

基于风险损失分析的评估方法通常包括以下步骤：

（1）风险事件的识别和分类：首先，需要明确定义可能对桥梁安全性构成威胁的各种风险事件，这些事件可以包括自然灾害（如地震、洪水、风暴）、人为事故（如交通事故、恶意破坏）以及结构老化等。

（2）可能性评估：对于每种风险事件，需要进行可能性评估，即确定该事件发生的概率。这可以基于历史数据、气象条件、地理位置等因素进行估算。可能性可以量化为概率或频率。

（3）损失评估：对于每种风险事件，需要评估其潜在损失，包括但不限于以下方面：

1）结构损坏程度：事件发生时桥梁可能受到的破坏程度。

2）经济损失：修复或替换受损部分的成本。

3）社会影响：事件可能导致的交通中断、人员伤亡、环境影响等。

4）恢复时间：将桥梁恢复到正常使用状态所需的时间。

（4）风险计算：通过将可能性和损失结合起来，计算每种风险事件的风险值。通常采用的方法包括风险值（Risk Value）的计算，该值可以用以下公式表示：

$$风险值 = 可能性 \times 损失$$

风险值可以量化为概率分布或风险矩阵的形式，用于表示每种事件的风险水平。

（5）风险排名和优先级：对不同风险事件的风险值进行排名和分类，以确定哪些事件对桥梁的安全性具有更高的风险。这有助于决策者确定哪些风险需要优先处理和管理。

（6）风险管理策略：基于评估结果，桥梁管理团队可以制定相应的风险管理策略，包括预防措施、监测计划、维护和修复策略，以降低高风险事件的潜在影响。

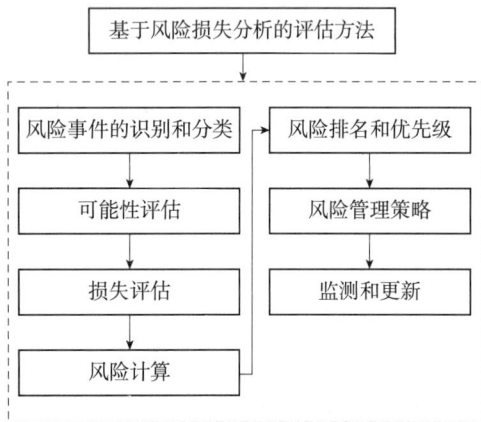

图 3-8 基于风险损失分析的评估方法流程图

（7）监测和更新：桥梁风险评估是一个动态过程，需要定期监测和更新风险分析，以反映桥梁状况的变化和新的风险因素。

基于风险损失分析的评估方法流程图见图 3-8。

基于风险损失分析的评估方法的优点在于能够通过具体的损失和影响来评估风险，使决策者对风险的严重性和影响程度有更直观的理解。这种方法有助于识别和评估可能带来重大损失的风险，并为决策制定提供有针对性的信息和控制措施。然而，该方法的有效性依赖于对损失和影响的准确评估，需要可靠的数据和分析方法，并综合考虑不确定性和相关因素。

3.5 城市桥梁风险辨识方法

3.5.1 城市桥梁结构自身风险辨识方法

针对城市桥梁结构自身风险的辨识，需通过多维度、多技术手段的系统化流程，识别其材料、构件及整体结构中的潜在缺陷和损伤。核心目标即通过材料老化、裂缝、腐蚀、变形等直接影响承载力的损伤来识别结构缺陷；通过判断主梁、桥墩、支座、伸缩缝等关键构件的功能性退化来评估构件状态；通过预测结构在荷载作用下的疲劳断裂、失稳或垮塌对潜在失效模式进行预警。

辨识城市桥梁结构风险具体方法为：

1. 现场勘查与人工检查

目视检查，使用望远镜、裂缝宽度测量仪、敲击锤（检测混凝土空鼓）等仪器重点检查桥面铺装裂缝、桥墩倾斜、支座锈蚀、伸缩缝堵塞等区域。

建立定期检查制度，依据《城市桥梁检测与评定技术规范》CJJ/T 233—2015，每 1~3 年对桥梁进行全面检查（如特大桥每年 1 次），日常对桥面、排水系统等易损部位进行快速检查。

2. 无损检测技术

可采用回弹/超声回弹、雷达扫描、红外热成像等方法对混凝土结构进行损伤识别；采用磁粉探伤、超声波探伤、涡流检测等方法对钢结构进行损伤识别；采用磁通量检测、振动频率等方法对索结构桥梁进行损伤识别。

3. 结构安全监测技术

采用应变传感器监测主梁关键截面的应力超限，采用位移传感器记录桥墩沉降或主梁挠度异常，采用加速度计捕捉结构振动频率变化（如频率下降可能预示刚度退化）。将数据上传至实时数据平台，结合阈值进行报警。

桥梁结构风险辨识流程：

（1）初步筛查：通过无人机航拍快速发现桥面坑洞、护栏缺损等显性缺陷。

（2）重点检测：对高风险区域（如悬臂梁根部）进行无损检测（如雷达扫描）。

（3）数据融合：将检测结果与监测数据叠加，定位隐蔽损伤。

（4）模型验证：利用修正后的有限元模型评估剩余承载力。

（5）风险分级：按《公路桥梁技术状况评定标准》JTG/T H21—2011 划分风险等级（如4 类桥需限行）。

桥梁结构风险辨识流程中注意事项：

（1）周期性更新：旧桥（30 年以上）需缩短检测间隔至 6 个月。

（2）多源数据校验：避免单一方法误判（如将温度变形误认为沉降）。

（3）经济性平衡：特大桥优先采用实时监测，中小桥以定期检测为主。

3.5.2　城市桥梁运营荷载风险辨识方法

城市桥梁运营荷载（作用）风险的辨识是确保桥梁结构安全的重要环节，涉及对桥梁可能承受的各种外部作用力进行系统性识别、分类和评估。

辨识城市桥梁外部荷载风险具体方法为：

（1）目视检查：巡检桥面破损、支座位移、裂缝扩展等直观病害。

（2）传感器监测：可采用布设应变计、加速度计、位移计等，实时采集荷载响应数据。

（3）交通监控：通过摄像头或地磅记录车辆类型、重量及通行频率。

（4）无人机 / 三维扫描：采用视觉图像技术获取桥梁整体变形、局部损伤的高精度图像。

桥梁外部荷载风险辨识流程：

（1）前期准备与数据整合，收集设计图纸、荷载标准、地质报告、交通流量数据、历史检测记录、环境监测数据等基础资料。

（2）对荷载风险分类并编制清单，划分荷载为常规荷载、极端荷载和人为荷载等类型，列出荷载类型、作用位置、潜在影响进而编制风险清单。

（3）结合结构检查、动态监测和环境监测等方法进行现场调查与数据采集。

（4）结合风险概率与后果评估，通过专家评审与案例验证制定风险应对策略。

桥梁外部荷载风险辨识流程中注意事项：

（1）全面覆盖荷载类型。明确荷载分类，包括静荷载（自重、土压力）、动荷载（车辆、风振、地震）、偶然荷载（撞击、爆炸）、环境荷载（温度变化、洪水冲击）等。同时考虑极端气候（台风、暴雪）、地震带的地震动参数、船舶撞击（水域桥梁）、车辆超载等特殊荷载及材料老化导致的承载力下降问题。

（2）动态荷载与静态荷载的区分。通过对风振、地震、车辆冲击等动荷载进行时程分析或频域分析，关注结构的共振风险，并同时考虑长期动态荷载下结构的疲劳累积损伤。

（3）荷载组合的科学性。参考现行桥梁设计规范中的荷载组合原则，结合概率统计方法评估不同荷载组合的发生概率及风险等级。

（4）数据收集与分析的可靠性。利用传感器、安全监测系统获取实时数据，验证理论模型的准确性，同时对缺乏历史数据的荷载（如新型超载车辆），采用类比分析或数值模拟补充。

（5）极端事件与偶然荷载的评估。针对低概率高风险事件进行优先级排序。并评估桥梁在极端事件后的可修复性，进行韧性设计。

（6）风险动态更新与管理。关注结构局部与整体响应，考虑材料非线性影响的同时修正边界条件。

（7）经济性与可行性平衡。避免过度设计，在风险控制与工程成本间寻求最优解。针对高风险荷载制定应急措施，低风险荷载可采取常规监控控制成本。

3.5.3　城市桥梁环境灾害风险辨识方法

针对桥梁环境灾害风险，主要风险因素如下：

1. 风荷载

强风/台风：横向风压导致桥梁侧倾、振动（尤其大跨径斜拉桥、悬索桥）。

涡激振动：特定风速下结构共振引发疲劳损伤。

2. 温度变化

季节温差：混凝土膨胀收缩导致裂缝、支座位移。

日照不均：单侧受热引发结构扭曲变形（如钢箱梁局部翘曲）。

3. 降水与湿度

暴雨洪水：桥墩冲刷、基础掏空、漂浮物撞击。

长期高湿度：加速钢结构锈蚀、混凝土碳化。

酸雨：腐蚀金属构件（如螺栓、锚具）。

4. 雷电

雷击：损坏桥梁监控设备，引发电气火灾。

5. 冰冻与积雪

低温脆化：钢材韧性下降，易发生脆性断裂。

桥面结冰：增加恒载、降低摩擦系数（车辆打滑）。

6. 极端天气组合

台风＋暴雨：叠加风压与洪水冲击。

冻融循环：反复冻胀导致混凝土剥落、钢筋暴露。

主要数据来源渠道如下：

（1）历史气象数据：气象局提供的 30 年以上风速、降雨量、温度极值记录。统计极端事件（如百年一遇台风、最大日降水量）。

（2）实时监测数据：桥梁现场风速仪、温湿度传感器、雨量计等设备的数据，以及卫星遥感与气象雷达数据（预测台风路径、强对流天气）。

（3）气候预测模型：全球变暖背景下未来 50 年气候趋势（如极端天气频率增加）。

（4）分析方法：计算不同重现期（如 50 年、100 年）的气象参数极值统计概率。分析区域气候特征（如沿海台风区、北方冻融区）及时空分布规律。验证气象参数与桥梁病害的关联性（如高湿度区域锈蚀率）。

桥梁气象环境风险辨识流程：

（1）结构损伤检查，检查混凝土裂缝（温度裂缝多呈横向分布）。检测钢构件锈蚀程度（湿度高的区域优先锈蚀）。评估桥面排水系统堵塞情况（暴雨时积水风险）。

（2）布设气象监测设备，在桥塔顶部、主梁两侧布设风速风向仪监测风场分布。在桥面、箱梁内部、支座位置等地方布设温湿度传感器。

（3）在桥墩附近布设雨量计与水位计，监测降雨强度与河流水位。

（4）布设结冰传感器，在桥面关键区域检测覆冰厚度。

（5）采用无人机与红外热成像，快速扫描桥面积水、结冰范围。

（6）检测混凝土内部空洞（冻融循环导致）。

桥梁气象环境风险辨识流程中注意事项：

（1）优化抗风设计，增设风嘴、导流板改善气动外形（如悬索桥主梁）。安装调谐质量阻尼器（Tuned Mass Damper，TMD）抑制振动。

（2）温度控制，桥面铺设高反射率涂层（降低吸热）。设置伸缩缝与滑动支座释放温度应力。

（3）防排水系统升级，扩大排水管径、增设集水井（应对暴雨）。桥墩周围抛石防护或增设防撞桩（防洪水冲刷）。

（4）防冰与除冰，桥面埋设电热丝或喷洒融雪剂。缆索表面涂覆憎水材料（减少覆冰附着）。

（5）建立定期维护制度，雨季前清理排水系统，冬季前检查防冻设施。每两年检测一次钢结构的涂层完整性。

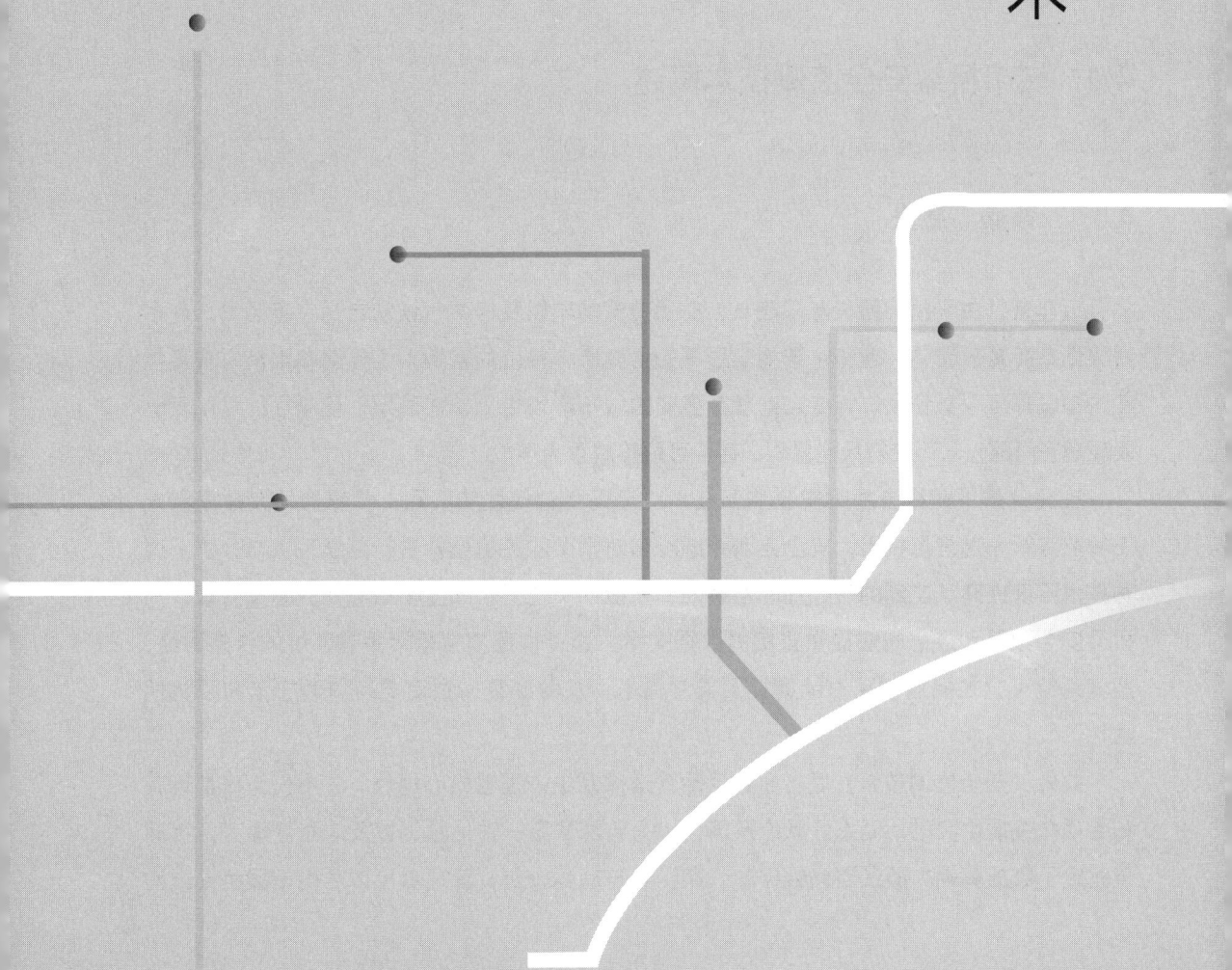

第 4 章　城市桥梁安全监测技术

　　桥梁安全监测是城市桥梁安全工程的核心技术支撑与动态防控中枢，也是本书聚焦的核心实践领域。本章基于第 3 章风险评估的成果，将风险等级映射至监测需求，构建"风险驱动－数据赋能－智能决策"的全链条监测体系，为高优先级风险的实时捕捉与精准干预提供技术保障。

　　作为全书的重点章节之一，本章系统阐述从传感器选型到数据解析、从布点优化到智能预警的全流程技术框架，揭示现代监测技术如何成为桥梁全生命周期安全的"感知神经"与"智慧大脑"。通过钢桁架拱桥监测布点实例，展示如何实现高风险区域的靶向监测覆盖，为桥梁管理者提供从设备部署到数据应用的系统性解决方案。

4.1　城市桥梁安全监测技术概述

4.1.1　背景与意义

　　近年来，由于桥梁服役年限延长、交通荷载加剧以及极端气候和自然灾害频发，许多桥梁逐渐暴露出老化、疲劳、结构变形等安全隐患。传统的定期人工检测和维修方式虽然在过去发挥了积极作用，但在当前复杂多变的城市环境中，单靠周期性检测往往难以及时发现潜在问题，从而使得风险累积，甚至可能酿成重大事故。

　　在此背景下，城市桥梁安全监测技术应运而生。借助物联网、传感器、大数据和人工智能等新一代信息技术，安全监测系统能够对桥梁的关键指标进行连续采集与分析。这种技术不仅提高了监测的时效性和准确性，还能够实现对桥梁全生命周期的健康管理，为桥梁安全预警和应急响应提供坚实的数据支撑。通过构建覆盖桥梁关键部位的传感网络，监测系统可以在问题初现时就捕捉到异常信号，及时预警，进而支持科学决策和预防性维护。

　　此外，安全监测技术在城市桥梁风险管理体系中占据着核心地位。它不仅为日常管养和专项检查提供实时、动态的状态反馈，也为监测预警、评估预测以及应急管理等后续环节奠定了数据基础。通过监测数据的长期积累与趋势分析，管理者可以准确把握桥梁结构的健康状态，预测未来可能出现的损伤和性能衰退，从而提前制定预防措施，有效延长桥梁使用寿命，降低突发事故的风险。

4.1.2　发展与趋势

自 20 世纪 80 年代起，监测技术逐步从机械与航空领域引入桥梁工程，开启了结构健康监测的新篇章。早期国外的实践中，如美国佛罗里达州的 Sunshine Skyway 斜拉桥便在建设和运营过程中布设了各类传感器，这些传感器主要用于监测桥梁的应力、振动和变形情况，为桥梁安全提供实时数据支持。国外在这一时期已初步建立起基于感知技术的结构监测理念，为后续的智能监测系统奠定了基础。

我国自 20 世纪 90 年代中期开始涉足桥梁结构监测研究，并在实际应用中逐步摸索出一套适合国情的监测技术体系。从江阴长江公路大桥、南京八卦洲长江大桥到润扬长江公路大桥，我国的大跨径桥梁均已引入各类传感器设备，对桥梁安全进行实时监测。我国在这一领域的发展大体可分为 3 个阶段（表 4-1）：

桥梁监测发展　　　　　　　　　　　　　　　　　　　　　　　　表 4-1

桥梁监测	第 I 阶段	第 II 阶段	第 III 阶段
阶段名称	桥梁结构监测	桥梁健康监测	桥梁安全监测
监测对象	桥梁结构	桥梁结构	桥梁结构 + 耦合灾变 + 次生衍生
时间历程	1990—2005 年	2006—2020 年	2021 年以后
监测内容	结构垮塌、结构损伤	I 阶段目标 + 结构病害、健康诊断	II 阶段目标 + 寿命预测、风险管控
监测设备	以传统的机械与电阻类设备为主	发展了新型的光学类、电磁类设备	发展了机器视觉、人工智能、5G 类设备
监测系统	单桥监测系统	网级监测系统	城市集群监测系统
应用规模	试点应用，百余座	推广应用，千余座	全面应用

未来，感知技术的发展正朝着高精度、微型化、智能化的方向不断迈进，其在桥梁安全监测与病害检测中的应用将更加广泛和深入。机器视觉技术与无人机巡检正逐步成为桥梁检测的前沿手段。借助高分辨率摄像头和先进的视频处理算法，无人机可以对桥梁进行全方位、非接触式检测，大幅提高检测效率和覆盖范围。高清图像与视频数据不仅能够直观展现桥梁表面状况，还能通过图像识别技术快速定位裂缝、锈蚀、混凝土剥落等细微缺陷，实现早期故障识别，降低后期维护成本并延长桥梁使用寿命。

与此同时，大数据和机器学习技术在数据分析与模式识别中的应用，将为桥梁监测系统注入全新的智能化能力。通过对海量历史监测数据进行深度学习，系统能够自动识别出复杂的异常模式和隐含规律，实现对结构安全状态的精准评估和剩余寿命预测。这不仅使得监测预警更加及时、准确，还能为桥梁维护提供科学的决策支持。未来的智能监测系统将会集成实时数据采集、云端大数据处理以及基于人工智能的预测模型，形成一个闭环的、动态的风险管理体系。

4.2　城市桥梁安全监测技术组成

4.2.1　数据感知技术

数据感知技术作为城市桥梁安全监测的核心，旨在通过多种传感器采集结构类、荷载类及环境类等多方面的实时数据，为后续风险评估和预警提供基础数据支持。这一部分主要涵盖 3 个层面的监测技术。

1. 结构自身类监测技术

主要依靠各类传感器来捕捉桥梁结构的物理响应。常见的监测指标包括倾角、位移、温度、裂缝、应变、索力、振动、挠度以及支座反力等。倾角传感器用于监测桥梁整体或局部的倾斜变化，以判断是否存在沉降或偏移；位移传感器则精确测量结构构件之间的相对位移和变形；温度传感器可以监测关键部位的结构温度，评估温度变化对材料性能的影响；裂缝传感器能够监测出细微裂缝的发展情况，从而预警结构老化或疲劳问题；应变和索力传感器对桥梁受力状态进行实时监测，确保桥梁在荷载作用下始终处于安全状态；振动和挠度传感器则用于捕捉桥梁在动态荷载（如交通车辆冲击）或环境激励（如风荷载、地震）下的特性；而支座反力传感器则用于监测桥梁支座系统的工作状态，为结构安全评估提供关键数据。

2. 运营荷载类监测技术

主要针对桥梁所承受的实时荷载进行监测。例如，动态称重系统可以实时测量经过桥梁的车辆荷载，帮助识别超载车辆和交通流量异常情况；冲击振动传感器则用于捕捉车辆撞击、船只撞击或其他突发荷载作用下产生的瞬时振动信号，这些数据能够揭示出荷载对结构造成的瞬间冲击效果，为评估结构疲劳和损伤累积提供依据。

3. 环境灾害类监测技术

为了应对地震、强风、洪水以及其他环境灾害对桥梁造成的影响，通常部署有强震仪阵列、风速风向仪、环境温湿度传感器以及基础冲刷流量传感器等设备。强震仪阵列可以捕捉地震波对桥梁的多维激励信息，帮助分析结构的抗震性能；风速风向仪实时监测风的方向和速度，为评估风荷载及风致振动提供数据支持；环境温湿度传感器则反映出周边气候条件的变化，对桥梁材料的耐久性和腐蚀风险进行评估；而基础冲刷流量传感器则用于监测河流流量和冲刷作用，及时预警因水流作用引起的桥墩或基础的潜在风险。

4.2.2　数据传输技术

数据传输技术担负着将桥梁安全监测数据从采集端传递到终端、再从终端传递到远程监测感知计算终端的任务，从而完成桥梁安全工程结构采集系统产生的各种数字信号在不同设备或系统之间的数据交互的系统传输。该技术是数据通信系统中的一部分，主要是将通信系统中的数据从发送端传输至接收端。在进行安全监测时，可根据结构形式、结构规模或结构群体分布形式不同，灵活选择数据传输技术，按传输介质分为有线传输技术与无线传输技术。

1. 有线传输

有线传输依赖于物理媒介（如铜质双绞线、同轴电缆及光纤）在通信设备间传递信号。铜质媒介中，双绞线通过绞合减少电磁干扰，而同轴电缆则利用屏蔽层增强抗干扰性。光纤则凭借光信号传输，在距离、容量及抗干扰性上远超铜质媒介，但成本较高。传统安全监测系统采用有线方式，将传感器数据经电缆传送至采集站处理，再转发至客户端。此方式面临诸多挑战：长距离传输易致信号失真与损耗，影响信息完整性；布线复杂，增加施工成本与维护难度；数据传输整合性差，速度受限；电缆易受环境因素侵蚀，降低传输可靠性，提升维护成本。因此，当前监测系统普遍转向无线传输技术，以优化数据传输效率与系统可靠性。

2. 无线传输

无线传输是通过空间传输的一种技术，其介质主要有无线电波、红外线、微波、卫星和激光等。目前将无线传输、嵌入式计算和微机电系统（Micro-Electro-Mechanical System，MEMS）传感器等技术合并，形成了模块化的无线监测系统。按照传输方式，桥梁安全监测数据传输分为串行传输、同步传输、异步传输、单工传输等多种方式（图 4-1）。其中串行传输指数据按时间顺序，逐个顺序传送的方式；同步传输要求发送端和接收端的时钟始终完全同步，此方式下数据的发送与接收的时间间隔是固定的；异步传输并不要求发送端和接收端的时钟完全一致，数据间的传输是

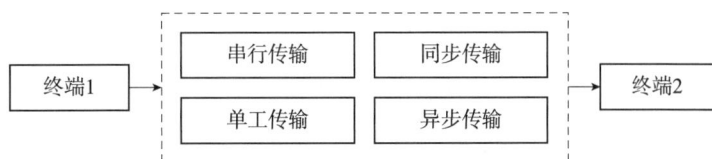

图 4-1　数据传输方式

不同步的；单工传输数据只能按单一方向发送和接收，即发送端和接收端的功能是固定的。

4.2.3　数据存储技术

数据存储的组织方式主要有文件方式、关系型数据库和非关系型数据库 3 种。

1. 文件方式

存储创建相对简单，存写速度较快，比较适合监测过程中原始采样数据的存储。

2. 关系型数据库

以关系模型为基础，借助于集合代数等数学概念和方法来处理数据。土木工程结构安全监测过程经常使用的数据集合，例如：系统参数、结构信息、结构模型、监测数据、健康状态、超阈值事件、系统维护、管养检查、系统日志和用户管理数据等，适合采用关系型数据库进行存储，常用的关系型数据库有 Oracle Database、MySQL 等。

3. 非关系型数据库

随着土木工程结构健康监测对象及采集信息量的日益增加，解决关系型数据库面对海量数据处理的瓶颈，可以采用非关系型数据库进行数据存储，能够解决土木工程结构安全监测过程中对数据高并发读写的需求，海量数据的高效率存储和访问、系统高可扩展性和高可用性的需求。

4.3　城市桥梁安全监测内容与选型

监测设备的选型应遵循监测精度需求、环境适应性、设备稳定性、维护便捷性和经济适用性原则，以确保长期监测的有效性与准确性。监测内容主要可分为三大类，分别对应桥梁结构自身的健康状态、实际承载荷载以及自然环境对桥梁安全的影响，各自具体监测内容如下：

4.3.1　结构自身监测内容

倾角监测：利用倾角仪、电子平衡梁等监测设备，实时监测桥梁整体或局部的倾斜变化，及时发现由于沉降或局部受力不均引起的异常情况。

位移监测：采用拉线位移计、激光位移计、视频位移计、全球卫星导航系统（Global Narigation Satellite System，GNSS）等位移类监测设备，实时记录各结构构件之间的相对位移和变形，反映结构变形趋势。

结构温度监测：通过温度传感器监测关键部位温度变化，评估温度波动对材料性能和结构安全性的影响。

裂缝宽度监测：利用数字裂缝计、图像裂缝计等传感器跟踪混凝土或钢结构表面裂缝的发生与扩展情况，为早期损伤预警提供数据支持。

应变监测：通过部署应变传感器监测桥梁在荷载作用下的微小形变，判断结构内力分布及应力集中现象。

索力监测：针对斜拉桥或悬索桥，采用磁通量传感器、锚索计、加速度传感器（振动法）实时监测拉索的受力状态和疲劳情况，确保整体稳定。

振动监测：利用单向或多向加速度传感器捕捉桥梁在动态荷载或地震作用下的振动响应，揭示结构动态特性。

挠度监测：通过激光位移仪、静力水准仪、视觉监测系统等挠度类监测设备精确测量桥梁在荷载作用下的下挠和变形情况，反映结构刚度和健康状态。

支座反力监测：通过智能支座，实时监测支座反力的变化情况，确保支座系统在承载荷载时能保持足够的稳定性和协调性。

4.3.2 运营荷载类监测内容

车辆荷载监测：通过埋入式动态称重系统和视频监控，实时采集经过桥梁的车辆重量数据并抓拍。该系统不仅能准确记录每辆车的轴重和总重，还能通过图像识别技术捕捉车辆型号、牌照信息，及时识别超载车辆和异常荷载分布情况。动态称重系统与视频监控的联动，使得监测数据更为全面，为交通管理和桥梁养护提供精准的数据支持，从而降低因车辆荷载异常而导致的桥梁疲劳和结构损伤风险。

桥梁碰撞监测：桥梁碰撞监测主要涵盖车辆撞击和船舶撞击两大方面。针对车辆撞击，多用于车辆超高剐蹭梁体这一风险场景，常部署测距传感器和视频监控设备，通过实时捕捉车辆与梁体的净高以及预测车辆行驶轨迹，识别出异常车辆碰撞梁体事件；而对于船舶撞击，则利用视频监控设备与声光报警设备，及时发现因船舶偏离航道或操作失误引起的撞击风险。这些设备协同工作，确保在碰撞事件初期就能捕捉到关键信号，为后续的风险评估和应急处理提供依据。

危化车辆监测：针对运输危险品的车辆，监测设备采用北斗定位技术对其进行实时跟踪，确保这些车辆不会驶入重点桥梁区域。通过与视频监控和车牌识别系统的联动，系统能够自动识别和定位危化品车辆，并实时监控其运行轨迹。一旦监测到其驶向桥梁敏感区域，系统将立即发出预警，通知交通管理和安全监管部门采取必要的干预措施，从而有效预防因危化品运输带来的次生安全风险。

火灾监测：火灾监测主要通过温度传感器、烟雾传感器及红外热成像摄像头等设备设施。温度传感器持续监控桥梁结构及周边环境温度的变化；烟雾传感器实时监测空气中烟雾浓度；红外热成像设备则在低能见度条件下对潜在火源进行快速定位。当监测数据出现异常，如温度急升、烟雾浓度突增或红外影像显示火情，系统会迅速触发预警机制，及时通知相关部门启动应急预案，确保火灾风险能够在最短时间内得到有效响应与处理。

4.3.3 环境灾害类监测内容

地震监测：通过部署强震仪阵列，对桥梁所在区域的地震波进行实时捕捉和记录。该系统能够精确测量地震波的强度、频率和传播方向，为桥梁在地震荷载下的动态响应分析提供第一手数据，支持抗震性能评估和紧急响应预案的制定。

风速风向监测：利用三维超声风速仪，对桥梁及其周边的风速、风向及风压进行实时监测。该设备能同时采集 3 个方向的风速数据，反映风致振动对桥梁结构的影响。监测数据有助于分析风荷载对桥梁产生的动态响应和共振现象，为优化抗风设计和安全评估提供依据。

基础冲刷监测：采用基础冲刷监测系统，对桥梁基础和桥墩周边的冲刷情况进行实时监测。该系统通过安装冲刷深度传感器和水流速度传感器，分别获取水流对基础的冲刷深度和流速数据，从而评估洪水对桥梁结构稳定性的影响，并为防洪设计和应急预案提供科学数据支持。

滑坡 / 泥石流监测：在桥梁周边易发生山体滑坡或泥石流的区域，部署地质传感器、坡面监测设备以及遥感监测设备，对山体的活动情况进行动态监测。地质传感器可以实时记录岩体应力变化和位移数据，坡面监测设备则通过定期拍摄和激光测距等手段评估坡面稳定性；同时，遥感监测技术能够利用卫星或无人机获取区域内大范围的地形变化信息，提前预警可能的滑坡或泥石流风险。

漂浮物监测：为防范冬季冰凌等漂浮物对桥梁结构的冲击风险，在桥下及周边布置温度传感器、水流监测设备以及视频监测系统。温度传感器监测水体及周边环境温度变化，判断冰凌形成的可能性；水流监测设备实时记录水流速度与流向，为冰凌运动趋势分析提供数据；同时，视频监测系统通过实时图像采集，能够直观捕捉冰凌的动态情况，帮助及时发现异常现象，并为相关部门采取防范措施提供即时支持。

4.3.4 监测设备选型参数

桥梁监测设备的选型取决于监测参数的具体性质和监测目的。不同类型的设备针对不同的监测参数具有不同的要求。

部分桥梁监测设备选型参数参考见表 4-2。

部分桥梁监测设备选型参数参考　　　　　　表 4-2

监测对象	监测内容	监测设备要求
桥梁结构	倾角	量程：-5°~+5°； 精度：±0.02°； 分辨率：0.0001°
	位移	量程：位移估计值或允许值的 2~3 倍； 精度：±0.5% F.S.； 分辨率：0.1mm
	温度	精度：±0.5℃； 分辨率：0.1℃
	裂缝	量程：裂缝宽度的 5 倍； 精度：±0.02mm； 分辨率：0.01mm
	应变	量程：应变估计值的 1.25~3 倍； 精度：±0.5% F.S.； 分辨率：$1\mu\varepsilon$
	索力	量程：索力设计值的 1.2 倍； 精度：±5% F.S.； 分辨率：0.1% F.S.
	加速度	频响范围：0.1~100Hz； 量程：大于振动响应值的 1.5 倍，且不小于 ±5g； 横向灵敏度：5%
	挠度	量程：挠度估计值或允许值的 2~3 倍； 精度：±2mm； 分辨率：0.01% F.S.
	支座反力	测量范围：支座反力设计值的 2 倍； 精度：±0.1% F.S.； 分辨率：0.05% F.S.

注：针对不同结构类型桥梁，可选择全部或部分指标监测，并应符合《建筑与桥梁结构监测技术规范》GB 50982—2014 和《公路桥梁结构监测技术规范》JT/T 1037—2022 等相关标准的规定。

4.4　城市桥梁安全监测布点

4.4.1　监测布点原则

在结构监测中布点的选择至关重要，具体考虑以下几个方面（图 4-2）：

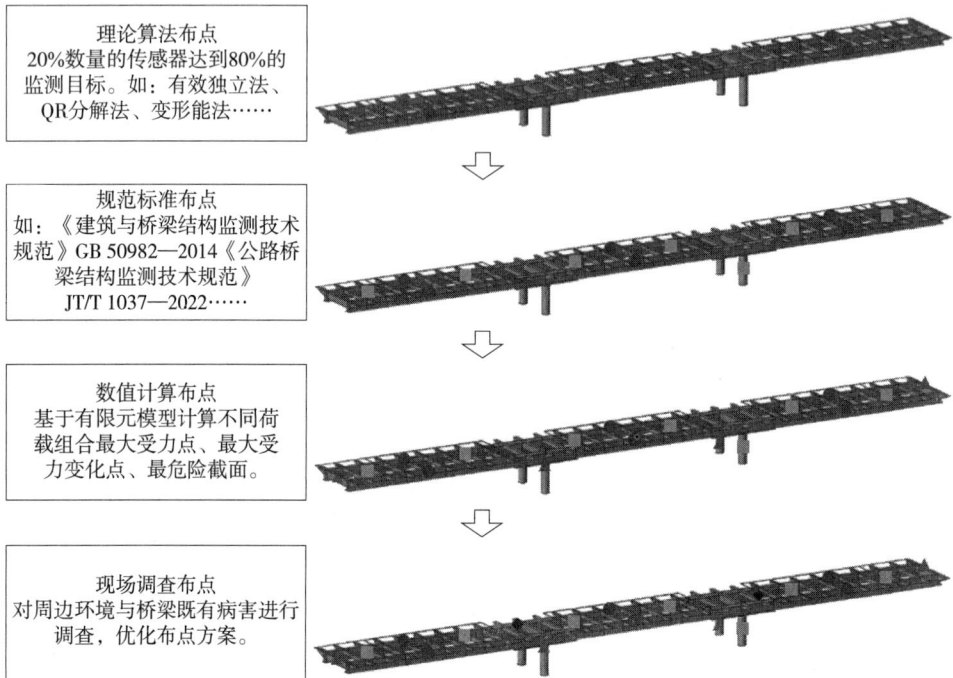

理论算法布点
20%数量的传感器达到80%的监测目标。如：有效独立法、QR分解法、变形能法……

规范标准布点
如：《建筑与桥梁结构监测技术规范》GB 50982—2014《公路桥梁结构监测技术规范》JT/T 1037—2022……

数值计算布点
基于有限元模型计算不同荷载组合最大受力点、最大受力变化点、最危险截面。

现场调查布点
对周边环境与桥梁既有病害进行调查，优化布点方案。

图 4-2　布点优化原则示意图

（1）布点需选择荷载作用和环境条件具有代表性的位置，从而全面反映监测量在空间上的分布。

（2）为了捕捉结构的关键响应与变化，布点应优先布置在承受高应力、经历显著变形、易于受损、对主要构件安全耐久性及整体结构安全至关重要的区域，同时也不能忽视已有病害或损伤的部位。对于已经表现出性能衰退或损伤加剧的桥梁构件，应适当增加布点密度，以加强监测力度。

（3）布点时需进行细致规划，以优化布局。对于无法轻易更换的布点，应采取冗余设计，提高监测系统的可靠性。同时，应充分利用结构的对称性特点，合理减少布点数量，降低成本。此外，针对关键部件或构件，可增设校核布点，以确保监测数据的准确性和可靠性。

（4）在选择布点位置时，还需考虑实际操作的便利性。布点应便于安装传感器或标靶，同时考虑到后续检修、维护、更换传感器以及线缆敷设的便捷性，确保整个监测系统的长期稳定运行。

根据桥梁监测布点经验，建议对一座桥依次采用"理论算法 – 规范标准 – 数值计算 – 现场调查"循序渐进式的布点设计。

4.4.2　理论算法布点

　　桥梁理论算法布点是通过算法来优化和确定监测点位布置的方法。这种方法旨在确保监测点位能够准确反映桥梁在荷载作用和环境条件下的响应和结构变化，同时考虑到监测的效率和成本。

　　目前主要的算法包括模态动能法、有效独立法、QR 分解法、MAC 法、奇异值分解法、变形能法、遗传算法等。桥梁理论算法布点是一个复杂的过程，需要综合考虑多种因素和技术手段。在实际应用中，应根据具体桥梁的特点和需求来选择合适的算法和布设策略。

4.4.3　规范标准布点

　　桥梁规范标准布点应遵循国家、行业及地方所制定的规范与标准，旨在科学合理地确定监测点位的布局。这一方法不仅深入考量了环境因素、荷载作用、结构响应及结构变化的特性，还力求在代表性、经济效率、部件可替换性之间取得平衡，并充分顾及了设备安装与运行的实际条件限制。然而，由于标准规范中的布点设计较为固定，且主要针对结构类型较为单一的桥梁。因此，在多数情况下，遵循规范标准布点原则能够有效地满足桥梁监测的实际需求，确保监测系统的有效性和适用性。

4.4.4　数值计算布点

　　桥梁数值计算布点是通过构建精细的有限元分析模型，计算出在不同荷载组合作用下，结构中的最大受力点、最大受力变化点及最危险的截面位置。

　　结合桥梁实际运营中的复杂情况，如车（船）撞击、高低温、强风以及河水冲刷等多个场景，构建模型进行针对性的模拟分析，揭示极端条件下结构的受力特性，识别出结构可能遭受最不利的风险点，为关键位置布点提供了科学依据。目前，广泛应用的有限元计算软件，有桥梁博士、Midas/Civil、Ansys 和 Abaqus 等。

4.4.5　现场调查布点

　　桥梁现场调查布点应综合考虑一系列直观且关键的因素，包括桥梁周边的交通流量、气候、水文、地质环境、桥梁病害等情况。此外，布点的现场具体条件（如可接近性、空间限制等），也是不容忽视的要素。

4.5 城市桥梁监测布点实例

案例桥梁位于某市二环跨越运河处。主桥为81m+198m+81m钢桁架拱桥，由3片主桁组成。主桁为节间长度9m的"N"形桁架，主跨拱圈矢高46.13m，矢跨比1/4.292，2022年定检结果显示主桥技术状况等级为2类（图4-3）。

图 4-3 桥梁现场勘察图片

4.5.1 现场勘察

经现场勘察，梳理桥梁重点关注如表4-3所示：

重点关注梳理

表 4-3

部位		安全现状	扩展后果	对应监测
上部结构		主桁架：以锈蚀病害为主	钢材的锈蚀使得钢材的厚度减小或者节点等关键部位的连接强度减小，从而导致结构强度降低，结构稳定性下降	主桁架关键受力、构件内力
		横向联系：以锈蚀病害为主	横向联系程度降低，非保向力影响下，拱架桁架上弯矩增大，在锈蚀影响下会导致构件疲劳	横向联系内力
		吊杆：以锚头护筒锈蚀，保护套管变形、开裂，锚头渗油，下锚头防水罩失效等病害为主	吊杆力的降低直接会影响到桥面板的稳定性	吊杆力
		桥面板：以桥面板螺栓锈蚀、涂层脱落病害为主	桥面板作为直接承受荷载的部件，锈蚀会降低其承载能力	桥面几何线型

续表

部位	安全现状	扩展后果	对应监测
桥面系	伸缩缝：伸缩缝杂物填充、堵塞；伸缩缝锚固混凝土裂缝，伸缩缝型钢松动	影响梁端正常位移，导致桥梁内产生次生应力	伸缩缝位移
交通状况	单侧重车通行量较大	出现偏载情况，影响单侧结构受力，加剧构件疲劳	交通荷载及桥面视频

4.5.2　桥梁典型风险

分析钢桁架拱桥受力特点和构件组成，结合现场勘察和有限元仿真结果，梳理该桥风险如下：

1. 结构自身

（1）整体失稳风险：稳定性大于承载力，竖向刚度大，偏心受压，腹杆、弦杆长，极值点失稳。

（2）支座损伤风险：支座受力大、位移大，更换复杂，易受损坏。

（3）伸缩缝损伤风险：长大跨桥伸缩缝病害为通病，桥头跳车导致附近杆件受损。

（4）柔性双吊杆断裂风险：短吊杆以及中长吊杆会存在病害损伤、疲劳等断裂风险。

（5）螺栓群疲劳风险：受力复杂，非铰接，偏心受压，振动等因素造成疲劳失效风险。

2. 外部因素

（1）交通荷载：桥梁处主线一级公路，路线交通量大、重型车辆多，结构易发生疲劳破坏与倾覆风险。

（2）地震作用：钢桁架拱桥因其整体刚度、自重大，整体抗震表现较弱。

（3）车船撞击：横向稳定性弱，若遭撞击，有较大风险。

3. 气象环境

（1）温度变形风险：合龙温度对比，高于合龙拱膨胀；板桁不一致变形；每根杆件不一致，超静定结构，变形不协调。

（2）风致风险：偏心受压、高强螺栓群连接造成非铰接体系，内部多次超静定，加之正交异性板原因；在风（抖振）、车辆（连续高频振动）等作用下，易发生疲劳，产生裂纹，加大病害发展和耐久性。

4.5.3　监测布点设置

监测布点考虑结构自身特性和外部环境，结合算法布点、标准布点、计算布点和调查布点等方法，对桥梁开展实时监测布点设计，监测布点设置如表 4-4 所示。

监测布点设置 表4-4

序号	监测类别	监测项目	传感器	数量	监测目的
1	桥梁结构关键位置内力监测	桁架结构应变	表面式应变计	48	掌握桥梁动静载作用下的钢桁架结构疲劳情况，用以设置相应预警阈值
2		主梁动应变	光纤光栅表面应变计	34	掌握桥梁动载作用下的主梁应力应变及偏载情况，用以设置相应预警阈值
3		柔性吊杆索力	磁通量索力计	18	掌握主要索的索力、索力均匀性情况
4	关键截面变形监测	主梁挠度	机器视觉挠度仪器	9	实时掌握主梁桥梁动静作用下的主梁下挠
5		支座位移	位移计	16	掌握大桥支座及伸缩缝位置梁端实时位移
6		结构倾覆	倾角仪	3	掌握桥梁结构运营中空间位置的缓慢变化
7	动力监测	主梁振动	三向加速度传感器	20	掌握结构实时振动响应，评价结构模态参数，用于结构损伤及振动突发事件的预警
8	环境荷载监测	环境/结构温度	温度计	15	掌握桥梁钢结构主要结构断面的温度效应
9		风速	风速风向仪器	1	掌握桥梁所受风速、风压，用以推算桥梁结构所承受的风荷载
10	交通荷载监测	视频监测	高清摄像机	12	掌握桥梁所受的移动荷载情况，用于车辆预警及结构疲劳评价
11		车辆超重	动态称重	6	
总计				182	

4.5.4 监测布点示意图

（1）静应变布点：掌握桥梁动静载作用下的钢桁架结构疲劳情况，用以设置相应预警阈值（表4-5、图4-4）。

桁架应变测点统计表 表4-5

监测类别	监测项目	传感器	单位	数量
桥梁结构关键位置内力监测	桁架应变	表面式应变计	个	48

1. 拱脚测点：应变测点布置在拱脚附件下弦杆，共18个；
2. 拱梁测点：应变测点布置在拱梁交接处下弦杆，共12个；
3. 主跨测点：应变测点布置在主跨$\frac{1}{4}$、$\frac{2}{4}$、$\frac{3}{4}$处上下弦杆，共18个

（2）动应变布点：掌握桥梁动载作用下的主梁应力应变及偏载情况，用以设置相应预警阈值（表4-6、图4-5）。

图 4-4　桁架应变测点图

主梁动应变测点统计表　　　　　　　　　　表 4-6

监测类别	监测项目	传感器	单位	数量
桥梁结构关键位置内力监测	主梁动应变	光纤光栅表面应变计	个	34

测点布置在主跨梁底，测点间距 11m

图 4-5　主梁动应变测点图

（3）双柔性吊杆布点：掌握主要索的索力、索力均匀性情况（表 4-7、图 4-6）。

双柔性吊杆索力测点统计表　　　　　　　　表 4-7

监测类别	监测项目	传感器	单位	数量
关键截面内力监测	双柔性吊杆索力	磁通量索力计	个	18

1、9、17 号吊杆组各布置 6 个，共计 18 个

图 4-6　双柔性吊杆索力测点图

（4）主梁挠度布点：实时掌握主梁桥梁动静作用下的主梁下挠（表4-8、图4-7）。

主梁挠度测点统计表　　　　　　　　　　　　表4-8

监测类别	监测项目	传感器	单位	数量
关键截面变形监测	主梁挠度	机器视觉挠度仪器	台	9

测点布置在主跨 $\frac{1}{4}$、$\frac{2}{4}$、$\frac{3}{4}$ 点，总计9台。
基准点放置在距测点相近桥墩处

图4-7　主梁挠度测点图

（5）支座位移布点：掌握大桥支座及伸缩缝位置梁端实时位移（表4-9、图4-8）。

支座位移测点统计表　　　　　　　　　　　　表4-9

监测类别	监测项目	传感器	单位	数量
关键截面变形监测	支座位移	位移计	个	16

测点布置在中桁架的主跨及边跨 $\frac{1}{4}$、$\frac{2}{4}$、$\frac{3}{4}$ 处，
共计12个。钢桁架拱桥两端伸缩缝各布置2个，共计4个

图4-8　支座位移测点图

（6）倾角布点：掌握桥梁结构运营中空间位置的缓慢变化（表 4-10、图 4-9）。

倾角测点统计表　　　　　　　　　　表 4-10

监测类别	监测项目	传感器	单位	数量
关键截面变形监测	倾角	倾角计	个	3
测点布置在 3 片主桁架拱顶处，共计 3 个				

图 4-9　倾角测点图

（7）主梁振动布点：掌握结构实时振动响应，评价结构模态参数，用于结构损伤及振动突发事件的预警（表 4-11、图 4-10）。

主梁振动测点统计表　　　　　　　　　　表 4-11

监测类别	监测项目	传感器	单位	数量
动力监测	主梁振动	三向加速度传感器	个	20
测点布置在两侧边桁架的主跨及边跨 $\frac{1}{4}$、$\frac{2}{4}$、$\frac{3}{4}$ 处，共计 18 个。两侧桥墩系梁各布设 1 个，共计 2 个				

图 4-10　主梁振动测点图

（8）温度布点：掌握桥梁钢结构主要结构断面的温度效应（表4-12、图4-11）。

温度测点统计表　　　　　　　　　　　　　　　表4-12

监测类别	监测项目	传感器	单位	数量
环境荷载监测	环境温度及结构温度	温度计	个	15

结构温度测点布置在桁架、面板上及面板下的跨中处，共计9个；
环境温度测点布置在面板上及面板下的跨中处，共计6个

图4-11　温度测点图

（9）风荷载监测布点：掌握桥梁所受风速，用以推算桥梁结构所承受的风荷载（表4-13、图4-12）。

风速测点统计表　　　　　　　　　　　　　　　表4-13

监测类别	监测项目	传感器	单位	数量
环境荷载监测	风速	风速风向仪	个	1

测点布置在主跨跨中下弦杆处

图4-12　风速测点图

（10）视频监测布点：掌握桥梁所受的移动荷载情况，用于超重超限车辆预警及结构疲劳评价（表4-14、图4-13）。

视频监测测点统计表

视频监测测点统计表　　　　　　　　　　　　　　　　　　　表 4-14

监测类别	监测项目	传感器	单位	数量
交通荷载	视频监测	高清摄像机	个	12

1. 主跨跨中下弦杆处布置 2 个；
2. 钢桁架拱桥两侧端点横向联系处单侧布置 2 个，共计 4 个；
3. 主跨跨中桥面板下布置 2 个；
4. 墩支座上方钢桁架横向联系处单侧布置 2 个，共计 4 个

图 4-13　视频监测测点图

（11）车辆超载监测布点：掌握桥梁所受的移动荷载情况，用于超载车辆预警及结构疲劳评价（表 4-15、图 4-14）。

车辆超载测点统计表　　　　　　　　　　　　　　　　　　　表 4-15

监测类别	监测项目	传感器	单位	数量
交通荷载	车辆超载	动态称重	个	6
各车道于上桥处布置 1 个测点，共计 6 个				

图 4-14　车辆超载测点图

第 5 章　城市桥梁监测预警技术

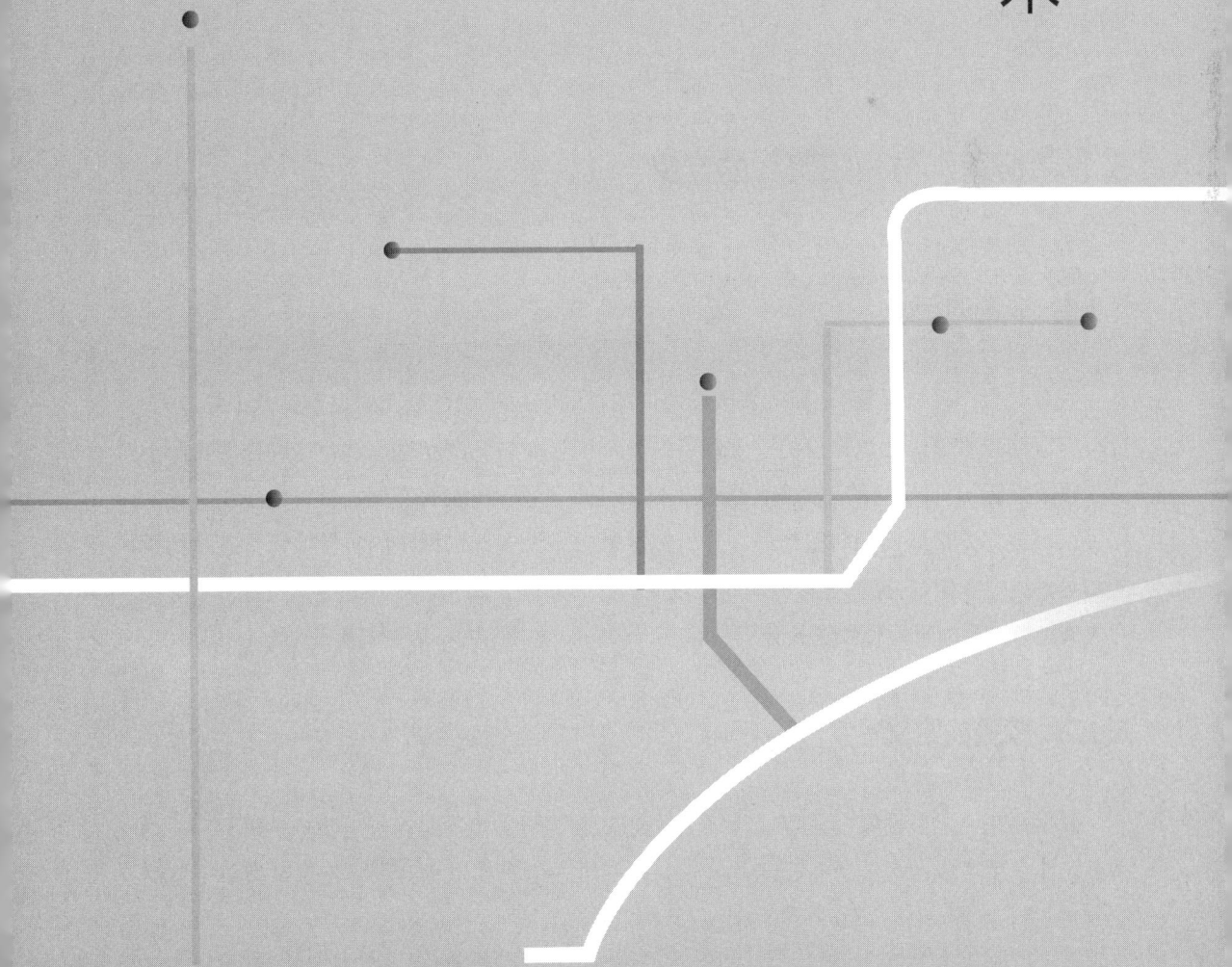

从第 4 章的"感知神经"到本章的"决策大脑",技术链条的延伸映射出风险管控的认知升级。二者的协同,本质上是从"看见数据"到"读懂风险"的认知跨越——前者解决"数据有无"的问题,后者回答"数据何用"的命题。

本章聚焦"监测预警技术"这一主题,系统性阐述从原始数据到风险决策的全链条技术路径。作为本书的技术核心章节之一,本章首先厘清"报警"与"预警"的本质区别。在此基础上通过数据预处理技术剥离温度效应、设备噪声等干扰因子,结合固定阈值与动态阈值的协同设定,突破传统"单一阈值"局限,创新构建基于统计学边界、设计极限值、时变趋势线的三级阈值体系,以提升报警准确率。这种"数据驱动决策"的范式,不仅为超限车辆拦截、地震应急封桥等场景提供科学依据,更推动桥梁安全管理从"事后处理"迈向"事前预防"。

5.1 "报警"与"预警"的定义

5.1.1 报警的定义

报警是指"系统报警",即触发预设阈值的被动响应机制,当实时监测参数(如应力、位移、振动频率等)超过预设的安全阈值时,系统立即触发的状态反馈。这种报警实际上是"超限报警",它反映的是当前监测数据已经超出了预设的允许范围。其目的是迅速通知相关人员进行分析研判和即时处理,分析报警是由于设备异常引发的异常报警,还是桥梁异常导致的"真警"。报警过程强调的是数值的即时超限,属于对现状的直接反应,不涉及对未来趋势或事故可能性的深入分析。

5.1.2 预警的定义

预警是指"人工预警",即在监测系统通过对数据异常情况进行进一步分析研判后,对桥梁可能发生事故的风险进行预测并向相关部门推送信息的过程。预警不仅考虑单个监测点数据是否超限，还通过对监测数据的趋势、历史数据和综合分析，判断桥梁结构是否正处于潜在风险状态。

预警信息能够提前揭示风险隐患，在潜在风险显化前推送预判结论。为采取预防性维护措施提供决策依据，帮助管理部门在事故发生之前作出响应，降低安全事故的发生概率。

5.1.3　区别与内涵

在桥梁结构健康监测体系中，报警与预警的核心差异不仅体现在技术逻辑层面，更隐含了人机协同决策的本质上。报警作为阈值触发的初级响应机制，其本质是机械性的"信号标记"：当传感器监测值超过预设阈值时，系统仅能基于二进制逻辑判定"超限"或"正常"。然而，这种判定存在双重不确定性：一是设备自身异常（如传感器漂移、通信故障）可能引发误报警；二是即使设备正常，单参数超限也可能仅是瞬时荷载波动（如重载货车经过）的短暂现象，未必反映真实结构损伤。例如，某桥梁动态称重系统因雷击导致数据异常，可能误触发超载报警，但实际桥面并无车辆通行。因此，报警信号本身并不等同于风险确认，其本质是未经解释的异常提示。

预警机制虽然通过多源数据分析降低了误判概率，但其真正内涵在于构建了人机交互的决策闭环。无论是报警还是预警，最终的风险确认均需依赖专家经验介入：对于报警信息，数据分析人员需结合设备诊断数据（如传感器自检报告）、多参数关联分析（如应变超限是否伴随位移异常）、环境干扰排除（如排除温度引起的漂移）进行综合研判，以此剥离设备故障噪声，识别真实的结构异常信号。

二者的区别与内涵可从以下维度展开解析：

从触发机制看，报警是面向显性风险的被动式阈值响应，其核心逻辑建立在"当前状态突破安全边界"的确定性判断上。系统仅需将实时监测数据（如应变、倾角）与预设阈值进行比对，一旦超限即触发告警，本质是对已发生异常的"事后确认"。例如，当桥梁振动幅值超过设计阈值时，报警机制直接反馈异常状态，但无法解释振动成因或预测后续风险。而预警则是基于隐性风险的主动式趋势推演，其触发依赖于多源数据的耦合分析，即使单参数未超限，仍可通过异常模式识别（如振动频谱畸变、位移速率突变）预判结构损伤演化趋势。例如，通过分析索力监测数据的长期衰减率与车载重量的相关性，预警系统可推断拉索疲劳寿命的缩减进程。

从数据维度看，报警仅需依赖实时单点数据的阈值越界判定，其决策依据具有瞬时性与孤立性。这种机制虽能快速捕捉突发异常，却难以识别缓变型风险（如混凝土碳化导致的刚度退化）。预警则需要整合时序数据、环境参数（温湿度、风荷载）、荷载历史等多维信息，通过数据融合构建结构状态的动态画像。例如，将十年间的桥梁挠度监测数据与交通流量增长模型结合，可建立挠度时变预测方程，进而预警未来超限风险。

从技术内涵看，报警系统本质是确定性的布尔逻辑判断，其准确性高度依赖阈值的科学性。然而，静态阈值难以适应桥梁服役期的性能退化，可能导致误报率随年限增加而上升。预警系统则采用概率化风险评估框架，通过机器学习算法（如 LSTM 神经网络）或物理模型（有限元仿真）量化风险发生概率与时间窗口。例如，基于贝叶斯网络的预警模型可综合材料检测数据与荷载谱分析，输出未来三个月内支座失效的概率值，为预防性维护提供量化依据。

从价值层级看，报警聚焦于风险显化后的应急止损，其价值体现在缩短异常状态的处置延迟。例如，超限报警触发后，数据分析人员可通过远程视频复核快速启动交通管制，避免事故扩大。预警则致力于延长风险处置的时间窗口，通过提前揭示潜在隐患，推动养护策略从"被动抢修"转向"主动干预"。例如，对桥墩基础冲刷速率的预警可使管理部门在汛期前实施抛石防护，避免基础掏空引发的突发垮塌。二者在时间轴上形成互补：预警延长风险感知的前瞻周期，报警压缩应急响应的决策时长，共同提升桥梁全生命周期风险管控的完备性。

值得强调的是，报警与预警并非孤立存在，而是通过动态交互实现能力增强。一方面，预警结论可优化报警阈值设定策略，例如在极端天气预警发布后，临时降低应变报警阈值以提升监测灵敏度；另一方面，历史报警数据可反哺预警模型训练，通过标注真实案例提升算法对早期异常特征的识别精度。这种协同机制体现了现代桥梁监测系统从"单点阈值监控"向"系统韧性增强"的跨越，其终极目标是通过数据智能将结构安全保障从"事后应对"升维至"事前预防"。

5.2 监测数据预处理与综合分析方法

5.2.1 数据预处理概述

数据预处理是指对收集到的数据进行清洗、加工、整理的过程，是数据分析前必不可少的阶段。

在实际工程中，桥梁监测系统长期处于较为恶劣的自然环境中，面临着诸多不确定因素：第一，传感器本身存在一定故障概率如生产缺陷、安装损坏、出厂标定错误等；第二，传感器由电子元器件构成易受到自然环境和电磁环境干扰；第三，传感器的使用寿命有限，在复杂的荷载影响和环境侵蚀下容易出现老化、损耗；第四，在系统维护、设备标定、设备更换时，可能存在操作不当。这些异常情况可能导致监测数据失真，继而引起监测系统误报警。

对于明显的数据异常，一方面可以通过设置正常波动范围的方法进行滤除，另一方面可以通过绘制统计图表等数据可视化方法进行识别，包括曲线图、柱状图、散点图等。然后通过描述性统计方法观测数据特征，包括均值、中位数、标准差、四分位数等。对于数据量较大的且较难识别的数据异常，需使用离群值检测方法来识别异常值，包括基于统计学的方法、基于距离的方法、基于聚类的方法和基于机器学习的方法等，表 5-1 列出了各监测数据的波动范围。

监测数据波动范围判断异常数据方法　　　　　　　　　　表 5-1

指标	单位	正常范围	存疑范围	问题范围	备注
挠度	mm	0~5	5~20	>20	短期波动
位移	mm	0~10	10~40	>40	短期波动
温度	℃	−5~40	−20~−5，40~70	<−20，>70	有地域差别
裂缝	mm	0~0.2	0.2~0.5	>0.5	短期波动
应变	$\mu\varepsilon$	0~30	30~100	>100	短期波动
倾角	°	0~0.1	0.1~0.5	>0.5	短期波动
加速度	mm/s^2	0~315	315~500	>500	以识别出基频为标准
索力	kN	0~10%R	（10%~20%）R	>20%R	设计基准值 R

注：1. 短期波动一般指的是 1h 内，外界影响因素变化不大的情况。
　　2. 特殊桥型，例如斜拉桥、悬索桥、钢桥等，需要根据桥梁类型单独考虑。
　　3. 以上波动范围未考虑平衡清零、设备损坏、传输故障等系统问题导致的数据质量问题。

在识别异常值过程中，常通过该指标与其他类型指标进行比较和验证来识别异常值，或是通过比较该指标的当前数据、历史数据、理论数据来确定是否存在异常。例如，车辆荷载往往是造成结构响应参数短期波动的重要因素，可以对这种响应关系进行敏感性分析，观察对数据分析结果产生较大影响的异常值。

5.2.2　异常数据判断与处理

监测数据在采集、传输和存储过程中可能受到多种干扰，导致数据质量下降。本节针对 7 类典型异常，系统分析其成因、特征及处理流程，为工程实践提供操作性指导。

1. 数据缺失

在数据监测过程中，"数据缺失"是最为常见的问题之一。数据缺失通常是由于传感器硬件老化、故障或安装不当所引起，同时在数据传输过程中，网络信号不稳定、设备掉线或线路故障也会导致部分数据记录出现丢失。此外，数据在存储或写入数据库时，若遇到系统异常或磁盘故障，也可能出现数据缺失现象。表现上，数据缺失常常以连续时间段内的空白记录或缺失值出现，形成明显的不连续断层，与相邻区域或同类监测点相比，异常缺失的部分尤为明显（图 5-1）。

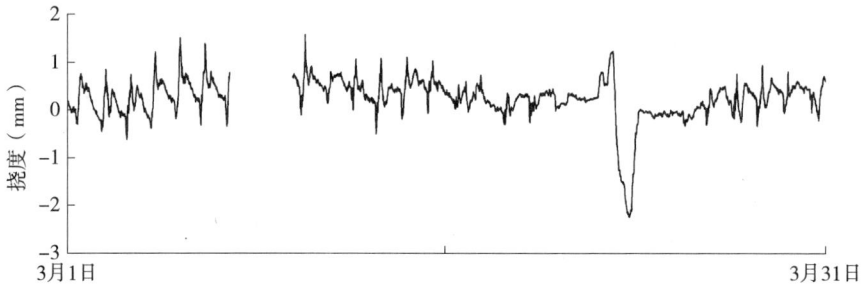

图 5-1　挠度数据缺失

针对此类情况，一般采用线性或样条插值方法进行补全，必要时结合时间序列模型（如 ARIMA 等）进行预测补全；同时，可以通过多点数据融合技术校验数据完整性，并在预处理阶段对缺失数据进行标记，以便在后续分析中做适当调整或剔除（图 5-2）。

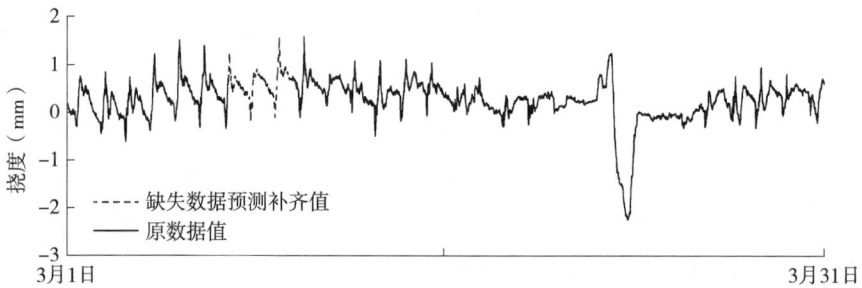

图 5-2　挠度数据预测补齐并标记

2. 基线漂移

基线漂移多由设备重启、校正或突然出现的读数错误所引起。传感器在重新启动或系统切换时，可能会出现瞬时信号突变，导致数据在极短时间内大幅偏移；同时，内部电子器件的瞬间失真也可能造成单个数据点的异常漂移。此外，在某些极端外部冲击作用下，例如车辆撞击导致梁体位移时，数据可能真实地出现剧烈变化，但这些情况需要与设备故障加以区分（图 5-3）。

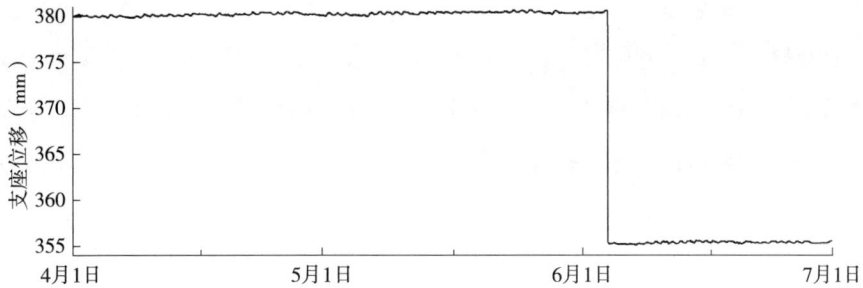

图 5-3　支座位移基线漂移

一般而言，基线漂移表现为均值的异常突变，其偏离程度常远超统计学上正常波动范围（如均值 ±3 倍标准差）。处理上，通常采取求解异常值与正常值的均值差，将异常时刻后的所有数据减去均值差。同时结合多点数据比对，判断跳变是否反映真实工况，若非真实情况则进行剔除或校正处理（图 5-4）。

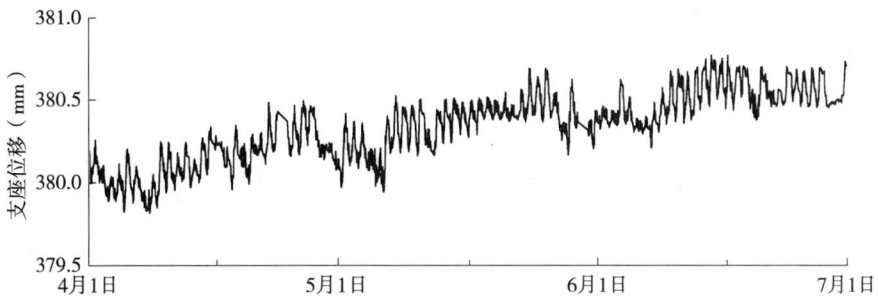

图 5-4　支座位移基线漂移恢复

3. 长周期干扰

由于环境温度、湿度、日照和风速等因素具有明显的周期性变化，这类干扰往往表现为数据随时间呈现缓慢且周期性波动，特别是受温度波动较为敏感的传感器，如应变计、静力水准仪等。另外，随着传感器长期运行，其零点漂移或灵敏度下降也会造成类似的长期趋势性变化（图 5-5）。

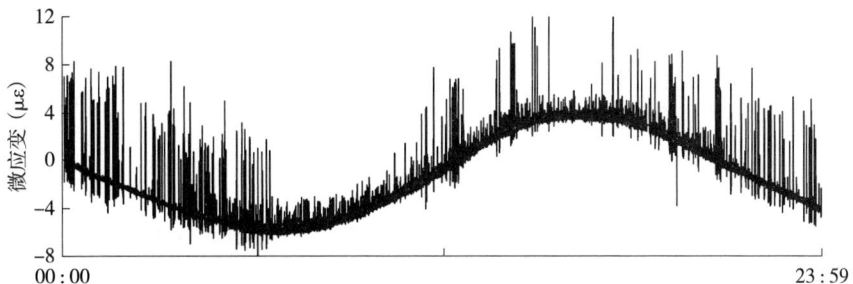

图 5-5　受温度影响的 24h 应变数据

长周期干扰在数据曲线中表现为整体趋势的缓慢上升或下降，与短周期随机噪声不同，其波动周期通常与日夜、季节性变化高度吻合。针对这类问题，可以通过分解方法，例如经验模态分解（EMD）将长期趋势和季节性成分与随机噪声分离，利用外部环境监测数据建立补偿模型，从而对数据进行校正；同时，定期对传感器进行校准，也是消除设备漂移的重要手段（图5-6）。

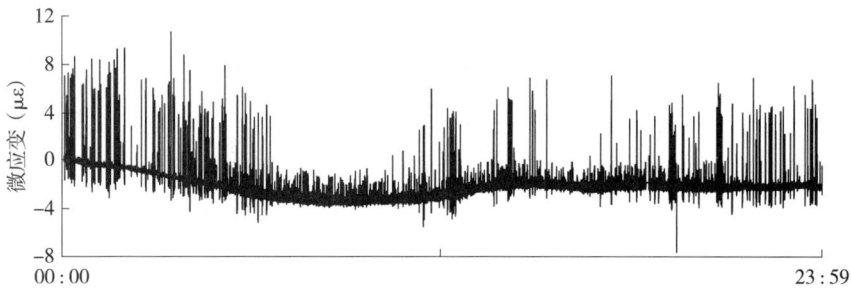

图5-6 基于 EMD 的温度效应剔除

4. 跳点

在实际监测中，非一致性异常跳点常常出现在同一区域内的个别传感器数据中。这类异常通常由局部安装问题、设备响应不均或数据采集错误引起。其特征是，在大部分传感器数据平稳的情况下，只有个别传感器在某一时刻出现短暂且孤立的跳跃，数据突然偏离整体趋势，但很快恢复到正常水平（图5-7）。

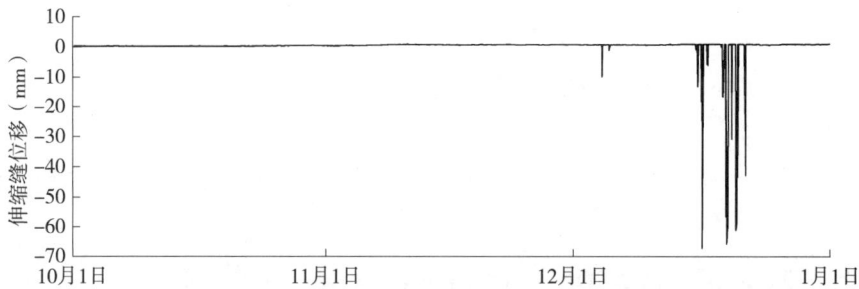

图5-7 位移数据跳点

判断这类异常需要对比同区域多个监测点的数据，利用局部插值法或数据平滑技术对异常点进行修正，并标记记录以便后续反馈给维护人员，检查是否存在安装、接触或校准问题（图5-8）。

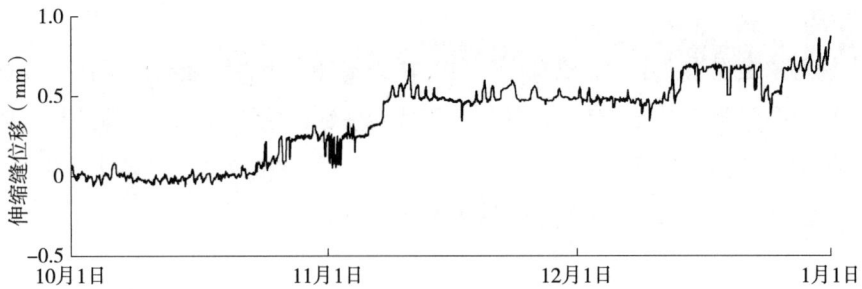

图 5-8　位移数据异常跳点剔除

5. 弱噪声干扰

弱噪声干扰通常源于环境中低幅的干扰信号或电子元件的固有噪声。这类干扰的主要特点是：波动幅度较小，通常不会改变数据的主要趋势，只会引入轻微的随机波动。在统计学上，这种噪声通常呈现正态分布，不会引起数据突变，但在某些高精度应用中仍需关注（图 5-9）。

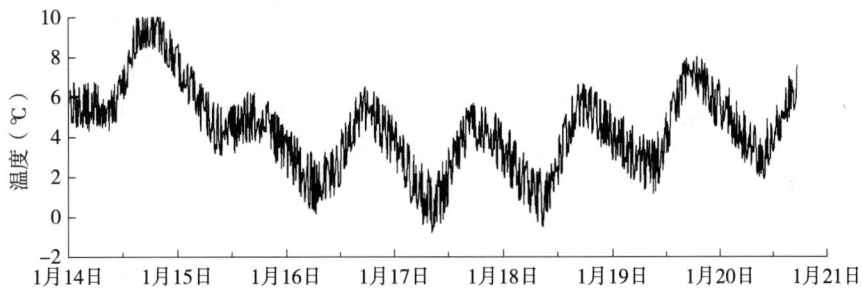

图 5-9　带有弱噪声干扰的温度数据

处理弱噪声干扰时，推荐使用小波降噪，基于小波变换的多分辨率滤波技术能够把平稳或非平稳信号映射到由一个小波伸缩、平移而成的一组基函数上，在通频范围内得到分布在不同频道内的分解序列，其信息量是完整的。此外，采用多传感器数据融合技术也能显著提升整体信噪比，从而保证数据的准确性（图 5-10）。

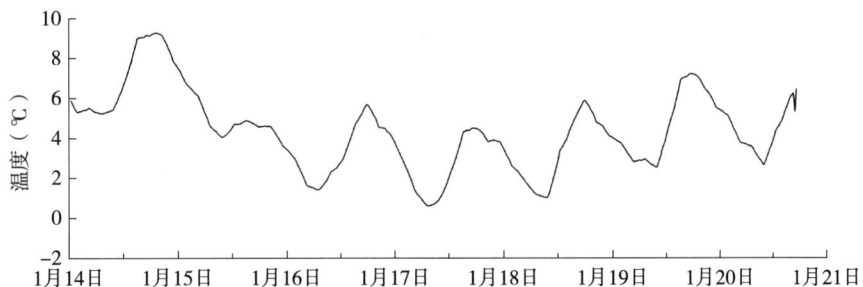

图 5-10　基于小波降噪的温度数据

6. 强噪声干扰

与之相对的是强噪声干扰，这类干扰往往由外部突发事件、强电磁干扰或设备内部故障引起，其幅度明显高于正常信号。强噪声干扰会使数据曲线出现剧烈而杂乱的振动，使得监测数据的主要信号被覆盖，统计指标如标准差、均方根值会显著增大。频谱分析时，高频成分明显增强，导致信号特征模糊（图5-11）。

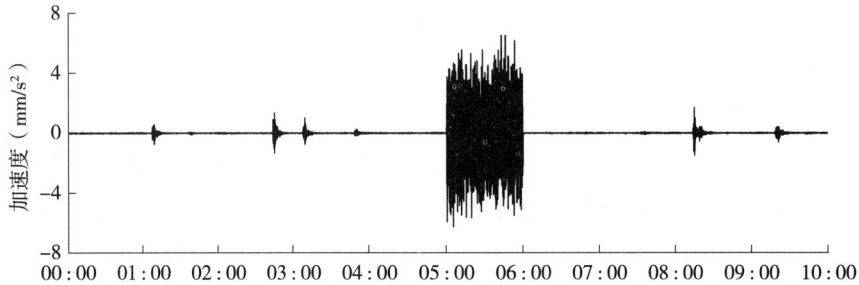

图5-11　带有强噪声干扰的加速度值（05：00—06：00增加高斯噪声）

针对强噪声干扰（图5-12），可以利用基于小波分解的噪声水平估计法来判断区域的强噪声干扰问题（表5-2）。在必要情况下，对于持续时间短、幅值极高的噪声段，可以直接剔除，并进行标记；此外，强噪声干扰往往暗示设备或传输系统存在问题，因此及时对硬件进行检测和维护也是必不可少的。

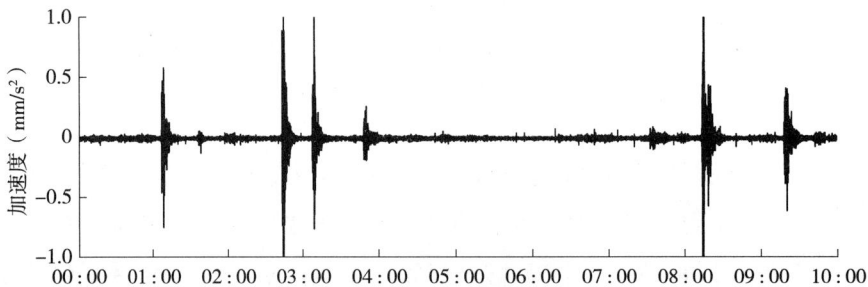

图5-12　加速度原始值

噪声水平值　　　　　　　　　　　　　　　　　　表5-2

时间	原始信号值	受噪声干扰的值
00：00—01：00	0.0082	0.0082
01：00—02：00	0.0073	0.0073
02：00—03：00	0.0101	0.0101
03：00—04：00	0.0105	0.0105
04：00—05：00	0.0084	0.0084
05：00—06：00	0.0058	2.1166

续表

时间	原始信号值	受噪声干扰的值
06：00—07：00	0.0074	0.0074
07：00—08：00	0.0086	0.0086
08：00—09：00	0.0095	0.0095
09：00—10：00	0.0115	0.0115

7. 频谱异常

频谱异常可能反映结构状态发生了真实变化，如疲劳、损伤或局部非线性响应，但也可能由传感器老化、采样设置不当或量化误差引起。其表现为频谱图中部分频率峰值与历史基准不符，或者在低频、高频区域能量分布异常（图 5-13、图 5-14）。

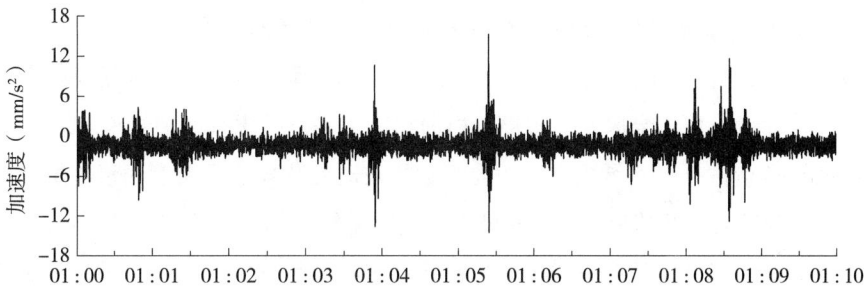

图 5-13　加速度时域值

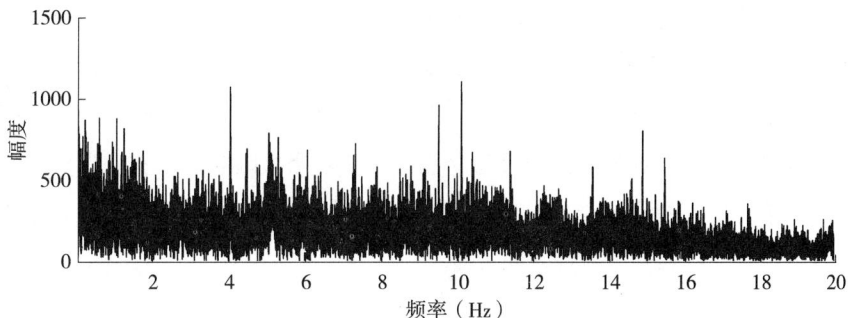

图 5-14　加速度频域值

处理频谱异常时，首先，应检查采样率和数据量化参数，确保系统能准确捕捉到目标频率。其次，可采用频谱校正、重构技术结合随机子空间法、特征系统分析等模态识别方法，重新提取关键模态频率，确保频谱数据真实反映结构状态。最后，若判断频谱异常由设备问题引起，则应进行设备维护和校正。

5.3   监测报警阈值确定方法与原则

5.3.1   监测报警阈值指标

监测系统应进行设备故障报警和运行异常报警。当监测系统预处理数据反映前端监测设备运行故障时，应自动进行设备故障报警提醒；当反映运行异常情况时，应自动进行运行异常报警提醒，并宜采用分级报警方式，分级报警应根据影响安全运行的严重程度依次分为一、二、三级，其中一级报警影响最强。报警方式宜根据不同数据类型，采用基础阈值、基于趋势分析、时间序列、模式识别等算法模型和大数据与人工智能分析等报警算法。

桥梁运行报警阈值的设定应结合桥梁设计、竣工、日常检查、定期检查、特殊检查资料和动态监测数据综合确定，并持续优化报警阈值。并针对桥梁结构（如应力、加速度、挠度、位移、索力等监测数据异常）、外部荷载（如车辆严重超载、偏载、地震和车船撞击）以及气象环境（如安全风速、湿度、桥面结冰）等进行报警阈值的设定。

根据桥梁监测数据分析结构发现，监测数据波动变化规律受温度因素的影响极大，无法反映出由车辆荷载引起的变化，而车辆荷载是桥梁结构预警的重点关注项目之一。因此，将监测报警阈值指标分为固定报警阈值指标及动态报警阈值指标，其中固定报警阈值指标包括受温度影响较小的倾角、裂缝、加速度、支座反力等用于监测总体情况下桥梁结构的安全状态；动态报警阈值指标包括受温度影响较大的位移、挠度、应变、索力等，考虑温度效应影响后的用于监测车辆荷载作用下结构的安全状态。

此外，阈值的设置还需通过综合评估来确定合理范围。首先，基于监测历史统计值得到的阈值，应通过从服役起至少一年且结构未见异常的连续监测数据得到，且进行相应更新和优化。其次，基于设计值确定的阈值，应是正常使用极限状态下充分考虑温湿度变化、混凝土收缩徐变、活载等设计荷载组合，通过分析各荷载组合下的最不利工况响应得到。最后，还应考虑到维护和保养的成本和效益。

5.3.2   固定报警阈值设置方法

固定报警阈值适用于那些受环境因素影响较小、变化幅度稳定且具有明确设计参考值的数据。例如，结构振动频率、车辆荷载等数据在正常工况下具有较为固定的统计特性。此类数据通过长期监测可以得到比较稳定的均值和标准差，因此基于历史统计和设计规范设定固定阈值，能够准确判断是否超出正常波动范围，并及时触发报警。固定阈值方法简单直接，适用于那些不易受温度、湿度等外界因素干扰的数据指标，其主要优势在于易于实施和直观判定。

1. 倾角阈值设置原则

在桥梁安全监测中，倾角反映的是结构局部或整体的旋转、沉降以及变形情况，通常通过安装在桥梁关键部位的倾角仪进行长期监测。由于倾角数据一般受外界温度和湿度等环境因素影响较小，且其变化趋势相对稳定，因此宜采用固定报警阈值设置方法。这种方法依托于设计参数和历史监测数据，通过预先设定固定的安全阈值，对倾角变化进行实时判定，一旦监测值超出预设范围，即触发报警提示。

在实际应用中，倾角数据主要用于识别关键部位的角度异常。例如，在桥梁塔处布设倾角仪后，长期监测可以获取结构的微小旋转角度变化，并与设计安全范围进行对比；在一些高墩桥的梁端布设倾角仪后，可以实时监测梁体的倾斜，用以识别桥梁倾覆风险。其阈值通常需要与设计允许值和正常使用状态最不利荷载值进行分析（表 5-3）。

倾角阈值设置参考　　　　　　　　　　　　　　　　　表 5-3

报警等级	分级标准
二级报警	正常使用状态最不利荷载组合下关键部位的最大倾斜
一级报警	设计允许值

2. 温度阈值设置原则

温度监测在桥梁安全监测系统中主要起辅助作用。温度数据不仅用于对监测数据（如应变、挠度）进行温度效应剔除和数据拟合，而且对桥面结冰和火灾等特殊环境情况具有重要预警意义，因此适宜采用固定报警阈值设置方法。

在实际应用中，温度监测数据一方面用于剔除温度效应，通过与应变、挠度等数据的对比与拟合，校正因温度变化引起的误差，确保后续监测指标更加准确地反映结构真实响应；另一方面，温度监测还直接用于检测极端环境条件。例如，在冬季，当温度低于一定临界值时，可能预示着桥面结冰的风险；而在火灾预警中，当温度急剧上升至设计温度阈值以上时，能够及时触发火灾报警（表 5-4）。

固定报警阈值设置方法针对温度数据，一般依托于历史监测数据和工程设计规范确定安全工作区间。例如，针对桥面结冰监测，通常设定一个温度下限（如 0℃或低于 0℃），当监测温度低于该下限时，系统触发预警；而针对火灾监测，则根据火灾初期温度急剧上升的特性设定上限阈值，如监测温度超过设定值（例如 60℃或更高）时立即报警。

报警等级	分级标准
结冰报警	低于0℃，且进一步结合湿度、水膜厚度等
火灾报警	高于60℃

温度阈值设置参考 表5-4

通过温度监测数据的固定阈值设定，不仅有助于准确剔除温度效应，提升其他监测指标的可靠性，还可以独立发挥温度监测在结冰、火灾等事件预警中的作用，从而为桥梁整体安全监控和应急响应提供有力的数据支持。

3. 裂缝阈值设置原则

裂缝监测主要用于反映结构中混凝土或钢构件出现裂缝的情况，包括裂缝宽度和扩展趋势。由于裂缝的扩展通常具有累积性、缓慢发展且不易受短期环境变化影响，其监测数据一般相对稳定，因此适宜采用固定报警阈值设置方法。固定阈值设置方法可以依据工程设计要求、检测规范及历史监测数据预先确定一个安全范围，当监测值超过该范围时，即触发报警，从而为结构损伤识别和早期维修提供依据。

在实际应用中，通过裂缝传感器或定期人工检测获得的裂缝宽度数据会经过数据预处理后，与允许值进行对比。通常，在正常状态下，结构表面或内部的裂缝宽度应保持在较小范围内，若裂缝宽度开始有增长趋势，则说明结构已开始出现轻微的损伤，此时可设定为二级报警；而当裂缝宽度超过允许值，表明结构可能存在严重损伤风险，应触发一级报警。

4. 加速度（时域振幅）设置原则

在桥梁安全监测中，加速度（时域振幅）数据主要反映结构在外部荷载及环境激励下的振动状态，其评估方法通常采用10min均方根（RMS）值计算（图5-15、图5-16）。采用均方根值方法既可以平滑短时随机波动，又能反映整体振动能量水平。依据相关监测规范与历史数据统计，不同部位的振动加速度有着各自固定的报警阈值。

主梁作为桥梁的核心受力构件，其振动状态直接反映结构刚度和疲劳状况。通过在主梁沿桥长方向布设加速度测点，采集低车流时段的振动信号，并保证采样频率不低于50Hz

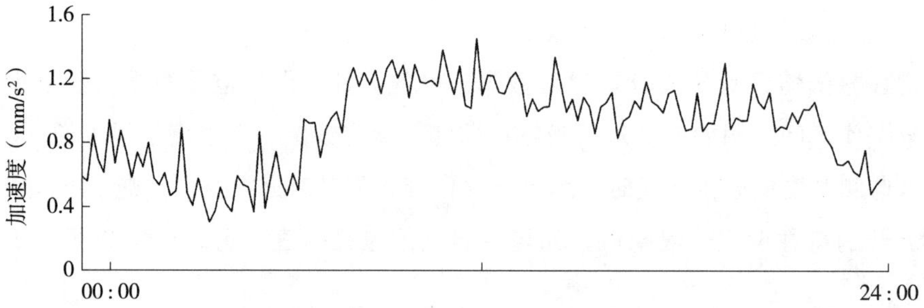

图5-15 某桥一天加速度均方根值

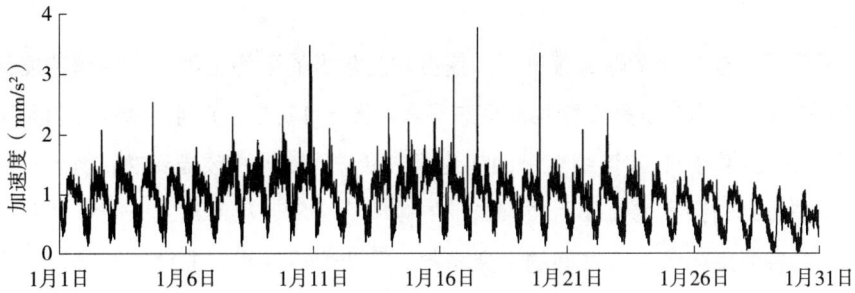

图 5-16　一月份某桥加速度均方根值

（通常要求采样频率为待识别频率的 2 倍以上，4 倍最佳），对 10min 内的加速度数据计算均方根值，可以得到较为稳定的振动指标。根据监测实践，主梁加速度（时域振幅）阈值参考如表 5-5 所示：

主梁加速度（时域振幅）阈值设置参考　　　　　　　　　　　　　　表 5-5

报警等级	分级标准
三级报警	10min 加速度均方根达到 315mm/s² 且持续时间超 30min
二级报警	10min 加速度均方根达到 500mm/s²
一级报警	幅值持续增大，呈现发散特征

　　对于悬索桥、斜拉桥以及拱桥中关键受力构件（如吊索、斜拉索和吊杆）的振动监测，其动态响应往往更为敏感。这些构件受动态荷载作用下的振动幅度较大，且其工作状态直接关系到桥梁整体安全。因此，在这类构件的加速度监测中，常采用相似的 10min 均方根值计算方法，但报警阈值通常设置得更高，以反映其不同的受力特性（表 5-6）。

柔性构件加速度（时域振幅）阈值设置参考　　　　　　　　　　　　表 5-6

报警等级	分级标准
二级报警	10min 加速度均方根达到 1000mm/s²
一级报警	10min 加速度均方根达到 3000mm/s² 且频繁出现

5. 加速度（结构频率）设置原则

　　在结构振动频率的监测中，常采用峰值拾取法对加速度信号进行频谱分析，以识别桥梁的模态振型。为此，在桥梁沿长方向的关键振动敏感点处布设加速度测点，通过采集结构在低车流或低荷载时段的加速度响应数据，从而确保数据中主要振动信号的完整捕捉。根据采样定理，为保证原始信号的信息完整性，采样频率必须设置为待识别频率的至少两倍，一般实际应用中建议采样频率不低于 50 Hz，这样可确保数字信号在转换过程中不出现混叠失真。

　　数据采集后，首先计算得到各测点加速度响应数据的平均正则化功率谱密度函数，并利用峰值拾取法从频谱中识别出结构的模态频率。图 5-17 展示了利用峰值法识别结构振动频率的处理结果。通过对 7d 连续监测的加速度数据进行处理和频谱变换，将历史监测数据中各测点识别得到的频率均值作为桥梁当前的频率标准值，从而建立一个参考基准。接下来，通过计算各测点与参考点之间的凝聚系数、互谱分析及相频曲线，能够对结构在不同模态下的振型进行准确识别，并有效区分不同阶数的振型。

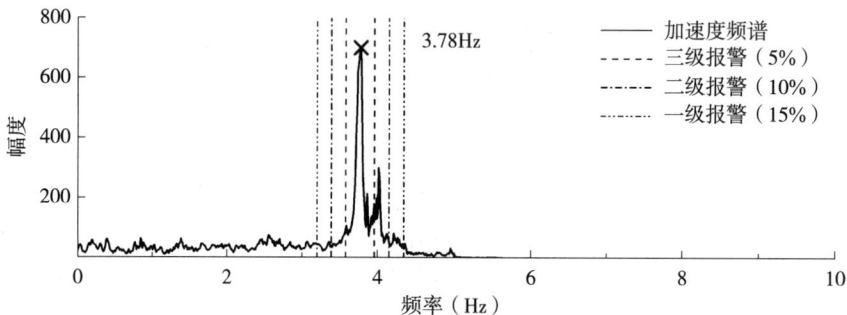

图 5-17　峰值法识别结构频率结果

　　在实际应用中，通常选取模态识别准确性较高、各振型耦合较少的第一阶、第二阶和第三阶频率作为关键指标。其中，对于左右跨对称的梁式桥来说，第一阶模态对应对称竖弯振型，第二阶模态对应反对称竖弯振型，第三阶模态则为第二阶对称竖弯振型。这些模态频率不仅反映了结构的刚度和动态特性，而且在长期监测中能作为桥梁状态评估的重要参数。

　　根据目前已有的针对桥梁在正常运营期间的结构频率特性的研究结果，在环境激励下桥梁结构的模态频率测量误差在 5% 左右，因此取变化 5% 时的频率值作为三级报警的阈值；依据我国《公路桥梁承载能力检测评定规程》JTG/T J21—2011，当监测频率发生 10% 的变化时，设定为二级报警阈值；同时，参考《大跨度桥梁结构健康监测系统预警阈值标准》T/CECS 529—2018，当频率变化达到 15% 时，设定为一级报警阈值（表 5-7）。

基频阈值设置参考　　　　　　　　　　　　　　　　　　　表 5-7

报警等级	分级标准
三级报警	5%
二级报警	10%
一级报警	15%

通过上述方法，可以利用结构振动频率这一关键指标，对桥梁结构健康状态进行实时监测和预警。采用峰值拾取法不仅能简便高效地提取出结构的主要振动特征，而且通过与历史数据和理论设计参数的比对，可以及时发现结构刚度变化或潜在的损伤风险。与此同时，通过跨传感器间的相位和互谱分析，还能进一步验证识别结果的准确性，为后续的结构评估和养护决策提供数据支撑。

6. 支座反力（车辆荷载）

在桥梁日常运行过程中，车辆荷载是影响结构健康的重要因素之一。由于城市桥梁每日通行的重型车辆数量众多，加之超载和超速现象较为普遍，车辆荷载往往成为引发桥梁结构疲劳损伤的关键诱因。为此，在桥梁入口处通常会安装动态称重系统，通过实时采集过桥车辆的重量、轴重、车速等数据，对车辆荷载进行精确监测。动态称重系统不仅可以实时记录每辆车的荷载情况，还能统计一天内的车辆荷载总重，进而反映出桥梁所承受的累积荷载效应，为疲劳损伤预警提供数据依据。

依据车辆荷载对桥梁结构疲劳损伤的理论，车辆荷载累积效应直接影响钢筋混凝土及钢结构构件的疲劳寿命。具体来说，当车辆荷载超过设计标准后，结构中局部应力集中区域的疲劳累积效应将显著加快，进而引发裂缝扩展、钢筋疲劳甚至局部破坏。为此，参照英国规范《Steel, Concrete and Composite Bridges》BS5400：1978 中关于结构疲劳分析的计算规定，可将一天内统计的车辆荷载总重作为疲劳状态的关键指标。该方法不仅能够量化单日车辆荷载对结构的累积影响，还能通过长期数据监测捕捉到车辆荷载异常波动的趋势，为桥梁安全运行提供早期预警。

在实际应用中，根据车辆荷载对桥梁疲劳状态的不同影响程度，报警阈值通常划分为三级。具体标准如下：当单日或单轴车辆荷载超过设计荷载的 2 倍时，表明桥梁已处于极限承载能力状态，需触发一级报警，提示立即采取措施；当车辆荷载超过 1.5 倍设计荷载时，说明桥梁已达到正常使用极限状态，应触发二级报警，要求对交通管理和车辆监管进行加强；而当 1 个月内统计的车辆总荷载或轴重超过设计荷载达 1 倍的次数累计达到 100 次以上时，则可视为桥梁处于长期疲劳累积风险中，应触发三级报警，以便相关部门及时介入、加强巡查和维护（表 5-8）。

车辆荷载阈值设置参考　　　　　　　　　　　　　表 5-8

报警等级	分级标准
一级报警	车辆总重或轴重大于 2 倍设计荷载
二级报警	车辆总重或轴重大于 1.5 倍设计荷载
三级报警	1 个月内车辆总重或轴重大于 1 倍设计荷载达 100 次以上

因此，结合一些疲劳分析的计算方法，制定科学合理的车辆荷载报警阈值，不仅能够有效反映单日荷载异常，更能通过长期数据趋势判断桥梁疲劳累积风险，为桥梁养护与安全管理提供坚实的数据支持和预警依据。

5.3.3　动态报警阈值设置方法

动态报警阈值适用于受外部环境因素（如温度、湿度、风速）影响显著、数据波动较大的监测指标。例如，应变、位移、挠度、索力等数据往往会受到温度效应等多重因素的干扰，导致短期内数据波动较大，不易直接采用固定阈值进行判断。为此，需要结合环境数据对监测数据进行实时调整和补偿，通过建立基于趋势分析、时间序列或模式识别的动态阈值，实现对实际工况下数据变化的灵活捕捉与报警预警。动态阈值方法能够自适应环境变化，提高报警的准确性和及时性，适合用于需要区分活荷载作用和环境因素影响的关键指标。

1. 位移与挠度

在实际桥梁运行过程中，桥梁整体变形指标主要反映梁端的顺桥向位移（即伸缩缝位移）、横桥向位移（即横向爬移）、竖向位移（即支座位移）以及主梁跨中竖向挠度的变化情况。

这些指标直观地展示了桥梁在长期荷载作用和环境因素影响下的变形特性，对于及时发现结构累积损伤、局部异常或潜在安全隐患具有重要意义。为了更准确地捕捉这些变形特征，动态报警阈值设置方法采用了基于历史数据和实时监测数据的自适应调整机制，并引入灰色关联分析中的非均匀变化系数，针对不同位置位移传感器数据序列之间的关联程度进行定量描述。

具体来说，梁端顺桥向位移主要通过伸缩缝位移来体现，它反映了桥梁因温度变化、施工沉降或长期荷载作用下桥面整体伸缩的情况；横桥向位移则主要表现为横向爬移，揭示了桥梁在侧向风荷载或温度效应可能出现的平移趋势；竖向位移指标中，支座位移直接反映了桥梁支座在垂直方向上的受力变化与沉降情况；而主梁跨中竖向挠度则直接关系到桥梁核心承载构件的变形程度，是衡量桥梁刚度和疲劳状况的重要参数。

为消除温度、湿度等外部环境因素对变形数据的干扰，动态阈值设置方法通常采用时变曲线拟合技术对原始数据进行处理，并利用灰色关联分析中的非均匀变化系数来评估不同传感器数据序列之间的变化一致性。理论上，当各监测点之间的非均匀变化系数较高时，说明桥梁整体变形趋势较为一致，结构处于正常状态；而当该系数显著降低，则提示不同部位之间变形响应出现不一致，可能预示着局部累积损伤或隐患的出现。

以某预应力钢筋混凝土连续梁桥为例，该类桥梁由于结构刚度较大，正常运行期间其位移变化相对较小。经过对一年内相邻两天的位移监测数据统计发现，非均匀变化系数约为 0.8，故将此值作为满分参考值，并将 0.5 作为报警阈值。当监测数据的不均匀变化系数低于 0.5 时，即认为各监测点之间出现较大差异，桥形发生非均匀改变，此时应引起足够重视并触发报警。

在动态报警阈值设置中，对桥梁整体变形数据的报警等级通常分为梁端位移和主梁跨中竖向挠度两大类：

对于梁端位移数据（包括顺桥向伸缩缝位移、横桥向爬移以及竖向支座位移），则依据设计值直接设定报警：当位移达到设计值的 0.8 倍时触发二级报警，而达到 1 倍设计值时，则视为一级报警（表 5-9）。

梁端位移阈值设置参考　　　　　　　　　　　　　　　　　表 5-9

报警等级	分级标准
三级报警	动态阈值法
二级报警	达到 0.8 倍设计值
一级报警	达到 1.0 倍设计值

对于主梁跨中竖向挠度数据，统计方法可采用平均值与标准差的比较：当数据偏离历史均值达到 ±3 倍标准差时，触发三级报警；同时结合设计值，当挠度达到 0.8 倍设计值时触发二级报警，达到 1 倍设计值或 1 个月内出现 10 次以上二级报警时，则触发一级报警（表 5-10）。

主梁跨中竖向挠度阈值设置参考　　　　　　　　　　　　　表 5-10

报警等级	分级标准
三级报警	动态阈值法
二级报警	达到 0.8 倍设计值
一级报警	达到 1 倍设计值或 1 个月内出现 10 次以上二级超限

通过对比不同时间段和各监测点之间的关联性，既能够抵消环境因素带来的短期波动，又能敏感捕捉到荷载效应或结构老化导致的长期累积变化。最终，可以提高报警系统的自适应能力，而且为桥梁维护和安全预警提供了更加科学和精细的依据，保障了桥梁在全生命周期内的安全运行。

2. 应变

监测结构应变的主要目的是通过测量构件在各类荷载作用下的变形情况，进而计算出结构应力，分析关键控制部位及连接节点的内力分布情况，从而为损伤识别、疲劳寿命评估以及整体结构状态评估提供科学依据。然而，在实际监测中，应变数据受到多种因素的影响，长期来看温度效应的影响尤为显著，而短期内温度变化往往会掩盖由车辆荷载等活荷载引起的应变响应。因此，为了精准监测仅受活荷载作用下的结构反应，需要对原始应变数据进行温度效应分离，并在此基础上设置动态报警阈值。

在实际操作中，可以首先通过经验模态分解（EMD）等数据处理方法，对初始采集的应变数据进行温度效应分析。通过剔除毛刺处理后，利用 2min 连续数据采集来平滑短时噪声，再进一步剔除温度变化所带来的缓慢波动，得到"净应变"曲线，该曲线更能真实反映结构在活荷载作用下的响应情况。基于这一净应变曲线，系统会叠加预设的活荷载效应值，获得动态监测指标的预警阈值，从而实现对短时荷载变化敏感的动态报警（图 5-18）。

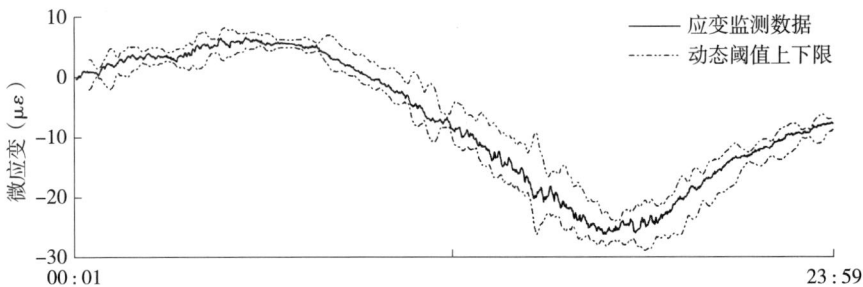

图 5-18　应变监测动态阈值

针对应变数据的报警等级设置，通常将应变一、二级报警采用固定阈值方法，而将三级报警设为动态阈值。具体来说，二级报警的阈值参考历史监测数据中应变的最大值和最小值，通过统计学方法确定其合理波动范围；而一级报警则以结构在最不利工况下计算出的应变值作为上限指标，表明当测量值超出此计算值时，结构可能处于极端危险状态，需要立即采取措施。动态阈值（三级报警）的设置则通过对剔除温度效应后的应变数据进行实时监测，当数据偏离预设的动态基准时触发报警，从而更灵敏地反映出由活荷载引起的异常应变变化（表 5-11）。

应变阈值设置参考   表 5-11

报警等级	分级标准
三级报警	动态阈值法
二级报警	应变的历史最大值、最小值
一级报警	应变在最不利工况下的计算值

3. 索力

在斜拉桥结构中，斜拉索作为主要受力构件，其索力状态直接反映了桥梁整体的运行安全性和受力状况。斜拉索索力的变化不仅决定了桥梁的整体稳定性，而且对桥面系统的均衡分布和后续疲劳寿命都有着重要影响。因此，实时、准确地采集和分析斜拉索索力数据成为保障大桥安全运行的重要环节。

索力数据采集主要采用两种方法：振动法和磁通量法。振动法利用斜拉索在受力状态下固有振动的特性，通过在斜拉索上采集连续的时域加速度数据，进行傅里叶变换或功率谱分析，从而在基频附近寻找幅值最大的频率点。此基频通常依据原始设计资料或桥梁检测报告确定，经过转换后即可计算出当前的索力值。为保证振动信号的完整性和分析精度，振动法的数据采集要求满足采样频率为待识别频率两倍以上，一般推荐不低于 50 Hz；同时，为了确保傅里叶变换的效果，采集时域数据的样本数量应为 1024 的整数倍，从而使得频谱分辨率足够精细。

与振动法不同，磁通量法直接采集斜拉索原始的磁通量信号，通过专门的传感器和数据采集系统实时获取索力数据。这种方法无需经过复杂的频谱分析，能够直接反映索力的实时变化，对于某些环境条件下振动信号较弱或受干扰较多的情况，具有较高的直接测量精度。

在报警阈值设置方面，依据《公路桥梁结构监测技术规范》JT/T 1037—2022 的规定，索力阈值设置过程具有一定的自动化和反馈机制。具体流程如下：首先，当系统进行一次数据采集与计算时，如果未能识别出有效频率，则该次计算视为无效，不触发报警，并提示数据未能完成频率计算；若成功识别出有效频率，并且计算得到的索力值超过预设的预警值，则立即触发报警，并记录该报警事件。接下来，若在后续的监测中，该测点未再出现报警情况，则系统将自动更新预警状态为正常，之前的报警记录将自动解除；如果某测点连续报警，则系统会记录每次报警的具体时间和数值，并将这些报警记录合并为一次报警事件。对于同一测点，如果报警持续时间超过 1h，则系统会特别注明该测点在短期内多次报警，并统计报警时段内的应变最大值或最小值，更新该测点的预警阈值，并将每次更新情况详细记录到报警日志中。

根据相关规范，索力报警阈值的分级标准通常设定为：当索力达到或超过 0.95 倍索力设计值时，触发二级报警；而当索力超过设计值，或者在 1 个月内连续出现超过 10 次二级报警时，则触发一级报警。表 5-12 明确列出了不同报警等级的分级标准，为实际工程中的索力监测提供了直观依据。

索力阈值设置参考　　　　　　　　　　　　　　　　　表 5-12

报警等级	分级标准
三级报警	动态阈值法
二级报警	0.95 倍索力设计值
一级报警	超过设计值或 1 个月内超过 10 次二级报警

5.4　城市桥梁监测预警流程与预警机制

5.4.1　流程概述

在城市桥梁的安全监测与管理中，监测预警流程起到了将自动报警、人工复核与风险预警紧密衔接的作用，形成了一个完整的闭环管理系统。其核心目标在于通过实时监测、及时发现潜在风险，并迅速启动相应的风险响应机制，从而确保桥梁的安全运营与管理。由于该流程贯穿整个桥梁监测体系，从前端数据采集和预处理、阈值判定到应急处置，具有承上启下的关键作用，因此在整个安全管控中占据重要地位。

在这一流程中，自动报警通常由系统根据既定的监测指标和阈值进行触发，一旦监测到超限或异常数据，系统即发出初步警报。但由于数据噪声、短期环境波动等不可控因素的影响，误报警的现象时有发生。因此在流程的后端，需要有一套完善的报警复核与确认机制，用以甄别报警信息的真实性与严峻程度。若经复核确认后，该报警信息确实反映了结构损伤、荷载异常或其他潜在风险，即需进入"风险预警发布"环节，依照风险等级进行分级发布与后续应急处置。整个过程可由图 5-19 表示：从最初的系统报警开始，经过人工复核的分析研判，再到风险预警通知，形成了安全监测与处置的高效闭环。

5.4.2　系统报警复核

在桥梁监测系统中，自动报警的最大优势在于及时、快速地发现异常。然而，自动报警可能因传感器故障、网络噪声或外界短时冲击等因素导致误报与漏报。为保证报警信息的准确性和可靠性，系统报警复核环节不可或缺。通过系统化的复核机制，可以显著减少误报警，提高整体的风险识别效率，也为后续风险预警与应急管理奠定坚实基础。

在实际复核过程中，首先需要进行初步数据分析，例如统计报警时段内的指标分布、异常点是否持续、是否存在其他辅助传感器的相关印证等。随后，可以对同区域或相似位置的多组数据进行比对，判断某一报警是否为局部感知设备故障或数据传输问题所致。若报警信号与历史趋势严重偏离，且没有明显的环境或荷载对应，系统通常会建议现场核查，通过人工巡检或临时加密监测来验证真实情况。与此同时，自动化的报警复核规则也会介入：若在一定时间内超限数据没有持续超过阈值，系统可自动解除报警；反之，若持续超标或不断出现重复报警，系统将记录其时长与频次，并可能对警情进行等级升级。在复核过程中，还应对异常数据进行标注与记录，便于事后统计和阈值的动态调整，从而在长周期内不断优化报警策略。

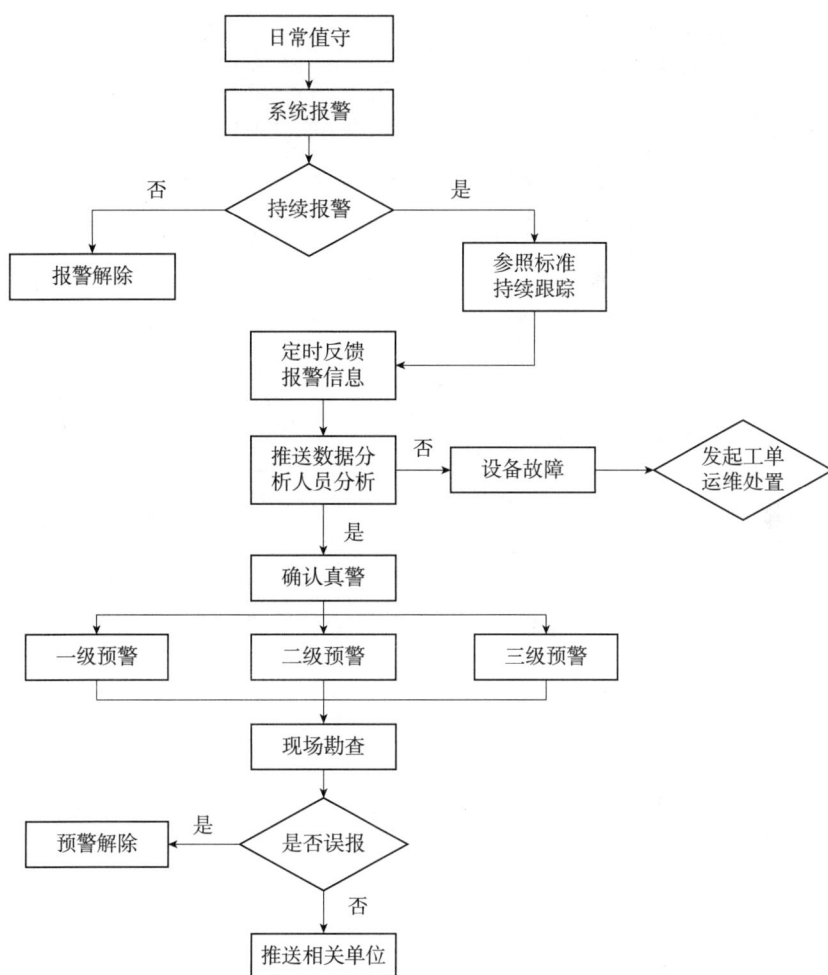

图 5-19　预警流程

其中，关于警情确认的具体步骤如下：

警情初步分析：对该测点数据进行初步分析，具体查看数据变化曲线是否超出合理范围（例如超出量程），下一步通过历史数据和当时数据判断是否发生传感器故障，其他同截面传感器、同类型传感器是否也发生报警，并在接下来 1~3d 内，进行重点关注，并进行初步分析，得出初步分析结果；

报警信息收集：查看历史报警数据、结合桥梁设计资料和检测资料及处置情况，结合结构相关传感器设备数据，分析桥梁报警原因；

警情现场勘查：勘查现场，观察周边环境，积极与权属责任单位对接，对警情等进行综合研判，进一步分析桥梁报警原因。

警情确认：一旦确认为桥梁真警，依据桥梁所处位置，报警指标等信息，通过系统、电话、即时通信（微信、短信等）等发布桥梁预警。

5.4.3 风险预警发布

当监测系统在复核后确认警情具有真实风险时，便进入风险预警发布阶段。此阶段的目标在于将已确认的风险信息进行分级管理与发布，以便相关责任单位和应急管理部门及时采取响应措施。在实践中，预警信息的发布不仅局限于简单的报警通知，更需要融入多维度的数据研判和现场核查意见。为此，数据分析师往往会将桥梁的设计最大承载力、既有病害、结构与传感器温度效应、桥梁技术状况等级及历史维修养护结果、交通量及荷载监测信息、历史监测数据等多项内容综合考量，才最终形成风险级别的评定依据。这一做法在《城市生命线工程安全运行监测技术标准》DB34/T 4021—2021 中亦有体现（图 5-20），例如在出现桥梁整体或局部垮塌风险征兆时，需要综合多方面数据才能客观判定是否需发布一级或二级风险预警。

在实际发布方式上，预警发布人员通常依托监测系统、文件和即时通信 3 种主要渠道。若警情达到一级风险预警，除常规的系统发布和纸质文件外，还应通过短信、即时通信软

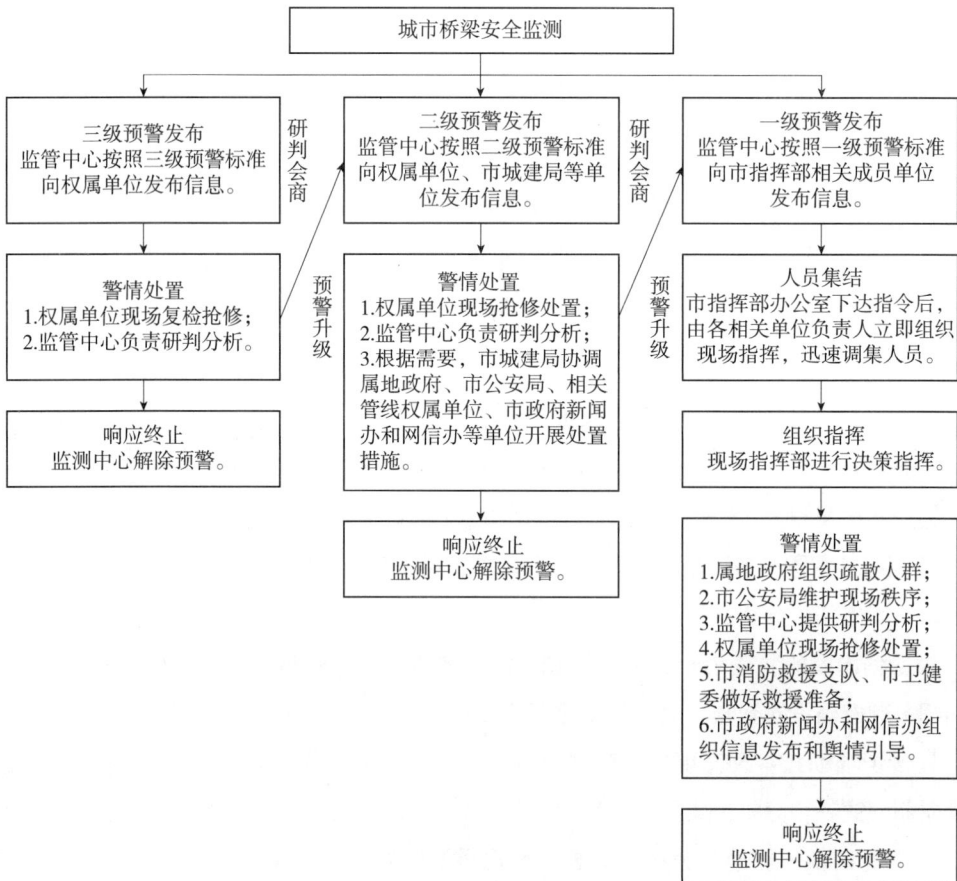

图 5-20 预警响应机制

件等方式第一时间将信息传递给权属责任单位、行业监管部门和城市安全主管部门，保证信息传递的及时性和全面性。与此同时，预警发布信息应包括预警时间、预警级别、风险位置、影响范围等完整要素，确保各方都能准确掌握关键信息。发布后，相关部门依据应急响应机制展开现场排查和处置，并将反馈信息返回监测中心，从而完成闭环管理。

值得注意的是，预警发布只是一个开始。发布后，应建立持续的跟踪机制，通过密切监测风险指标的变化来判断处置措施的效果，必要时可适时升级或解除预警。行业监管部门也应针对信息反馈与应急处置进行监督考核，推动预警管理的不断完善与规范化。通过这样的动态闭环，监测预警流程才能真正发挥在桥梁安全管理中的核心价值，使潜在危险得以及时化解。

5.5　风险预警分析研判方法

在桥梁的全生命周期内，结构破坏与安全事故常常源于多重因素的叠加，包括桥梁自身材料退化或缺陷、超载车辆或撞击等运营荷载风险以及自然环境灾害等。如果无法对这些潜在风险进行及时有效的监测与预警，一旦发生突发事件，往往会造成严重的人身与财产损失。针对这一问题，本节将结合桥梁安全监测系统，对各种风险展开预警分析与研判，旨在从监测数据和现场复核两个角度识别和判断风险类型与可能后果，并辅以针对性的处置策略。

在实际工程中，若监测系统捕捉到异常数据（如挠度、位移或应变的突变），即可初步判断桥梁是否处于潜在风险状态。结合桥梁检测信息、结构受力特点和外部环境数据，可以进一步确立该异常属于哪一类风险并预估其危害程度。通过现场复核验证，最终确认相应的处置方案与措施。以下分别就结构自身风险、运营荷载风险与环境灾害风险三大板块作详细论述，并结合典型风险场景示例进行分析说明。

5.5.1　结构自身风险分析

桥梁结构自身风险主要源于材料疲劳老化、施工缺陷或设计缺陷等因素，而这些内在问题往往在构件层面有所表现，例如主梁、索塔/墩柱及拱顶等关键受力部位的刚度削弱、耐久性能减退，或索结构与支座体系的连接构造不足等。材料的老化和微裂缝会随时间累积并在循环荷载下不断扩大，施工缺陷往往使局部截面的受力失衡，设计缺陷则意味着实际使用条件无法满足原本的强度和稳定性需求。一旦桥梁日常运营中施加的外力（如车辆荷载或环境振动）稍有增大，便可能触发局部甚至整体的承载力不足，从而带来潜在破坏。

在数据分析时，首先需要对结构整体与局部构件进行变形分析，例如主梁的竖向、横向位移（或挠度），索塔/高墩墩顶倾角以及拱顶位移等，若某关键监测点在同一周期内的平均值、标准差、最大值或均方根值出现突增或累积增长，通常暗示材料疲劳或缺陷导致的刚度衰减；与此同时，受力分析可聚焦于主梁、索塔、拱桥等关键截面应变与支座反力，并结合吊索、斜拉索或吊杆的索力，若发现超出安全阈值或与历史数据差异显著，则需警惕结构内部存在疲劳损伤或应力集中。动力与模态分析则通过加速度传感器提取基频、阻尼比及振型分布，用以判断整体刚度是否发生衰减或各振型出现耦合变形。通常若基频较历史值显著下降（5%以上），表明主梁或索塔等构件可能发生严重劣化。

在现场复核时，可以从构件本身的外观及内部状态进行排查。若变形或受力分析显示异常，需要在主梁、索塔或拱顶等处检查裂缝扩展、钢筋锈蚀或混凝土剥落情况，并关注支座与伸缩缝是否受限或磨损，导致梁端受力路径发生改变。对于索结构及锚头，若监测到索力严重偏移或拉索锚具部位存在渗油、护筒开裂等，应进行局部拆开检视或索力复测。对于疑似损伤的关键截面，还可通过小规模载荷试验或静载试验比对实测应变、挠度与有限元模拟值的差异，评估材料性能与承载能力的衰减程度。如果确认存在严重缺陷或疲劳劣化，则需及时采取加固、调索或更换构件等措施，防止进一步失稳破坏。

5.5.2　运营荷载风险分析

运营荷载风险主要是指桥梁在正常或超设计负荷作用下，由于车辆或船舶撞击、爆炸冲击、火灾或超载偏载等因素引发的局部或整体损坏风险。常见情形包括：超载车辆致桥梁失稳倾覆风险、车辆撞击致桥梁局部损毁风险、船舶撞击致桥梁局部损毁风险、爆炸冲击致桥梁局部损毁风险、火灾致桥梁性能劣化风险等。

1. 超载车辆致桥梁失稳倾覆风险

超载车辆会给桥梁造成超过正常设计能力的集中荷载，如果这样的超载情况在高频次或者长时间下得不到遏制，就会加速主梁、支座和下部结构的疲劳损伤，甚至导致整体失稳或倾覆。对于梁式桥，超载车辆通过时常表现为跨中挠度的快速增大、局部裂缝的扩展；对于独柱墩桥，则需警惕因偏载导致的横向倾覆风险。

在数据分析时，可在桥梁进出口处安装动态称重系统，获取车辆轴重、总重、车型和速度等信息，并与主梁挠度、位移和加速度等整体响应数据相结合，判断结构是否进入超载危险区；若实测荷载效应已超过有限元模型或规范计算的极限承载能力且桥梁应变、索力、支座反力等出现显著异常，即需发出超载预警。随着超载车辆数量的增多或单车载重量大幅提升,若监测数据中多次出现弹塑性变形迹象,代表桥梁具备较高的失稳倾覆风险,必须及时限行或卸载。

在现场复核时,应重点查看桥面是否出现明显车辙、裂缝或铺装剥落,以及伸缩缝和支座有没有过度磨损或挤压锁死现象;如怀疑局部构件损伤,可进行荷载试验或局部应变测试,将测量结果与理论分析或历史健康数据对比,评估桥梁实际剩余承载能力,根据需要对受损区域加固或对整座桥采取更加严格的交通管制。

2. 车辆撞击致桥梁局部损毁风险

车辆撞击多见于超高或超限车辆在高速行驶下与桥梁侧护栏、梁端或墩柱发生碰撞,瞬时的高动能冲击会在局部产生剧烈变形和裂损,并能沿构件或支点传导至上部结构。即使看似不大的撞击,也可能导致钢筋混凝土构件发生内部裂缝或剪切破坏,削弱整体刚度。

在数据分析时,宜密切关注车辆撞击后短时间内的加速度时域信号,并与局部应变、索力突变情况结合判断撞击强度和破坏程度。如果加速度绝对最大值和均方根在短时内居高不下或出现残余振动,说明梁体或墩柱可能产生了塑性损伤;同时,对比撞击前后桥梁的基频、模态振形等动态特征,如有显著衰减,也提示刚度衰减风险。若截面应变或索力显示出持续的异常偏移,需进一步评估局部受力路径是否受到破坏。

在现场复核时,尤其要重点检查撞击部位周围的梁体、护栏及墩柱外观,看有无混凝土掉块、钢筋裸露、锚固件松动以及裂缝扩展迹象;若桥面传感器继续报警,应通过无损检测或小范围开挖检验方式确认内部损伤范围与断面削弱程度,必要时限制荷载通行或实施局部加固,以防止局部破坏扩大引发整体功能失效。

3. 船舶撞击致桥梁局部损毁风险

船舶撞击常发生在通航河道内,尤其在桥墩防撞设施不完善或水文条件复杂的情况下,大型船舶因操纵失误、风浪影响而与桥墩或承台产生猛烈碰撞。由于墩柱刚度大,撞击能量会集中在墩基区域,若超过桥梁防撞设计值,可能引发墩柱局部受挤压或弯折破坏,甚至影响上部结构的正常受力传递。

在数据分析时,主要围绕桥墩在撞击后短时间内的加速度绝对最大值、均方根值以及衰减规律,并结合桩基沉降、墩顶倾角或水平位移等指标综合评估撞击冲击的能量与残余变形幅度。如果墩柱或桩基传感器显示位移突变且难以回落到原有水平,表示墩柱或基础存在显著变形和损伤。对于主梁或索体系,也要关注是否出现异常的应变或索力波动,以防冲击能量通过墩柱向上传递,导致更大范围的结构问题。

在现场复核时,应仔细查看撞击处墩柱或护桩表面的损坏痕迹和消能设施的破损程度;若墩柱附近有明显裂缝或混凝土脱落,需通过水下探测手段(声呐等)检查墩基与土层间的接触状况,判定是否发生掏空或基础松动。若墩顶倾角和水平位移在撞击后持续升高,必须立刻采取限制通行或临时加固措施,以防累积损伤导致局部失稳。

4. 爆炸冲击致桥梁局部损毁风险

爆炸冲击属于极端突发事件，可能由意外爆炸物或恐怖袭击等造成。爆炸瞬时产生的高温、高压气浪会对桥梁构件施加强烈冲击，并造成混凝土剥离、钢材变形或材料退火。若爆炸位置接近关键支承部位，可能使该区承载功能骤降，进而严重威胁整座桥梁的使用安全。

在数据分析时，爆炸冲击往往表现为加速度时间历程中的短时峰值激增与高速衰减。若支座反力、索力或截面应变曲线在爆炸后迅速出现长时间的异常高值或低值，则提示局部构件可能已产生不可逆塑性损伤。模态频率若在爆炸后大幅下降，则说明主梁或索体系的刚度遭受明显破坏。若同时出现温度监测数据的飙升（在伴随火焰或高温的爆炸中），更需对构件材性劣化做仔细评估。

在现场复核时，需观察混凝土碳化、破裂痕迹，钢筋或锚具是否发生变形、松动等高温与冲击叠加的破坏现象。若结构尚需继续服役，则应利用局部荷载试验或材料力学性能检测来判定爆炸对构件剩余强度的影响。对于发现大面积或关键部位断裂的情形，通常需立即进行加固或安全封桥，以防二次损坏或整体塌陷。

5. 火灾致桥梁性能劣化风险

火灾造成的高温可对混凝土或钢构件带来不可逆的材性劣化，包括表层剥落、内部钢筋或索材的力学性能显著下降等。一旦构件核心区温度过高，可能导致局部承载力急剧衰减。对于桥梁索区与塔柱来说，高温还会威胁锚具与护筒的完整性，诱发后续安全风险。

在数据分析时，温度监测是火灾预警的第一环节。若某区域温度急剧上升，并使得应变、索力、挠度等参数随之大幅波动，则说明火灾高温已使受力构件产生异常变形或力学性能衰减。若基频分析发现结构刚度下滑明显，表示高温对材料实体已造成实质性破坏，需要着重关注火灾持续时间与温度峰值的范围。

在现场复核时，通常需检查火灾集中部位混凝土或钢材的表层破损度，测定碳化深度或钢材硬度下降程度；对斜拉索、吊索及锚头也应评估其在高温熔焊或护套燃烧后的损伤状况。若火灾涉及主梁或索塔关键区域，则必须安排荷载试验或材料性能检测，确认承载力是否恢复到安全水平，否则需封闭受火区域或对受损构件进行修复及加固。

5.5.3　环境灾害风险分析

环境灾害风险是指在极端自然条件下，如地震、强风、洪水、漂浮物冲击/堆积、滑坡泥石流等作用下，桥梁结构可能面临的局部或整体损坏威胁。由于自然灾害的突发性和破坏性较强，且往往具有跨区域或系统性影响，桥梁安全监测系统在此情形下的重要作用更为凸显。通过实时监测结构响应，并结合现场复核评估，可以在第一时间发现潜在损害并启动应急预案，从而有效降低灾害后果。

1. 地震作用致桥梁结构损毁风险

地震作为突发地质灾害，会在极短时间内向桥梁施加三向地震动，导致墩柱、承台及上部结构受到强烈惯性力。若地震峰值加速度超过设计水准，或者桥梁原本存在结构缺陷，则更易产生塑性破坏或局部垮塌。

在数据分析时，可重点关注震时或震后一段时间的加速度峰值、应变和挠度等指标。一旦监测到加速度明显超出抗震设防烈度，或支座位移、主梁应变及墩顶倾角出现难以恢复的残余量，说明桥梁可能发生整体刚度衰减或局部断裂，需迅速启动高级别报警。后续可结合震后模态分析，看基频是否显著下降、振形有无失配等，判断是否已出现严重内部损伤。

在现场复核时，应在地震过后及时查看墩柱、主梁、支座与伸缩缝等关键区域是否产生明显裂缝、剥落或错位。若怀疑承台或桩基破坏，可利用地质雷达或潜水员对水下结构进行探查，通过局部动载试验进一步验证桥梁剩余承载能力，防止余震或次生灾害导致更大损失。

2. 强风作用致桥梁失稳颤振风险

强风对桥梁的影响既包括静风效应，也涵盖抖振、涡激振动、颤振等动力失稳现象。对于大跨度或柔性桥梁而言，风致振动易引发大幅横向或扭转抖动，若阻尼不足或风速落在某临界范围内，结构颤振失稳的危险性将骤增。

在数据分析时，可同步获取主桥面与塔顶风速、风向、湍流度等气象参数，并密切观测主梁及索结构加速度均方根和模态频率的变化。当加速度随风速突升且模态识别中出现阻尼衰减或新振型被耦合放大，需警惕颤振正在酝酿。若吊索、斜拉索或吊杆索力出现大幅波动并难以平息，也表明结构已陷入不利的风振工况。

在现场复核时，通常针对桥面导流板、斜拉索护套、阻尼器等防风或减振装置进行巡视，确认是否存在松脱、破损或老化失效情况。同时，实地观测主梁、塔柱在大风环境中的振幅和频率，对比监测数据判断颤振风险程度。如发生严重颤振倾向，必须及时封桥或限速管制，以免进一步加剧振动导致更大范围的受损。

3. 洪水致桥梁基础掏空风险

洪水导致的高流速、水位暴涨会在桥墩基础周围形成强烈的冲刷涡流，使河床土体被掏空或冲走，若桥墩基础裸露面积不断扩大，可能造成墩基承载力严重下降或失稳垮塌。

在数据分析时，可通过水文监测仪器实时记录流速、水位及含沙量，并结合墩基或承台传感器获取桥墩倾角、沉降和桩基加速度的变化。若在水位高涨阶段，墩基倾角及沉降速率显著升高或桩基传感器长时高幅振动，表明冲刷已开始侵蚀基础。此时需要与设计限值及历史监测数据比对，若超过设定安全阈值，必须立即发布预警。

在现场复核时，可通过潜水员或水下机器人对墩基进行探查，查看是否存在明显冲刷坑、空洞以及桩基外露；在无法潜水的浑浊水流环境中，则可利用声呐设备或地质雷达判断冲刷范围。若确有掏空迹象且风险极大，需要迅速采取临时加固、围堰或回填石料等紧急措施，并考虑封桥或限流分流，防止基础进一步失稳。

4. 滑坡泥石流冲击致桥梁局部损毁风险

滑坡泥石流往往集中在山地或地质构造复杂地区，在高强度降雨或地质条件不稳定时发生。一旦山体或边坡塌落至桥梁范围内，极有可能冲击桥墩、桥台或基础地面，引发局部掩埋、冲刷或强力撞击。

在数据分析时，可借助边坡位移传感器、地表含水率监测及桥墩倾角、桩基沉降变化，若边坡或山体监测数据显示水含量急剧升高并出现大幅位移，而桥墩位移、倾角也随之波动，说明滑坡或泥石流对桥梁已有显著影响。若再结合上下部结构应变或支座反力异常，可初步判断受力路径已被干扰。

在现场复核时，需对山体裂缝、塌陷痕迹、泥土淤积高度等进行考察，同时观察桥台周边是否空洞化或被大量泥沙埋压，桩基土体是否出现明显松动或冲空。若确有地基侧向变形或承台裸露，需要立刻封路并采取排险、加固或临时支护措施，防止进一步冲击带来更大破坏。

5. 漂浮物冲击/堆积致桥梁局部损毁风险

寒冷季节或汛期时，河流中形成大量冰凌或带有沉浮杂物，这些漂浮物在水流驱动下冲击桥墩或承台，会给墩基施加突发性冲击力或形成堆积阻塞，局部挤压破坏或磨损加剧。

在数据分析时，可关注桥墩加速度、墩顶倾角及桩基的沉降信息，若在短期内多次出现尖峰加速度或倾角增量，并难以回落，说明墩柱或基础正承受频繁冲击，结构存在隐患。同时记录河道水位与流速，若远超设计防冰标准，也增加了漂浮物聚积并撞击的可能性。

在现场复核时，需检查墩柱与消能设施表面的撞击痕迹，看是否出现破损、凹陷及钢筋暴露；也可利用声呐探测水下附近漂浮物堆积和对墩基的刮擦痕迹。若墩顶传感器持续预警，则应及时对水域清理或疏通漂浮物，避免其在墩周区域形成隐患，并酌情采取桥梁部分封闭或加固护桩等措施。

第 6 章

城市桥梁评估预测技术

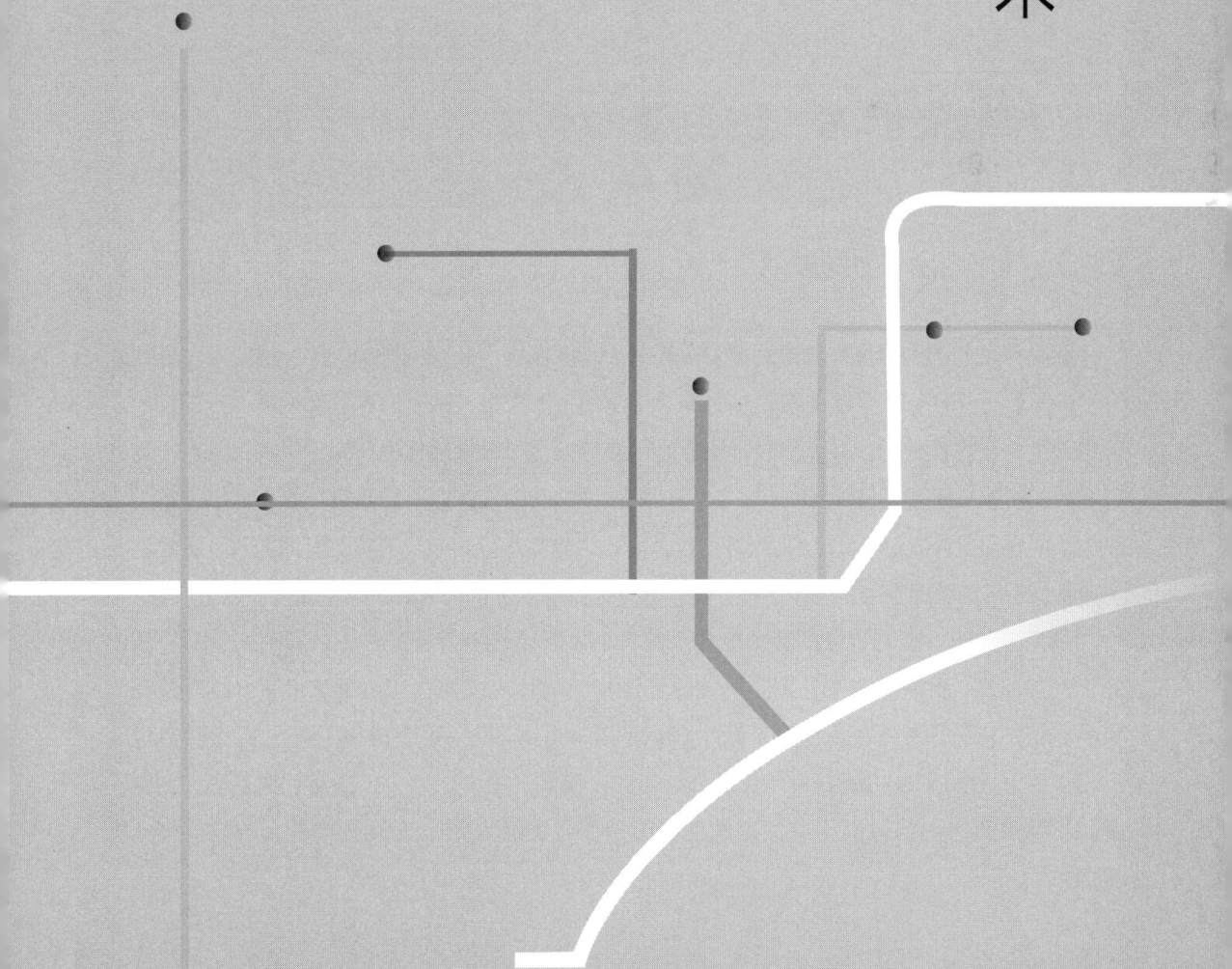

作为城市桥梁全生命周期管理的决策核心，本章聚焦长期服役过程中结构性能的演化规律与趋势预判，构建从"数据积累"到"寿命预见"的智能化评估体系。在第 5 章实时监测预警的"安全哨兵"功能基础上，本章通过整合多源异构数据与物理机理模型，实现桥梁从"状态感知"向"寿命预判"的认知升维——前者关注瞬时异常，后者揭示慢性衰变。

本章系统性阐释评估预测技术的科学内涵与技术路径，强调其与监测预警构成"短周期应急"与"长周期防控"的协同。通过融合有限元仿真修正、荷载谱反演、统计外推与机器学习算法，建立覆盖材料老化、疲劳累积、环境侵蚀等多维退化因子的分析框架。从力学模型与实测数据的动态耦合，到基于深度学习的多层次风险识别，技术链条贯穿结构安全性、适用性、耐久性三大评估维度。

6.1 "评估预测"与"监测预警"的内涵

6.1.1 技术内涵与协同关系

评估预测与监测预警是城市桥梁安全管理中相互衔接、紧密配合的两大关键环节。评估预测技术着力于分析桥梁结构在较长时间尺度上的性能变化，基于历史监测数据、周期性检验结果及材料特性分析，对结构的衰退趋势、疲劳损伤和老化过程进行深度挖掘，从而实现前瞻性的维护决策和资源配置优化。这种技术往往结合统计方法（如趋势外推、回归分析）、时序预测模型（如 ARIMA、LSTM 等）以及基于大数据和机器学习的算法，对数月至数年甚至更长周期内的桥梁安全状态做出估计与预判，为桥梁全生命周期的运维策略提供依据。

与之相呼应，监测预警则更关注桥梁在日常运营或极端荷载条件下的实时安全。它依托于对加速度、挠度、应变、索力等关键监测指标的快速感知，通过阈值设置、异常检测或模式识别来识别数据的超限或跃迁。一旦系统捕捉到短时间内的显著异常（如大幅超过设定阈值），便会触发报警并引导应急处置。对于超载、撞击、火灾、地震等突发事件，监测预警能够第一时间做出反应，以避免局部损伤或功能退化迅速演变成重大事故或整体垮塌。

在实际应用中，两者并非对立或替代关系，而是形成了"短期安全 – 长期健康"的协同体系：监测预警负责守住短时间尺度上的安全底线，实时捕获不利运行条件或突发冲击；评估预测则基于丰富的监测数据积累，面向长期趋势，帮助管理部门提前了解潜在的结构劣化节点并制定更加科学的维修改造规划。在这种双管齐下的桥梁安全管理模式下，不仅可提高结构在极端荷载或突变情境下的防御能力，更能够延长桥梁使用寿命、降低全生命周期成本。

6.1.2　差异化应用与实践要点

尽管评估预测和监测预警同样基于桥梁监测数据，但两者在应用场景、时间尺度以及目标定位上都有显著差异。监测预警强调即时性与响应速度，依赖阈值设置或异常识别算法，对数据的短期波动进行实时监控。其应用要点主要在以下几个方面：一是阈值设定应切合桥梁设计荷载及实际运营水平；二是算法需具备快速响应与鲁棒性，避免漏报或误报；三是在出现报警后，应有完善的应急处置预案，如交通限行、现场巡查或临时加固等，防止小的异常演变成大的事故。

相比之下，评估预测关注月度、年度乃至更长周期内的桥梁健康演化，往往需整合多源数据（历史养护记录、温度环境数据、结构材料劣化曲线等），运用统计分析、机器学习或物理力学模型，推断未来一段时间内结构的疲劳损伤积累、可供使用的安全余度以及可能出现的隐患点。其应用要点包括：数据的连续完整性与多维度性（以保证模型预测精度）；算法的可解释性和适应性（能够随时修正和更新预测）；针对预测结果的维护决策机制。例如，在评估预测中若识别到主梁有较高概率在 3 年后出现疲劳裂缝扩展，则可提前计划修补或加强方案，最大限度降低结构突发性失效的可能。

总之，监测预警是一种高频、短周期的"安全哨兵"，为桥梁的"突发性生病"提供安全监测保障；而评估预测更像是面向长周期的"健康体检"，在数据的深度挖掘与趋势洞察中为桥梁全寿命规划奠定基础（图 6-1）。二者有机结合，既能确保城市桥梁在实时运行中的安全，又能延伸桥梁服役寿命与提升维护效益，彰显了现代化桥梁安全管理所需的整体思维与精细化技术手段。

6.2　评估预测的原则与内容

在城市桥梁的全生命周期评估中，必须兼顾安全性、适用性和耐久性三大要素。评估

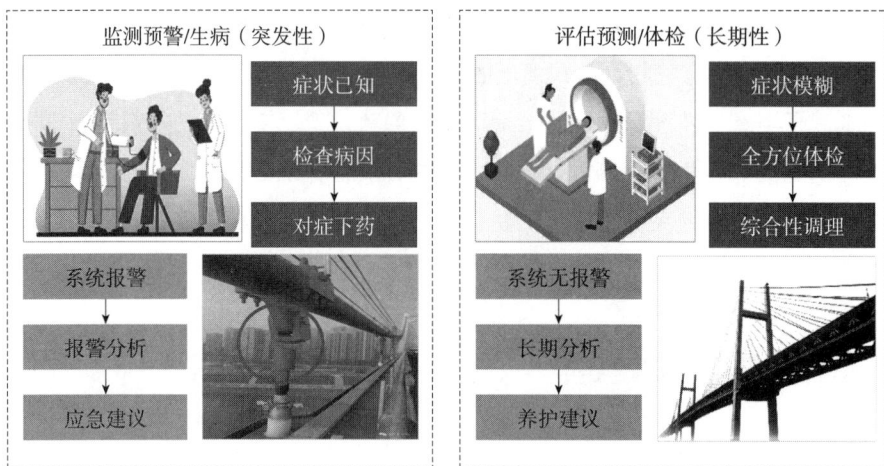

图 6-1 "评估预测"与"监测预警"的内涵

预测技术通过整合长期监测数据、结构分析模型和统计算法，为后续维护、加固和资源优化配置提供科学依据。在实际应用中，三大要性互相依赖却又各有侧重：安全性强调结构在各种荷载和极端情境下的整体稳定；适用性关注桥梁能否持续满足日益增长或变化的交通需求；耐久性则面向时间维度，考量材料性能衰减和累积损伤的长期效应。

6.2.1 考虑结构安全性

结构安全性是桥梁设计与评估的核心。通过对桥梁实际荷载作用下的应变、位移等监测数据进行深入分析，可以判断结构在正常运营及极端工况（如地震、强风、船撞或超载车辆）下的稳定性和可靠度。监测系统中的应变传感器、位移计和加速度计能够准确捕捉关键部位在不同荷载条件下的响应，包括主梁、墩柱、塔柱、吊索和斜拉索的力学变化。若发现监测数据出现超出设计限值的波动，或结构整体动态响应特征（如基频）显著衰减，则意味着承载能力可能发生了减弱，需要立即进行补强或者限载。

为了实现评估与预测，一方面，需将桥梁各阶段监测数据、设计规范和历史健康数据进行比对，验证结构在超限荷载或罕遇工况下的安全裕度；另一方面，也可采用有限元模型或动力分析方法来模拟地震、风载等极端事件，检验结构的抗震、抗风性能。如有必要，还能结合概率分析技术（如疲劳可靠度分析）量化桥梁在多种随机荷载组合下的失效风险。

6.2.2 考虑结构适用性

结构适用性指桥梁是否能够在现实交通需求与功能使用要求下保持顺畅运行。随着城市化进程加快，车流量和载重量持续增长，一座桥梁即便能在力学上保持安全，也可能出现使用功能不足的情况，例如拥堵或车辆行驶体验不佳等。此外，在大跨度漂浮体系（如斜拉桥或悬索桥）中，若桥面在风激振动下出现明显抖振或显著位移，即使尚未达至安全极限，也会影响车辆行驶的舒适度和稳定性，甚至产生交通中断等次生风险。

要评估桥梁的适用性，可结合车辆荷载监测（如动态称重系统）和主梁加速度、位移等动态响应指标，分析在不同交通流量和气象条件下的运行状态。若监测到在高峰时段桥梁振动幅度明显增大，或位移频繁超限，需考察该桥梁的设计荷载能否适应当前及未来预测的交通量。此外，通过对结构布置、行车道宽度和引道衔接等因素的综合评估，还可以识别功能性缺陷导致的潜在适用性问题。这些信息不仅能指引管理部门进行加固或扩宽改造，也可为设置交通分流和限载策略提供参考依据。

6.2.3　考虑结构耐久性

结构耐久性关注的是桥梁在长期服役过程中的材料衰减与累积性损伤。钢筋混凝土构件会受温湿度、氯离子侵蚀以及碱－骨料反应等影响而产生老化、裂缝扩展和钢筋锈蚀；钢结构或索体系也会因疲劳循环、腐蚀环境而导致整体强度下降。若不及时发现并加以修复或维护，结构劣化的累积效果会显著缩短桥梁寿命，并带来安全隐患。

在耐久性评估中，监测系统中的应变、形变（挠度或位移）和裂缝宽度变化等长期数据尤为关键，通过统计分析或大数据挖掘，可以识别材料劣化趋势和关键时间节点。例如，对混凝土构件的应变演化和裂缝扩展速率进行追踪，可预估其剩余使用寿命并判断何时需要养护或更换；对钢材疲劳裂纹或锈蚀程度进行量化分析，则能发现关键部位的潜在风险，从而提前部署修缮计划。此外，可根据环境监测数据（如盐雾浓度、温湿度等）对耐久性模型进行修正，提升评估准确度。通过精细化的长周期耐久性预测及相应的养护规划，不仅能降低后期大规模修复或更换构件的费用，还可显著延长桥梁整体的安全服役期。

6.3　力学模型与有限元仿真

在桥梁评估预测中，力学模型和有限元仿真是连接理论与实测数据的关键环节。初步建模通常基于设计图纸与理想假设，但实际运营环境与荷载条件往往会带来不确定性，使初始模型与真实结构存在偏差。为提高后续评估与预测的准确度，本节介绍如何结合环境与实际荷载对模型进行修正，并利用修正后的仿真模型，在无动态称重系统时，通过应变－荷载反演来探测车辆载重，从而为桥梁安全与寿命管理提供更加可信的数据基础。

6.3.1　考虑环境与荷载的模型修正

在桥梁评估预测过程中，有限元模型扮演着核心的数值模拟角色；然而，最初根据设计图纸与理想化假设所建立的模型，往往无法完全反映真实桥梁在实际运营条件下的力学行为。如何让数值模型更接近"真实结构"？这就需要对模型进行系统的修正与优化。

从学术研究和工程实践的角度来看，建模精度的影响参数一般包含以下3项要素：①物理参数，例如截面尺寸、材料弹性模量、支座刚度与约束条件等；②环境影响，如温湿度、盐雾、腐蚀等导致材料性质或截面有效高度的衰减，以及风载、温度场对索力或边界约束的影响；③不确定运营荷载，包括车辆超载、偏载分布、航道撞击以及实际交通流量远超设计水平等。这些要素的组合决定了桥梁的"真实"工作状态，而初始有限元模型若忽略了它们，便会产生较大偏差。

为了量化偏差，人们在模型修正中通常会先选取一套核心指标（也可称为目标函数），例如：影响线、模态频率、加速度响应特征、关键截面应变等。这些指标不但具有易测量、可识别的特点，也能涵盖结构的整体与局部性能。通过对这些指标的实测值与理论模型计算值进行评估（如均方误差、相对误差或相关系数），即可判定模型的准确度。当发现误差超出允许范围，就需对模型的物理参数和边界条件作相应调整。

在寻优技术方面，无论是传统的响应面法、优化算法（如遗传算法、粒子群算法等），还是近年兴起的机器学习方法（如BP神经网络、深度学习模型等），其根本思路都是：最小化实测数据与模型输出之间的偏差。常规的做法是通过敏感性分析或专家经验来挑选最容易影响建模精度的参数（比如截面厚度、边界弹性刚度、材料弹性模量等），并将这些参数视为修正变量；随后，根据监测得到的目标函数值（如应变曲线或振动模态），利用寻优算法不断迭代更新模型参数，直到数值模拟输出与监测值在指定误差范围内收敛为止，基于结构频率误差的模型修正前后频率对比见表6-1、图6-2。

模型修正前后频率对比　　　　　　　　　　表6-1

阶数	实测频率（Hz）	有限元计算频率（Hz）		相对误差（%）	
		修正前	修正后	修正前	修正后
1阶	3.71	3.27	3.78	−11.86%	1.89%
2阶	4.30	3.55	4.04	−17.44%	−6.05%
3阶	4.50	3.61	4.10	−19.78%	−8.89%

之所以要同时纳入环境与荷载是因为桥梁在真实服役中所面临的自然环境十分复杂，例如温度变化会使钢筋混凝土界面产生胀缩不一致，腐蚀或疲劳会在材料层面减弱刚度；而运营荷载则随时间、交通流量与违法超载等行为变化无常，这些不确定性会极大地影响

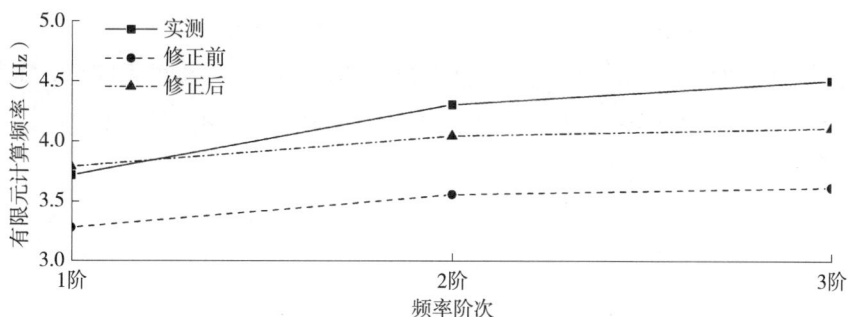

图 6-2　模型修正前后频率对比图

桥梁的内部应力与变形分布。若只依赖单一的设计参数或理想化荷载分布，模型通常会低估或高估某些构件的应力水平。只有通过将监测数据注入修正过程，并结合多种寻优手段进行参数迭代，才可能得到一个足以代表"真实桥梁"的数值模型。在此基础上，可有效为疲劳寿命评估、损伤识别及加固方案制定提供了坚实的数据基础，也为城市桥梁的全生命周期管理奠定了科学的决策依据。

6.3.2　基于仿真模型的响应－荷载反演应用

在完成对有限元仿真模型的环境与荷载修正后，其对桥梁实际状态的模拟能力显著增强。接下来，可以利用修正后的"高保真"模型来进行荷载反演。桥梁的响应可以反映荷载对桥梁的作用，以应变为例，只需要得到应变响应与荷载的关系，即可实现对荷载大小的反演。通俗而言，这意味着当某一时刻或时段，只需测得桥梁若干截面的应变分布，便可通过模型逆向推算出车辆荷载大小及分布情况，从而达到"无称重系统亦可得超载信息"的目标。

当车辆通过桥梁时，若没有安装专门的动态称重系统，传统方法往往只能大致估计车辆的重量或轴载分布，难以精准判断是否存在超载、偏载或过度集中现象。此时，若桥梁在关键截面处布有应变传感器（或应变计列阵），且已具备一套经模型修正后的有限元仿真模型，即可将实测应变数据输入到"逆向分析"模块中，通过遍历仿真模型中不同分布荷载的力学响应（或采用数值优化算法），快速定位出与实测应变最吻合的荷载状态，从而反演出车辆实际荷载值及分布。基于此思路，可以进一步监控超载车辆的通行情况，并为桥梁管理部门提供隐蔽超载行为的证据与数据支撑。

在具体实施上，通常需要以下几个关键步骤：①在主梁、横梁或索塔等关键区域布置一定数量的应变传感器，并确保这些采集点能够灵敏捕捉车辆行进过程中的应变变化；②在修正后的有限元模型中，事先定义 1 组可调参数来表示车辆的轴重、轴距及位置分布

（有时也可将多车道影响纳入考虑）；③按照某种优化算法或反演算法（如最小二乘法、粒子群算法、人工智能算法等），不断搜索或迭代更新车辆荷载参数，使得模型计算得到的应变分布与实测应变分布之误差最小；④当误差收敛到可接受范围，最终确定的车辆载重与位置即为本次反演的结果（图6-3）。

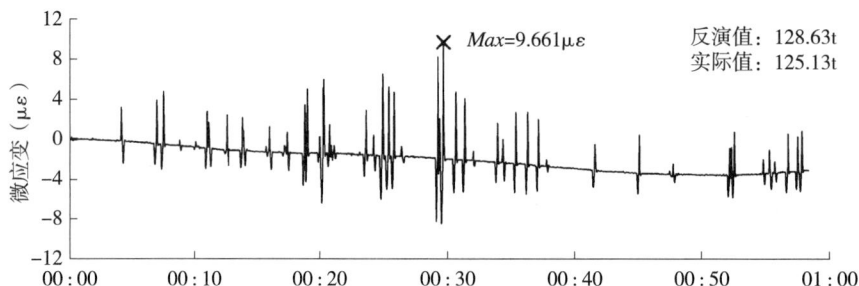

图6-3　荷载反演预测结果

　　值得一提的是，桥梁应变数据受温度、残余应力及车辆动态效应等多重因素干扰，为提高反演精度，应当在数据预处理阶段剔除噪声和温度效应，并结合之前提到的模型修正理念，确保仿真模型的物理参数、边界条件和截面刚度都已与真实桥梁充分贴合。此外，在算法选择上，若车辆通行速度较快、桥梁动力效应突显，则需要将一些动力学解耦或多车荷载叠加分析纳入模型，使反演过程更加真实可靠。

　　通过应变－荷载反演技术，管理部门即使没有安装动态称重系统，也能在日常运营中通过分析应变时程数据，识别疑似超载车辆或偏载现象，并记录下车辆经过时刻与相应载重级别。这对超限超载治理、桥梁寿命管理乃至大数据统计分析都具有相当实用的价值。若发现反演结果持续显示特定时段或特定车型多次超载，运营单位便可配合交通执法部门开展针对性检查或限行策略，从而有效保护桥梁结构在全生命周期内免受不必要的疲劳和磨损，最终提升公共资源利用效率与桥梁安全性。

6.4　长周期数据统计与趋势外推

　　随着桥梁安全监测逐步向全寿命管理和大数据分析方向发展，如何在海量的长期监测数据中发现结构性能的演变规律，进而对未来一段时间内的健康状况做出预测，已成为桥梁评估与决策管理的重要课题。相较于前面侧重短时异常识别的实时监测手段，本节将重心放在对长周期积累数据的统计与趋势外推上。通过挖掘桥梁在数月、数年乃至更长服役周期内的应变、位移、挠度、加速度或索力等指标的变化轨迹，可以更准确地捕捉疲劳损伤的累积效应、材料性能的衰退过程以及环境与荷载耦合作用下结构状态的整体演变。本节将介绍常用的统计分析指标与回归模型，并结合基于荷载谱的寿命预测应用，阐述如何利用雨流计数法与 Miner 准则等经典方法实现中长期结构疲劳寿命估算，为后续制定预防性养护措施与延长桥梁寿命提供可行依据。

6.4.1　统计分析指标选取

在对桥梁进行长周期数据分析之前，需明确所关心的结构行为特征和潜在失效模式，以此来选择合适的统计指标。由于长时间序列往往包含季节性变化、环境干扰以及多种运营荷载的叠加效应，合理的指标选取能帮助相关人员更有效地剖析结构真实状态并抓住关键隐患。以下为常见的统计指标与适用情境：

1. 均值与标准差（Mean and Standard Deviation）

均值可直观反映某段时期内桥梁响应（如应变、挠度、索力）的总体水平，标准差则衡量其波动程度。当均值随时间逐渐增大或减小时，往往意味着主梁或其他关键部件在发生累积性变形；而标准差的大幅上升则提示结构外力环境变得更加随机，或者内部有刚度衰减、连接松动等情形。

2. 极值与极值出现频度（Max/Min and Frequency of Extremes）

在监测数据中抓取周期内的最大值与最小值，结合极值出现频次，可帮助识别结构是否经常遭遇超常荷载或极端环境。例如，若梁端挠度的极值在过去数月频繁逼近设计限值，需警惕结构疲劳累积；如果桥面温度极值超标次数明显增多，也提示火灾或结冰风险亟待关注。

3. 峰峰值与范围（Peak-to-Peak and Range）

该指标适用于对动态数据（如加速度、振动幅度）进行衡量，将统计周期内数据波动区间直观呈现。若峰峰值在近期呈持续攀升态势，可能表明结构动力特性被削弱、阻尼减弱，或风致振动耦合增强，需要尽早采取减振或限载措施。

4. 偏度与峰度（Skewness and Kurtosis）

当需要更深入地考察数据分布形状时，可使用偏度（Skewness）与峰度（Kurtosis）等更高阶统计量。偏度可识别数据分布是左偏、右偏还是接近正态，峰度则反映尖峰程度或尾部分布异常。对于在极端荷载或季节性因素下易出现长尾或尖峰分布的指标（如一年中某段时间桥梁的应力累积），这些高阶统计指标能提供更多信息。

5. 疲劳累积指标（例如雨流计数累积幅度）

对应变、应力、加速度等周期性或准周期性数据进行疲劳分析时，可以利用雨流计数法（Rainflow Counting）将数据转化为应力幅和循环次数的分布图，再辅以 Miner 准则等方法对疲劳损伤作初步量化。该指标常用于判断桥梁在复杂运营荷载下的疲劳程度，为后续寿命预测奠定基础。

6.4.2　趋势外推与回归模型

在完成长周期数据的清洗与指标提取后，下一步便是对指标进行趋势分析和外推预测，以期在较长时间范围内（数月、数年，乃至全生命周期）估算桥梁可能出现的性能变化。具体而言，趋势外推可采用一系列回归模型或时序预测方法，根据历史变化轨迹来判断未来发展走向，从而为预防性维护和管理决策提供参考。

1. 线性回归与多项式回归

线性回归适用于数据变化大体呈线性趋势的情形，通过构建简单的 $y=ax+b$ 模型或多元线性模型，快速获得对时间序列未来取值的估计；若桥梁某项指标呈明显的曲线式增长或衰减特征，则可选择多项式回归（如二次或三次多项式），在一定时间跨度内捕捉更灵活的曲线走向。如图 6-4 所示，当观测值分布在多项式拟合曲线周围且残差无显著偏态时，说明此类回归模型对数据具有良好适配度。

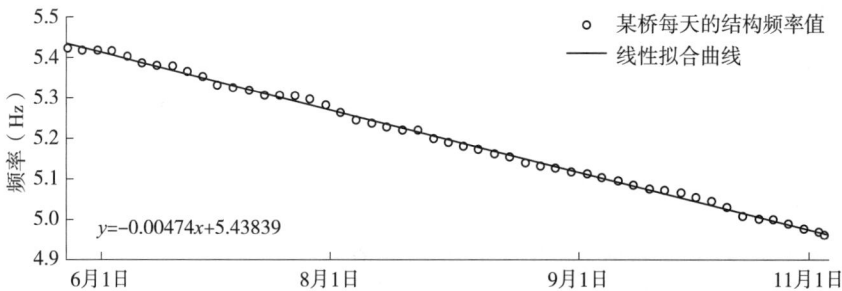

图 6-4　线性回归示意图

2. ARIMA 家族时序预测

当结构响应具备一定的平稳性或差分平稳性特征时，可采用 ARIMA（自回归积分滑动平均）模型对长周期变化进行分析。ARIMA 通过对时间序列本身进行自回归与滑动平均运算，能较好地捕捉结构数据中的季节性、趋势性和随机扰动。若桥梁监测指标呈较强的周期性（如温度相关的季节波动），则可扩展采用 SARIMA（季节性 ARIMA）以提高预测精度。

3. LSTM（长短期记忆）网络

在时间序列预测方面，LSTM 作为一种特殊的循环神经网络（RNN）结构，尤其适用于捕捉跨度较长且含多重时变特征的数据。其内部的门控机制可在较长序列中"记住"早先输入对后续预测的影响，从而在分析桥梁指标（如长周期应力或应变的趋势演化）时更具针对性。例如，若桥梁监测数据中含有明显的季节性波动、突发事件干扰以及长期疲劳累积等多层次特征，LSTM 通过记忆并选择性遗忘时序信息，可实现对下一阶段疲劳演变或慢性损伤风险的更精细推断。

值得注意的是，LSTM 模型往往需要大量的高质量训练数据，并对参数（如记忆单元数、学习率、正则化系数等）进行仔细调优。此外，为提升预测可解释性，可以在网络输出层增加一些可视化或注意力机制，以便更直观地理解模型为何在特定时段给出某种预测结果。

6.4.3 基于荷载谱的结构寿命预测应用

在长周期数据分析和趋势外推的基础上，可以对桥梁剩余寿命或疲劳寿命进行预测，尤其在疲劳敏感的钢桥与组合桥中更显重要。核心思路是通过对结构的应变、应力时序进行统计分析，构建典型载荷谱（或称"应力谱"），并结合 Miner 准则、*S-N* 曲线等材料疲劳模型，推算构件在未来一定时间内可能出现的疲劳损伤累积程度。该方法不仅能给出寿命预估值，还能为管理部门在日常维护与预防性加固上提供有力的决策支撑。

在桥梁寿命预测流程中，常见步骤如下（图 6-5）。

首先，需借助长周期监测的应变或应力数据，采用

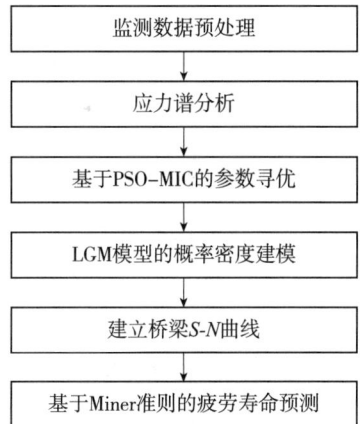

图 6-5 步骤流程

雨流计数法对数据进行分级、循环计数和幅度统计。雨流计数法能够准确识别时程信号中的峰谷循环，并将其划分为若干幅值区间，使原本繁杂的时间序列转化为清晰的载荷幅度 - 循环次数分布图。如图 6-6 所示，各应力幅度段对应着不同的循环量，体现了桥梁在不同时间段内所经历的多种运行工况。该载荷谱可以进一步合并、平均或扩展到标准日应力谱、月均或年均应力谱，从而构建更具代表性的疲劳载荷分布模型。

在获取载荷谱后，需要结合材料或构件的 *S-N* 曲线。*S-N* 曲线一般呈对数线性关系，可在设计规范或试验室测试中获得不同细节等级对应的常数 *B*、*D* 等参数，描述"应力幅 *S* 与可承受循环次数 *N* 之间的函数关系"。将载荷谱各个幅度段的循环次数与 *S-N* 曲线的可承受循环次数对比，进而应用 Miner 线性累积损伤准则求取结构累积损伤值（图 6-7）。

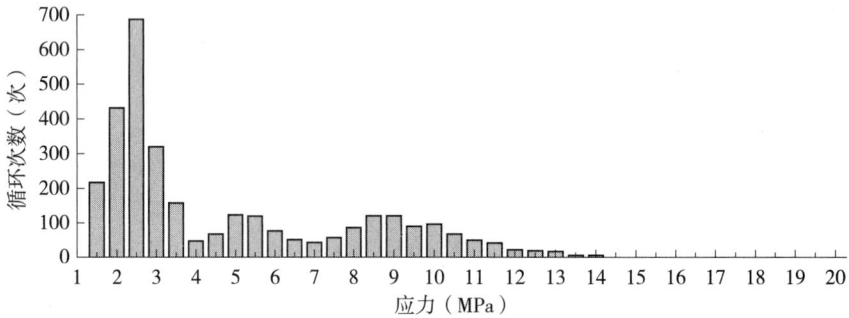

图 6-6　应力循环次数分布图

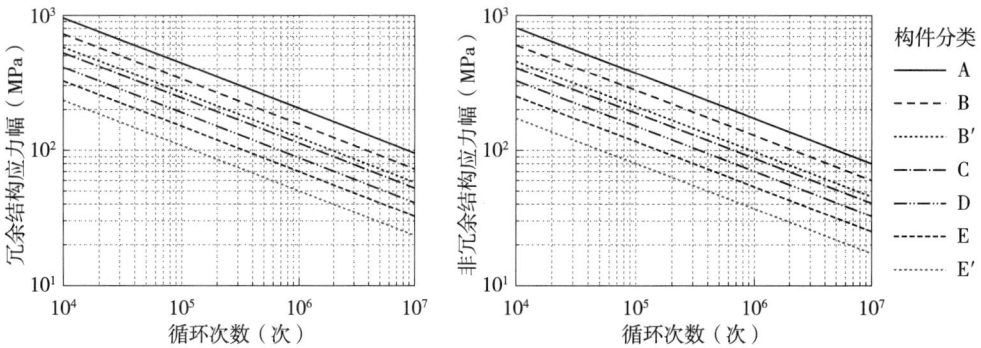

图 6-7　不同构件类别的 S-N 曲线

在实际工程中，桥梁应力谱往往带有多峰特性或非单一分布，简单的正态或伽马分布模型往往难以精准拟合。结合先前介绍的趋势分析方法，可引入更灵活的混合模型（如对数高斯混合模型 LGM）或采用粒子群算法、神经网络等来自动寻优并获取高精度的概率分布（图 6-8）。然后再将所得拟合分布视为载荷谱的概率描述，进一步与 Miner 准则、S-N 曲线耦合，实现面向未来若干时段的疲劳寿命智能化预测。这样一来，就能在兼顾不确定运营状况（例如超载车辆、极端气象情形）的前提下，更细粒度地估计桥梁在长期服役过程中的损伤累积进度。

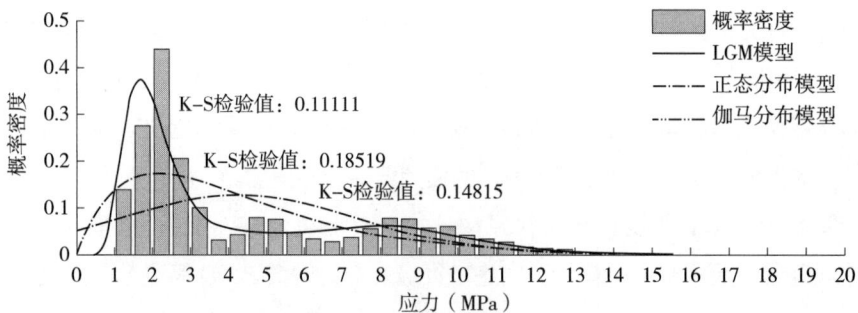

图 6-8　概率密度拟合

注：K-S 检验（Kolmogorov－Smirnov Test，柯尔莫哥罗夫－斯米尔诺夫检验）是一种非参数检验方法。

6.5　机器学习在桥梁评估预测中的应用

随着传感器布设规模不断扩大、数据采集频率逐年提高，桥梁安全监测正逐步迈入"大数据"时代。如何有效地处理和挖掘海量时序数据中的隐含模式，及时识别结构潜在劣化征兆并预测未来风险，成为桥梁安全运营与精细化管理的关键需求。机器学习方法，尤其是基于神经网络的深度学习模型，在建模复杂非线性关系与深度特征提取方面具有显著优势，为桥梁评估预测带来了新的思路和工具。本节从神经网络与深度学习模型的基础概念出发，结合超参数调优与模型可解释性的实际需求，最后介绍基于深度前馈神经网络实现多层次风险场景识别的案例应用。

6.5.1　神经网络与深度学习模型

随着数据采集和计算能力的快速发展，人工智能（AI）在各行各业得到广泛应用。AI是一个非常宽泛的概念，涵盖了让机器呈现"智能"行为的一系列方法和技术，其中最核心的分支之一便是机器学习（Machine Learning），即利用统计或算法手段从数据中自动提取规律并实现预测或决策。而"神经网络"（Neural Network）则是机器学习家族中的一类重要方法，它受到生物神经系统的启发，通过模拟神经元及其连接关系来学习和识别数据中的非线性映射。如果将机器学习比作一个大工具箱，神经网络则是其中颇具特色且十分灵活的"多功能工具"。

在神经网络的发展历程中，最初的模型多为较浅层的结构，通常只有一层或两层的隐藏层，适合处理相对简单或规模不大的数据。随着硬件性能和数据规模的不断提升，人们在神经网络的深度和宽度上下足了功夫，由此形成了"深度学习（Deep Learning）"这一概念。深度学习往往意味着网络包含更多的隐藏层、更多的参数，可以在面对高维、复杂、非线性的数据时展现强大的特征提取能力与学习能力。深度神经网络因此也被广泛应用于图像识别、语音处理、自然语言理解等需要"高维感知"和"端到端学习"的场景。

对于桥梁评估预测而言，神经网络与深度学习同样具有不容忽视的潜力。其主要优势体现在：第一，神经网络能够挖掘结构监测数据中的隐含非线性关系，当应变、位移、加速度等多维度数据同时作用时，网络能自动学习特征空间；第二，它适合处理噪声较多、特征分布复杂的大规模数据，这在桥梁监测的长期或全天候采集中极为常见；第三，若合理设计网络结构并辅以适当的正则化策略，神经网络往往具有较高的泛化性能，可在面对新的工况或荷载组合时也能给出较准确的评估预测结果。

在具体应用模型选择上，常见的神经网络结构可分为以下几类，并对应不同类型的数据或分析任务：

1. 多层前馈神经网络（Multi-layer Perceptron，MLP）

MLP 是最常见的基础模型，通过多层全连接隐含层来学习输入数据与输出目标之间的映射。适用场景包括：对时序或空间监测指标进行非线性回归、分类或风险判定；当原始数据维度较大且没有明显的序列依赖关系时，MLP 往往能快速建立比较稳健的端到端映射。

适用数据类型：多维传感器数据、统计指标汇总值（如日均应变、均方根加速度）等。

2. 卷积神经网络（Convolutional Neural Network，CNN）

CNN 以局部感知和权值共享的方式对二维甚至三维数据进行卷积运算，最初多应用于图像识别，如桥梁表面裂缝检测、腐蚀识别等。若在应变或位移数据上进行二维或二维时序重组，也可提取局部时空特征，实现结构状态图像化分析。

适用数据类型：图像/视频类监测数据（如裂缝照片、无人机影像），或将时序数据转为二维矩阵后处理。

3. 循环神经网络（Recurrent Neural Network，RNN）及其变体（LSTM、GRU）

RNN 及其变体适用于存在时序依赖关系或连续动态变化的数据，例如桥梁在一天或一周的运营周期里应变或加速度有明显的时间相关性，或者在地震/风振期间呈现强烈时间演化特征。通过记忆门结构（如 LSTM、GRU），网络能更好捕捉长程依赖，适用于趋势预测、动态风险评估等。

适用数据类型：连续时间序列，如长周期应变、加速度、温度、车流量等。

4. 图神经网络（Graph Neural Network，GNN）

若桥梁被抽象为一个节点-边结构（如多个传感器节点及其空间关联），则可利用图神经网络对节点或整张图进行特征学习与风险传播分析。例如，在大跨度桥梁或索结构中，传感器分布呈拓扑关系时，GNN 能更深度地挖掘空间关联。

适用数据类型：带有网络/图结构特征的监测场景，如多索多塔的斜拉桥与悬索桥传感器布置网络等。

以上模型都可以在桥梁评估预测中发挥不同作用：MLP 模型便于快速搭建或应对常规多维数据回归，CNN 常用于裂缝图像、表面病害检测或数据可视化分析，RNN（LSTM、GRU）擅长捕捉长时序关联以做趋势预测，而 GNN 在多传感器拓扑分析和空间关联挖掘中展现潜力。无论是哪种网络，均需根据实际数据分布、监测目标和计算资源来平衡模型的深度、复杂度与可解释性。选择恰当的网络结构并进行有效的训练与验证，是确保神经网络在桥梁评估中取得良好效果的关键。

6.5.2　超参数调优与模型可解释性

在将神经网络应用于桥梁评估预测时，工程人员常会遇到一个现实难题：同一个数据集、同一类神经网络结构，却因为"超参数"配置不同，训练结果有时好、有时差，甚至出现网络无法正常收敛或训练时间极长的情况。这里所说的"超参数"大多指网络结构和训练过程中需事先设定的值，包括学习率、神经元数量、网络深度、批量大小（batch size）、正则化系数，以及激活函数、迭代次数等。若把神经网络模型比作一个精密的机器，那么超参数就像不同的齿轮、螺栓，能否配合得当直接影响整机性能。

1. 为什么要进行超参数调优？

假设人们想用深度网络来预测桥梁某截面的疲劳累积指数。若学习率过高，模型在训练时可能频繁"冲过头"，就像扭大了油门却难以刹车，导致损失函数在高误差区左右摇摆，收敛困难；若学习率过低，又会像开车一直用一挡前行，速度极慢并浪费大量时间。同样道理，如果网络层数太多，虽然可以学到更丰富的特征，但可能需要更多数据和运算才能避免过拟合，反而让长周期监测数据不堪重负。再比如，在分析实测应变和加速度数据时，如果 batch size 选得太小，训练过程就像在观察非常微小的"随机片段"，不易捕捉整体趋势；反之，batch size 过大则忽略了很多细节变化。

因此，调优的目的在于找到一个平衡状态，使模型能在合理的计算成本和收敛速度之下，获得对桥梁数据最优或接近最优的学习效果。

2. 如何进行超参数调优？

目前常见的方式有几种：

网格搜索（Grid Search）：将学习率、网络层数等超参数划分为若干离散取值组合，然后一一试验，每个组合训练并用验证集评估效果。优点是直观、简单，缺点是计算量往往很大。

随机搜索（Random Search）：在给定超参数取值范围内随机抽样一定数量的组合来测试，虽然不一定能穷尽所有选项，但在较少计算预算下有时能迅速找到"不错"的方案。

贝叶斯优化（Bayesian Optimization）：通过对每次试验结果进行概率建模来引导下一个试验点的选择，能在更短次数的试验中逐渐"逼近"较优解，适合桥梁长期监测数据这种样本规模较大且训练成本高的场景。

在实践中，很多团队都会先用网格搜索或随机搜索筛一遍，再在较优范围内采用贝叶斯优化做精细微调，以尽可能减少盲目性。

3. 模型可解释性为什么重要？

即便用对了超参数，得到一个预测准确率很高的神经网络，它依旧可能是一个"黑箱"（仅知道它在输入数据时输出了预测结果，却不知道"网络内部到底怎么思考的"）。在桥梁安全管理这类关乎公共安全的工程应用中，模型若只有"对或错"两种输出，很难让管理者在突发情况下迅速决策：

举个例子，深度网络突然判定"主梁疲劳损伤风险在未来一周会激增"，工程师势必想了解——是高温天气导致材料老化加快？还是最近车流量突增所致？或是数个传感器数据出现异常？如果模型毫无解释，就无从找到具体触发原因，也不便开展更具针对性的维护行动。

此外，若某些传感器故障或信号异常，也需快速判断模型输出的结果是否仍然可信。如果模型能告诉相关人员哪个传感器特征最具贡献度，当这部分数据失效时，相关人员也可迅速排查。

为了满足这些工程需求，目前研究者常用的手段包括：

特征重要度排名：通过对网络的梯度或中间层激活进行分析，判定每个输入变量对最终预测的贡献度大小，比如判断是温度变化影响更大，还是车辆载荷变化导致。

可视化方法：针对高维度数据可使用 Grad-CAM、LIME 等方法，找到哪一部分时序或哪些传感器通道最能引发网络预测值的波动。

物理 – 数据混合模型：把桥梁力学或疲劳本构方程嵌入到网络损失函数或网络结构中，使网络在学习数据分布的同时也必须尊重基本力学约束。例如，当某传感器数据严重违背力学平衡时，网络可及时调整权重减少其影响，从而兼顾精度和可解释性。

通过超参数调优，得以打造一个更好用、更稳定的模型"外壳"；而依赖模型可解释性，则能让这个"外壳"拥有"透明面板"，使工程师能看清它的内部逻辑运转，从而确保桥梁安全管理在突发事故或日常维护中都能快速落地和反馈。将二者结合起来，才是真正让机器学习在桥梁评估预测领域大放异彩的关键。

6.5.3　基于深度前馈神经网络的风险识别应用

在桥梁实际运行中，可能同时存在多种相互交织的复杂风险情景，如结构疲劳老化、超载偏载、支座沉降、火灾及撞击等。传统单一层次的风险识别方法，往往只能处理特定单一风险，难以兼顾结构风险的类型、具体位置和严重程度 3 个方面。为提升风险研判的全面性和精确性，可借助深度前馈神经网络（Deep Feedforward Neural Network，DFNN）实现"多层次风险识别"应用，即同时完成对风险类型（如疲劳裂缝、支座损伤、超载）、风险位置以及风险严重程度的判断（图 6-9）。

首先，为目标桥梁（如某三跨连续梁桥）建立一个包括多种潜在风险类型的"情景库"，如主梁刚度退化、支座刚度减弱、超载、偏载失稳、船撞、火灾等。其次，将各类风险情景细化到"位置层次"（主梁不同梁段、支座节点位置等）和"程度层次"（轻微至严

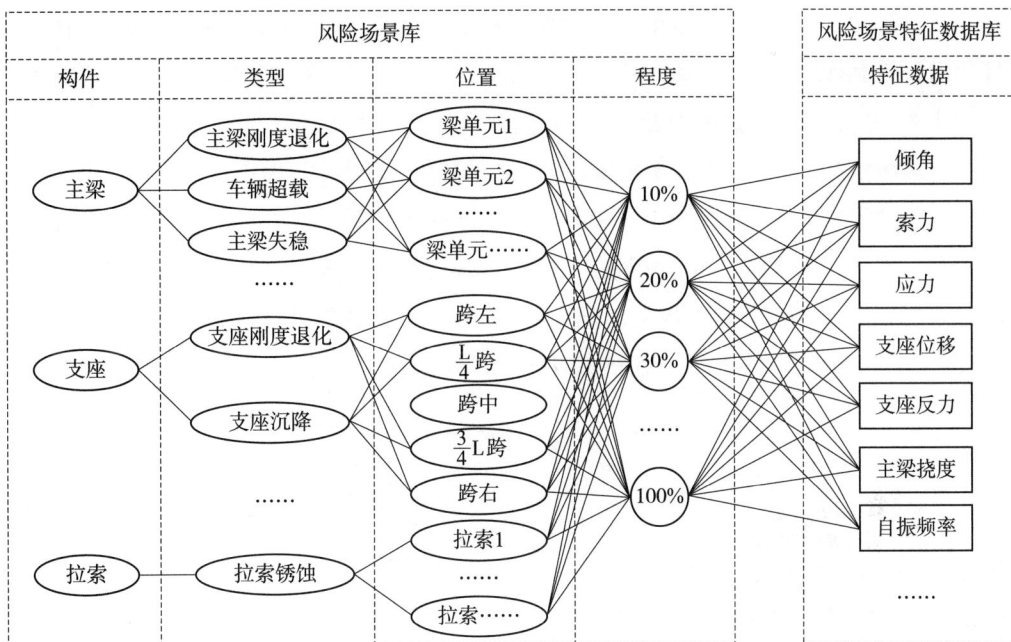

图 6-9　多层次风险场景识别架构

重不同等级），形成完整的多维数据集。最后，利用有限元仿真或实测数据获取应力、位移、加速度、索力等关键指标，从而为神经网络训练提供足量的样本。

在深度前馈神经网络（DFNN）中，每一层神经元都将上一层输出通过加权求和与激活函数映射得到新的特征表达。相比其他深度学习模型，DFNN 结构更易搭建并对数值型、多维度传感器数据具有良好适应性。为抑制网络过拟合并增强泛化能力，可在损失函数中引入 L2 正则化项，通过对权重平方和的惩罚，限制模型对训练样本的过度拟合，提高其对未知情景的预测准确度。

例如：训练前可将数据集随机拆分为训练集、验证集和测试集（如 70%、15%、15%），并以交叉熵、均方误差等损失函数搭配 L2 正则化进行迭代学习（表 6-2）。每当网络完成一轮（Epoch）训练后，通过验证集监测其准确率和损失情况，若检测到过拟合苗头，可动态调整正则化系数、学习率等超参数。

消融实验结果　　　　　　　　　　　　　　　　　　　　　表 6-2

对比方法	风险定性准确率（%）	风险定位准确率（%）	风险定量准确率（%）
CNN	78.65	65.74	70.46
LSTM	84.13	55.23	82.89
未正则化 DFNN	80.22	64.35	78.51
L2-DFNN	91.60	74.90	93.66

训练完成后，DFNN 即可在给定新的监测数据（例如 1 组应力、位移、索力值等）时，直接输出 3 类信息：

（1）风险类型（如：疲劳裂缝、支座沉降、超载偏载等）；

（2）风险位置（如：主跨第 9 号梁单元、2 号支座、A 墩附近等）；

（3）风险程度（如：轻微 20%、中等 60%、严重 90% 等）。

例如：在某三跨连续梁桥上构建了 1350 个多层次风险情景样本，训练好 L2-DFNN 后对新情景的识别准确率颇高，类型准确率可达 91.6%，位置准确率达 74.9%，而定量识别（程度预测）准确率约为 93.7%。在仿真测试中，模型同样展现较佳的泛化能力（图 6-10、表 6-3）。

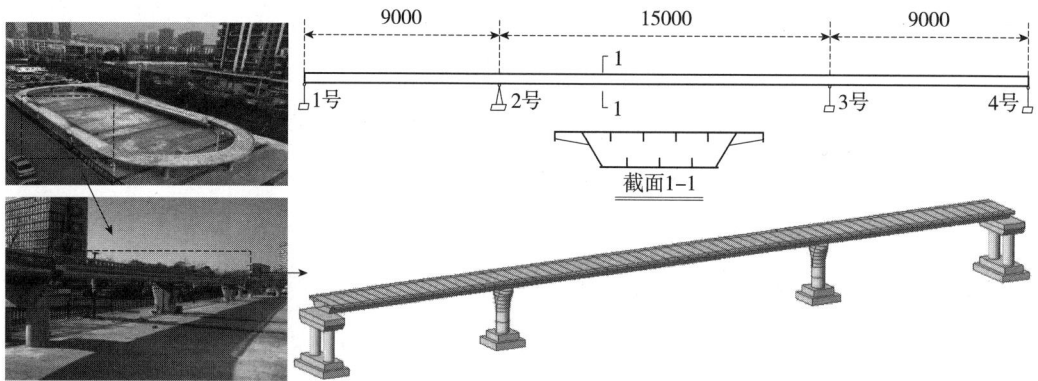

图 6-10　三跨连续梁桥模型

预测结果对比   表 6-3

工况	预测风险	真实风险	预测位置	真实位置	预测程度	真实程度
Case1	2 号	2 号	19 号	19 号	46%	49%
Case2	3 号	3 号	29 号	29 号	25%	21%
Case3	4 号	4 号	9 号	9 号	73%	74%
Case4	2 号	5 号	36 号	36 号	67%	74%
Case5	6 号	6 号	40 号	40 号	21%	21%

基于深度前馈神经网络的多层次风险识别，为桥梁安全管理提供了一种"全面且细粒度"的研判方式：既能通过分类网络快速锁定风险类型，也能兼顾对具体区域的定位与严重程度的评估。当搭配 L2 正则化后，模型可在样本相对有限或环境较为复杂的情况下仍具有较高泛化性能，有利于在未知或新出现的复杂风险情景下保持稳定判别能力。这种"模型＋数据＋场景库"的方案在桥梁健康监测领域展现了较好的应用前景，可进一步推广到更多结构类型与更大规模的实际监测系统当中。

第 7 章　城市桥梁安全工程运行维护

　　本章系统阐述了城市桥梁安全工程运行维护的重要性及其体系构建、职责划分和具体运作流程。本章强调城市桥梁安全不仅取决于前期设计施工，更依赖后期科学、精细化的运行维护工作。

　　基于"建管并重"的理念，系统介绍了桥梁安全监测维护体系的组织架构及分工职责，并详细论述了前端感知设备和后端系统平台的巡检维护流程，包括常规维护方法、专项维护检查、故障判断与排除技术等内容，旨在通过完善的运行机制与高效的数据管理，保障监测系统稳定运行，及时发现隐患并进行处置，确保城市桥梁长期安全可靠运营。

7.1　运行维护体系与职责

7.1.1　目的与意义

　　城市桥梁安全工程不仅在于建设阶段的精心设计与施工，更在于后续的持续运营与维护，正所谓"三分建、七分管"。相比于单纯建设信息化平台，真正能够保障桥梁安全和延长其使用寿命的核心在于科学、高效、长期的运行维护工作：通过完善的运维体系，定期对前端感知设备进行检查、标定和升级，实时监控后端平台的数据处理和网络安全，及时发现并处置隐患，实现数据与业务的联动管理。

　　只有在"建管并重"的理念下，运维团队才能迅速应对突发风险，优化资源配置，并利用监测数据为桥梁安全状态做趋势评估和预警研判，从而在全生命周期内更好地发挥城市桥梁的经济与社会价值。换而言之，只有通过扎实、细致的运维目标与任务落实，城市桥梁安全监测才能最大化地服务城市桥梁的安全和高效运营。

7.1.2　运行维护体系概述

　　国内众多大桥都已配备了结构安全监测系统，然而，只有少数系统能够稳定运行多年。这一现象的根本原因在于系统建设初期投入较多、人员固定、维护工作认真，从而确保了系统的良好运行。但随着时间的推移，维护人员的不稳定性和维护经费的短缺导致系统得不到充分维护，故障频繁发生，最终系统无法正常工作，甚至陷入停滞状态。

城市桥梁安全工程运行维护体系通常是多层次、多部门协同合作的，以确保有效的管理和运行。这一过程中涵盖一系列工程手段和职责，主要包含桥梁工程运行维护体系、桥梁安全监测运行体系和桥梁安全监测维护体系（图 7-1）。

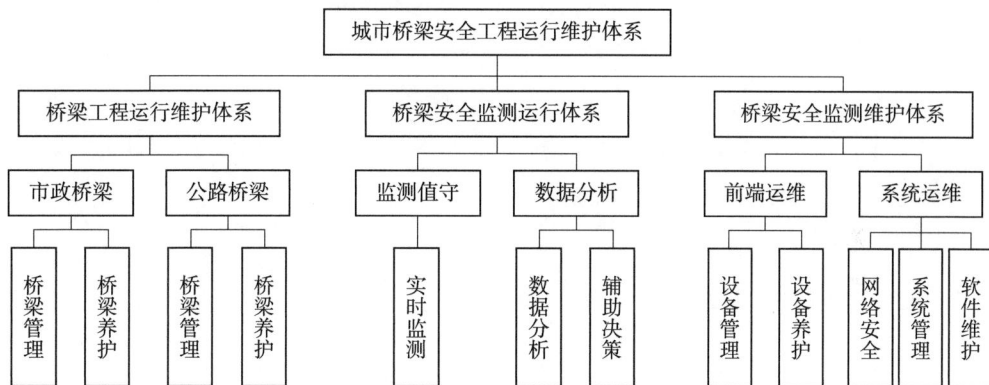

图 7-1　城市桥梁安全工程运行维护体系

其中，桥梁工程运行维护体系对象是桥梁工程本身，通过桥梁管养措施对桥梁结构开展一系列检查，并对检查出现的问题进行修复。而桥梁安全监测运行体系与桥梁安全监测维护体系的对象是桥梁感知网，通过保障监测数据的实时有效对城市桥梁的运行安全进行分析决策。

在城市桥梁安全工程运行维护体系中，桥梁工程运行维护体系具体运维措施及方法已在相关标准规范中有详细介绍，如《公路桥涵养护规范》JTG 5120—2021、《城市桥梁养护技术标准》CJJ 99—2017。因此，本章的重点将放在提高监测设备整体质量水平、确保定期检查和维护前后端设备、建立有效的管理评价机制等方面。

7.1.3　组织架构与职责分工

1. 桥梁安全监测运行体系

桥梁安全监测运行体系的主要工作是完成日常的监测分析工作，排查报警消息，推送预警消息，对桥梁运行状态进行评估等，总体来说就是依托监测与其他手段保障城市桥梁的安全。此外，联动桥梁安全监测维护体系进行监测数据质量排查同样也是其工作内容，依据不同分工，监测运行体系可以细化为以下两个方向：

（1）监测值守：负责实时监测、报警查看、警情上报、数据统计等工作。此外，依据报警信息开展系统报警统计、上报、工单派发等相关工作。

（2）数据分析：负责监测数据的收集、分析、解读等，通过分析报警监测数据进行综合研判，进而给决策者提供准确的桥梁健康信息。此外，通过数据分析，帮助评估桥梁的结构状况，预测潜在问题，并提出改进和维护建议。

2. 桥梁安全监测维护体系

（1）系统运维：网络安全员负责系统网络管理、系统安全管理、机房管理等相关工作；系统管理员负责系统应用管理、存储备份管理、技术支持及培训咨询等相关工作；软件运维工程师负责系统故障管理、数据更新维护管理等相关工作。

（2）前端运维：巡检养护工程师负责所有前端设备设施的计划性巡检以及设备定期养护等相关工作；设备运维工程师负责前端故障设备的维护，根据监测数据和分析结果，制定维护计划，进行设备维护、校准和更换。

7.1.4　运行机制与流程

设备运维工程师收到值守工程师派发的故障工单后，快速及时响应，分析故障现象，定位故障原因，并前往现场处置，反馈处置进展。若设备故障，申请备品进行更换，故障设备拆回后返厂维修，维修后的设备进行返装，备品换下后入库，闭环工单，反馈信息进行详细记录归档备查。为了掌握设备运行状况及周围环境的变化，还需对设备进行巡查巡检，及时发现设备附属设施缺陷和危及设备安全的隐患，并采取有效措施，保证设备的安全和稳定。

在系统运转过程中，当前端感知系统发生故障时，需要根据事件的类型、影响范围制定调试方案，以确定故障源及解决方案。相关内容包括确定需要调试的设备、过程中的调试配置参数、所应实施的测试步骤。调试结束后，填写调试报告以记录调试过程及结果（图 7-2）。

1. 前端感知设备运维

前端运维需负责监测设备的正常运行和维护，定期进行巡检、维护和校准，以保证数据的准确性和可靠性，并在发生异常情况时迅速响应，进行现场勘查和紧急维修，以防止潜在风险升级为事故。

运行平台通过 7×24h 实时在线监测，发现设备数据中断或者异常时，及时派发设备维护工单。运维工程师收到工单后，前往现场对前端设备的故障进行确认、排查和处置。对需要返厂维修设备提交维修申请，对维修审批通过的设备进行拆回、返厂，跟踪维修进度。对维修后的设备进行测试和安装。最后对设备故障工单进行反馈处理跟踪闭环。

通过定期线下巡检，掌握设备运行状况和周围环境变化，确定基本巡检目标，确定巡检内容，并对相关内容进行性质、功能分类，规划巡检的顺序和期望，根据系统的监测结

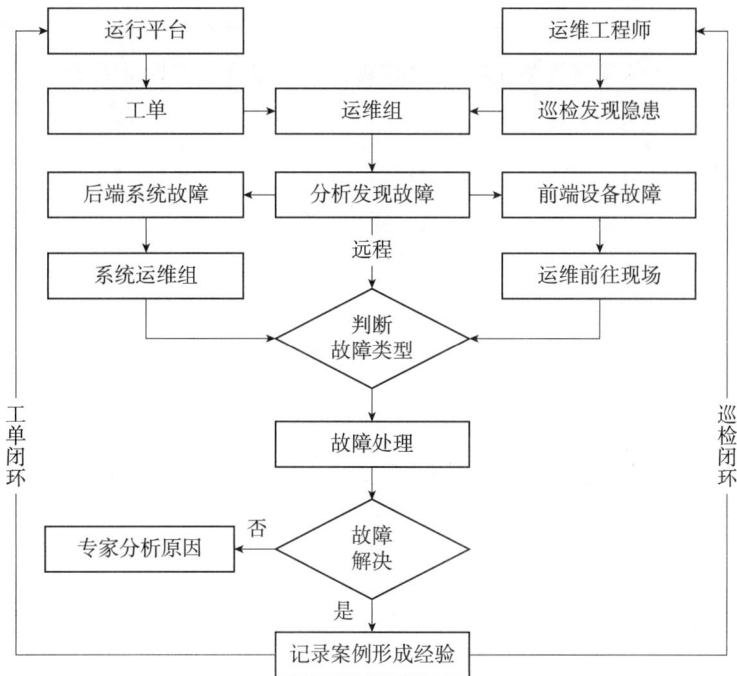

图 7-2　运行流程

果并考虑系统调试的需要，及时发现设备附属设施缺陷和危及设备安全的隐患，并实施巡检计划，巡检过程中对照巡检细目填写巡检记录表，巡检结束后及时对巡检工作进行评价，根据相关评价结果提出改进意见。

2. 后端系统平台运维

对服务器、存储等相关硬件进行巡检与告警处理，进行故障硬件维修更换，提供变更保障，事故预案执行。硬件设备范围主要包括数据中心机房、UPS、运行大厅、接待室、指挥中心的相关信息化硬件设备。

7.2　前端感知设备巡检维护

7.2.1　前端设备一般性维护检查

1. 一般性原则

前端感知设备维护检查采用线上实时巡检、线下定期巡检相结合的方式掌握前端监测设备的运行情况。

　　线下运维工程师按照制定的巡检计划，前往各专项现场对设备进行现场查看，监测现场的安装环境、网络信号、设备运行情况等进行逐一巡查，及时处理隐患，并记录形成巡检报告。

　　值守工程师通过监测系统进行线上巡检，通过各专项安全运行监测系统，对前端感知设备的异常数据进行原因分析并统计比对，实时掌握设备工作状态（图7-3）。

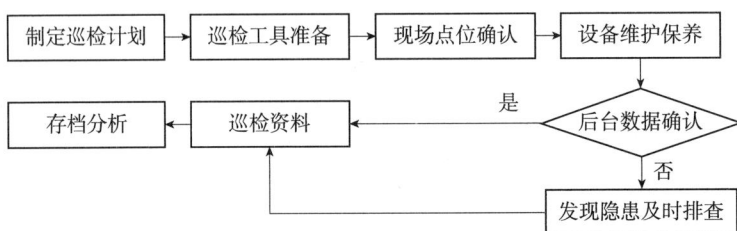

图7-3　前端设备巡检运维流程图

2. 巡检内容

　　除上述工程师针对异常数据下发设备运维工单外，前端设备运维人员还应根据设备工作环境的不同抽选部分桥梁制定设备巡检计划，原则上不少于1月/次：

　　（1）检查各监测设备和监测数据是否完整。

　　（2）对线缆、光缆进行巡检，检查电缆是否损伤、老化，电缆与传感器及采集器连接是否有松动现象，通过光交换机端口指示灯和光交换机网管软件进行查看网络连接是否正常。

　　（3）外站空调的日常维护除根据季节的变换开启和关闭空调外，还应在空调开启前和关闭后对其进行除尘和保养维护。

　　（4）使用测试软件检查网络传输质量，有无丢包现象，使用计算机系统自带的网络命令测试PC与交换机的连接，进入交换机配置页面查看端口信息。

　　（5）检查监测系统的自检信息。值守工作人员每天也应有专人监测各桥梁的系统所有设备运行情况，了解系统有无报警信息，对系统进行全面检测，确认设备运行状态，检查系统软件有无错误记录，以确保系统能正常稳定地运行。

7.2.2　前端设备专项性维护检查

　　在面对台风、地震、冰雪天气、车流突增等特殊事件之前和之后，桥梁养护单位需要组织专项维护工作，以确保桥梁的安全和可靠性。这些特殊事件可能对桥梁的结构和运行状态产生不同程度的影响，因此需要采取相应的措施来保障公共安全。数据分析、值守及运维工程师在这些情况下扮演着重要的角色，他们的及时响应和专业知识对于维护桥梁的稳定性至关重要。

在台风、冰雪等特殊气象即将来临之前，以及地震、交通堵塞、特大型车辆通过等特殊事件发生后，养护管理单位应该立即通知专业维护工程师前往现场进行系统运行状态的检查和专项维护服务。这一过程需要高度的协调和迅速的反应，以应对突发事件可能带来的潜在风险。

专项维护工程师的任务之一是对特殊事件所采集的数据进行专项分析。他们需要将这些数据与平时正常数据进行比较，以了解桥梁结构和性能是否受到影响。基于这些数据分析，以确保桥梁的稳定性和安全性。

在进行专项维护服务时，以下几点需要特别注意（表 7-1）：

专项性维护检查 表 7-1

事件	检查内容
冰雪期间的维护	在每年 12 月至次年 2 月的桥面积雪期间，需要特别关注 GNSS（全球导航卫星系统），挠度、主梁振动、应力应变以及梁端位移系统的正常工作
台风过境期间的维护	在每年 7 至 9 月期间，特别是台风过境时，需要确保风速风向仪，GNSS，塔梁振动、应力应变以及梁端位移等系统正常工作
地震应对	针对地震情况，需要确保 GNSS，主塔振动、应变监测系统的正常工作
重载车辆通过后的维护	在重载车辆通过桥梁后，需要关注 GNSS、挠度、索力、主梁振动与应变数据的正常工作，该指标有助于评估车辆对桥梁的长期结构影响

7.2.3　前端设备常见故障判断

系统故障率随时间的变化可分为 3 个阶段：早期故障期、偶发故障期和耗损故障期。

桥梁安全监测系统中，采集工作站是实现系统数据采集、预处理、存储和传输的基本单元，负责将系统不同类型传感器采集信号进行预处理和初步存储，并通过传输网络进行数据的实时、准确传输，所以一般常见故障都发生在这里，需要维护服务中特别关注。环境监测系统、振动监测系统、梁端位移监测系统常见故障主要包括信号消失、信号突变以及信号输出改变，维护服务中根据这些现象就能够判断出故障（表 7-2）。GNSS 系统故障主要包括天线与接收机之间的通信中断、网络问题导致的解算误差以及实时动态定位（Real Time Kinematic，RTK）失锁等，而光纤光栅监测系统主要是因为传感器的工艺制作造成的系统数据漂移甚至丧失数据。

故障分析判断方法   表 7-2

方法	分析判断
设备清洁法	由于受环境污染，设备出现被油污粘住、被水或潮湿气体侵蚀或锈蚀、被灰尘卡死等现象，需要进行清洁，如擦掉油污或锈蚀、保持环境干燥、除尘等，再对设备进行判断是否需要修理、更换或经过清洁后已经正常
软件检查法	运行系统的测试软件，对系统的各个部位以及各种设备进行诊断，发现异常时，再针对异常点进行进一步检查，确定部位或某个设备后再用以下方法进行判别
观察法	进行外观、连接导线、接口、插头检查，使用万用表、示波器等对设备、传感器以及连接通路进行观察，以判断故障部位或故障现象
拔插法	对插头的松动、卡与卡槽之间的松动等现象可使用拔插法进行判断，许多设备或接头经过拔插后可能就会恢复正常。为了避免再松动，再进一步完成固定措施，使设备或插头不再松动
比较法	对相同的信号或数据进行比较，找出不同处，再进行分析是环境干扰引起的噪声还是确有故障；如是环境干扰，则应设法消除干扰；如是故障，就应进一步查明原因，排除故障
交换法	一般采集设备是将传感器、采集设备（多个通道）、采集计算机连接成一体，当一个采集通道发现数据或信号不正常后，可将相邻的另一个通道的采集设备和该通道的传感器或计算机相连接，来判断是通道设备出了故障还是传感器出了故障。类似的情况很多，就是用交换法来排除故障

7.2.4　前端设备常见故障与修复

1. 风速风向仪

风速风向仪常见故障是在风荷载监测画面上，数值长时间不变化，可从以下几步判断：

（1）首先检查计算机网络是否有故障，如网络出现故障，应首先排除。

（2）检查软件故障，排查采集、传输等软件是否故障，查看错误信息。

（3）检查采集设备与传感器供电电源，确认串口正常工作并且传感器供电正常后，使用端口调试程序查看信号返回的数据是否正常。

（4）确定风速风向仪故障后拆下送厂修复或更换新的设备。

2. 结构温度计

判断温度传感器是否出现故障，可先从采集线箱上拔下可能有故障的温度传感器接头，用万用电表检查温度传感器电阻，和标准值进行比对，如信号没有或相差较大，表明温度传感器或连接电缆存在故障，需先排除电缆是否有不通现象，再判断温度传感器是否已经损坏。温度传感器损坏后一般采用更换传感器的方式进行维修。

3. 环境温湿度计

判断空气温湿度传感器是否出现故障，可直接用万用表电压挡（5V 挡）测量相应空气温湿度计的接线端电压（温度、湿度使用的线缆颜色参见竣工图纸），根据当天的天气情况进行计算判断，温度范围 -40~80℃线性对应电压 0.8~4V。相对湿度范围 0~100% 线性对应电压 0.8~4V。如电压正常，表示前端传感器、线缆和采集模块没有故障；如电压不正常，需分别检查前端传感器、线缆和采集模块。这两种故障排除后，空气温湿度计传感器故障若仍未得到解决，需送厂家修理或更换新传感器。

4. GNSS

GNSS 故障判断方法及过程如下：

（1）首先通过 GNSS 监测软件，查看系统工作是否正常，查看 GNSS 通信及基站主机的情况，查看通信线路是否有断路现象或光纤交换机的插头存在松动现象，因为网络畅通是保证 GNSS 工作正常的前提，否则无法获取实时数据。

（2）使用专用软件检查卫星接收情况和接收机接收的信号大小，以此判断 GNSS 的工作是否正常，同时还需要了解 RTK 计算软件的工作情况，判断工作是否正常。

（3）通过监测软件监测 GNSS 接收机的工作情况，如有部分接收机停止工作，试图通过软件直接重新激活，如不能激活，应人工关掉该接收机并重新启动，直到接收机正常工作。

（4）判断光纤交换机的运行状态是否出现收发指示灯的闪烁。

（5）除此以外还需要分析 GNSS 的采集数据，判断有没有 RTK 长期失锁、不正常跳变点等故障。

（6）发现 GNSS 故障后一般都是送厂维修或厂家来人现场维修。

5. 振动监测设备（加速度）

振动监测设备是整个系统中精密度要求最高的，采样频率较高，离散时间点要求非常准确，精度与分辨率也要求非常高。振动监测系统的故障判断方法及过程如下：

（1）首先判断各加速度通道工作是否正常，数值是否为零值、最大值或长时间不变化，时域信号变化是否连续，频谱是否正常。

（2）如果有不正常现象，需要确定是前台采集与传输软件有故障，还是后台监测系统有故障，如果系统没有故障，基本确定是前端传感器或硬件设备存在故障。

（3）检查采集工作站设备、集线箱连接是否正常，如有故障则排除，如正常就需要进一步检查加速度传感器与信号调理器的工作情况。

（4）使用比较法和交换法判断是加速度传感器故障还是调理设备故障。

（5）修复或更换传感器或设备。

6. 拉线式位移计

拉线式位移监测系统故障判断如下：

（1）首先检查支座位移数值，如果是零值、最大值或长时间不变化值可判断有故障。

（2）排查网络是否通畅，采集与传输软件有无故障，如果都无故障基本确定前端传感器存在故障。

（3）现场检查供电电源，在位移传感器端拔下接线端子，直接测量供电电源电压是否为 12V，如果电源供电正常，插接好接线端子，按以下步骤检查。

（4）在数据采集站端打开集线箱，参照竣工图纸，测量位移传感器的信号输出端，信号应在 0~10V，对应传感器拉绳长度为 0~2m，根据位移传感器实际拉出长度，计算输出信号大小，判断前端信号电缆和传感器设备是否存在故障。

（5）如输出信号明显不对或无信号输出，排查线缆故障，如线缆没有问题，基本可以确定位移传感器设备故障，需要拆下送修或更换新的传感器。

7. 供电系统

数据采集工作站供电共分为两部分：一方面，为防止大桥突然断电导致系统停止运行，采集工作站数据采集设备采用 UPS 供电；另一方面，工作站的温控系统沿用市电供电。UPS 系统出现故障的原因及解决方法见表 7-3。

UPS 系统出现故障的原因及解决方法   表 7-3

故障	原因	解决方法
开 / 关键按下后，UPS 不能启动	UPS 输出短路过载，或按键时间短； 内部熔断体熔断，指示有内部故障	关掉 UPS，去掉所有负载，确认负载没有故障或内部短路，持续按键 1s 以上； 不要试图打开或修理 UPS，应与经销商联系
市电指示灯闪烁	UPS 输入保护器开路； 高电压 / 频率超过 UPS 输入范围	UPS 正在工作于电池模式，保存数据并关闭应用程序，更换 UPS 输入熔断体或将输入保护器复位，然后重新启动 UPS； UPS 正工作于电池模式，保护数据并关闭应用程序确保市电处于 UPS 所允许的输出范围
电池放电时间减少	电池未充电； UPS 过载； 由于老化，电池已不能充电	保持 UPS 持续接通市电 3h 以后，让电池重新充电； 检查负载水平并移去非关键性设备； 更换电池应与经销商联系，以获得电池更换组件
故障指示灯与 LD1 灯亮，蜂鸣器长鸣	UPS 因内部过热而关闭	确保 UPS 未过载，通风口有堵塞，室内环境温度未过高。等待 10min 让 UPS 冷却，然后重新启动。如失败，应与经销商联系
故障指示灯与 LD2 灯亮或者故障指示灯与 LD3 灯亮，蜂鸣器长鸣	UPS 因内部故障而关闭	UPS 需要修理，应与经销商联系
在市电下，电池灯闪烁	电池电压偏低或未连接电池	检查 UPS 电池部分，连接好电池，若电池损坏，应快速更换
故障指示灯与 LD4 灯亮，蜂鸣器长鸣	UPS 过充电保护动作	UPS 充电器故障，应与经销商联系
故障指示灯与 LD1~LD5 灯亮，蜂鸣器 1s 两鸣	UPS 过载或者负载设备故障	检查负载水平并移去非关键性设备，重新计算负载功率并减少连接到 UPS 的负载量，检查负载设备有无故障

7.3　后端系统平台巡检维护

7.3.1　数据中心机房

在数据中心系统的组成中，机房是支撑各业务系统的核心，也是各类信息汇聚和管控的中枢。因此，数据中心的正常运转必须基于对各个环节良好的运维，以保证网络和计算机等能长期而可靠地运行。

数据中心机房维护巡检频率不少于 1 次 / 周，且每次巡检完成后应填写巡检记录表单（表 7-4）。

数据中心机房维护内容　　　　　　　　　　　　　　　表 7-4

步骤	说明
设备维护管理	对机房内的计算机服务器（包括 PC 服务器和存储服务器）以及网络设备（如交换机和路由器）进行定期维护管理，确保其性能正常，预防故障
环境条件控制	确保机房内的温度、湿度和空气洁净度满足要求，以维持良好的工作环境，保障设备的正常运行，并采取相应的节能措施
温湿度标准	机房温度应维持在 23℃ ±5℃，相对湿度在 50% ± 30% 的范围内
清洁和维护	保持机房内的清洁，确保无尘、无悬浮颗粒物、无积水和无异味。机柜和设备表面应保持无灰尘
设备标示	检查机房设备的标示和标签，应确保其清晰、牢固
物品整齐	确保机房内物品摆放整齐，设备、设施和环境保持整洁
监测系统运维	确保动力环境集中监控系统的各项功能正常，包括温湿度、水浸、门磁、摄像头等监测探头
门的状态	检查机房门的开合情况，确保无变形，锁具能正常使用
窗户密封	确保机房内窗户达到防水防尘的密封要求
水管和阀门	检查机房内上下水管是否有漏水或阀门关闭不严的情况
通道预留	机房内的物品摆放需要预留合适的维护通道，以方便维护作业
标牌和标记	在机房入口处悬挂"机房重地，闲人免进"的标牌，并在显眼位置标明机房管理责任部门、责任人员和联系电话
安全设施和消防器材	确保机房内各类安全设施和消防器材完备，位置合理，符合要求，并标识清晰
通道畅通	确保各机房、消防通道和紧急疏散通道畅通，张贴疏散路线图，并安装应急照明设施
墙体检查	检查机房墙体，确保无渗水、漏水和裂缝
清洁维护	避免蜘蛛网和灰尘，确保电缆沟内的线缆整齐无积水和杂物
防雷设施	保证机房具备防雷设施，并及时更换一次雷击失效的单元
设备示意图和标识	设备示意图齐全准确，标注清晰完整，并随时更新
设备与资源一致性	设备和线缆资源情况应与系统资源保持一致

续表

步骤	说明
物品保存和整理	各类资料、仪表、配件和工具等应保存完整，有序摆放
机架牢固	各类机架应牢固、无松动、接地可靠、排列整齐、摆放有序
电缆线管理	各类电缆线应绑扎平整、无交叉和扭绞，光纤尾纤应按照规定布放
电源管理	机房内电源负荷应符合安全载流量，电源线和插头应安装规范，绝缘良好
电缆线标签	各类电缆应有标签标示，明确标识电路
光纤配线架（ODF）设备检查	检查 ODF 设备的防尘帽安装情况，确保无缺失
电缆线套管	监测线必须按规定套管布放，确保安全
电缆线进出	电缆线进出机房或不同楼层应分不同竖井或孔洞，避免交叉
电缆线走线槽	走线槽内的线缆应有序，无盘绕
维护终端电源	各维护终端台和设备应使用合适的电源，禁止临时式拖板交流电源串接使用
设备接地	设备的接地应良好，符合规范要求
设备指示灯和按钮	各设备的指示灯和按钮应工作正常
延伸设备	各种延伸设备运行情况应正常，无告警
开关配置	各类开关配置应合理，无异常温升、气味和异响
电缆线绑扎	各类电缆线绑扎应平整，无乱搭接
电缆线接头	各类电缆线接头应连接可靠，无乱搭接
电缆线温升	各类电缆线应无异常温升和异味
电缆绝缘层	电缆绝缘层应完好，无破损和老化
蓄电池组	蓄电池组应完好，无外壳鼓胀、渗漏等现象
临时电源线	检查是否采用双护套线
滤网清洁	数据、交换和传输设备的滤网应定期清洁
MDF 配线架	跳接情况不应纳入巡检问题反馈
倒换测试	对于具备主备用保护的设备或线路，可以进行倒换测试

7.3.2　UPS

为 UPS 主机及电池提供长期而全面的维护和保养，全面了解并掌握所有 UPS 的运行和使用状况。延长 UPS 主机和电池的使用寿命，减少并降低 UPS 的故障率和对正常工作的影响程度，排除可预见的故障隐患。

UPS 维护巡检频率不少于 1 次 / 周，且每次巡检完成后应填写巡检记录表单（表 7-5）。

UPS 维护内容　　　　　　　　　　　　表 7-5

步骤	说明
清洁和除尘	定期清洁 UPS 系统的内部和外部，包括散热器、风扇、电路板和连接器。清除灰尘和杂物可以帮助维持适当的散热，确保系统正常运行
工作检测和逆变转换实验	进行 UPS 在市电和电池供电状态下的工作检测。模拟市电断电情况，确保 UPS 能够无缝切换到电池供电状态，并在市电恢复后重新切换回正常供电状态。逆变转换实验可以确保 UPS 逆变器正常工作
数据检测和调整	监测 UPS 主机的各工作点和控制点数据，包括输出电压、频率、电流等参数。根据需要进行数据调整和校准，以确保 UPS 的输出在规定范围内
使用环境监测	对 UPS 的使用环境进行监测，包括放置位置、温度、湿度、输入电压、输出电压和零地电压。如果环境条件不合适，需要采取措施来调整以满足要求
电池检测	进行电池总电压和端电压的在线或离线检测。确保电池组的电压在正常范围内，以维持 UPS 的备电能力
电池内阻和电导率测试	测试电池组的内阻和电导率。这有助于评估电池的健康状况，预测电池寿命，并及时更换受损电池
电池充放电实验	定期进行电池的充放电实验。这有助于验证电池性能，确保其在需要时能够提供足够的电力支持
建立 UPS 档案	为 UPS 系统建立档案，包括设备信息、维护记录和监测数据。提供综合报告，包括 UPS 系统的健康状况和性能评估。根据维护和监测结果，提供更换、更新或重组 UPS 系统的方案

7.3.3　应用软件维护

应用软件维护为了系统平台能够正常稳定运行，提前避免系统隐患，及时修复系统漏洞，保证系统及时更新。应用软件维护内容主要包括：业务系统维护、服务器系统维护、存储系统维护、数据库维护以及大数据平台维护。

1. 业务系统维护

业务系统维护的目的是避免生命线业务系统在使用中出现故障，提前处理事故隐患，提高系统稳定性和实用性。维护内容主要包含业务系统巡检、故障工单处理以及需求工单处理。业务系统主要包括公共软件系统、桥梁安全监测专项应用软件系统、燃气管网相邻地下空间安全监测系统专项应用系统、供水管网安全监测系统专项应用系统、排水管网安全监测系统专项应用系统（表 7-6）。

业务系统维护巡检频率不少于 1 次 /d，且每次巡检完成后应填写巡检记录表单。

业务系统维护内容   表 7-6

步骤	说明
生命线系统大数据生产环境平台状态检查	定期检查生产环境的状态，包括服务器、存储设备、网络连接等，确保一切正常运行。特别关注关键业务的稳定性
生命线系统大数据预生产环境平台状态检查	同样定期检查预生产环境的状态，以确保环境准备就绪，可以进行测试和验证
Cloudera Distributionfor Hadoop（CDH）组件健康状态检查	监测 CDH 组件的健康状态，包括 Hadoop Distributed File System（HDFS）、Yet Another Resource Negotiator（YARN）、HBase 等组件的运行状况
Kafka（分布式流式消息系统）组件健康状态检查	检查 Kafka 消息传递系统的运行状态，确保消息流畅和可靠
Spark（高性能的分布式计算引擎）组件健康状态检查	监测 Spark 分布式计算框架的健康状态，确保批处理和流处理作业正常执行
各业务系统后台 Tomcat（开源的 Web 服务器和 Servlet 容器，主要用于运行 Java Servlet 和 JSP）服务状态检查	定期检查各业务系统的 Tomcat 服务状态，包括运行中、挂起、错误等情况，以确保 Web 应用的可用性
各业务系统后台网络接口状态检查	监测业务系统的网络接口，确保与其他系统的通信正常，避免通信故障
堡垒机服务状态及登录操作检查	检查堡垒机服务的运行状态，确保安全的远程访问管理，并审查登录操作记录以确保安全性
各业务系统后台 CPU、内存及磁盘空间检查	定期检查各业务系统的服务器资源利用率，包括 CPU、内存和磁盘空间，以确保资源充足，避免性能问题

业务工单处理服务能够及时处理系统发生的故障隐患，在日常巡检及使用过程中若发现系统问题，可以派发系统工单，运维人员会及时对系统工单进行处理，并对系统进行调整与优化，使系统可以恢复正常运行。系统工单处理内容如下：

（1）当发现系统工单发出后，运维人员须在 30min 内反馈；

（2）系统工单处理完成后，运维人员须填写相关反馈意见，同时上传 SVN（Subversion 的简称）系统形成事件闭环；

（3）通过系统工单处理，及时发现系统常见性问题及复发性问题，从根源着手梳理处理方法，及时对系统进行改进，提高系统的稳定性，降低故障发生概率。

2. 服务器系统维护

根据服务器的情况制订相应的事件管理文档，由现场服务人员对服务器发生的事件进行记录、跟踪与分析，通过对事件的分析，及时发现服务器中存在的潜在问题，并进行解决或提出相应的解决方案（表 7-7）。

服务器系统维护内容   表 7-7

步骤	说明
服务器性能监控	实施全面的服务器性能监控，包括 CPU 利用率、内存使用率、磁盘 I/O、网络流量等。使用监控工具，及时发现性能问题并采取措施进行调优，以确保系统运行顺畅

续表

步骤	说明
应用维护	定期进行应用程序的维护，包括更新、修复漏洞、优化代码等。确保应用程序是最新版本，并且在生产环境中稳定运行
服务器进程与服务检查	定期检查服务器上运行的进程和服务，确保只有必要的服务在运行，并关闭不需要的进程，以减少安全风险和资源占用
服务器磁盘空间检查	监测服务器的磁盘空间，确保不会因为磁盘空间不足而导致系统故障。实施定期的磁盘清理和数据归档策略
服务器系统漏洞修补	及时修复服务器操作系统和应用程序中的漏洞，确保系统免受潜在威胁的影响。建立漏洞管理流程，定期进行安全更新
系统配置与变更管理	实施严格的系统配置和变更管理，确保所有变更都经过审查和记录。避免未经批准的系统更改，以减少风险
系统垃圾清理	定期清理系统中的临时文件、日志文件、缓存文件等垃圾数据，以释放磁盘空间并提高系统性能

3. 存储系统维护

存储系统平台主要包括：存储区域网络（SAN）存储系统（接入 SAN 网络的服务器客户端、SAN 交换机）、磁盘阵列、磁带库等的管理和维护工作（表 7-8）。

存储系统维护内容　　　　　　　　　　　　　　　　表 7-8

步骤	说明
存储设备配置管理服务	建立完整的存储设备配置管理服务。包括设备硬件配置记录、固件版本管理、设备扩展计划、设备替换策略等。确保存储设备始终按照最佳实践进行配置和管理
备份作业检查	定期检查备份作业的状态和执行情况。确保备份作业按计划运行，备份数据的完整性和一致性得到维护。记录备份作业的成功和失败情况，以及失败的原因
SAN 交换机日常状态检查维护	对 SAN 交换机进行日常状态检查和维护，包括端口状态、带宽利用率、交换机日志检查等。确保 SAN 网络正常运行，避免性能问题和故障
存储设备事件管理服务	建立存储设备事件管理服务，监测存储设备产生的事件和警报。及时响应和解决设备事件，以降低潜在故障的影响
备份及恢复策略制定	定期审查备份策略，包括备份频率、保留策略和备份数据的重要性分类。确保备份策略与业务需求保持一致，并进行必要的调整
备份介质管理	确保备份介质（如磁带、硬盘）的存储和管理，包括介质的定期检查、标记、存储位置记录和介质更替计划。遵循最佳实践来保护备份介质免受损坏或丢失
备份软件维护	定期更新和维护备份软件，确保其最新版本和补丁，以提高稳定性和安全性。同时，审查备份软件的配置和策略，以优化备份性能

4. 数据库维护

数据库维护内容主要包括：数据库故障应急处理、数据库性能优化、数据库灾难恢复、数据库高可用性配置、数据库迁移、数据库健康巡检等（表 7-9）。

<table>
<tr><td colspan="2" align="center">数据库维护内容</td><td align="right">表 7-9</td></tr>
</table>

步骤	说明
数据库故障应急处理	提供现场紧急救援服务，协助解决系统故障，恢复系统的正常运转
数据库性能优化	优化数据库的配置和优化数据库相关的应用程序，保证数据库高效地运行
数据库灾难恢复	在数据库出现严重灾难时，利用各种数据库恢复技术手段，协助数据恢复、保障业务
数据库高可用性配置	根据业务运行要求，规划并实施数据库的高可用性配置
数据库迁移	根据数据迁移需求，在不同硬件平台、不同操作系统或版本、不同数据库或版本间完成数据迁移
数据库健康巡检	通过定期（1次/月）检查数据库的运行状况，提前发现并避免潜在的问题
备份恢复策略	制定及审核数据备份和恢复的策略，并提供定期恢复测试和演练服务
数据库安装、升级、补丁	根据需要，提供数据库的升级和补丁服务。在系统升级、应用变更等特定时间段，提供现场割接保障，保障系统割接稳定

5. 大数据平台维护

运维服务搭建大数据巡检平台，通过巡检平台可以及时发现大数据各组件运行状态的异常，及时对大数据后台组件进行调整与优化。同时，运维服务定期人工对大数据平台进行检查，检查包括主机、Flume、HBase 等项目的显示状态，做到早发现、早处理，保证大数据平台的稳定运行。

7.3.4 网络链路维护

对系统数据接入专线、桥梁监测现场数据传输专线等网络链路进行及时维护。

1. 网络链路维护内容

（1）综合布线内容包括：临时增加网络设备和终端设备，对服务器端和设备端进行布线，网络进行临时性小范围调整，对网络调整进行布线。

（2）运维服务的具体任务包括：对计算机网络系统运行状态进行监控、检测、管理和维护；对整个计算机网络系统提供运行监管、故障维护、配置维护、升级维护等，保证各个系统有效、安全、稳定运行。计算机网络系统发生故障后，在 10min 内予以响应，尽快确定故障并加以解决。

2. 网络链路维护方案

（1）监控数据中心机房网络设备运行状况，发现故障后应及时处理，同时做好相关记录。主要内容包括：监测节点板卡运行状态；监测网关及交换电路状态；监控设备或系统 CPU、内存占用率；检查是否有严重及以上级别告警；检查分析系统日志；统计网关利用率（平均和峰值），并统计相关出入流量；检查、修改设备各级登录口令。

（2）软件（包括网络设备操作系统、网管软件、网络安全软件等）和配置文件维护。

主要内容包括，对网络软件及配置文件定期进行备份与版本升级；配置数据的增、删、改；所有设备在配置修改前，必须对可能受到影响的网络策略的配置文件进行完整的备份，并做完整性与一致性检查；设备配置文件的备份必须多于 1 份，且保存在不同的存储介质上；对网络设备进行周期性审计和分析的工作，并提出更新、升级建议。

（3）网络资料的管理和维护。主要内容包括：网络拓扑结构信息；配置数据资料、维护操作手册；配置数据修改记录、故障处理记录、值班日志；根据网络的变更及时更新资料内容。

（4）完成更换网络备品备件管理、安装、调试和维护工作。

7.4　运行维护评价

城市桥梁安全工程的运行维护管理评价体系强调对自身管理绩效的持续评估和改进。通过自我评价和自评报告，确保管理过程合规、高效，以提高桥梁安全性和稳定性。

自我评价的流程始于收集和整理运维数据，包括监测数据、维护记录、事件处理等。随后，利用这些数据进行分析，评估运维活动的效果，从而发现潜在问题和改进机会。在运行维护管理评价体系中，首先需要明确评价标准和指标，根据评价标准，逐项分析运维活动的表现，指出取得的成绩和存在的问题。同时，对于问题，要提出具体的改进意见和计划。

基于管理评价体系有助于综合了解整个管理体系的运行情况，并识别体系层面问题。基于评价结果，可以制定改进运维计划，优化城市桥梁安全工程运营维护管理策略，提高运营维护管理效能（表 7-10）。

运行维护管理评价表　　　　　　　　　　　表 7-10

评价指标		评价内容
运维方案		检查运维方案与招标需求、响应文件、合同约定内容是否一致
人员配备		按合同要求提供值守和数据分析人员配备情况，包括人员数量、组织架构、岗位职责、学历证书、劳动合同、社保证明
系统运行情况		现场随机抽查前端设备，查看运行及数据传输是否正常（设备在故障维护期内，可更换点位或更换时间段）；随机抽查系统功能演示情况
监测值守服务	监测值守资料	提供监测系统 7×24h 值守记录、排班表、值班视频
	硬件配置	值班室、大数据中心软硬件设备及设施配备。包括计算机、大屏、门禁、摄像头、值守工装等标准化配套设备

续表

评价指标		评价内容
桥梁监测数据分析服务		定期向相关部门提交桥梁安全运行分析月报、季报和年报。针对突发事件及时提供分析日报
		桥梁安全运行分析报告内容包括桥梁运行状况分析、结构振动频率分析、结构响应与荷载相关性分析、突发事件分析研判、特殊天气响应、超载情况统计分析、辅助决策和技术支持；桥梁结构巡检养护建议
前端感知系统运维服务	设备标定服务	提供设备标定总结报告、相关标定证书及清单
	设备维修及巡检服务	提供各专项前端感知设备巡检记录、运维工单记录。提供各专项前端感知设备运维手册。提供各专项前端感知设备运维月报
信息化运维服务	网络链路租赁	提供监管中心网络租赁和前端网络租赁情况以及网络租赁线路台账
	设备维保	大数据机房、监测指挥大厅软硬件巡检维护记录、故障处理记录、数据库维护和备份记录、系统告警记录、服务器操作记录；重点时段IT配备设备维护记录；应急演练记录。提供纸质版或电子版等相关材料，包括门禁、监控、日志等
	应用软件保护	提供系统安全管理规范备查；系统安全检测报告；日常安全扫描记录或日志；系统安全加固记录；Web服务器运行状况日志；盘符容量监控记录或日志；系统性能调优记录；日志文件监控记录；服务器进程信息的监测记录或日志；软件优化
基础数据更新服务		提供系统地理信息、历史维修记录、传感器监测点位等基础数据更新记录以及更新说明。每半年至少更新1次

第 8 章　城市桥梁应急管理

    城市桥梁作为城市交通网络的"咽喉要道",承载着人员通勤、物资运输、紧急疏散等多重功能,其安全性与可靠性直接关乎城市运行效率与公共安全。然而,在复杂自然环境、超负荷运营及突发事故的多重挑战下,桥梁结构受损、交通中断甚至垮塌等风险始终存在。如何构建科学、高效的应急管理体系,在突发事件中实现快速响应、精准处置与长效恢复,成为现代城市治理的核心命题。

    本章围绕城市桥梁应急管理的全生命周期,系统剖析其理论框架与实践路径。本章从我国应急管理体系的顶层设计出发,梳理法律法规、机构改革与数字化支撑的演进脉络,阐明城市桥梁在韧性城市建设中的战略定位。在此基础上,聚焦应急准备与资源配置的核心环节,通过预案编制、物资储备、专业队伍组建及跨部门联动机制,构建"平战结合"的应急能力网络。在应急响应与处置流程中,强调预警触发、分级响应、现场勘查与抢险保通的动态协同,依托平台实现数据驱动的科学决策。进而将应急管理从"被动应对"向"主动预防"推进。

8.1 城市桥梁应急管理概述

    城市桥梁作为城市交通的关键节点,其突发事件不仅会造成交通中断和经济损失,还可能对城市公共安全和社会稳定带来重大影响。因此,建立健全应急管理体系,对于及时应对城市桥梁在自然灾害、运营事故及突发安全事件中的各类风险具有重要意义。

8.1.1 我国应急体系的建立

1. 法律法规与政策文件的支撑

（1）《中华人民共和国突发事件应对法》（2007 年颁布,2007 年 11 月 1 日起施行）

    这是我国第一部系统规范应对突发公共事件的法律,明确规定了政府及相关单位在突发事件防范、应急准备、应急处置和事后恢复等环节中的责任和义务,也为城市桥梁突发事件管理提供了法律基础。

（2）《国家突发事件总体应急预案》（2025年）

明确了各类突发事件的应急管理原则、指挥体系、分级标准和部门责任，同时提出建立统一指挥、分级响应、跨部门协同、信息共享以及快速恢复的综合应急管理机制。

（3）《国务院关于进一步加强城市基础设施安全管理的意见》

针对城市桥梁、隧道等生命线工程提出更严格的安全监管要求，强调了城市运营安全及应急体系建设的迫切性。

2. 应急管理机构的设置与改革

（1）地方应急管理部门逐步规范化

在各级政府层面，依托应急管理厅（局）等机构，形成"统一领导、综合协调、分类管理、分级负责"的管理格局。城市桥梁若遇严重安全风险或突发事件时，需向当地应急管理部门或联合指挥中心报告并响应。

（2）多部门协同与联动机制

我国应急体系注重公安、交通、住建、气象等相关部门之间的协同治理。城市桥梁安全事件通常牵涉交通运输、城市规划、公安交管等多方，只有在联动协同的机构体系下，才能实现快速高效处置，防止次生灾害蔓延。

3. 应急体系逐步完善与城市桥梁安全的对接

（1）"分级响应、条块结合"

针对突发事件，根据其性质、影响范围、严重程度分为不同等级（Ⅰ~Ⅳ级），由国务院或地方政府分层级启动响应。对于城市桥梁安全事件，如重大垮塌风险或极端天气导致的交通中断，可以由属地政府结合预案分级触发相应等级的应急响应。

（2）多专业支撑与社会参与

除政府部门外，科研院所、企业和社会组织也日益参与到应急管理中，为桥梁安全的事前评估、事中应对及事后恢复提供技术支持和资源动员。通过安全监测系统、大数据中心以及专业抢险队伍，进一步增强应急决策的科学性和效率。

（3）不断强化的数字化与信息化

随着城市大数据平台和智慧交通系统的普及，我国应急管理体系积极引入信息化手段，如桥梁监测预警平台、远程视频指挥等，实现线上线下结合的综合管理，以更精准地处置城市桥梁突发风险。

4. 面向城市桥梁的应急管理定位

（1）全周期管理与韧性城市理念

在我国应急管理体系下，城市桥梁安全不再局限于"事后救援"，而是涵盖事前预防、事中管控、事后评估与恢复的全周期管理，强调在设计、养护、监测等层面就建立韧性城市思维。

（2）与运营管理相结合

桥梁应急管理不仅是零星的应急事件处置，更应与日常运营和维护联动，如制定特殊天气及超载车辆管控方案，并在监测系统中保留应急信息通道，确保一旦出现紧急情况，能迅速联动相关部门采取封闭或限行等措施。

（3）人员与资源的快速动员

由于城市桥梁突发事故（如垮塌、重大撞击）常具有突发性、破坏性强等特征，我国应急管理体系要求各城市具备专门的抢险队伍、物资设备储备及通信保障系统，确保在第一时间进行结构加固、保通或人员疏散。

8.1.2　城市桥梁应急管理的意义

城市桥梁是城市交通网络的重要节点，也是城市运行的核心生命线之一。其在日常通行与紧急疏散中均扮演关键角色，倘若在突发事件中发生损毁或功能受限，往往会造成交通中断、社会秩序混乱和经济损失。因此，加强城市桥梁的应急管理，不仅是维护城市交通畅通与公共安全的迫切需要，也是提升城市综合韧性、保障城市可持续发展的重要举措。

（1）城市桥梁应急管理是应对突发事件"事前预防－事中处置－事后恢复"全周期管理理念的具体体现。

桥梁在复杂环境下服役，面临自然灾害（如洪水、地震、台风、冰冻等）、重大交通事故（如车辆撞击、火灾爆炸等）和结构老化等多重潜在威胁。应急管理通过风险评估、预案编制、物资储备和队伍建设等事前准备，有助于将风险源与脆弱点早期识别、动态监测，使得城市在桥梁遇到险情时能迅速反应并有效减灾。事后通过全面检测与评估，也能为桥梁的修复和长远加固提供科学依据，形成应急与常态养护相互促进的闭环。

（2）城市桥梁是城市交通的"咽喉要道"，任何突发事故都可能引发交通拥堵和次生灾难。

对于大型城市而言，一条关键性跨江跨河的桥梁若因事故瘫痪，极易造成区域范围的交通瘫痪。通过完备的桥梁应急管理，相关部门可在突发事件后迅速调度现场力量，对受损部位进行封闭或加固，同时协调周边道路限行或改道，降低对社会正常运行的冲击。精心设计的疏导和保通方案不仅能减少交通事故次生影响，也能将对市民出行和城市物流的干扰降到最低。

（3）应急管理为城市桥梁应对极端天气和自然灾害提供保障。

我国幅员辽阔，地理环境多样，城市桥梁常需面对台风、暴雨、洪水、冰冻等自然灾害。唯有建立联动式的监测与应急处置机制，才能在灾害发生前预报水位骤涨或极端风速，在第一时间对桥梁可能产生的冲刷、倾覆风险采取紧急措施，例如调度应急队伍加固防撞墩、清除积雪，或结合遥感与视频监控进行远程巡查。通过多部门联动与信息共享，可令城市在面对自然灾害时更为从容。

（4）城市桥梁应急管理还能提升城市整体的公共安全与应急水平。

桥梁若遭遇突发事件并发生大规模事故，往往并非仅是桥梁"单体问题"，更是对城市管理与应急体系的大考。依托桥梁安全监测系统与城市大数据平台，应急部门可将桥梁结构动态信息与地面交通数据、气象数据等综合分析，在出现紧急状况时与交警、消防、医疗、住建等相关部门开展协同联动。通过建立标准化的通信与指挥渠道，一旦发生事故，便能一键触发应急响应，从抢险队伍调派到现场侦检再到后续交通管制，形成流畅而高效的"多专业、多部门"协同作业。

从经济和社会角度来看，城市桥梁应急管理有助于节约公共资源与降低社会损失。桥梁突发事件带来的直接经济损失往往极其高昂，还会对城市生产、居民通勤、物流配送和旅游业产生连锁影响。如果忽视应急管理的前置投入，那么一旦事故发生后再进行盲目"灭火式"抢修，往往更加耗费人力物力。更完善的应急管理体系能够加强事前预防，如加强巡检与监测、提高管理队伍应对能力，从而以较小成本减小或避免重大事故的冲击。

另外，随着城市的发展和交通需求的上升，桥梁超载、违章施工、外部破坏等风险也在不断加大，必须通过健全的应急管理手段加以应对。例如，通过严格的"人防"与管控制度，对违规超载车辆进行管制；对桥梁邻近施工环节加强审批与监测；对意外撞击或恐怖破坏进行专门防范。这些管理与执法环节离不开应急管理的理念与工具，对应急资源的准确配置与快速动员能最大限度地保护桥梁和公众安全。

城市桥梁应急管理也是建设"韧性城市"的重要组成部分。随着社会对防灾减灾与可持续发展的呼声越发强烈，各城市越来越重视在基础设施层面增强抵御冲击的能力。桥梁应急管理若能与城市总体规划、地震洪水防御体系、交通指挥系统等统一协调，那么即使在极端情况下，城市桥梁仍可通过限制交通、应急加固或替代路线来保持城市的部分功能运转，这种"故障可控、快速恢复"的特性正是韧性城市所追求的目标。

城市桥梁应急管理之所以意义非凡，是因为它深度关乎城市安全与市民福祉：一方面能有效防范桥梁突发事件扩大化和长期化的影响，另一方面能在应急处置环节提升城市整体防灾减灾水平并培养多部门联动的协同机制。它不仅是一个技术课题，更是社会治理与城市管理层面的综合实践，须在法律法规、风险监测、技术储备、专业队伍以及公众参与多方面持续完善，方可真正打造出牢固而有韧性的城市桥梁生命线。

8.2 应急准备与资源配置

8.2.1 应急预案与物资储备

在城市桥梁突发风险事故中，能否快速而有效地实现"抢修保通"往往是评判应急处置成效的关键。为此，既需要一套完备而动态的应急预案，也需要充足且具有针对性的物资储备，并根据桥梁具体情况与可能出现的风险情景做出灵活配置。应急预案编制时，一方面要与城市总体公共安全或交通应急预案相衔接，另一方面更需结合本地桥梁的风险特点与运行环境，细化到谁来管、管到何时、怎么处置、所需哪些资源等具体环节。

首先，在预案层面，需要明确事故类型和规模：当桥梁在遭受结构性风险（如梁体断裂、地基塌陷、火灾或爆炸）时，可采用较为"进攻型"的应急方案，通过进行桥梁结构检测、修缮或加固，力图把事故萌芽扼杀在初始阶段；当面临高强度交通风险（如车辆撞击、恐怖袭击）时，则应注重"防御型"措施，例如设置交通管制、强化安检和封闭部分桥道，以减少对通行能力的冲击；如若突发自然灾害（地震、台风、洪水等），则需"进攻防御混合型"的综合应对，一方面对桥梁关键构件采取抢修加固，另一方面同步实施交通疏导、风险区域封闭或撤离等手段。以上 3 类方案的区别，在于"主动干预程度"和"外部环境可控度"不同，但都需在预案中条分缕析地给出各自的启动条件、决策权限及落地流程。部分代表性城市的桥梁应急预案见表 8-1。

部分代表性城市桥梁应急预案
表 8-1

城市	名称	主要内容
成都	《成都市城市道路桥梁突发事件应急预案》	组织机构和职责、预测与预警、应急处置、恢复与重建、信息发布、应急保障、监督管理、预案管理等
深圳	《深圳市处置道路交通（含桥梁、隧道）突发事件应急预案（试行）》	组织机构和职责、运行机制、应急保障、监督管理等
无锡	《无锡市城市道路桥梁突发事件应急预案》	组织机构与职责、运行机制、应急保障、培训演练、监督管理
上海	《上海市处置桥梁隧道运行事故应急预案》	组织体系、监测预警、应急响应、后期处置、应急保障和预案管理等
北京	《北京市桥梁突发事件应急预案（2018 年修订）》	组织机构及职责、监测与预警、恢复与重建、应急保障等

续表

城市	名称	主要内容
重庆	《重庆市城市桥梁事故应急预案》	组织指挥体系、预防预警和信息报告、应急响应、后期处置、应急保障、宣传培训和演练
苏州	《苏州市城市桥梁应急预案》	桥梁突发事件风险源分析、应急组织指挥体系及职责、预防预警机制、应急响应程序、后期处置、应急保障等
南昌	《南昌市城市桥梁较大事故应急预案》	应急指挥体系及职责、预测与预警、应急处置、保障措施、监督管理等
南宁	《南宁市城市桥梁事故应急预案》	组织体系与职责、预防与预警、应急响应、应急结束、应急保障等
杭州	《杭州市城市桥梁隧道突发事件应急预案》	突发事件、组织体系、预警预防机制、应急处置、后期处置、应急保障、监督管理等
启东	《启东市城市桥梁突发事件应急预案》	应急组织指挥体系及职责、预防预警、应急处置、后期处置、应急保障、宣传培训和演练
天津	《天津市城市道路桥梁突发事件应急预案》	组织指挥体系、预防和预警、信息报告和先期处置、应急响应、后期处置、应急保障等
武汉	《武汉市城市桥梁隧道突发事件应急预案》	组织机构及职责、预防和预警、应急处置、后期处置、应急保障、奖励与处罚等
桂林	《桂林市城市桥梁事故应急预案》	应急组织机构与职责、预防与预警、应急响应、应急结束、应急保障等

其次，编制这些应急保通方案还需合理调配资源。通常可从下列几个方向进行组织和部署：

1. 人力资源

提前将专业技术人员（如结构工程师、施工抢险队）与非专业人员（如交通疏导人员、警察、消防）纳入不同情景的应急编组，并明确他们的联络方式、职责分工与调度顺序。这样在具体事件发生时，无论是需要对主梁裂缝进行紧急加固，还是要迅速封闭车道，都能精准联系到对应的人员。

2. 物力资源

不同的抢修保通方案需要的设备与材料各不相同。比如在主梁存在潜在断裂风险的"进攻型"方案中，必须储备钢板、钢筋、混凝土速凝剂、临时支护杆等结构修补材料；若是交通性风险（如严重车祸或爆炸），则需准备交通标志、警示灯具、防爆围栏等防御设施；对于混合型方案，还应增配如起重机、抽水机、发电机等综合机具，以便在极端天气或多重灾害叠加情况下仍具备最低限度的抢险能力，如表 8-2 所示为桥梁应急物资储备清单参考。

城市桥梁应急物资储备清单参考 表 8-2

类型		名称	主要用途
个人防护物资		雨衣	雨天防护
		雨鞋	雨天防护
		安全帽	安全作业保障
		安全绳	安全作业保障
		劳保手套	安全作业保障
		安全带	安全作业保障
		反光标志服	安全作业保障
		救生衣	安全作业保障
		防毒面具	安全作业保障
		绝缘鞋	电作业保障
抢险施工物资	施工装备	破拆机	破碎作业
		切割工具	切割作业
		挖掘机	现场挖掘
		起重机	现场吊运
		清障车	现场清障
		压路机	桥面修复
		千斤顶	支护设备
		脚手架	作业支撑
		贝雷梁	临时跨越工具
		水泵	排水设备
	施工工具	圆木、方木	支护设备
		冲击钻	破碎作业
		铁锹	作业工具
		扫帚	作业工具
	施工材料	钢管桩	支护设备
		水泥	抢修材料
		砂石料	抢修材料
		灌封料	抢修材料
		彩条布	抢修材料
		油漆	抢修材料
		钢板护栏	交通安全设施材料
能源保障物资		动力站	供能设备
		无人机	灾情巡查

续表

类型	名称	主要用途
交通保障物资	封道车	交通引导
	拖车	现场运输
	登高车	抵近工具车
	桥检车	抵近工具车
	导航牌	交通引导
	水马	交通引导
	反光锥筒	交通引导
	警示灯	安全引导
通信保障物资	应急通信设备	现场通信
	对讲机	现场通信
	扩音器	现场通信
照明保障物资	临时照明设施	现场照明
医疗保障物资	应急医疗箱	现场应急医疗处置
	自动体外除颤器	现场除颤
特种灾害救助物资	铲雪车	除雪设备
	融雪剂	除雪
	高压冲洗车	冲洗
	灭火器	灭火
	吸水麻袋	防汛材料

3. 财力资源

城市政府应针对桥梁应急管理预留专门经费，涵盖日常预案编制与演练、物资采购与储备、应急人力补贴和特殊设备租借等费用；针对超限突发事件（如重大地震或大型承重构件垮塌），还需有明确的财政应急拨款渠道，以保证抢险行动的可持续执行。

4. 信息资源

建立可共享的应急指挥与数据管理平台，在事故发生后迅速汇总桥梁监测系统警报、现场视频、气象数据等信息，及时向指挥中心及各协同部门通报。通过制定规范化的通信及信息发布机制，可以让所有应急相关方（交警、消防、抢险施工队、医疗部门等）在最短时间内获得桥梁损伤情况、交通绕行信息及气象预报等，便于协同响应，减少指令迟滞和信息孤岛。

某市 2024—2025 年城市桥梁雨雪冰冻灾害应急处置预案与下穿桥防汛应急作业流程分别见表 8-3、表 8-4，供读者了解参考。

某市 2024—2025 年城市桥梁雨雪冰冻灾害应急处置预案 表 8-3

处置原则	撒布原则	两车道，沿道路中心线行驶，撒布；三车道，应分两次撒布，先保障超车道融雪，再撒另外半幅，保证撒布全覆盖，有重叠			
	铲雪原则	先抢通 1 条车道（快车道），保障通行后再向两边扩展；桥梁处置：先内后外，先下后上，先出城后入城，先立交后高架			
	时间节点控制	依据气象预报，气温持续走低，维持 0℃以下，于降雪初始阶段即开始撒布融雪剂，于 2h 内完成高架桥、立交桥及重点路段全覆盖，严格控制撒布量≤（5~10）g/m²，在薄层撒布融雪剂时，应确保作业车辆行驶速度不低于 20km/h，以保证融雪剂均匀覆盖路面。若夜间仍有降雪，对具备地面交通条件的区域，建议封闭桥梁，于早高峰前、突击铲雪作业后，为保证路面不结冰，对重点保障路段进行融雪剂撒布，控制撒布量为 20~30g/m²。凌晨 06：00 前，为保证早晨交通高峰的通畅，可根据雪情，加大融雪剂撒布量，原则上不超过 35g/m²			
应急预案	时间节点	雪前	雪中	雪后	信息报送
	三级预案	24h 内小于或等于 2.5mm 的降雪量，气温预报将降到 0℃以下，负责人启动三级预案，全力保障桥梁全幅道路顺利通行			
		除雪应急处置办公室保持与气象部门联系，密切关注天气和气温变化，接到小雪预报（24h 内降雪量小于或等于 2.5mm），气温降到 0℃以下的预报后，处、所实施 24h 值班，各责任单位进入应急状态，融雪剂装车、综合除雪车、撒布机机手及跟车人员等除雪突击队于融雪剂库房附近集结待命，机械设备进入备战状态	由指挥部统一指挥，视当时气温及降温趋势，于降雪初期安排撒布机对高架桥、立交桥及下穿等重点保障地段先期抛撒融雪剂，薄层、少量均匀撒布；自有推雪板、装载机视雪情及降雪趋势随时准备按预案除雪	雪后，以应急抢险大队为主，各责任单位配合，按责任区域派出巡视人员密切关注高架桥、立交桥、下穿桥下坡积雪和结冰情况，如有积雪，及时安排撒布机抛撒融雪剂，各责任单位清除立交桥下的冰凌	处除雪办公室每一小时向市政府应急办、市建委报送除雪动态信息
	二级预案	24h 内降雪量达 2.5~5.0mm，气温预报将降到零度以下，负责人启动二级预案，全力保障桥梁双幅道路顺利通行			
		除雪应急处置办公室接到中雪预报后，处、所实施 24h 值班，密切关注气象部门通报，保持与气象部门联系；自有机械设备（综合除雪车、自有装载机、自有平地机）等机械化除雪队伍设备进入备战状态，铲雪、撒布机械指定地点集中在桥通所统一调配，各种设备确保状态良好。全体人员到岗到位，各责任区值班人员即命令融雪剂装车人员、撒布机手及跟车人员于融雪剂库房附近集结，融雪剂装车待发；物资储备需保证来源充足、联络畅通、供给快速、装车顺畅；物资储备地点交通畅通。启动二级预案，片区领导负责带班值班，各责任单位主要领导必须到现场指挥	根据指挥部统一指挥，于降雪初期安排撒布机，对高架桥、立交桥及下穿等重点保障地点先期抛撒融雪剂，薄层、少量均匀撒布；自有推雪板、装载机机手及跟车人员于责任区段入口附近集结待命，接命令后按预案除雪，迅速抢通，稳步推进；夜间降雪时，各专业除雪作业队伍应于次日 06：00 前完成全部除雪作业，恢复机动车道交通通行条件。昼间降雪应随时清扫，人工清理和铲雪板机械清理相结合。各责任单位巡视人员在路上巡查，观察了解除雪、桥梁积雪情况，并随时将有关情况上报除雪应急处置办公室	积雪清运工作按照谁清扫、谁清运的原则，各责任单位自行组织清运积雪的车辆和机具，清运的积雪按照除雪应急处置办公室批准或指定的地点倾倒，及时将桥梁上积雪堆清运。雪后，以应急抢险大队为主，各责任单位配合，按责任区域派出巡视人员密切关注高架桥、立交桥、下穿桥上下坡积雪和结冰情况，如有积雪后及时安排撒布机抛撒融雪剂。责任单位清除立交桥下的冰凌	处除雪应急处置办公室每半小时向市政府应急办、市城乡建设局报送除雪动态信息

续表

		24h 内降雪量达 5.0mm 以上，气温预报将降到 0℃ 以下，负责人启动一级预案，至少保障桥梁单幅道路顺利通行			
应急预案	一级预案	领导小组接到大雪或暴雪的通知和预报后，除雪应急处置办公室立即召开相关中层以上干部会议，动员全处职工立即行动起来，到岗到位，全处人力和除雪设备按工作布置，全部进入预备工作状态。领导小组成员 24h 值班，密切关注气象部门通报，人员、机械、物资立即到达预定位置。除雪应急处置办公室即时向市应急办专题请示，要求交警在大雪降临后配合适时对高架桥、立交桥和下穿桥实行交通管制或封闭交通。物资储备需保证来源充足、联络畅通；供给快速、装车顺畅；物资储备地点交通通畅。全体人员全部上班，组织人事科负责督查通报	根据指挥部统一指挥，于降雪初期安排撒布机，对高架桥、立交桥及下穿等重点保障地点先期抛撒融雪剂，均匀撒布；雪中，不间断均匀、适量抛撒融雪剂，保证降雪不板结。雪中各责任单位巡视人员在路上巡查，观察了解降雪及桥梁积雪情况，并随时将有关情况上报除雪应急处置办公室。应对低温持续性降雪，各种保障机械，必须持续不间断循环作业；夜间降雪时，各专业除雪作业队伍应于次日 06：00 前完成全部除雪作业，恢复机动车道交通通行条件。昼间降雪应随时清扫，降雪持续期间，各除雪机械设备要保持连续工作状态	积雪清运工作按照"谁清扫、谁清运"的原则，各责任单位自行组织清运积雪的车辆和机具，清运的积雪按除雪应急处置办公室批准或指定的地点倾倒，及时将桥梁上积雪堆清运。雪后，以应急抢险大队为主，各责任单位配合，按责任区域派出巡视人员密切关注高架桥、立交桥、下穿桥上下坡积雪和结冰情况，如有积雪及时安排撒布机抛撒融雪剂。责任单位清除立交桥下的冰凌	处除雪应急处置办公室每半小时向市政府应急办、市城乡建设局报送除雪动态信息

某市下穿桥防汛应急作业流程 表 8-4

序号	作业流程
1	应急大队接到处防汛应急办公室启动防汛应急响应通知后，立即通知下穿应急值守队伍，启动下穿桥应急值守
2	值守人员于 30min 内到达值守点，摆放并整理防撞桶、安全锥，巡查值守区域，发现并清理水箅子、排水口周边阻水垃圾，返回下穿桥入口安全岛值守；关注下穿桥积水情况，及时报告实时状况
3	信息中心接到防汛应急办公室启动防汛应急通知后，督查并报告值守人员到岗到位情况，联络未到岗人员，雨中不间断巡查责任区域，掌握雨情动态，督查值守工作
4	应急大队负责检查值守人员到位、安全设施的摆放、对讲设备开启等情况
5	值守人员加强雨中巡视，密切观察下穿通道低洼处积水情况，发现积水达警戒线，立即封闭交通，禁止社会车辆及人员涉水通过下穿积水路段。封闭交通应摆放警示标牌、防撞桶及安全锥，设置警示带，提示车辆分流、绕行
6	下穿桥出现积水，立即报告应急大队带班领导，应急大队立即报告处机关值班室积水的地点、时间及积水情况、车流情况、交通封闭情况，通知排水责任单位组织处置
7	下穿路段积水消退，降至积水警戒线下后，具备开放交通条件，及时报告处防汛应急办公室，清理警示标牌、防撞桶及安全锥，开放交通
8	接处防汛应急办公室终止应急通知后，值守人员终止值守，清理应急物资后撤离值守区域
9	应急大队负责应急值守人员安全防护管理，配备安全警示反光背心和安全警示荧光棒，值守人员不得横穿车流过马路，不得涉水穿行下穿路段

8.2.2　应急队伍与联动机制

城市桥梁突发事件往往呈现出专业性强、时间紧迫、部门交叉配合度高等特征，单靠某一个单位或部门难以全面应对。要真正实现快速、有效的应急处置，除了完善的预案和物资储备，还需建立一支功能完备的应急队伍，并构建多部门协同联动的机制，以在事发后迅速展开行动、共享信息、组织救援，最大限度减少损失和影响。

在队伍组成方面，首先要明晰人员类型和职责分工。通常，一支针对城市桥梁事故的应急队伍可分为以下几类专业与管理人员：

1. 结构与技术专家

此类人员熟悉桥梁结构特性，对材料、力学和养护修补技术有较深的把握。他们能在最短时间内判断桥梁的受损部位和程度，并提出相应的加固、支护或封闭措施，避免次生灾害。此外，一部分具备桥梁安全监测系统或监测预警平台使用经验的数据分析人员，还可在临场指挥中心中提供结构安全评估与后续监测工作建议。

2. 抢险与施工人员

当主梁或关键承重构件受损后，抢险施工队伍负责现场加固、拆除、搭设临时支撑等工作。在事故类型比较轻时，他们往往是最先投入现场执行修复的力量；如果事故严重，还需配合其他专业施工企业或更高级别救援力量进行支护或过渡性搭桥、吊装作业等。

3. 交通管理与警务人员

城市桥梁与交通息息相关，突发事件通常需要对来往车辆进行交通管制、分流和疏散，故需配备熟悉城市道路网络、能迅速布设绕行路线和警戒线的交通管理人员，以及能维持现场秩序、排除次生隐患（如治安问题、应急通道被占用）的警务力量。

4. 综合救援人员

面对潜在的火灾、爆炸、垮塌或高空坠落等高危情形，需要消防、医疗急救和治安应急等多支力量同步参与。只有将这些人力资源在日常就纳入联动演练体系，才能确保发生意外时真正协同作业。

为了实现上述各专业队伍在突发事件中的统一、顺畅配合，应在城市层面和单位层面分别建立两套联动机制：

1. 城市层面：统一应急指挥平台

当桥梁事故达到一定严重程度或社会影响较大时，需由城市应急管理部门牵头，召集公安、交管、住建等相关单位设立临时或常设的应急指挥部。应急指挥部对外在应急管理平台中实时汇总桥梁监测警报、现场视频、交通状态等信息，对内则通过应急通信网络直接调遣抢险施工队、消防、救护车、交通疏导警力等资源，形成"多部门一盘棋"的管理格局。在此模式下，原本分散的管理单元应服从统一调度，务求将应急行动所需的人力、物力以最快速度输送到事发地。

2. 单位层面：属地化联动与信息共享

每座重点桥梁或桥群所在区域都应明确属于哪家养护单位或施工企业予以常态化管理，并在应急预案中写清该单位与当地交警中队、派出所、医院及社区等部门之间的联系方式和联动流程。这样一来，即使市级应急尚未升级启动，属地一级也可以根据桥梁自身情况迅速对小规模事故进行处理或封闭，并根据后续监测数据决定是否上报上级部门或请求增援。

联动机制能否真正高效运转，还取决于一些关键要素：

1. 信息通信畅通

各队伍必须共用一套或多套互联互通的通信工具，如短波电台、专用频道的对讲机、移动指挥平台，避免发生"信息传达延误"或"下级无法与上级联络"的状况。大规模突发事件下，若道路拥堵或电力中断，也要有卫星电话、应急车载电源等作后备。

2. 分层决策授权

桥梁突发事件有时需要迅速采取包括主桥封闭、车辆绕行、加固拆除等重大措施，在联动机制中应约定明确的授权层次：如一般事件由养护单位负责人决定局部封闭，道路大面积封闭必须经城市应急指挥部或更高级别批准，以保证决策效率与规范性兼具。

3. 日常沟通演练

无论是任何应急方案，在实际落地前都需要在各联动部门间多次协作演练才可检验成效。从桌面推演到现场模拟，需要考虑桥梁结构监测系统对外发布警报后，交警如何设置临时红绿灯或警示牌，消防如何进场救援，抢险施工队如何和桥梁工程师进行加固设计的沟通等。通过一次次"沙盘推演"和现场演习才能发现机制缺陷并加以修订。

8.2.3　信息与数据管理平台

在突发事件应急管理中，信息与数据管理平台起着至关重要的桥梁作用，它不仅是各部门实时信息传递与共享的枢纽，更是决策支持和应急调度的核心。有效的平台能够将来自监测系统、现场设备、视频监控、气象预警、交通流量等多渠道数据实时整合，通过数据预处理、分析和可视化展示，为应急指挥中心提供清晰、准确的信息图谱，从而指导现场应急行动和后续恢复工作。

信息平台的构建应采用分布式架构，将各个数据源通过统一的接口接入到中央数据库中，并采用数据仓库和大数据分析技术对海量数据进行存储与整合。例如，在桥梁安全监测系统中，来自传感器的实时应变、位移、加速度数据以及视频监控、GPS 定位和气象预报数据，可以通过数据清洗和预处理后，在平台上实现多维度关联分析。各类数据经过

ETL（Extract-Transform-Load）流程后进入数据仓库，并通过仪表板实时更新展示出桥梁当前的健康状态和可能的风险预警指标。

1. 信息与数据管理平台应支持实时报警和动态预警功能。

在突发事件发生前，监测系统通过对异常数据的自动检测及时发出预警信号，并将报警信息上传至平台，由平台统一分发给应急指挥中心及相关应急队伍。平台应具备多级警报信息的处理能力，通过设定不同的阈值和响应级别，将风险分为低、中、高三级，并采用颜色编码、图标提示等直观方式呈现。这样，指挥中心能在第一时间判断风险严重性，并根据平台反馈调度现场抢险和交通管控措施。

2. 信息平台应具备历史数据分析与趋势预测功能。

通过对过去事故数据、监测数据及现场处置记录的归档和整理，平台可以进行数据挖掘与统计分析，形成各类风险事件的案例库和应急响应经验模型。这些模型不仅能为当前事件提供参考，也为未来风险的预测和预防提供依据。比如，平台可以结合大数据和机器学习算法，对桥梁长期运行数据进行趋势分析，判断结构疲劳或材料劣化的速度，从而提前制定维护计划或改造方案。图表展示部分可通过历史监测数据的折线图、散点图及回归模型结果呈现风险发展趋势，为管理者提供直观数据支撑。

3. 平台需实现跨部门的信息共享和协同工作机制。

城市桥梁应急管理涉及交通、公安、消防、住建、气象等多个部门，信息平台要通过统一的通信标准和接口，实现各部门之间的数据互通和协同调度。应急指挥中心可通过平台召开视频会议、发布实时指令、调取现场监控数据，确保各部门在事故处理过程中信息同步、决策统一，从而提高应急处置效率。与此同时，平台的安全性和稳定性也至关重要，必须确保数据传输加密、系统冗余备份以及灾备方案的落实，避免在突发事件中因系统故障而影响信息流通。

8.3　应急响应与处置流程

8.3.1　预警触发与快速响应

前期各监测系统、平台和预警发布机制为桥梁安全风险提供了早期信号，而预警触发后如何迅速、科学地启动响应措施，则直接决定了事故损失能否降到最低。预警信息一经触发，相关部门将依据预案要求迅速启动应急响应，形成快速反应机制，确保信息通畅、决策及时、资源有效调配。

当预警系统检测到桥梁监测数据出现异常、超过预设阈值，或在外部通报与现场初步核查后确认风险隐患时，预警信息便会按照分级标准自动触发。其中，对于黄色响应（Ⅲ级）的情况，通常反映的是局部系统受损，如桥面系统局部破损、围护栏或排水设施出现故障、照明系统失效等问题，此时风险虽然存在，但对整个交通网络影响相对有限。此类预警信息通常由桥梁管理部门或区县人民政府负责应急处置，响应措施主要包括对相关受损设施进行临时修复、局部交通管控以及通过信息平台向公众发布提示，指导车辆减速或选择替代通行路线。预警触发后，监测系统会通过统一平台发送三级风险预警，现场应急人员随即对异常情况进行快速核查，以确认是否有进一步恶化的趋势。

而在橙色响应（Ⅱ级）情况下，预警系统检测到的风险通常较为严重，如主桥或主要结构出现裂缝、钢筋外露、局部结构失稳或偏载失衡等，可能会导致部分车道关闭或主干道路段的交通中断。此时，预警信号不仅通过信息平台向各相关部门实时推送，还会自动激活跨部门联动机制。区级综合应急救援队伍、交通管理部门、公安及消防部门将同时收到预警指令，立即对事故现场进行快速响应与现场勘查，并在第一时间采取封闭部分车道、实施临时交通管制、启动现场抢修措施等行动。监测平台将实时整合来自现场各方反馈的数据，对事件发展态势进行动态评估，如发现风险进一步升级，则预警级别可能由Ⅱ级升级为Ⅰ级，指挥中心也会对现场资源进行重新调度。

对于红色响应（Ⅰ级）的情况，即风险达到特别严重级别时，通常指的是主桥两侧行车道全部关闭，或严重结构事故导致桥梁整体功能丧失，例如桥梁出现大范围断裂、支座移位超过限值，甚至出现局部垮塌，进而造成周边区域交通完全中断和人员伤亡。在这种情形下，预警信息将以红色警报形式迅速发布，直接启动市级综合应急处置指挥体系。市级应急指挥中心会在第一时间整合所有可用资源，并对多部门救援力量进行统一指挥和协调，要求在最短时间内完成现场紧急勘查、抢险加固以及交通疏导措施。相关部门和机构会被要求以最快速度投入到救援行动中，包括调派特种救援车辆、动用专业设备、启动市级应急通信及现场协调机制等，确保事件得到有效控制，防止事故的进一步扩散。

预警触发与快速响应的核心在于实现信息的"快速传递、迅速确认、及时行动"。在信息平台的支持下，预警消息不仅以图文、声音及短信等多种形式实时发布，还能通过数据分析及时更新事件发展趋势，为决策层提供直观、可靠的数据依据。同时，现场应急响应人员通过便携式设备与监测平台保持实时联系，将现场最新状况反馈给指挥中心，指挥中心依据预案要求和实时数据迅速制定现场处置方案，确保各项措施精准落地。如此一来，预警触发后的各级响应环节从数据到决策再到现场执行，构成了一个闭环应急体系，确保在任何情况下都能迅速、有效地控制风险，保障城市交通与公共安全。

8.3.2　应急响应组织与指挥

应急处置是一种通过计划、组织、装备、培训、演练、评估、改进等方法，建立和维持各种组织和个人的必要能力的过程。这些能力能够积极应对突发事件，实施预防、减灾、监测预警、应急响应和恢复重建措施，以最大限度地减少突发事件可能引发的损失。

应急体系则是指由涉及应急准备的不同主体、各种任务和能力，以及进行应急准备的过程等所构成的统一的结构，如图 8-1 所示。

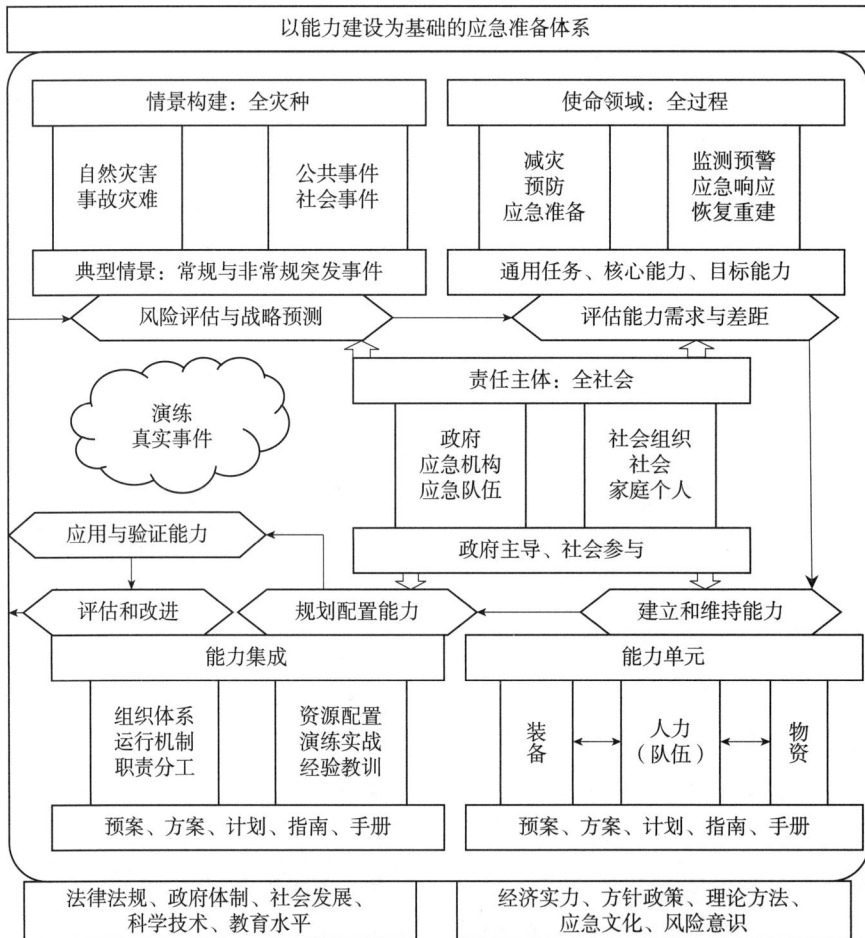

图 8-1　应急体系示意图

该体系具有共同的目标策略和协调的行动计划等，旨在实现特定的任务或结果，涵盖了应急准备的对象范围、涉及的任务领域、责任主体和基本社会环境、应急能力的单元和整合，同时也包括对应急准备过程的不断改进。

具体的应急响应组织与指挥主要包括：信息上报、分级响应、交通保障与恢复、事故调查等工作流程。

1. 信息上报

在应急响应过程中，信息的及时、准确传递至关重要。应急指挥部应设立信息中心，该中心应由专业的信息管理人员组成，其主要职责是收集、整理和发布相关信息。在接到突发事件报告后，信息中心应立即进行评估，并将评估结果上报给应急指挥员。

2. 分级响应

根据事故情况，启动相应级别的应急预案，分级响应。预案启动后，应根据事故的级别进行分级响应。不同级别的响应有不同的资源和措施要求，确保资源合理利用。

3. 保障恢复

在抢修保通阶段，交通保障和恢复是重要任务。应急指挥部应调动所有可用的资源，包括人力、物资和设备，以尽快恢复交通。在道路通行未能立即恢复的情况下，应保障受影响地区的基本交通需求，并提供必要的交通疏导和出行信息。

4. 事故调查

在恢复重建阶段开始之前，应进行事故调查，以找出事故原因，防止类似事故再次发生。调查应由独立、权威的机构进行，并应公开透明，调查结果应向公众公布。

下面以预防和处置桥梁垮塌事故为重点，给出突发事件应急预案及应急交通组织方案：

（1）组织机构：成立由市/县领导牵头、相关部门参与的桥梁事故应急指挥部，下设办公室和应急工作组，职责包括指挥调度、资源调配、信息发布等。

（2）监测预警：建立桥梁安全监测系统，包括定期检查、实时监测和预警系统。加强与相关部门合作，确保及时发现隐患并采取措施进行整改。

（3）应急准备：预先组建综合应急队伍，包括抢险救援、医疗救护、交通管制等小组，储备必要的救援装备和物资。与相关企业、机构建立合作关系，确保应急资源的及时供应。

（4）应急响应：建立24h应急值班制度，与相关单位建立信息共享机制。接报后立即启动应急预案，组织相关队伍和资源赶赴现场，开展搜救、医疗救助等工作。

（5）现场处置：根据实际情况实施现场交通管制，使用交通标志、围栏等设备封锁现场，确保救援和紧急处理工作能够顺利进行。组织专业人员开展抢险救援，采用适当的救援装备和技术，尽可能减少事故损失。转移安置受到影响的群众，提供必要的生活和医疗保障。

（6）后期处置：开展事故调查和经验总结，查明事故原因，提出改进措施。加强公众宣传和教育，提高公众的安全意识和风险意识。做好善后工作，包括赔偿、保险理赔等，保障受害人的权益。

（7）保障措施：制定专项资金预算，保障应急设备和物资的采购和维护。加强装备和技术的研发和更新，提高救援能力和效率。建立通信保障机制，确保应急期间通信畅通。

8.3.3　现场勘查与应急评估

在突发事故发生后，迅速而准确地开展现场勘查与应急评估是转化预警信息为具体救援行动的关键步骤。现场应急队伍到达事故现场后，首先必须确保区域安全，对事故现场进行全面隔离，防止人员误入，同时设置警戒线以阻断非应急车辆进入。应急人员需迅速对桥梁结构的外部状况进行目视检查，重点关注关键部位是否存在明显的裂缝、局部塌陷、支座移位、混凝土剥落以及桥面铺装的破损情况。对这些迹象的详细记录，诸如裂缝宽度、延伸长度、支座位移量和主梁挠度变化等，将为后续的风险分级和应急处置提供重要数据支持。

现场勘查不仅依赖于目视检查，现代应急评估还要求应急人员借助便携式检测仪器和数字记录设备进行详细测量。例如，利用激光测距仪和便携式应变计对主梁和支座的变形情况进行量化；通过移动摄像设备、无人机航拍获取现场全景图和细部特写，将现场实际状况通过图像和视频实时传输至指挥中心进行远程会诊。此外，应急队伍还需核对监测系统上传的实时数据，如应变、加速度、温度及位移数据，判断是否与现场观测相符，以便及时校正监测系统的偏差。若发现数据异常与现场实际不符，必须立即报告，并对可能存在的传感器故障或数据噪声进行进一步排查。

应急评估的核心在于判断事故的严重程度，并对后续处置方案进行初步决策。评估过程中，现场队伍应详细记录事故现场的各项参数，并综合考虑外部环境因素（如天气、交通情况、现场周边设施等），对事故的潜在扩散风险进行预判。若现场发现桥梁关键部位（如主梁、中跨区域或支座）出现明显结构性缺陷，且监测数据呈现剧烈波动，则应立即上报应急指挥中心，启动高等级预警措施。对于较轻的局部损伤或环境因素导致的临时异常，则可采取局部封闭、限流或临时修复措施，并继续监测现场变化，确保事故不会进一步恶化。

现场勘查与应急评估完成后，所有收集的数据、影像和检测结果需迅速汇总并传送至应急指挥中心。指挥中心依据现场反馈信息，对事故进行分级、调度相应资源，并根据预案快速制定抢险、保通及交通疏导方案。整个过程强调"信息传递、数据核实、现场判断、统一指挥"，确保从现场到指挥中心形成无缝对接的应急闭环。通过不断完善现场勘查流程、加强应急队伍培训、引入现代信息技术和便携检测设备，能够显著提高应急评估的准确性和响应速度，确保在突发事故发生时及时作出科学决策，最大限度降低事故风险和损失。

8.3.4　抢险、保通与交通疏导

在突发事件处置过程中，抢险、保通与交通疏导是将现场初步评估转化为实际救

援行动的关键步骤，其目标在于迅速遏制事故扩散、恢复桥梁及周边交通的正常运行，并确保人员安全。针对不同预警级别及现场情况，应根据预案要求迅速采取以下综合措施。

在抢险方面，现场抢险队伍首先需要依据现场勘查结果迅速部署紧急救援措施。对于结构性损伤明显的桥梁部位，应立即采用临时支撑、加固或拆除破损构件的方案，以防止事故恶化。抢险队伍通常配备有便携式吊装设备、临时支护材料、加固钢板、快速修补混凝土及应急防护设备等，现场施工人员应在确保自身安全的前提下，快速完成对关键部位的抢险修复。同时，针对可能存在的次生事故风险，应建立专门的监控点，实时跟踪施工现场的结构响应数据，确保抢险过程中各项指标均在安全允许范围内波动。必要时，还需借助无人机航拍、红外热成像等现代检测手段，对修复进程和现场环境进行实时监督。

在保通措施上，抢险行动不应单纯局限于结构修复，更应在抢险过程中保证桥梁及其下游交通的尽快恢复。根据事故严重程度，现场可采取部分封闭与分段控制相结合的策略：对于局部受损但整体结构尚未失稳的桥梁，可局部封闭受损区域，确保安全后继续允许车辆缓慢通行；而对于影响较大或存在垮塌风险的情况，则应果断封闭桥梁，启动临时桥梁加固或搭设临时过渡结构。同时，利用信息与数据管理平台对事故现场交通流量进行实时监控，评估封闭或开放对交通的影响，为下一步交通疏导提供数据支撑。

交通疏导是应急处置的重要组成部分，其主要任务在于确保事故区域内外交通流动畅通，并尽可能减少事故对周边交通网络的冲击。为此，现场应急指挥中心应及时协调交警、交通运输和城市规划等部门，共同制定临时绕行和分流方案。具体措施包括：在事故现场前后设立明显的临时交通标志和警戒线，指挥车辆分流；利用电子显示屏、广播及短信通知公众最新交通信息；在事故发生期间开通专用通道或增加交通信号灯时段，确保关键路段不因事故而长期堵塞。此外，对于事故严重影响交通的区域，应尽快启动临时封闭和改道方案，将事故区域内的车辆引导至备用道路，保证整个城市交通网络的顺畅运作。

8.4　灾后评估与恢复重建

8.4.1　事故损失评估方法

城市桥梁风险事故频繁发生会对社会经济发展产生极大的负面影响，因而，如何更有效地预防和减少城市桥梁交通事故成为国际社会普遍关注的重大课题，合理评估城市桥梁风险事故损失程度是其中的重要内容，根据损失程度进一步判断城市桥梁破坏程度和可恢复性，以期采用科学的方式对城市桥梁进行恢复和重建。本小节旨在较为详细地介绍常用的事故损失评估方法，主要内容包括损失评估指标选取原则、损失评估指标体系、损失评估模型3部分。

1. 损失评估指标选取原则

评估城市桥梁风险交通事故造成的社会经济损失应符合准确性和可靠性两大基本原则，且评估指标应具有可操作性的特点，由此，选取损失评估指标时应考虑3个方面。

（1）科学性和全面性原则

所谓"科学性"就是指选取的损失评估指标应能客观真实地反映事物的本质，体现风险事故社会经济损失的特点。同时，在选取损失评估指标时，应本着"全面性"原则，即既不能遗漏有关损失，也不能出现重复计量的情况。

（2）具体性和可行性原则

在评估城市桥梁风险事故损失时应该明确需要统计内容的内涵和相关定义。只有将各种损失通过损失指标囊括进来，才能保证评估工作的准确性和有效性。计量内容的具体化和指标的可行性是合理评估事故损失的重要条件。

（3）可量化和可比性原则

风险事故损失评估的最终目的是获得比较准确的数字结果，这就要求在评估过程中应符合可量化、可比性的原则。同时，对城市桥梁风险事故损失的评估结果应该能够与其他国家或地区相互比较，通过对比分析获得经验教训，使我国风险事故损失评估工作更趋于科学化、程序化。

2. 事故损失评估指标体系

本节在分析国内外交通事故损失评价研究的基础上，并考虑我国交通事故损失评估的特点，提出用于评估城市桥梁风险事故损失的指标体系，包括事故死亡人员社会经济损失、受伤人员社会经济损失、财产损失、社会公共机构服务损失、社会延误损失、交通事故产生的污染问题，下文详细介绍各损伤评估指标的组成成分。

（1）事故死亡人员社会经济损失

事故死亡人员社会经济损失主要包括：①社会劳动价值损失（包括死亡人员工资、社会福利、贡献给社会的劳动价值）；②家庭劳动价值损失；③家庭生活质量下降（包括家庭成员的精神损失）；④处理死亡人员的医疗费用；⑤救护车车费；⑥丧葬费。

（2）受伤人员社会经济损失

风险事故致终生伤残人员所造成的社会经济损失主要包括：①受伤人员社会劳动价值损失；②受伤人员家务劳动损失；③受伤人员医疗费用：药物费用、住院费、医生工资、受伤人员住院陪护人员损失、出院后康复费用等；④救护车费用。

值得注意的是，暂时性伤残人员的社会经济损失指标组成与上述终生伤残人员相同，但各组成部分的量化值应进行折减；非致残人员的社会经济损失组成部分也与上述终生伤残人员相同，其损失量化值也要相对减少。

（3）财产损失

城市桥梁风险事故中的财产损失也是重要的损失评估指标，主要包括：①交通工具损坏（整车更换、维修费用、零部件更换费用）；②货物损失（需由交通部门进行统计）；③桥梁道路等基础设施损坏。

（4）社会公共机构服务损失

社会公共机构服务损失通常指的是从事故发生到事故结束过程中调用社会公共服务机构所需的费用，主要有：①交警服务费：警车费用、交警工资；②障碍清除费用；③进行法律诉讼的费用；④管理部门服务费用。

（5）社会延误损失

在进行损失评估时，不仅要考虑事故对人员、财产、公共机构造成的直接损失，还要考虑社会延误损失，主要包括事故导致的旅客社会延误损失和载货车辆延误损失。

（6）交通事故产生的污染问题

桥梁风险事故发生后，还会产生不可忽视的环境污染问题，包括废气、废水排放，噪声污染，危险化工物品污染等。但由于环境污染造成的社会经济损失评估起来较为复杂，故污染问题暂不作为事故损失评估指标。

3. 损失评估模型

损失评估模型是事故损失定量评估中的核心环节，通常结合结构破坏程度、功能受损情况与恢复成本进行综合建模。模型可依据结构功能退化程度、交通服务中断时间、经济损失和人员影响等因素构建评估指标体系，并通过加权评分法、多因素回归模型、模糊综合评价法或机器学习方法进行建模分析。例如，可建立以桥梁承载能力衰减率为基础的结构损失模型，以交通中断时长与车辆绕行成本估算运营经济损失模型，以及融合以上因素的综合损失评估模型，从而为灾后恢复与资源配置提供量化支撑。

8.4.2　应急处置效果评估

应急处置行动结束后，应进行效果评估和总结，对行动中暴露出的问题和隐患，应及时组织修订调整。应急处置行动效果评估可从预警与信息报告、紧急动员、事故监测与研判、指挥和协调、事故处置、应急资源管理、应急通信、信息公开、人员保护、警戒与管制、医疗救护和现场控制及恢复 12 个方面开展研究（表 8-5）。

应急处置行动效果评估 表 8-5

评估项目	评估内容
预警与信息报告	监测中心能够根据监测系统数据变化状况、事故险情紧急程度和发展势态或有关部门提供的预警信息进行预警
	对有关部门提供的信息、现场人员发现险情或隐患进行及时预警
	预警方式、方法和预警结果在实际事故中表现有效
	相关单位内部信息通报系统能够及时投入使用，能够及时向有关部门和人员报告事故信息
	行动中事故信息报告程序规范，符合应急预案要求
	在规定时间内能够完成向上级主管部门和地方人民政府报告事故信息程序，并持续更新
	能够及时有序向本单位以外的有关部门或单位、周边群众通报事故信息
紧急动员	应急单位能够依据应急预案快速确定桥梁事故的严重程度及等级
	应急单位能够根据事故级别，启动相应的应急响应，采用有效的工作程序，警告、通知和动员相应范围内人员
	应急单位能够通过总指挥或总指挥授权人员及时启动应急响应
	应急单位应急响应迅速，动员效果较好
事故监测与研判	应急单位在接到事故报告后，能够及时开展事故早期评估，获取事件的准确信息
	应急单位及相关单位能够持续跟踪、监测事故全过程
	监测中心能够科学评估其潜在危害性
	能够及时报告事态评估信息
指挥和协调	现场指挥部能够及时成立，并确保其安全高效运转
	指挥人员能够指挥和控制其职责范围内所有的参与单位及部门、救援队伍和救援人员的应急响应行动
	应急指挥人员表现出较强指挥协调能力，能够对救援工作全局有效掌控
	指挥部各位成员能够在较短或规定时间内到位，分工明确并各负其责
	现场指挥部能够及时提出有针对性的事故应急处置措施或制定切实可行的现场处置方案并报总指挥部批准
	现场指挥部制定的救援方案科学可行，调集了足够的应急救援资源和装备（包括专业救援人员和相关装备）
	现场指挥部与当地政府或本单位指挥中心信息畅通，并实现信息持续更新和共享
	应急指挥决策程序科学，内容有预见性，科学可行
	指挥部能够对事故现场有效传达指令，进行有效管控
	应急指挥中心能够及时启用，各项功能正常、满足使用要求
事故处置	抢险处置人员能够按照处置方案规定或在指定的时间内迅速赶到现场开展救援
	抢险处置人员能够对事故先期状况做出正确判断，采取的先期处置措施科学、合理，处置结果有效
	现场抢险处置人员职责清晰、分工合理
	应急处置程序正确、规范，处置措施执行到位
	抢险处置人员之间有效联络，沟通顺畅有效，并能够有序配合，协同救援
	事故现场处置过程中，抢险处置人员能够对现场实施持续安全监测或监控
	事故处置过程中采取了措施防止次生或衍生事故发生
	针对事故现场采取必要的安全措施，确保救援人员安全

续表

评估项目	评估内容
应急资源管理	根据事态评估结果，能够识别和确定应急行动所需的各类资源，同时根据需要联系资源供应方
	救援人员能够快速、科学使用外部提供的应急资源并投入应急救援行动
	应急设施、设备、器材等数量和性能能够满足现场应急需要
	应急资源的管理和使用规范有序，不存在浪费情况
应急通信	通信网络系统正常运转，通信能力能够满足应急响应的需求
	应急队伍能够建立多途径的通信系统，确保通信畅通
	有专职人员负责通信设备的管理
	应急通信效果良好，演练各方通信信息顺畅
信息公开	明确事故信息发布部门、发布原则，事故信息能够由现场指挥部及时准确向新闻媒体通报
	指定了专门负责公共关系的人员，主动协调媒体关系
	能够主动就事故情况在内部进行告知，并及时通知相关方（家属／周边居民等）
	能够对事件舆情持续监测和研判，并对涉及的公共信息妥善处置
人员保护	应急管理单位能够综合考虑各种因素并协调有关方面确保各方人员安全
	应急救援人员配备适当的个体防护装备，或采取了必要自我安全防护措施
	有受到或可能受到事故波及或影响的人员的安全保护方案
	针对事件影响范围内的特殊人群，采取适当方式发出警告并采取安全防护措施
警戒与管制	关键应急场所的人员进出通道受到有效管制
	合理设置了交通管制点，划定管制区域
	各种警戒与管制标志、标识设置明显，警戒措施完善
	有效控制出入口，清除道路上的障碍物，保证道路畅通
医疗救护	应急响应人员对受伤害人员采取有效先期急救，急救药品、器材配备有效
	及时与场外医疗救护资源建立联系求得支援，确保伤员及时得到救治
	现场医疗人员能够对伤病人员伤情作出正确诊断，并按照既定的医疗程序对伤病人员进行处置
	现场急救车辆能够及时地将伤员送往医院，并带齐伤员有关资料
现场控制及恢复	针对事故可能造成的人员安全健康与环境、设备与设施方面的潜在危害，以及为降低事故影响而制定的技术对策和措施有效
	事故现场产生的污染物或有毒有害物质能够及时、有效处置，并确保没有造成二次污染或危害
	能够有效安置疏散人员，清点人数，划定安全区域并提供基本生活等后勤保障
	现场保障条件满足事故处置、控制和恢复的基本需要

8.4.3　恢复重建与后续管控

在突发事件得到了初步有效处置后，城市桥梁的恢复重建与后续管控工作便成为确保桥梁长期安全运行的重要环节。恢复重建不仅要求对受损结构进行全面修复，更需针对事故原因和现场评估结果制定科学合理的重建方案，同时在重建完成后实施持续监控和动态管控，以防范同类事故再次发生，并不断提高桥梁的抗灾能力和韧性。

在事故初步控制后，应立即组织专业技术人员对桥梁进行详细的现场检测和结构评估。该阶段要求现场专家利用便携式检测仪器（如超声波检测仪、激光扫描仪、红外热成像设备等）对关键构件进行无损检测，并采集详细的监测数据，评估受损程度、结构安全裕度以及潜在隐患。检测指标包括但不限于裂缝宽度、混凝土剥落范围、支座移位量、主梁挠度、局部应变及加速度变化等。通过对这些数据进行对比分析，可初步判断事故对桥梁整体承载能力和稳定性的影响，为后续制定修复方案提供科学依据。检测过程中的图像和数据记录应及时上传至信息平台，以便与历史监测数据进行比对，形成事故后结构健康状况的详细档案。

在现场检测和初步评估的基础上，技术专家将会制定具体的恢复重建方案。这一方案应根据事故类型和受损程度确定恢复措施的优先级和具体内容。例如，对于局部受损但未影响整体稳定的桥梁，可采用局部加固、补强或采用预应力钢绞线进行临时支撑；对于整体受损较为严重的情况，可能需要进行大范围的结构拆除和重建。方案中应明确各项修复技术指标、施工工序、材料选用标准以及施工安全措施，并制定详细的时间表和责任分工，确保工程能够按计划、有序实施。同时，还应考虑采用现代施工技术，如现场快速检测技术、装配式构件施工等，以缩短施工周期，降低对城市交通的长期影响。

恢复重建方案确定后，下一步是进行工程实施与监控。在施工过程中，施工单位与监管部门必须建立密切的沟通机制，定期召开现场协调会，对施工进展、质量控制、工期安排和安全生产进行实时跟踪。施工现场应配备专门的监督监测团队，运用在线监测系统对关键结构节点和施工工艺进行实时监测和数据采集，确保每一道工序符合设计标准与质量要求。此外，针对修复过程中可能出现的不确定因素，还应预留一定的安全裕度和应急预案，确保施工过程中出现问题时能及时调整措施，避免二次事故发生。

在桥梁修复工作完成后，后续管控工作同样至关重要。重建后的桥梁必须经过全面的竣工验收和结构安全鉴定，确保所有修复工程达到或超过设计要求。此后，应建立一套长期监测与评估机制，将修复后的桥梁纳入常态化安全监测体系，对其应变、位移、振动频率等关键指标进行连续监控。通过比对修复前后的历史数据与实时数据，可以及时发现由于重建或长期运营可能出现的新隐患，从而不断优化养护计划和预案。

每次重大事故或修复工程结束后，都应对整个应急管理流程进行复盘，总结经验教训，并对预案中存在的问题进行修改。通过定期演练、数据评估和现场抽查，不断完善应急管理机制，使之更具前瞻性和实用性。与此同时，各相关部门还应建立信息共享平台，确保重建后的桥梁状态和应急处置信息能够在各级管理部门之间及时互通，从而实现全市范围内的协调管理与风险预防。

8.5　应急演练与安全宣传

8.5.1　应急技能培训与能力提升

桥梁安全应急预案编制单位应当通过编发培训材料、举办培训班、开展工作研讨等方式，对与应急预案实施密切相关的管理人员和专业救援人员等组织开展应急预案培训。各级政府及其有关部门应将应急预案培训作为应急管理培训的重要内容，纳入领导干部培训、公务员培训、应急管理干部日常培训内容。

1. 管理人员培训

安全生产应急管理人员应纳入单位年度安全培训计划，由企业统一组织实施，确保其具备履行岗位职责所需的应急管理知识与处置能力。培训内容应涵盖：应急管理基本概念与制度、现行安全生产法律法规、应急管理体系建设、应急预案编制与管理、风险辨识与危险分析、应急能力评估、应急演练组织与实施、突发事件响应流程、事故应急处置及恢复管理、现场常用个人防护装备的使用方法及基本救护知识等。

2. 救援人员培训

针对桥梁应急事故处置过程中各个专业的救援队伍。应当有针对性地开展专项场景救援技能的培训工作，包括交通应急清障救援技能培训、结构应急检测技能培训、结构应急抢险施工技能培训、桥梁火灾救援技能培训、事故医疗救援技能培训、航道应急救助疏散技能培训等。

3. 生产人员培训

桥梁运维相关的一线生产人员，往往是安全生产的第一道防线，是生产安全事故应急处置的第一梯队。包括桥梁日常巡检人员、检测人员、养护人员，也包括从事生产活动的货车驾驶员、在桥梁安全保护区周围施工的建筑工人等。

培训的内容包括对自身生产活动安全作业的培训、桥梁现场风险辨识培训、个人防灾避险和初级卫生救护知识培训等。可编写科学实用、简单易懂的应急培训读本，采取集中培训、半工半训、网络自学、现场"手指口述"、师傅带徒弟、知识竞赛、技能比武和应急演练等多种方式方法，充分调动一线从业人员参加培训积极性。

例如，2022 年 9 月 17 日，长沙市桥梁突发事件综合应急演练在猴子石大桥及周边水域展开，通过现场模拟满载柴油的罐车撞击桥面护栏突发情况，以实战练兵，提升应急处置能力（图 8-2）。

市交警支队指挥中心接到现场事故报警后，立即向市应急指挥中心报告，并启动道路桥梁事故Ⅳ级应急响应。由市属 10 余家单位、60 余名工作人员组成的 8 个应急小组在"黄

图 8-2 长沙 2022 年猴子石大桥突发事件综合应急演练 ❶

金五分钟"内抵达救援现场，市应急指挥中心、市城管执法局迅速统一调度并开展救援行动。

市桥隧事务中心抢险组迅速采用沙袋修筑临时围堤，对泄漏油品进行围堵，并调配救援罐车转运剩余燃油。与此同时，另一组抢险队员通过登高施工车打开桥梁封闭式应急池的顶部盖板，进入内部切换阀门，将雨水沉淀池切换为应急缓冲池，使污染水体排入应急池，消除突发环境事件对湘江水体的污染隐患。

市生态环境局出动环境监测车与水质检测小组，对事故周边空气与水域污染进行实时监控；市交通运输局水运事务中心派出油污清理船对受污染湘江水域开展清理，阻止油污扩散；长沙水业集团旗下猴子石水厂启动水污染应急预案，对饮用水水源、水质开展加密监测，保障市政供水安全。

最后，市桥隧养护运营公司派出高压冲洗车和洗扫车，对现场残留油污进行了全面冲洗，路面恢复如初。演练中，各应急小组分工明确、配合紧密，险情报告、预案启动、信息上报、救援处置、后期处置各环节实现了反应快速、处置有序。

8.5.2 安全宣传与教育活动

充分利用国际和全国防灾减灾宣传日的系列活动，组织好"防灾减灾日""国际减灾日""世界急救日""全国科普日""全国消防日"和"国际民防日"等活动，加强防灾减灾科普宣传，提高公民防灾减灾意识和科学防灾减灾能力。

利用各种媒体宣传应急法律法规和灾害预防、避险、自救、互救的常识。对需要公众广泛参与的非涉密的应急预案，编制单位应当充分利用互联网、广播、电视、报刊等多种媒体广泛宣传，制作通俗易懂、好记管用的宣传普及材料，向公众免费发放。培养公众对城市桥梁风险识别、应急避险、自救互救、风险报告的意识和能力。表 8-6 汇总了城市桥梁公众可识别的常见风险类别。

---

❶ 图片来源：https://news.qq.com/rain/a/20220917A081IU00。

城市桥梁公众可识别的常见风险类别　　　　　　　表 8-6

风险场景	风险类型
桥面	车辆事故
	桥面火灾
	深积水
	声屏障、绿化带、交通标识等构件松动
	行车道异常侵入
	行人异常行为
	车辆异常行为
梁下	桥下漏水
	排水管、护栏、亮化设施等构件松动
	异常响动
	桥墩缺损
	水位漫过梁底
	桥墩附近土体位移、滑坡
	船只撞击事故
桥下空间	易燃物堆载
	火灾
下立交	深积水
桥梁保护区	非法开挖
	地面沉陷等异常

8.5.3　社会参与与反馈机制

社会参与的主体不仅包括政府，还包括市场企业、社会力量和个人。非政府组织和社会民众既是应急管理服务对象，也是应急管理的支持资源。把政府和市场、社会力量形成一股合力，构建以"政府-企业-社会"为主体的应急管理体系，有助于充分调用企业社会资源，减轻政府的财政负担，也有助于推动国家应急管理共同体的建设。

在桥梁防灾减灾救灾和突发事件应对过程中，将养护企业、检测企业、监测企业、施工企业、医院、社会救援队伍、志愿服务者、义工等力量吸纳进应急管理共同体之中，有利于快速对桥梁突发事件进行响应。

桥梁安全监测中心、桥梁管理部门和养护企业应当建立可供社会个人直接使用的公开上报途径。利用固定报警电话、微信小程序等方式，使公众有便捷的方式能为桥梁管养部门提供及时的风险事故信息。同时，应当建立系统的信息传递路径，包括利用公众常用的导航软件、政府 APP 直接关联风险上报的信息，并通过数据中心分类上报给包括桥梁应急事故指挥中心的各管理主体；建立与 120、119、110 等公众熟知紧急求助电话的联动机制，接警后对涉及桥梁的事件同步报送给桥梁应急事故指挥中心。

8.6　风险场景与"人 – 管理"应对措施

8.6.1　针对结构自身风险的应对措施

1. 材料疲劳老化致桥梁性能劣化风险

（1）预防准备

定期检测与档案管理：通过组织专业检测团队或委托第三方机构，每年 / 季度对桥梁关键构件（主梁、桥面板、墩柱、支座等）进行疲劳裂缝检测、混凝土碳化深度检测和钢筋锈蚀评估。建立数字化档案，将检测结果录入管理平台，形成可追溯的历史数据库。

分级培训与资质考核：对巡查人员、桥梁检测人员进行分级培训，确保一线巡查人员能及时发现表面裂缝、锈蚀、混凝土剥落等显性病害；专业检测人员能识别疲劳裂纹、微裂纹扩展等隐性病害。

（2）应急响应

多部门协同：当发现疲劳裂缝、混凝土剥落等严重病害时，桥梁管理部门应立即联动设计、检测、施工、监理单位，召开紧急会商会，制定修复加固方案，并在必要时采取限行或封闭交通的措施。

安全警示与交通疏导：对损伤较为严重的桥面或承载构件设置临时护栏和警示牌，减小车辆荷载冲击；必要时协调交警部门进行车辆限速、限重或封闭管控。

（3）后续修复与管理

建立长效加固计划：如通过粘贴纤维增强材料、增设钢板、局部更换构件等方式进行加固；对加固后的桥梁重点监控，确保修复效果。

完善责任追溯：将疲劳老化或结构劣化风险信息纳入桥梁全生命周期管理，对未及时发现或报告病害的责任人进行问责，强化巡查主动性。

2. 设计缺陷致桥梁承载力不足风险

（1）预防准备

加强设计审查：针对大跨桥梁、特殊结构桥梁或改扩建项目，成立专家评审委员会，对设计图纸和计算书进行多轮评审；引入 BIM 等技术辅助检查结构合理性。

多部门协同把关：在设计阶段组织桥梁管理、施工、监理、养护部门共同会审，保证设计方案可实施、可维护、可运营。

（2）应急响应

启动结构监测：若运营中发现设计缺陷征兆（如主梁刚度不足、挠度异常、索力分布异常），立即加密监测频次，必要时安装临时安全监测传感器并进行动态观测。

交通管制与限载：若评估确认设计不足导致承载力无法满足当前交通需求，可采取限载或限速措施，减轻结构负荷，争取加固或改造时间。

（3）后续修复与管理

设计单位责任追溯：查明缺陷原因，如属设计单位责任，则由其承担相应技术和经济责任。

加固与改造：通过结构加固（增设钢梁、外加预应力）或整体改造（增设辅道桥）方式消除缺陷；修复完成后纳入巡检计划，加强监测。

3. 施工缺陷致桥梁承载力不足风险

（1）预防准备

深化竣工验收和保修期管理：在新建或大修桥梁竣工验收时，建立专门的施工质量复核小组，对关键构件材料强度、预应力张拉、钢筋布设等进行抽检复测，确保竣工资料与实际工程相符。

施工单位与管理部门联动培训：定期组织施工企业、监理单位和管理部门座谈，通报质量通病案例，开展施工缺陷识别培训；完善现场质量巡检制度。

（2）应急响应

紧急排查与封闭措施：一旦怀疑或发现重大施工缺陷（如梁体预应力失效、支座移位等），应急小组须立即对相关桥梁进行临时封闭，组织专家组现场鉴定，防止事故扩大。

建立临时加固队伍：储备一定数量的钢支撑、千斤顶等应急加固材料和专业人员，在缺陷严重威胁结构安全时进行临时支护，保证桥梁不发生整体垮塌。

（3）后续修复与管理

缺陷追溯和责任认定：通过合同条款或行政手段，追究施工单位或监理单位的质量责任；若在保修期内，由责任方承担修复费用。

完善验收与质量控制体系：吸取该事件教训，在后续项目中加强施工过程质量管控、验收环节抽检和施工档案管理。

8.6.2　针对运营荷载风险的应对措施

1. 超载车辆致桥梁失稳倾覆风险

（1）预防准备

车辆称重与限载管理：在桥梁入口处布设动态称重系统或安装限高限宽装置；设立执法岗和电子抓拍系统，与交通、交警部门信息共享，严查超限超载车辆。

驾驶员安全教育：加强对货车、客车驾驶员的安全培训和宣传，引导其自觉遵守限载限速规定。

（2）应急响应

一线执法与多部门联动：发现严重超载车辆即将或已经驶入桥梁时，管理部门与交警及时沟通，现场截停车辆或引导其改道，减少对桥梁的冲击。

桥梁实时监测：针对超载频发的桥梁，可在短期内安装临时应变和位移监测设备，监控关键截面应力和挠度，一旦超过阈值立刻报警。

（3）后续修复与管理

车辆处罚与行业监管：对超载司机、货运企业进行行政处罚或行业通报；建立"黑名单"制度，限制其再次驶入重点桥梁。

桥梁检测与评估：对受超载车辆影响较大的桥梁进行专项检测，评估是否出现疲劳损伤，必要时进行局部加固。

2. 车辆撞击致桥梁局部损毁风险

（1）预防准备

防撞设计与标识：在桥墩周围设置防撞墩或防撞护栏；在桥梁限高处设醒目标牌并定期巡查；对临水或跨线桥墩安装防撞预警雷达或摄像头。

驾驶员防撞宣传：针对大货车、罐车司机开展防撞安全教育，强化限高、限宽意识。

（2）应急响应

现场封闭与损伤评估：发生撞击后，第一时间封闭受损区域，现场调度交警、消防、医疗等部门；由桥梁工程师对受损构件进行快速检测，判断是否危及整体稳定。

人力救援与交通疏导：如有车辆、人员被困，应急救援队迅速施救；交通管理部门制定临时绕行方案，并利用媒体、路牌公告。

（3）后续修复与管理

构件更换与加固：根据损伤程度，采用钢板补强、粘贴纤维或更换受损构件；修复完毕后对撞击点周边进行隐患排查。

肇事责任追究：对肇事车辆与相关企业进行调查，依法追偿修复费用，督促其强化安全管理。

3. 船舶撞击致桥梁局部损毁风险

（1）预防准备

通航管理与联动机制：与海事、港航管理部门建立常态化沟通渠道，提前掌握航道等级、船舶通行时间、船舶类型等信息。在桥墩周边设置明显的通航标志和防撞设施，明确航道走向和安全通航净空高度；督促船舶按规定航线和限速行驶。

防撞宣传与船员培训：对过往船舶船员开展安全宣传教育，强调桥区航道风险及避让规则。通过宣讲、发放安全资料等方式，强化船员在恶劣天气和夜航情况下的操作规范，减少因操纵失误而导致的撞击。

（2）应急响应

多部门协同封航与现场救援：一旦发生撞击，桥梁管理部门与海事部门、交警部门、消防救援等迅速联动。海事部门可实施临时封航或分流措施，防止更多船舶进入事发水域；桥梁管理部门及时封闭桥面受损区，避免车辆或行人靠近危险部位。由专业救援队或水上打捞队对船舶受损情况、桥墩或下部结构受损程度进行现场评估，如有危及整体结构安全的迹象，立即疏散周边人员和交通。

伤亡救护与应急物资调配：现场若有人员伤亡或落水，优先组织水上救援与医疗急救；协调海事部门派出救援船只及潜水员。桥梁管理部门启动应急物资调用，如浮筒、钢板桩、临时支护材料等，协助加固受损桥墩，防止二次垮塌或撞击。

（3）后续修复与管理

桥梁墩柱检测与加固：事发后对墩柱、承台、基础进行水下检测，判定裂缝宽度、混凝土剥落、钢筋裸露、桩基变形等情况。必要时委托专业潜水检测机构拍摄水下结构影像。若结构损伤较重，则需临时支护或快速加固（如围堰抽水、桩基补强等），并在加固期间继续限制或封闭交通。

船舶运营监管与责任追究：调查船舶操作记录、航线偏离原因，如系船方违规航行或操作失误，需由其承担修复费用并接受行政处罚。针对桥梁防撞设施效果进行评估，必要时完善防撞设计或增设防撞桩、防撞墩，并更新管理制度。

4. 爆炸冲击致桥梁局部损毁风险

（1）预防准备

危险品运输登记与审批：与交通、应急管理、公安等部门建立危险品运输审批及监管机制。对携带易燃易爆物的车辆或船舶，需提前报备线路和时间，限制其通行高架桥、特大桥或重要跨线桥。桥梁周边禁止非法储存、装卸易爆危险品，定期开展执法检查，取缔非法堆放场所。

安全宣传与应急演练：对易爆品承运企业、驾驶员、装卸工人进行安全培训，强调行车速度与装载规范；在桥梁管理层面建立突发爆炸冲击演练机制，明确各部门职责、通信联络方式和处置流程。

（2）应急响应

事发封闭与火情控制：若爆炸已发生或爆炸物正在燃烧，桥梁管理部门立即联合公安、交警进行交通封闭并疏散周边人群；由消防部门全力控制火情和二次爆炸。及时切断附近桥下或桥面上的电力、燃气、供水管线，避免连环次生灾害。

现场评估与抢险救援：在爆炸现场可燃物残留或气体泄漏风险排除后，桥梁工程师对损伤部位进行初步评估，包括主梁裂缝、桥面塌陷或支座错位等情况，判定是否需要进一步支撑或加固。医疗救护组对现场受伤人员进行急救，公安和消防力量协助排除潜在的二次爆炸物。

（3）后续修复与管理

安全鉴定与加固修复：组织专业鉴定团队对爆炸冲击波影响范围进行详细检测，评估钢筋与混凝土的耐久性下降程度，必要时做非破损检测（超声、雷达）或抽芯检测。对受损部位进行加固修复，如采用高强纤维布加固、钢板补强、重新浇筑混凝土或更换受损构件等；修复期间可采取临时支护及限行措施。

爆炸事故调查与责任落实：查明爆炸物来源及原因，如属于危险品违规运输或恐怖袭击等，需要追究法律责任，并将结果纳入社会安全管理体系。在后续桥梁安全管理中，进一步完善危险品运输审批制度，增加桥梁周边安全巡查频次，并组织常态化反恐防爆演练。

5. 火灾致桥梁性能劣化风险

（1）预防准备

桥下空间清理与禁止明火：对桥下空间定期排查，杜绝搭建临时建筑、堆放可燃物或废旧杂物；在明显位置设置"禁止明火、禁止吸烟"警示牌。联合消防、城管等部门加强巡查执法，及时清理违规占用和可燃堆积物，减少火灾隐患。

消防安全教育与物资储备：对桥梁养护人员和桥下商户、居民进行消防安全宣传，学习灭火器使用方法和初起火灾处置流程。在桥梁重要位置或桥下空间可设置临时消火栓、灭火器等应急物资；建立消防通道，保证救援车辆可及时抵达。

（2）应急响应

火情通报与交通封闭：当桥下或桥面发生火灾时，第一时间向消防部门报警，并通报桥梁管理部门；桥梁管理部门立即组织封闭交通或疏导分流，避免车辆与行人进入火灾区域。若火势较大，需配合公安交警和城管部门清场，确保救援通道畅通无阻。

现场灭火与结构监测：由消防队负责火情控制和灭火，桥梁管理部门派出专业人员观察火焰温度、燃烧范围及对结构可能造成的影响；如火焰温度过高或持续时间较长，应评估主梁、索结构或墩柱的承载力衰减情况。必要时在桥面及桥下设置临时支撑，防止结构垮塌。

（3）后续修复与管理

火灾后安全评估：委托专业检测机构进行火灾后结构评估，包括混凝土劣化、钢筋或钢结构强度残值检测、裂缝分布记录等。若承载力不足，可局部或整体更换构件，或采用粘钢、喷射混凝土等方式加固。针对桥梁伸缩缝、支座等关键部位做额外检查，评估是否需要重新安装或更换。

消防责任追溯与强化：调查火灾起因，如属桥下违规经营或存储可燃品，应追究相关责任人，并加强对桥下空间的执法监管。根据火灾事故教训，在管理制度层面增加对桥下空间使用的准入门槛与日常巡查频次，强化"防火防灾"意识。

8.6.3　针对环境灾害风险的应对措施

1. 地震作用致桥梁结构损毁风险

（1）预防准备

抗震加固与应急演练：对地震设防烈度较高的地区，对桥梁支座、桥墩基础等关键部位开展加固；定期组织抗震演练，培训应急队伍掌握震后巡查和临时加固方法。

地震监测联动：与当地地震部门建立联动机制，一旦有地震预警，桥梁管理部门立即启动预案。

（2）应急响应

震后巡查与交通管控：在震后第一时间，组织专业人员对桥梁结构进行快速外观检查，若发现墩柱裂缝、支座错位等，立刻封桥检修。

多专业联合救援：协调消防、医疗、地震救援队伍等共同行动，救助受困车辆和行人，并防止次生灾害发生。

（3）后续修复与管理

地震损伤评估：委托专业机构进行详细结构检测与动力测试，评估桥梁剩余承载力；若无法修复，则启动重建或替换方案。

经验总结与强化：将震后处置经验写入抗震设计与管理规范，修订相关应急预案。

2. 强风作用致桥梁失稳颤振风险

（1）预防准备

气象联动与预报：与当地气象部门建立实时数据共享机制，对强风、台风等极端天气提前预警。

限速限行管理：针对大跨斜拉桥、悬索桥等对风敏感结构，在预报风速达到某阈值时，实施车辆限速或封桥。

（2）应急响应

封闭交通与结构监测：若风力持续增强且超过设计基准风速，立即封闭桥梁；对关键部位（如索塔、吊索、主梁）安装临时加速度或应变传感器，实时掌握结构振动情况。

巡查人员安全：要求巡查人员佩戴安全带和防护装备，避免在桥上或索塔顶部进行高危作业。

（3）后续修复与管理

振动分析与加装减振：台风后如发现拉索或主梁出现异常振动痕迹，需进一步进行风振分析，可增设阻尼器或改进护栏、导流板等气动外形。

总结与提升：完善台风预案，对不同风力级别下的交通管控措施进行优化，增强多部门协同调度效率。

3. 洪水致桥梁基础掏空风险

（1）预防准备

水位监测与预警：在桥墩周边布设水位计、流速计，借助河道防汛信息平台，及时掌握汛情。防冲刷构造与堤防维护：加固桥墩防冲板或抛石，维护河道堤防，减少急流对桥墩基础的冲刷。

（2）应急响应

及时封桥与撤离：当监测水位或流速超过阈值，桥墩出现明显冲刷迹象，应立即封闭桥梁；如存在桥墩倾斜或沉降风险，迅速疏散附近车辆和人员。

救援与加固：由专业水利、桥梁工程师携带抢险设备（如钢板桩、沙袋）进行临时防护，或抛石固基，防止进一步冲刷。

（3）后续修复与管理

桥墩基础检测与加固：对冲刷后的桥墩基底进行水下探查和桩基承载力复核；若存在严重掏空，则需封桥大修或重建。

河道疏浚与防冲工程：总结洪水应急经验，加强河道日常疏浚，优化桥区河道走向，进一步提升桥梁防洪能力。

4. 滑坡 / 泥石流冲击致桥梁局部损毁风险

（1）预防准备

地质灾害风险排查与分级：组织桥梁管理部门和地质专家对桥梁附近的山体、斜坡进行巡查排查，划定易发区域并评估其稳定性，编制风险地图；对于地质灾害高发区，应设立专门监测点（如沉降观测桩、裂缝观测标等）。

汛期防范与监测：在汛期（或暴雨期）前，成立地质灾害隐患排查小组，加强对桥梁引道、桥头路基及邻近山体的巡查；与气象、水文、自然资源部门联动获取暴雨预警、土壤含水量监测等信息，提升预判能力。

应急队伍与物资储备：配备工程抢险队伍，储备砂石料、防冲袋、挡土板、钢管桩等物资；开展针对泥石流、滑坡的应急演练，培训人员掌握临时拦挡或排导技术。

（2）应急响应

快速封闭与疏散：一旦监测或巡查发现滑坡、泥石流征兆（如坡体裂缝、泥石流堵塞河道等），立即联动交警对受影响路段和桥梁采取交通封闭或限行措施，禁止车辆和行人进入危险区；现场设立警示标识和警戒线。

多部门联动抢险：由地质部门、桥梁管理部门和应急队伍共同开展应急处置；若泥石流已冲击桥梁基础或桥台，应立即组织临时排导措施（如挖导流槽、临时堆筑土石挡墙），防止进一步冲击桥梁。

临时加固与监控：如滑坡或泥石流对桥梁结构造成威胁，可采用钢管桩支护、护岸石笼等手段对冲击区域进行临时加固；同时对桥墩、台背等关键部位布设应力、变形传感器进行短期加密监测。

（3）后续修复与管理

地质勘查与风险再评估：事后请专业地质单位对滑坡体或泥石流区域进行勘查，评估剩余滑动体或再次爆发可能；若存在再次威胁，则需制定后续工程治理方案（如削坡、锚固、截水沟等）。

桥梁结构检测与加固：若冲击对桥台、墩柱或基础产生损伤，则委托专业检测机构进行承载力检测；根据检测结果采取灌浆、桩基加固或重建等措施。

长效监测与防护：将滑坡/泥石流隐患点纳入长期监测清单，定期巡查山体稳定性；对公路沿线和桥梁周边设置警示牌，提醒施工单位或附近居民注意防范地质灾害。

5. 漂浮物冲击/堆积致桥梁局部损毁风险

（1）预防准备

河道与水情监测：在北方或高寒地区的跨河桥梁，应与水利部门协同建立河面结冰监测点；在沿江或大型水库上下游，需与航道、海事或水利部门共享实时水情、冰情信息，提前预判冰凌形成和流动趋势。

漂浮物清理与航道管理：在汛期或洪水期前，清理河道中堆积的杂物、树枝、漂浮垃圾等，避免水位上涨后形成大块漂浮物；对船只及航道进行日常监管，减少船只抛弃或掉落大体量漂浮物。

应急队伍培训：组织水上抢险队或桥梁巡检队，掌握冬季冰凌期的巡查要点；准备破冰船、钢缆、钩具等物资，以便在必要时排除或牵引大块冰凌。

（2）应急响应

桥梁巡查与现场警戒：当监测到河面出现大规模漂浮物聚集，可能威胁桥墩安全时，桥梁管理部门派遣专门巡查队进行现场勘察；若有明显冲击征兆，及时报告并在桥梁两岸或上下游拉设警戒线。

破冰与排漂作业：根据具体情况决定是否实施破冰作业；若漂浮物堵塞严重，则调派船只或工程机械进行切割、打捞和清理，防止堆积在桥墩周围。

封闭交通与应急加固：若漂浮物规模巨大，对桥梁结构产生极端冲击风险，应立即采取交通封闭或限行措施，并在墩柱周围设置临时防护桩、钢套箍等手段减轻冲击。水上救援队和海事部门密切配合，防止发生次生灾害。

（3）后续修复与管理

墩柱与基础检测：应急事件结束后，立即对桥墩、桩基进行外观及水下探伤检测；如发现裂缝、冲刷或混凝土剥落，需及时修复或加固。

航道与水利协调：在冰凌频发河段，与水利部门、海事部门共同商议改造航道或修建拦冰坝等设施，以减少其对桥梁的冲击威胁。

总结与机制完善：将本次漂浮物冲击处置的经验教训纳入应急预案，进一步优化桥梁巡查频次、完善破冰设备配置方案，并加强人员培训，形成常态化、可持续的防护与管理机制。

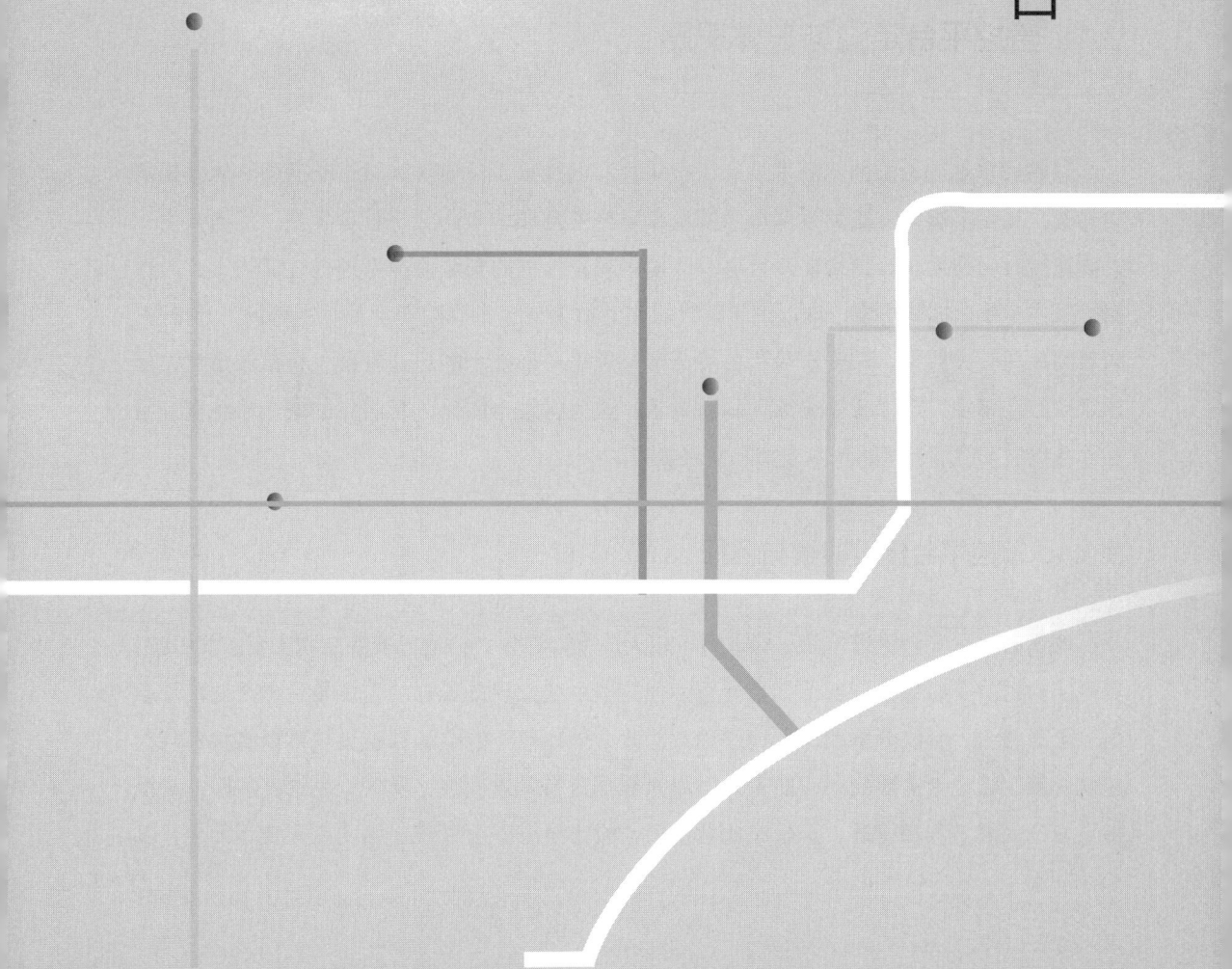

第 9 章　城市桥梁安全管控平台

本章聚焦城市桥梁安全管理领域的需求，以构建"数据驱动、智能协同、闭环管控"为导向，综合应用物联网、大数据、人工智能、云计算和自然语言处理等技术手段，提出了城市桥梁安全管控平台的整体建设思路和关键技术架构。

实现桥梁运行状态数据的集成与多源融合分析，在此基础上可以通过风险识别与智能预警模块为城市桥梁的应急管理提供及时、精准的辅助决策依据。平台高度重视跨部门联动机制建设，通过建立从数据采集、分析、预警到应急响应的闭环管理体系，从而大幅提升城市桥梁运行安全管理和突发事件的快速处置能力。

9.1 管控平台定位与总体思路

随着城市基础设施的不断发展和城市化进程的加速，桥梁作为城市交通网络的重要组成部分，其安全运行直接关系到市民的生命财产安全和城市的经济社会发展。然而，由于桥梁建造时间跨度长、结构复杂且服役环境多变，传统的安全监测系统往往仅限于实时数据的采集与单一报警功能，难以满足现代城市对桥梁全生命周期安全管理的需求。近年来，随着物联网、大数据、深度学习和自然语言处理等前沿技术的迅速发展，智慧城市建设提出了"数字孪生"与"智能决策"的新要求，这为构建一体化、智能化的城市桥梁安全管控平台提供了前所未有的技术支撑和发展机遇。

9.1.1 管控平台建设背景与目标

我国在桥梁安全管理方面已经取得了较大成就，许多大桥均已安装结构安全监测系统，实现了数据的实时采集与部分初步分析，但这些系统大多是孤立的监测平台，无法实现数据的全面融合、智能分析和跨部门联动。除此之外，单一的监测数据往往难以直接转化为应急决策，管理者需要借助智能算法对海量数据进行深入挖掘，及时识别潜在风险，进而指导应急处置与养护管理。正是在此背景下，城市桥梁安全管控平台的构建应运而生，其核心在于通过数据集成、智能分析和业务协同，实现桥梁安全状态的"全景监控"和"闭环管理"，从而提高预警响应效率和应急处置能力。

其建设目标有：

1. 数据一网统管

平台将整合来自各类监测设备、历史检测记录、设计图纸、养护记录及其他业务信息，建立统一的数据仓库，实现全市桥梁信息的标准化管理与实时更新。通过数据融合和大数据处理，解决信息孤岛问题，确保各类数据能够在同一平台上实现交叉比对和综合分析，为风险评估与预警提供坚实的数据基础。

2. 智能预警与风险预测

采用深度学习、自然语言处理和统计分析等技术，对实时监测数据进行多维度智能分析，自动识别异常信号和潜在风险。例如，通过分析桥梁的振动、应变、位移等时序数据，结合历史故障案例和环境参数，实现对桥梁结构劣化、超载风险以及环境灾害风险的早期预测。同时，平台能够根据监测数据自动生成风险分析报告和应急预案建议，辅助决策者及时采取措施，降低事故发生的可能性和损失。

3. 应急响应与跨部门联动

平台不仅承担监测数据的汇聚和智能分析，还将发挥"预警–响应–反馈"的闭环作用。在突发事故发生时，平台可以迅速将预警信息推送给各相关部门（如应急管理、交通、公安、工程技术等），并通过统一指挥系统实现快速响应与协同处置。平台内置的应急指挥模块、群组通信系统和电子沙盘等功能，将使得多部门、跨区域的联动更为高效，确保在短时间内形成有效的应急处置机制。

4. 辅助决策与持续改进

为了支持城市管理者和技术专家科学决策，平台将提供多维度数据可视化工具和交互式"领导驾驶舱"。管理者可以通过大屏展示、移动端应用等多种方式，实时掌握桥梁安全状况、风险分布及应急处置进展。此外，平台还将定期生成统计报表和安全评估报告，为年度养护计划、预算编制和政策制定提供数据支持。借助自然语言问答和智能推荐系统，管理者可以快速获取历史案例、最佳实践和技术指导，实现从数据采集到决策优化的全流程闭环。

总体来说，城市桥梁安全管控平台的建设不仅是技术层面的升级，更是城市治理理念的转变。它将传统的"单一监测"向"全生命周期管理"延伸，通过"数据驱动＋业务赋能"的模式，将桥梁安全管理提升到一个新的高度。平台的构建能够实现对桥梁安全状态的实时监控、智能预警、应急响应和综合评估，从而保障桥梁运行安全，提升应急处置效率，优化资源配置，最终实现城市交通安全和公共安全的双重目标。

9.1.2　管控平台总体架构

　　城市桥梁安全管控平台的总体架构设计旨在构建一个集数据采集、智能分析、预警决策、跨部门联动及综合运维为一体的多功能管理系统。该平台整体分为 5 个层次：前端展示层、硬件层、数据层、组件层和应用系统监测服务层，各层次之间紧密衔接、相辅相成，共同支撑起平台的智能管控功能，如图 9-1 所示。

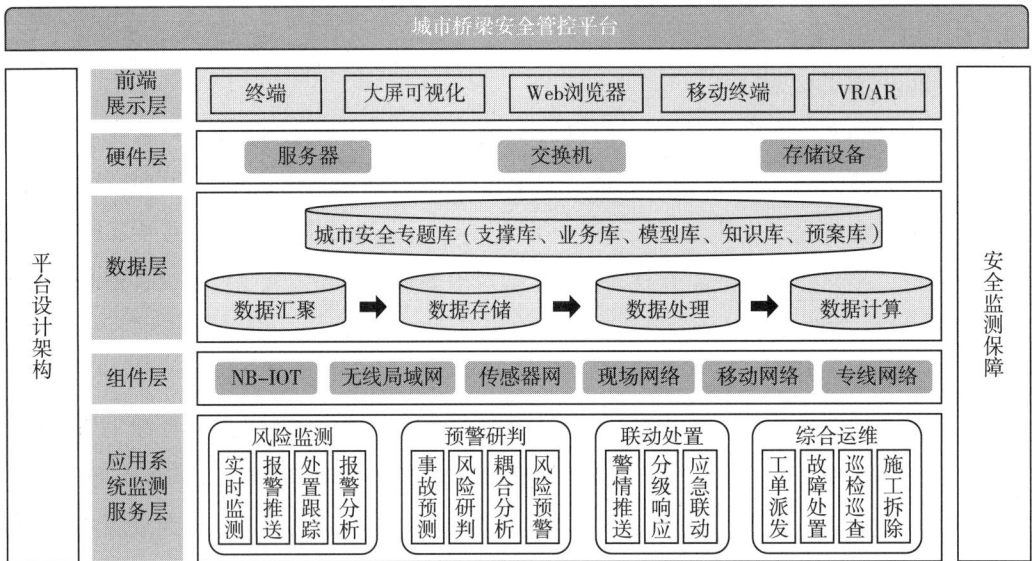

图 9-1　城市桥梁安全管控平台总体架构参考

　　前端展示层负责将各类监测数据、风险预警、历史记录和综合评估结果以直观的图表、仪表盘和交互式界面形式展示给用户。通过可视化工具和自定义的"领导驾驶舱"，管理者可以实时获取桥梁运行状态、风险分布以及应急处置进展。前端展示层不仅支持 PC 端和移动终端的多屏互动，还集成了地图、时间轴和多维数据对比等功能，帮助用户快速捕捉关键指标和异常波动，提升决策效率。

　　硬件层是平台的物理基础，包括各类传感器、数据采集装置、通信终端及网络基础设施。该层通过布设在桥梁各关键部位的应变计、加速度计、位移传感器等，实现对桥梁结构状态的实时监测。硬件层不仅确保数据的准确采集与传输，还通过冗余设计和定期校验，保障系统长期稳定运行，为后续数据处理提供高质量的原始数据。

　　数据层则承担着数据整合、存储与管理的重要任务。通过数据仓库、云存储以及分布式数据库技术，平台能够对来自不同监测终端和历史记录的数据进行统一管理，实现数据格式标准化、清洗和归档。数据层通过大数据处理和实时数据流技术，实现了监测数据的高效整合，为风险评估、模型训练和预警触发提供了坚实的数据支撑。

组件层中集成了多种算法组件和模型模块，包括机器学习模型、深度学习模型、自然语言处理算法及统计分析工具等。组件层能够对采集到的海量数据进行智能挖掘，自动识别结构异常、预测风险趋势，并通过关联分析、模式识别和多变量回归等技术，进行精细化风险评估。该层模块化设计便于灵活扩展和更新，使平台在不断变化的监测需求和数据环境下，依然能保持高效的分析和预警能力。

应用系统监测服务层是平台的业务支撑端，集成了预警发布、应急调度、多部门联动及决策辅助等功能。该层通过与市政、交通、应急管理等多部门信息系统对接，实现信息共享和协同作业，形成从数据采集到应急响应的闭环管理。应用系统监测服务层不仅提供实时预警和应急响应指令，还支持历史数据回溯、趋势分析及模拟演练，帮助决策者制定科学的养护计划和应急预案，提升桥梁安全管理整体效能。

9.2　管控平台的数据功能

9.2.1　多源数据融合与治理

城市桥梁安全管控平台强调将各种数据源无缝整合，以构建一个全面、准确且高质量的数据体系，为后续的风险识别、安全评估及决策支持提供坚实的数据基础。平台中涉及的数据类型十分丰富，包括结构监测数据（如应变、挠度、索力等）、外部荷载数据（例如车流量、车辆超载、船只撞击等）、环境数据（温度、风速、雨雪、地震等）、业务基础信息（桥梁档案、设计图纸等）以及历史检测与维修记录等。这些数据不仅来自实时传感器的高频采集，也包括周期性检测和历史数据存档，形成了一个多维度、多层次的数据网络。

为确保数据能够真正发挥价值，平台通过物联网网关、边缘计算节点、应用程序编程接口（API）以及历史数据库等多种方式实现数据的高效采集和实时更新。不同数据源之间虽然格式和采集频率存在差异，但平台将它们整合在一起，使得高频传感器数据与定期检测数据能够并行处理，形成动态且全面的桥梁状态信息。这种数据接入方式为后续的深度分析提供了充足的信息支撑。

在数据治理方面，平台建立了严格的数据清洗与标准化流程。首先，对采集到的海量原始数据进行异常值剔除，确保错误或偏差数据不会影响整体分析结果。其次，通过统一时间戳同步不同来源数据，解决数据时序不一致的问题，确保数据能够按照统一的时间轴进行对比与分析。最后，平台对所有数据采用标准化格式进行存储，并构建了符合桥梁行业标准的数据字典和元数据管理体系，以便于不同背景的用户理解数据含义，并在此基础上开展跨部门、多领域的联合分析。

这种多源数据的融合不仅提升了数据质量，也大大增强了数据的互操作性。结构监测数据和环境数据经过清洗、整合后，可以与业务基础信息、历史监测数据形成互补，为风险评估模型、预测分析算法提供更全面的输入。比如，在监测到异常应变或位移时，平台可以自动比对历史维修记录和设计图纸，快速定位可能的问题区域，辅助工程师判断是否存在结构疲劳或局部损伤现象，从而实现预防性维护。

随着新数据的不断涌入，平台内的数据库和元数据管理体系能够实时调整和优化，使得分析模型始终基于最新、最准确的数据状态。这一过程不仅提高了数据处理的效率，也确保了平台在面对复杂、多变的城市桥梁运行环境时，依然能够保持高效、稳定的性能。

9.2.2 大数据与智能分析

大数据平台构建在分布式存储和计算框架的基础上，通过 Hadoop、Spark、云原生等技术，实现海量数据的快速检索和实时流处理，为城市桥梁安全状态提供实时、全面的数据支撑。平台整合了来自各类传感器的结构监测数据、外部荷载信息、环境监测数据以及历史业务记录，通过分布式系统对数据进行高效调度与存储，确保在大数据量下依然保持高性能响应。这种架构不仅使得数据存储和处理具备弹性，还能在面对突发事件时快速响应，为后续智能分析奠定坚实的基础。

在智能分析层面，深度学习与自然语言处理技术为桥梁安全风险预测和决策支持提供了全新的思路。结构健康预测功能通过对桥梁传感器时序数据进行趋势预测与疲劳损伤分析，利用 RNN、Transformer 等模型对数据中的复杂时序模式进行捕捉。平台将传感器实时数据与历史数据相结合，计算出结构在各种工况下的疲劳累积情况、应力分布以及潜在损伤风险，帮助工程师提前发现隐患，并预测结构剩余寿命。此部分功能为城市管理者提供了数据驱动的维护建议，助力实现主动预防而非事后修复。

此外，平台在辅助决策方面发挥重要作用，能够对桥梁业务文档、检测报告和维修手册等非结构化数据进行深度语义分析。通过自然语言模型，（如 GPT 等），对文档内容进行语义理解，实现问答式检索和知识抽取。城市管理者可以直接通过对话方式获取桥梁监测数据的解释、维修建议以及最新的行业标准和规范，实现从大量文本中快速定位关键问题，提供科学决策的参考依据。

在报警与预警功能上，平台整合多维数据源，形成统一的数据流，通过智能算法对结构超限、极端天气等异常情况进行实时监控。基于阈值报警、统计异常监测、机器学习预测等策略，对不同类型和级别的风险自动触发报警。系统将报警级别划分为不同层次，确保信息能够在第一时间传达到相关部门，支持跨部门联动和快速响应。对于高风险预警信息，平台能够根据历史数据和实时数据动态调整预警阈值，实现精细化管理。

通过大数据与智能分析，平台不仅在数据采集与处理上实现无缝对接，还在数据深层次挖掘方面提供了多种算法支持。平台中各类模型不断自我优化，基于最新的模型更新，实时生成针对性风险评估报告、结构健康诊断报告以及维护建议。管理者在平台上可以直观地看到各桥梁的运行状态、历史趋势和未来风险预测，为桥梁维修决策、应急响应规划以及长周期维护策略提供可靠依据。同时，平台中的数据分析结果也可用于展示城市桥梁安全管理的闭环流程，确保从预警、决策到实施和反馈都实现信息化、智能化、协同化的高效管理。

9.3　管控平台的业务功能

9.3.1　一网统管与基础信息管理

城市桥梁安全管控平台构建完善的基础信息管理体系，为每座桥梁创建了"电子档案"，在平台内形成统一的数据门户。每座桥梁的信息卡片涵盖了设计图纸、基本参数、历史监测数据、维修记录以及相关施工与养护记录。这种信息卡片不仅为技术人员提供了便捷的查阅工具，也使城市管理者能够快速把握各桥梁的全生命周期数据，便于后续风险分析、养护决策与维护规划。通过直观的电子档案，领导者与专家能够实现"一键查看"，从而迅速评估桥梁现状、历史运行轨迹以及潜在风险，为科学决策提供坚实的数据支撑。

与此同时，平台实现全省 / 市桥梁"一网统管"的管理目标，将散落于各个部门的桥梁信息集中整合。全省 / 市桥梁以清单、地图、可视化的方式展示在平台上，构成一个覆盖全省 / 市的统一监管网络。此统一管理体系不仅便于监控桥梁的实时运行状态，也为应急响应、风险预警和多部门联动提供了基础数据支持。通过"城市桥梁安全驾驶舱"这一集中管理界面，决策者能够直观地了解全省 / 市桥梁的总体概况和关键风险指标，从而实现对全省 / 市桥梁安全状况的精准掌控和动态调整。平台的数据管理和可视化工具为桥梁安全管理提供了全面的信息支撑，助力决策者在维护基础设施安全和提升应急响应能力方面做出科学、及时的决策。

9.3.2　预警发布与应急联动

系统根据风险辨识与评估结果，将桥梁风险预警分为不同等级，各级预警依据桥梁监测数据中反映出的关键指标异常或突发事件（如车船撞击、超限超载、地震、水灾等）而触发。在实际操作中，平台能够实时监测桥梁的结构响应与环境参数，通过设置的报警阈值，自动识别出异常数据，从而迅速确定风险级别，并在界面上以颜色标识，使管理者对桥梁安全状况有直观认识。

平台内置的指挥调度功能实现了多部门信息联动和协同应急机制。各相关部门（包括应急管理、交通、公安、海事等）能够实时接收预警信息，并通过平台构建的"报警－处置－反馈"闭环流程进行有效沟通。借助群组消息推送、视频会商以及电子沙盘等工具，不同部门之间的信息交流变得迅速而精准，确保在突发事件发生时，决策层能够在最短时间内整合资源，协调部署应急响应方案。例如，当系统监测到某桥梁出现结构异常或环境参数急剧波动时，相关预警信息便会自动同步到市级指挥中心，各部门负责人据此调度现场力量，迅速展开应急处置。

此外，平台借助大数据和智能分析能力，对历史应急案例进行深度检索与比对，形成类似场景的处置方案参考。通过建立风险案例库和智能推荐机制，系统能够为当前突发事件提供具有针对性的应急预案要点，从而辅助指挥决策。管理者可以从平台获得以往成功应对类似风险事件的经验和数据支持，提升整体应急响应的科学性和效率。总体来看，该功能不仅保障了预警信息的准确传递，也确保了各级应急力量在跨部门联动中实现高效协同，为城市桥梁安全保驾护航。

9.3.3　领导驾驶舱与辅助决策

领导驾驶舱与辅助决策模块为城市管理者提供了直观、全面的安全态势展示和决策支持。通过可视化大屏和移动端界面，城市管理者能够实时掌握全市桥梁的安全概况、风险分布以及应急处置进展。平台支持一键查看重点桥梁的运行状态、预警历史及监测记录，使管理者能迅速发现异常情况并及时进行干预。此模块不仅展示了实时数据，更通过图表、地图和统计报表呈现历史趋势与风险聚集点，为整体安全管理提供了科学依据。

自然语言问答功能则实现了与数据之间的智能交互，管理者和技术人员可通过对话式界面快速查询具体问题（如：某桥梁监测时间、某风险点处置方案等）。系统会自动检索数据库、历史监测记录以及各类技术文档，并以结构化答案输出，降低了信息获取的门槛，提升了工作效率。这种人性化的交互方式帮助决策者快速定位关键问题，缩短决策时间，并为应急响应提供有力的数据支持。

　　统计报表与分析功能通过对监测数据进行周期性整合与深入挖掘，生成月报、季度报、年报等多维度报告。报告内容涵盖安全等级评估、结构劣化趋势、事故隐患分布及风险预测等，为城市年度养护计划和预算编制提供精准、量化的数据支撑。管理者可以借助这些报告了解长期风险变化趋势，识别出亟需重点维护的桥梁和关键区域，从而优化资源配置和维护策略。整体而言，领导驾驶舱与辅助决策模块构建了一套闭环的预警、应急和后续治理体系，为城市桥梁安全管理的全周期监控与决策提供了坚实的技术支撑和数据保障。

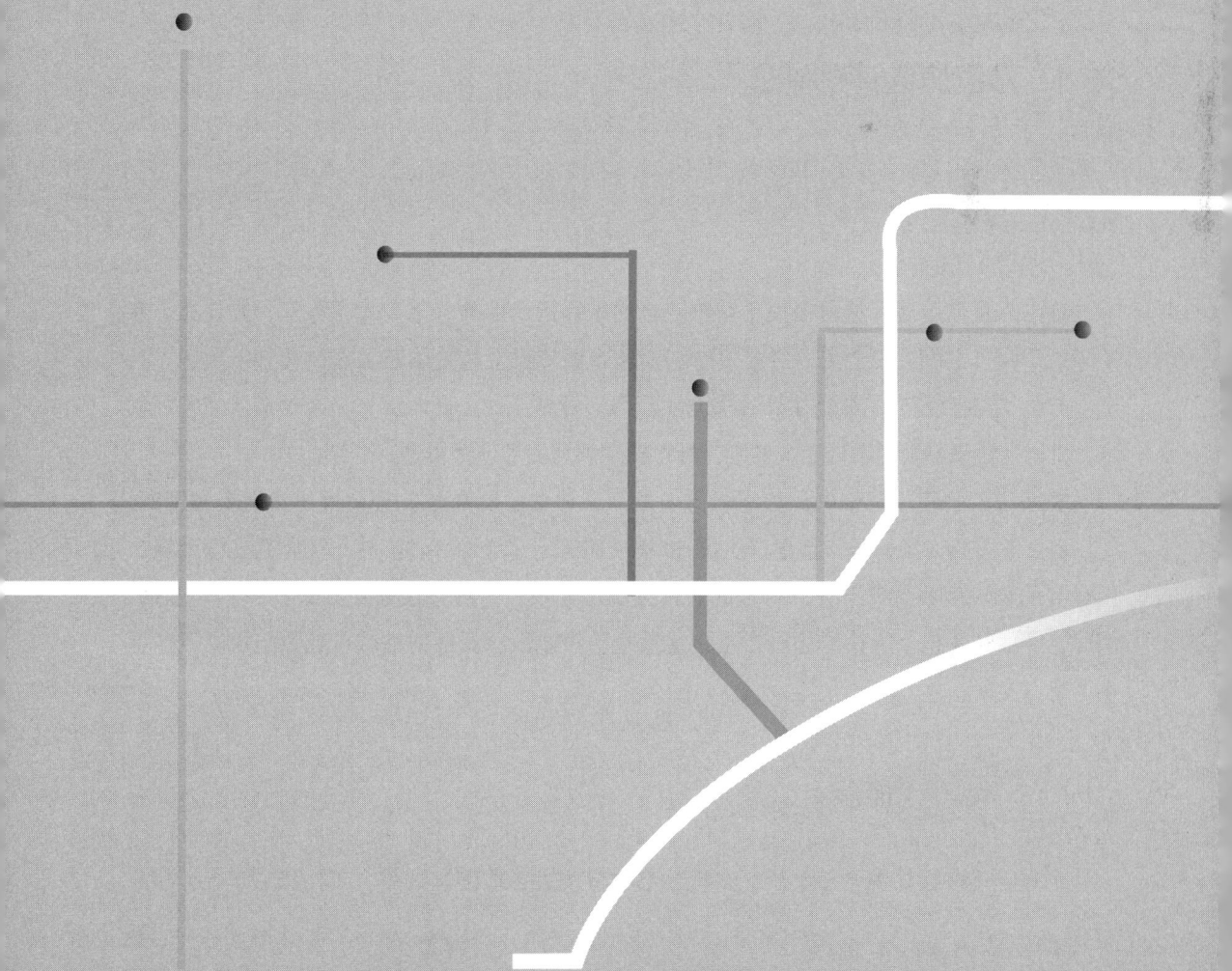

第 10 章

城市桥梁安全工程
典型案例汇编

当前，城市桥梁安全工程已成为城市基础设施建设与运营管理的重要组成部分，并在长期实践中积累了丰富的典型案例和经验。本章与本书第1章的风险场景分类相呼应，精选了6个城市桥梁安全工程案例，涵盖了结构自身风险、外部荷载风险和气象环境风险等类型，案例包括了从警情发现、结构分析、多部门协同联动到应急处置的全流程。

在具体案例中，依据不同的侧重点，各案例分别突出数据的深入分析与研判、突发事件的应急处置以及多部门协同联动的作用。通过详细展示这些案例中所遇到的具体问题及其解决措施，充分体现了城市桥梁安全工程领域的实践经验、管理模式及技术创新。

10.1　桥梁风险评估案例

10.1.1　案例概述

为深入贯彻习近平总书记关于城市安全的重要指示精神，落实《国务院安委会办公室关于推广城市生命线安全工程经验做法切实加强城市安全风险防范工作的通知》要求，某市于2024年3月启动了城市生命线安全工程风险评估工作。此次评估重点覆盖了燃气、供水、排水、桥梁等关键领域。本节专门针对桥梁领域的专项评估进行介绍。

在桥梁监管部门及相关权责单位的协助下，评估团队通过数据填报、实地走访勘察、现场座谈等多种方式，对该市建成区的30座桥梁进行了全面评估。这一工作旨在摸清城市生命线的风险底数，提出有针对性的防控措施与建议，为城市生命线建设提供科学依据。同时，评估结果也为加快构建城市生命线风险防控体系、促进韧性城市建设与城市更新提供了有力支撑。

10.1.2　基础数据收集

通过走访桥梁权属责任单位，收集全市城市桥梁各项信息数据，包括建成年代、桥梁规模、桥梁位置、结构形式、历史事件等，资料的形式包括设计图纸、施工图纸、检测报告等（表 10-1）。

桥梁基本情况统计表 表 10-1

名称	桥梁类别	荷载等级	桥型	建成年份（年）	桥长（m）	建设规模	整体技术状况等级
桥梁 1	城市桥梁	汽 20 挂 100	空心板梁桥	2001	43	中桥	B
桥梁 2	城市桥梁	汽 20 挂 100	空心板梁桥	2000	43	中桥	B
桥梁 3	城市桥梁	汽 20 挂 100	空心板梁桥	1999	39	中桥	B
桥梁 4	城市桥梁	城 -A	空心板梁桥	2010	51	中桥	B
桥梁 5	城市桥梁	城 -A	空心板梁桥	2009	53.4	中桥	C
桥梁 6	城市桥梁	城 -A	空心板梁桥	2009	88	中桥	B
桥梁 7	城市桥梁	城 -A	空心板梁桥	2010	51	中桥	B
桥梁 8	城市桥梁	城 -A	空心板梁桥	2014	61	中桥	B
桥梁 9	城市桥梁	城 -A	空心板梁桥	2015	51	中桥	B
桥梁 10	城市桥梁	城 -A	空心板梁桥	2015	32	中桥	B
桥梁 11	城市桥梁	城 -A	空心板梁桥	2015	52	中桥	C
桥梁 12	城市桥梁	城 -A	空心板梁桥	2015	32	中桥	C
桥梁 13	城市桥梁	城 -A	空心板梁桥	2015	32	中桥	A
桥梁 14	城市桥梁	城 -A	空心板梁桥	2015	32	中桥	B
桥梁 15	城市桥梁	城 -A	空心板梁桥	2015	600	大桥	B
桥梁 16	城市桥梁	城 -A	空心板梁桥	2015	42	中桥	B
桥梁 17	城市桥梁	—	钢结构梁桥	2012	37	中桥	B
桥梁 18	城市桥梁	城 -A	空心板梁桥	2019	39	中桥	A
桥梁 19	城市桥梁	城 -B	空心板梁桥	2017	21	小桥	B
桥梁 20	城市桥梁	城 -B	梁桥	2017	22	小桥	B
桥梁 21	城市桥梁	城 -B	梁桥	2017	22	小桥	B
桥梁 22	城市桥梁	城 -A	空心板梁桥	2020	48.04	中桥	B
桥梁 23	城市桥梁	城 -A	空心板梁桥	2020	26.04	小桥	B
桥梁 24	城市桥梁	城 -A	空心板梁桥	2020	26.04	小桥	B
桥梁 25	城市桥梁	城 -A	空心板梁桥	2020	26.04	小桥	B
桥梁 26	城市桥梁	城 -A	箱梁	2023	87.085	中桥	—
桥梁 27	城市桥梁	城 -A	箱梁	2023	87.113	中桥	—
桥梁 28	城市桥梁	城 -A	箱梁	2023	47.092	中桥	—
桥梁 29	城市桥梁	城 -A	梁桥	2021	48	中桥	—
桥梁 30	城市桥梁	城 -A	梁桥	2021	120	大桥	—

在此 30 座桥梁中，按照桥梁长度划分，长度为百米以上的桥梁为 2 座，百米以下的桥梁为 28 座。按照荷载等级划分，荷载等级为"城 –A"的桥梁为 23 座，荷载等级为"城 –B"的桥梁为 3 座，荷载等级为"汽 20 挂 100"的桥梁为 3 座。

从整体技术状况等级来看，有 5 座桥因建成不久，暂未开展结构检测，其余 25 座桥梁中，2 座桥整体技术状况等级为 A 级，20 座桥整体技术状况等级为 B 级，3 座桥整体技术状况等级为 C 级。从整体情况来看，该市桥梁整体技术状况等级较好，以 B 等级及以上桥梁为主（表 10-2）。

桥梁整体技术状况等级统计表　　　　　　　　　　　　表 10-2

整体技术状况等级	A	B	C	D	E	合计
数量（座）	2	20	3	0	0	25

从桥龄来看，建成年份 20 年以上的桥梁有 3 座，建成在 10~20 年的桥梁有 6 座，建成10 年及以下的桥梁有 21 座（表 10-3）。

桥梁桥龄情况统计表　　　　　　　　　　　　表 10-3

桥龄	20 年以上	10~20 年	10 年及以下	总计
数量（座）	3	6	21	30

此 30 座桥梁由市城管执法局进行整体监管，由局下属市政管理局进行具体管理。通过第三方招标的方式招标下属国企对桥梁等市政工程进行维护保养。

1. 日常管理现状

城市桥梁管理部门和养护管理单位对城市道路桥梁的养护管理安全运行工作高度重视，做到年初有养护管理工作计划，重要时段、重要节点有检查，日常养护管理有人抓，确保城市桥梁养护管理工作落到实处，较好地保障了城市桥梁安全运行。

2. 信息化管理现状

本市已经建设了数字运营平台，现有运营人员 15 人，主要工作为发现问题，再提交给相关实施单位去处理。

3. 现场踏勘

通过实地调研桥梁自身结构、周边危险源、周边防护目标等，绘制风险图及防护目标图（图 10-1）。

图 10-1　桥梁结构现场勘察

10.1.3　风险评估过程

1. 现场实际情况与专家讨论背景

在此次评估中，专家组对 30 座桥梁进行了现场踏勘，并重点关注桥梁结构病害、交通情况、周边环境风险以及风险防控措施的落实情况。

本节以基础数据中的桥梁 5 为例，通过现场探勘、走访调研等方式观察到：

结构方面：桥梁存在明显裂缝、局部混凝土剥落和露筋现象，直接增加了事故发生的可能性。

交通负荷：桥梁位于城市主干道，日均交通量超过 2.5 万辆，其中重型车辆比例约 23%，交通超载现象较为普遍。

脆弱性因素：桥龄超 15 年，桥型为中桥，虽然桥梁规模一般，但与直接损害风险相比，其本身的固有特性对事故发生的直接影响较弱。

风险防控措施：现场检查发现该桥梁配备有视频监控、定期巡查记录和应急预案，风险防控系统运行较好，能够在一定程度上缓解事故后果。

基于上述实际情况，经讨论后达成共识：

危险性（H）明显高于脆弱性（V）：现场勘察中发现的裂缝和露筋问题直接导致事故概率显著增加，专家认为在评估中应赋予危险性远高于桥梁固有属性（脆弱性）的权重。设 H 比 V 的比值为 4，即认为危险性的重要性是脆弱性的 4 倍。

危险性（H）与风险防控能力（C）基本接近但略微突出：虽然防控措施较为完善，能起到缓冲作用，但现场结构缺陷仍构成主要风险。专家认为 H 与 C 基本处于相近水平，可

设 H 比 C 的比值为 1.2，表示两者基本持平或略高。

脆弱性（V）远低于风险防控能力（C）：现场虽然桥梁本身存在一些劣势（如较长的服役年限），但由于防控措施完善，防控能力对降低风险起到了明显作用。故设 V 比 C 的比值为 0.3，即认为风险防控能力的作用约是脆弱性的 3.33 倍（倒数关系）。

2. 顶层指标权重求解

根据上述讨论结果，对 3 项指标的相对重要性进行成对比较，构造判断矩阵 A。考虑到指标间的比较结果应满足互反性，即若指标 i 相对于指标 j 的重要性比值为 a_{ij}，则 $a_{ji}=1/a_{ij}$。

各指标按顺序依次为：$a_{H/V}=4$，$a_{V/H}=0.25$；$a_{H/C}=1.2$，$a_{C/H}=0.83$；$a_{V/C}=0.3$，$a_{C/V}=3.33$。因此判断矩阵 A 为：

$$A=\begin{pmatrix} 1 & 4 & 1.2 \\ 0.25 & 1 & 0.3 \\ 0.83 & 3.33 & 1 \end{pmatrix}$$

进一步，计算每行的乘积，可得：$P_H=4.8$，$P_V=0.075$，$P_C=2.777$。进一步，可计算得到其几何平均值 $GM_H=1.687$，$GM_V=0.421$，$GM_C=1.406$。

随后对上述 3 个指标进行归一化求解，可得到归一化权重 $W_H=0.48$，$W_V=0.12$，$W_C=0.40$。且综合风险评分公式可表述为：

$$R=W_H \times H+W_V \times V+W_C \times C$$

其中，W 为权重；H 为危险性得分；V 为脆弱性得分；C 为风险防控能力得分。

3. 子指标权重求解

在城市桥梁风险评估中，需要综合考虑桥梁自身的状况、所处环境及管理水平，以便全面反映其风险水平。

针对于案例所在城市的地理位置，结合大量文献调研、现场勘查和专家座谈，最终确定采用如表 10-4 中所示的指标，其中Ⅲ级指标涉及参数较多，限于篇幅，本案例暂且不对Ⅲ级指标进行展开。

桥梁危险性、脆弱性和风险防控能力考虑清单　　　　　　　　表 10-4

Ⅰ级指标	Ⅱ级指标	备注
危险性 H（0.48）	结构病害风险 H_1	重点关注裂缝、露筋、盖梁表面水迹等直接指示混凝土或钢结构退化的问题。这些指标通常来自结构检测报告和现场踏勘数据，是桥梁安全状况最直观的反映
	交通负荷风险 H_2	考虑桥梁日常承受的车辆数量、重型车辆比例以及峰值时段的超载情况。大量统计数据表明，交通负荷过大会加速桥梁结构疲劳，从而导致事故发生概率上升
	环境及外部风险 H_3	包括桥梁周边的环境因素，如附近建筑施工、地质灾害、洪水、人为破坏等。现场调研发现，部分桥梁周边存在施工扰动或环境恶化现象，对桥梁安全构成额外威胁

续表

Ⅰ级指标	Ⅱ级指标	备注
脆弱性 V（0.12）	桥龄 V_1	年龄较大的桥梁通常存在材料老化、设计落后等问题，其结构抗震、抗疲劳能力明显下降。现场数据和检测报告均表明，桥龄是影响桥梁脆弱性的关键因素
	桥梁规模 V_2	桥梁的跨度、宽度等物理尺寸影响结构冗余度与承载能力。较小规模的桥梁在遇到超载或局部损伤时，风险更集中；而大桥虽然体量大，但有时设计上更为冗余
	交通密度 V_3	高流量、高密度的交通环境会加速桥梁疲劳，增加长期损耗和突发事故风险
	周边防护目标 V_4	指桥梁附近是否存在重要机构（如学校、医院、政府机关等）。虽然这些目标本身不直接影响桥梁安全，但一旦桥梁发生事故，因周边人口较为密集，后果较严重，进而需提高桥梁的社会脆弱性
风险防控能力 C（0.40）	养护质量 C_1	记录历史维修、加固及日常保养情况。检测报告和养护档案能够真实反映桥梁的维护水平
	信息化监控 C_2	现代桥梁普遍采用数字化运营平台和实时监测系统，该指标考察系统的完备性、实时性及数据准确性
	标识与防护措施 C_3	包括交通标识、防撞栏杆、限载标识等。完善的防护标识可以有效提醒驾驶员，降低超载及撞击风险
	应急响应 C_4	评估应急预案的完备性、响应速度和部门协同情况。快速有效的应急响应能在事故发生初期有效减少损失

针对于危险性 H 子项 $H_1 \sim H_3$ 的期望值，专家组通过研讨和参考历史数据、检测报告等信息，对这 3 个指标的重要性进行了比较：

关于 H_1 与 H_2 的比较：结构病害风险对桥梁安全的影响非常直接，而交通负荷风险也不容忽视，但二者之间的差距并不十分显著。因此，H_1/H_2 取值 1.14。

关于 H_1 与 H_3 的比较：结构病害风险通常被认为是事故发生的"内在"原因，对桥梁的影响更为根本，而环境及外部风险虽然也会造成事故，但往往是次要因素。因此，H_1/H_3 取 1.6。

关于 H_2 与 H_3 的比较：交通负荷风险与环境及外部风险一样重要，但交通负荷对桥梁的长期累积效应更需要重点关注，因此，H_2/H_3 取 1.4。

基于上述理论，可以构建针对危险性 H 的判断矩阵：

$$A_{\mathrm{H}} = \begin{pmatrix} 1 & 1.14 & 1.6 \\ 0.877 & 1 & 1.4 \\ 0.625 & 0.714 & 1 \end{pmatrix}$$

进一步，同上述求解过程一样，可得：$P_{\mathrm{H1}}=1.824$，$P_{\mathrm{H2}}=1.2278$，$P_{\mathrm{H3}}=0.4464$。进一步，可计算得到其几何平均值 $GM_{\mathrm{H1}}=1.22$，$GM_{\mathrm{H2}}=1.07$，$GM_{\mathrm{H3}}=0.764$。随后对上述 3 个指标进行归一化求解，可得到归一化权重 $W_{\mathrm{H1}}=0.40$，$W_{\mathrm{H2}}=0.35$，$W_{\mathrm{H3}}=0.25$。

因此，危险性子指标权重分别为：H_1 为 0.40，H_2 为 0.35，H_3 为 0.25。

最终在顶层中，危险性 H 的贡献为 0.48，因此总体最终权重为：H_1=0.48×0.40=0.192；H_2=0.48×0.35=0.168；H_3=0.48×0.25=0.12。

设脆弱性 V 分解为 4 个子指标：桥龄 V_1、桥梁规模 V_2、交通密度 V_3 和周边防护目标 V_4。

同上述求解过程一样，专家组通过研讨和参考历史数据、检测报告等信息，对这 4 个指标的重要性进行了比较，可以构建针对脆弱性 V 的判断矩阵：

$$A_V = \begin{pmatrix} 1 & 1.5 & 1 & 1.5 \\ 0.67 & 1 & 0.67 & 1 \\ 1 & 1.5 & 1 & 1.5 \\ 0.67 & 1 & 0.67 & 1 \end{pmatrix}$$

进一步，同上述求解过程一样，对上述 4 个指标进行归一化求解，可得到归一化权重 W_{V1} 为 0.30，W_{V2} 为 0.20，W_{V3} 为 0.30，W_{V4} 为 0.20。

最终在顶层中，脆弱性 V 的贡献为 0.12，总体最终权重为：V_1 为 0.036，V_2 为 0.024，V_3 为 0.036，V_4 为 0.024。

同理可得针对于风险防控能力 C 的判断矩阵为：

$$A_C = \begin{pmatrix} 1 & 1.33 & 2.67 & 2.67 \\ 0.75 & 1 & 2 & 2 \\ 0.375 & 0.5 & 1 & 1 \\ 0.375 & 0.5 & 1 & 1 \end{pmatrix}$$

进而可求解得到归一化权重 W_{C1} 为 0.40，W_{C2} 为 0.30，W_{C3} 为 0.15，W_{C4} 为 0.15。

最终在顶层中，风险防控能力 C 的贡献为 0.40，总体最终权重 C_1 为 0.16，C_2 为 0.12，C_3 为 0.06，C_4 为 0.06。

4. 最终权重分配与综合风险评分计算

基于上述各级指标权重的求解，可得到最终权重分配表（表 10-5）。

最终权重分配表   表 10-5

I 级指标	II 级指标	权重
危险性 H （0.48）	结构病害风险 H_1	0.192
	交通负荷风险 H_2	0.168
	环境及外部风险 H_3	0.12
脆弱性 V （0.12）	桥龄 V_1	0.036
	桥梁规模 V_2	0.024
	交通密度 V_3	0.036
	周边防护目标 V_4	0.024

续表

Ⅰ级指标	Ⅱ级指标	权重
风险防控能力 C（0.40）	养护质量 C_1	0.16
	信息化监控 C_2	0.12
	标识与防护措施 C_3	0.06
	应急响应 C_4	0.06

进一步，可得到最终综合风险评分公式为：

$$R = 0.48H + 0.12V + 0.40C$$

其中，危险性、脆弱性以及防控能力的得分分别为：

$$H = H_0 + 0.40s_{H1} + 0.35s_{H2} + 0.25s_{H3}$$

$$V = 0.30s_{V1} + 0.20s_{V2} + 0.30s_{V3} + 0.20s_{V4}$$

$$C = 0.40s_{C1} + 0.30s_{C2} + 0.15s_{C3} + 0.15s_{C4}$$

其中，H_0 为基准危险性；s 为各子指标打分。

在此基础上，针对现场勘察和检测数据，对案例桥梁进行了详细评分：在危险性方面，依据裂缝、露筋、盖梁表面水迹等结构病害及交通超载和外部环境风险，对结构病害风险、交通负荷风险和环境及外部风险分别打 75、85 和 70 分，经各自权重加权后危险性得分为 80.25 分；在脆弱性方面，考虑桥龄、桥梁规模、交通密度和周边防护目标，对应分别打 70、65、80 和 75 分，加权后脆弱性得分为 73 分；在风险防控能力方面，则对养护质量、信息化监控、标识与防护措施和应急响应打分 85、80、75 和 80 分，经加权求和后风险防控能力得分为 81.25 分，结果如表 10-6 所示。

桥梁风险评估指标权重与评分表　　　　　　　表 10-6

Ⅰ级指标权重	Ⅰ级指标评分	Ⅱ级指标权重	Ⅱ级指标评分
危险性 H（0.48）	80.25	结构病害风险 H_1（0.192）	75
		交通负荷风险 H_2（0.168）	85
		环境及外部风险 H_3（0.12）	70
		基准危险性 H_0	3
脆弱性 V（0.12）	73.00	桥龄 V_1（0.036）	70
		桥梁规模 V_2（0.024）	65
		交通密度 V_3（0.036）	80
		周边防护目标 V_4（0.024）	75
风险防控能力 C（0.40）	81.25	养护质量 C_1（0.16）	85
		信息化监控 C_2（0.12）	80
		标识与防护措施 C_3（0.06）	75
		应急响应 C_4（0.06）	80

最终，通过综合各部分权重分配及评分，其风险综合评分为 79.78 分，属于较大风险，提示应重点关注结构加固、交通管理和防控措施的完善。

10.1.4　风险清单与评估结果

本次风险分析桥梁共计 30 座。根据相关行业和国家标准，结合实地勘察情况，得到了 30 座桥梁的风险等级（表 10-7）。根据计算结果得知，其中，无重大风险桥梁；较大风险桥梁有 6 座，占评估桥梁总数的 20%；一般风险桥梁有 13 座，约占评估桥梁总数的 43%；低风险桥梁有 11 座，约占评估桥梁总数的 37%。

桥梁风险等级统计表　　　　　　　　　　表 10-7

风险等级	重大风险	较大风险	一般风险	低风险	总计
桥梁数量（座）	0	6	13	11	30

处于较大风险的桥梁有 6 座，主要影响原因是桥梁周边防护目标数量多，桥梁自身典型病害较多，发生事故后造成的后果严重性大。例如：某对象桥梁，桥梁规模虽为中桥，但桥梁在役年限大于 20 年，桥梁自身结构存在横向裂缝、露筋、盖梁表面水迹、桥墩横向开裂等典型病害，且桥梁周边 100m 内存在住宿场所及供电设施（供电公司且存在电箱）等防护目标，防护目标数量较多，若发生事故，后果严重。

依据风险评估结果，可以绘制本市桥梁风险一张图，重点关注较大风险、重大风险桥梁，如加强巡检、开展荷载试验、维修加固、开展实时监测等，以维护城市桥梁安全，提升城市韧性。

10.1.5　评估总结

通过此次桥梁专项风险评估工作，全面掌握了某市建成区内 30 座桥梁的安全状况。评估团队深入分析了桥梁的结构形式、荷载等级、技术状况及其周边环境的潜在风险。评估过程中，团队对每座桥梁进行了详细的实地勘察，结合数据填报和现场座谈，准确识别了桥梁的主要技术问题和安全隐患。

评估结果表明，大多数桥梁的技术状况良好，符合当前的安全标准。然而，评估也揭示了部分桥梁存在较大风险，其中包括桥梁老化、结构损伤、承载能力不足等问题。此外，评估还建议进一步加强桥梁管理的信息化建设，推动智能化监测技术的应用，以实现对桥梁状态的实时监控和早期预警。这将有助于在潜在问题出现之前进行预防和处理，从而提高桥梁的整体安全水平。

本次桥梁专项风险评估不仅为城市桥梁的安全管理提供了科学依据，也为优化城市桥梁的维护和管理策略提供了具体方向。这些努力将有效促进城市韧性建设，确保城市交通基础设施的长期安全稳定运行，支持城市的可持续发展目标。

10.2 结构自身风险——结构疲劳老化的数据研判案例

10.2.1 案例概述

本案例介绍了一座建于 1992 年的预制钢筋混凝土简支 T 梁桥，至今已有 30 余年使用历史。该桥结构采用矩形板式橡胶支座，上部结构为不分幅的 T 梁系统，行车道宽 16m，且经过多次维护，包括更换桥梁伸缩缝等。自 2023 年 5 月起，平台监测数据发现桥梁多个关键跨的模态频率出现持续下降，接近或超过安全规范的警戒值。同时，现场勘查与历史检测报告显示，桥梁存在 T 梁局部开裂、焊缝脱落、桥面破损、支座锈蚀等病害。

为进一步评估桥梁安全状况，案例通过加速度测点数据分析、现场勘查和有限元模型仿真等多项手段，分析了桥梁刚度退化的原因和程度，并探讨了桥梁在老化过程中动力性能的变化趋势。为后续的桥梁维修与加固措施提供了重要依据，并为类似桥梁的监测和评估工作提供了参考。

10.2.2 监测数据分析

桥梁全长 850m，共 24 跨，桥面总宽 17.18m，行车道宽 16.0m，无人行道。上部结构不分幅，为预制普通钢筋混凝土简支 T 梁，梁高 1.3m，跨径组合为 24×16m；横向 8 片 T 梁，单跨设 4 道横隔板，横隔板为预制构件，通过钢板焊接。下部结构为 3 柱式盖梁桥墩、重力式 U 形桥台，明挖扩大基础。桥梁采用矩形板式橡胶支座。该桥桥面为连续水泥混凝土铺装，原设计采用毛勒式橡胶伸缩缝，后经维修更换为梳齿板式伸缩缝；桥侧设有混凝土防撞护栏，桥面按纵横双向坡度排水，并在各跨底部设有泄水孔。主线桥第八跨跨越阜淮铁路，第十一跨和第十七跨跨越舜耕路，第十三跨东、西向连接匝道桥（图 10-2）。

主桥共布设了 309 个传感器，包括 21 个加速度测点、40 个拉线位移测点、4 个裂缝测点、22 个水准仪测点、84 个温度测点和 138 个应变测点。其中加速度测点布置图如图 10-3、图 10-4 所示：

图 10-2　整体布置图

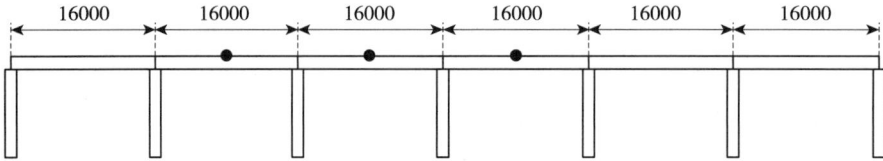

图 10-3　加速度测点分布图

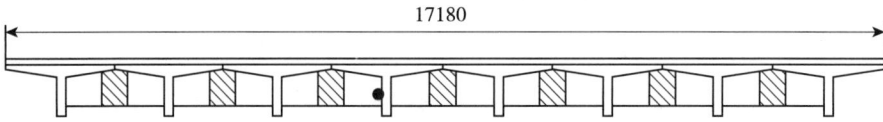

图 10-4　Az14 加速度测点断面分布图

其中，Az14 加速度测点分布在第十五跨跨中第 4 片 T 梁腹板处，主要用于监测该跨整体动力性能。

桥梁基频反映桥梁整体动力性能变化状况，同时也直接反映桥梁刚度变化趋势。对第十五跨跨中部位加速度传感器 Az14 进行频谱分析（图 10-5）。

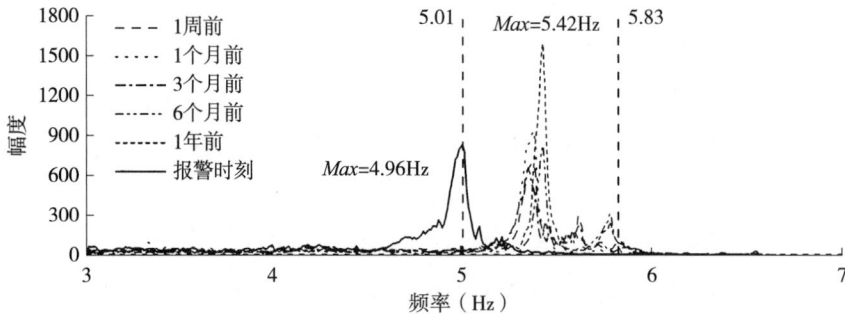

图 10-5　加速度测点报警曲线图

由图 10-5 可以看出：1 年和 6 个月前，基频为 5.42Hz，3 个月前，基频减小至 5.25Hz，1 个月前减小至 5.18Hz，一周前减小至 5.0Hz，报警时刻频率为 4.96Hz，半年内基频共减少了 0.46Hz（图 10-6）。

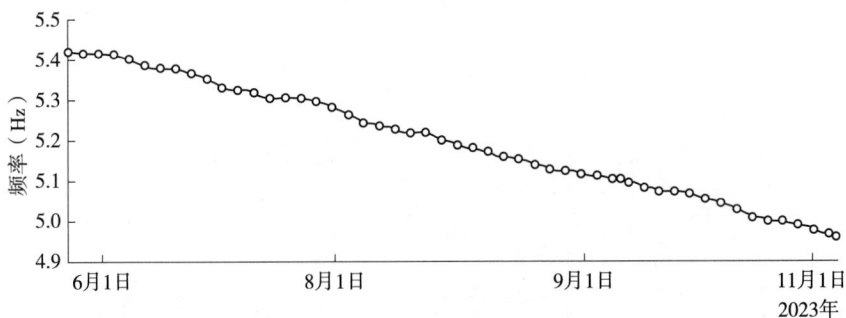

图 10-6　Az14 加速度模态基频变化趋势图

从加速度模态基频趋势图分析可知，Az14 测点的基频半年内减小了 8.49%，且呈现出一致下降的状态，符合 T 梁刚度缓慢下降的特征。本桥第二跨、第四跨、第十九跨也发生模态频率一致下降的现象。

模态是结构系统的固有振动特性，一般仅与结构的质量 M 和刚度 K 有关系，与外部荷载无关，因此常常通过模态分析来评估结构的安全性能（表 10-8）。

模态频率报警统计表　　　　　　　　　　　　　表 10-8

测点	模态频率（Hz）			下降率
	6 个月前	1 个月前	当前报警	
Az1	8.28	8.03	7.91	4.47%
Az2	5.71	5.57	5.44	4.73%
Az4	5.4	5.27	5.08	5.93%
Az5	11.21	11.08	10.91	2.68%
Az6	7.32	7.35	7.13	2.60%
Az8	6.42	6.35	6.15	4.21%
Az9	11.3	11.01	10.89	3.63%
Az14	5.42	5.18	4.96	8.49%
Az17	9.13	8.98	8.76	4.05%

选取 6 个月来，主桥第二跨、第四跨、第十五跨、第十九跨等加速度测点的模态频率统计可见，各监测点位测得的模态频率均存在不同程度的下降，最大下降率为 8.49%，平均下降率为 4.53%。该桥模态频率在外部荷载的作用下，桥梁结构刚度在持续缓慢地退化。

10.2.3　现场勘察

2023 年 11 月 14 日，对该桥进行了现场勘察，发现：上部结构 T 梁存在局部破损露筋；个别 T 梁横隔板连接钢板脱焊；桥面铺装局部破损露筋；桥台不均匀沉降；支座钢垫板锈蚀严重（图 10-7）。

图 10-7　现场踏勘图

分析该桥从 2018 年至 2022 年的检测报告发现，全桥状况等级均不高，且 2022—2023 年等级均为 C 级。桥面系、上部结构、下部结构病害较多。根据 2023 年该桥专项检测报告显示，虽然该桥整体处于弹性工作状态，但上部结构裂缝最大深度却达到 68mm，已经对截面刚度造成影响。

10.2.4　模型仿真推演

该桥为 24 跨预应力 T 梁桥，各跨桥跨径相同、桥宽相同，可以通过建立一跨结构模型来进行分析计算。采用桥梁专用有限元分析软件 MIDAS Civil 2021 进行三维建模分析，采用梁单元模拟主梁，采用虚拟横梁单元模拟空心板之间的铰接。全桥离散为 228 个单元、184 个节点。

为模拟桥梁动力性能下降趋势，通过修正有限元模型部分参数进行仿真计算和验证。一是考虑横隔板连接钢板部分脱焊，通过释放了横隔板的梁端约束系数，由 1.0 调整到 0.9

进行模拟；二是考虑支座老化，通过调整支座约束的弹性连接系数，由 2.0×10^4N/mm 修改为 1.8×10^4N/mm；三是考虑 T 梁混凝土结构老化，通过调整材料的弹性模量，由 3.45×10^4N/mm 修改为 3.25×10^4N/mm。经过以上三步仿真计算，桥梁一阶基频由 5.51Hz 变化为 5.26Hz，下降了 0.25Hz，变化百分率为 4.51%，与实测桥梁基频变化率基本一致（表 10-9、图 10-8）。

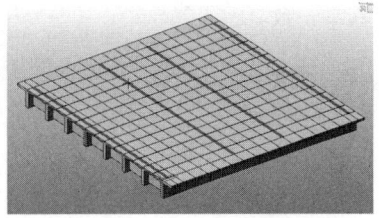

图 10-8　有限元模型

调整前后桥梁频率统计表　　　　　　　　　　　表 10-9

项目	修正前	修正后	修正百分比
横隔板梁端约束系数	1	0.9	10%
支座约束（N/mm）	2.0×10^4	1.8×10^4	10%
弹性模量（N/mm）	3.45×10^4	3.25×10^4	5.7%
1 阶频率（Hz）	5.509899	5.261392	4.51%
2 阶频率（Hz）	5.541995	5.290650	4.54%
3 阶频率（Hz）	9.825647	9.329546	5.05%
4 阶频率（Hz）	10.21585	9.709909	4.95%
5 阶频率（Hz）	11.200602	10.828308	3.32%

10.2.5　案例总结

本案例通过对一座建于 1992 年的预制钢筋混凝土简支 T 梁桥的结构安全性进行详细分析，探讨了其结构疲劳老化的风险。该桥梁在使用过程中经历了多次维护和修复，且近年来监测数据显示，桥梁多个关键跨的模态频率出现了持续下降，接近或超过了安全规范的警戒值。

监测数据分析显示，自 2023 年 5 月起，桥梁的模态频率逐步降低。例如，第十五跨的基频从 5.42Hz 下降至 4.96Hz，下降幅度达到 8.49%。这一趋势在其他跨段也有所体现，表明桥梁刚度正经历缓慢退化。

现场勘察结果揭示了桥梁存在多个病害，包括 T 梁局部开裂、焊缝脱落、桥面破损以及支座锈蚀等。这些病害反映了桥梁的结构和功能在长期使用中的退化情况。特别是裂缝深度达到 68mm，已经对结构刚度产生了明显影响。

模型仿真推演利用有限元分析软件对桥梁进行建模和模拟，验证了实际监测数据的变化趋势。通过调整模型参数，模拟了横隔板连接钢板脱焊、支座老化以及混凝土材料性能退化的影响，结果显示，桥梁的整体动力性能确实出现了 4.51% 的下降，与实际监测数据基本一致。

通过这些分析，确认了该桥梁在长期使用过程中自然老化的现象，并为未来的维修与加固措施提供了重要依据。此案例为类似桥梁的监测与评估工作提供了宝贵的参考，突出了在桥梁安全管理中持续监测和结构评估的重要性。

10.3 结构自身风险——设计施工缺陷的数据研判案例

10.3.1 案例概述

本案例探讨了某市主干道上一座桥梁因设计和施工缺陷导致的结构问题及其后续检测与维护的过程。该桥为后张法预制预应力混凝土组合小箱梁桥，全长 480m，建成于 2005年。近年来，该桥定期检测中发现上部结构开裂、桥面铺装损坏、伸缩缝破损等问题，修复后仍频繁受损。同时，监测数据显示该桥模态频率逐年下降，接近规范警戒值。

通过地质雷达及人工探测手段，发现该桥箱梁顶板普遍存在厚度不足问题，约 96% 的箱梁顶板未能达到设计要求。这一缺陷加速了混凝土破损、钢筋锈蚀及桥梁刚度下降，影响了桥梁的抗弯能力和耐久性。长期监测数据分析表明，桥梁结构在重载交通冲击下，模态频率和梁端位移逐年恶化，桥梁的整体性能退化。

基于有限元模拟和监测数据的推演分析，确认顶板厚度不足与桥梁刚度下降存在直接关联，并推断在过去五年间，桥梁刚度下降中有 30% 是由顶板问题引发。此外，桥梁伸缩缝疲劳破坏及重载车辆影响也对结构刚度产生不利影响。案例最后通过结构仿真推演，提出了加固和专项维护的建议，以确保桥梁的安全运营。

10.3.2 桥梁结构检测

在多次现场勘察中，检测单位对桥梁整体结构状况进行了详细检查，发现了多个病害问题，具体包括：桥面结构存在破损，钢筋外露；部分伸缩缝出现型钢破损及止水带失效；箱梁腹板多处出现斜向裂缝及竖向裂缝，部分已进行修补；箱梁底部多处渗水并伴随白华沉积，同时出现横向裂缝，部分裂缝已修补；横隔板存在剪切裂缝，部分区域已进行修补（图 10-9）。

这些问题可能对行车的舒适性产生影响，并对结构安全性构成潜在威胁（图 10-10、图 10-11）。

图 10-9　现场勘察图

图 10-10　桥头跳车　　　　　　图 10-11　桥面系多处破损

　　当高速行驶车辆特别是重载车辆驶过病害点时，会对桥梁结构产生较大的疲劳荷载影响，不利于桥梁结构的安全性；坑洼地形会加大车辆的冲击效应，使桥梁产生明显的振动，影响行车舒适度，不利于桥梁结构的适用性；桥面铺装破损露筋，会进一步放大箱梁顶板厚度不足的缺点，影响桥梁运行使用，不利于桥梁结构的耐久性（图 10-12 ）。

　　为探明桥梁结构病害及混凝土破损严重的原因，2023 年在桥梁检测过程中采用了地质雷达探测与人工探测相结合的方法，对小箱梁顶板厚度进行了详细检测。全桥共计 128 片箱梁，本次探测覆盖了其中的 101 片。检测结果显示，顶板厚度存在明显不足的情况，具体

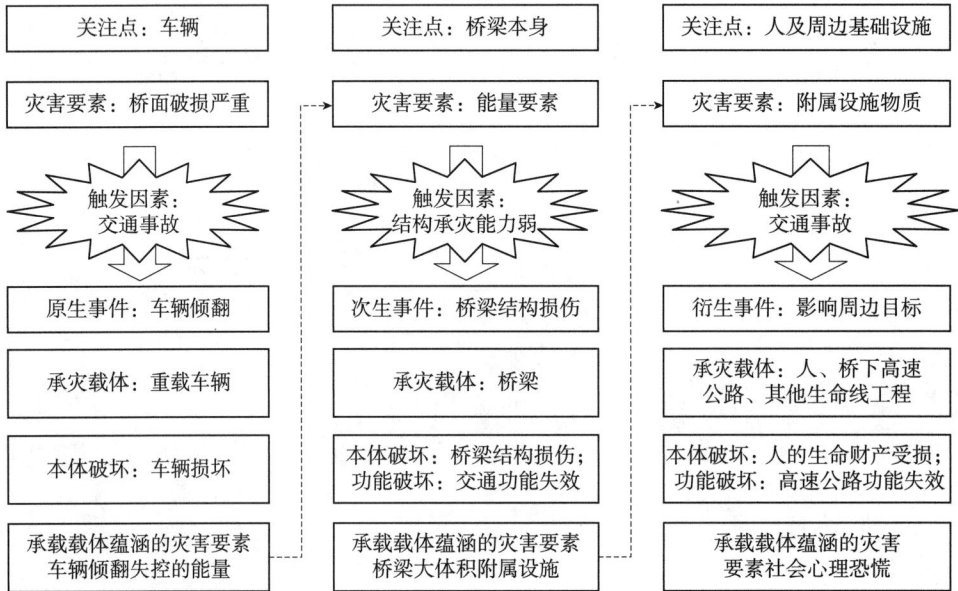

图 10-12　事件链推演分析

分布为：顶板最小厚度满足设计要求（≥18cm）的箱梁占比 4%；顶板最小厚度在 15cm 至 18cm 之间的占比 37%；顶板最小厚度在 10cm 至 15cm 之间的占比 51%；顶板最小厚度在 7cm 至 10cm 之间的占比 8%。

通过对上述数据的分析可见，箱梁顶板普遍存在厚度不足的问题。该病害的主要成因在于箱梁预制过程中模板质量控制不严，导致顶板厚度先天不足。这类问题容易导致顶板钢筋发生锈蚀膨胀，进一步加剧顶板混凝土的破损。顶板厚度不足对桥梁结构的影响主要体现在以下两个方面：

（1）结合桥面系病害检查结果，由于顶板厚度普遍不足，混凝土铺装易发生破损，且个别破损位置在修补后短时间内再次受损。目前桥梁的通行车辆中重型车及超载车辆较多，车辆振动、刹车以及跳车等情况均可能加剧顶板的进一步破损。

（2）顶板厚度不足直接影响箱梁的抗弯能力，导致桥梁整体抗力的折减，进一步威胁结构的安全性。

通过分析该桥 2016—2023 年的 BCI（桥梁技术状况指数）指标发现，桥梁整体技术状况等级较低，最新检测结果为 D 级。具体来看，桥梁下部结构较为完好，未发现明显病害；然而，桥面系和上部结构得分较低，存在较多病害。根据 2023 年桥梁检测报告，桥梁的上部结构和桥面系病害相比之前有明显发展（表 10-10）。尽管在此期间进行了多次维护和加固，但仍然不断出现新的明显病害，表明该桥结构老化严重、病害发展较快，亟需进一步的专项维护与修复。

评估项目	技术状况等级 表 10-10					
评估项目	2016 年	2018 年	2020 年	2021 年	2022 年	2023 年
桥面系技术状况评分（满分 100）	47.6	69.0	69.0	67.3	69.1	72.3
上部构件技术状况评分（满分 100）	60.9	62.7	61.4	61.2	60.5	61.6
下部构件技术状况评分（满分 100）	99.4	96.2	96.2	95.2	99.1	98.7
全桥综合技术状况评分（满分 100）	76.2	78.8	78.2	77.4	79.2	79.9
全桥技术状况等级	C	C	D	D	D	D

10.3.3　监测数据分析

案例桥梁上部结构为 16 跨后张法预制预应力混凝土组合小箱梁，桥跨布置为 $3 \times 30.0m + 5 \times 30.0m + 5 \times 30.0m + 3 \times 30.0m$，箱梁梁高 1.6m，间距 3.7m，其中梁宽 2.4m，翼板间湿接缝宽 1.3m，组合箱梁采用先简支后连续施工。下部结构为钢筋混凝土盖梁，双柱式桥墩，柱径 1.5m，间距 7.4m，挖孔桩基础，桩径为 1.8m、2m、2.2m，桩端设扩大头。桥面采用 12cm 厚的 50 号钢筋混凝铺装，铺装钢筋采用 D8 钢筋网。桥梁于 2005 年建成，设计荷载为"城 -A"，养护类别为 Ⅲ 类养护。

自 2019 年起，开始实施桥梁安全监测项目。根据桥梁结构的受力特征，在主要受力截面及易损伤部位布设了 6 类传感器，总计 82 台，包括加速度传感器、静态挠度传感器、位移传感器、应变传感器、温度传感器和倾角传感器。这些传感器系统旨在实时监测桥梁的运行状况，及时发现结构变化或损伤，为桥梁的安全管理和维护提供数据支持（图 10-13、图 10-14）。

1. 加速度监测数据

加速度是桥梁工程中常见的响应监测量，通过对加速度数据进行统计分析，加速度均方根值可以用来描述桥梁的振动特性，从而反映结构信息，如结构状态、性能、构件的相互作用机理、结构劣化和损伤等。

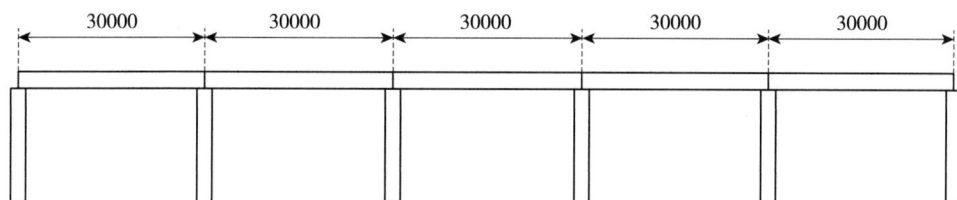

图 10-13　监测段桥梁布置图

图 10-14　桥梁 GIS 图

考虑到加速度设备采样频率高、数据量大，对 2021—2023 年的加速度数据按季度进行划分，开展均方根值分析（图 10-15）。

对结果进行分析可知：

（1）加速度波动整体呈上升趋势，但 2023 年第一季度存在较大程度的下降，结合专项突发事件分析可知，该次下降可能是由于伸缩缝脱出事件后开展了伸缩缝专项处置，一定程度上减小了跳车冲击。

（2）加速度均方根最大波动值大于 150mm/s²，且 2023 年第三季度的均方根最大波动值超过 220mm/s²，虽然该监测指标仍在 315mm/s² 的波动阈值内（参考公路桥梁结构监测技术规范）。但对比同类型的小箱梁桥可发现，均方根波动值始终大于同类型桥梁，一定程度上表明该桥的动刚度较弱，桥梁在重车冲击下振动较为明显。

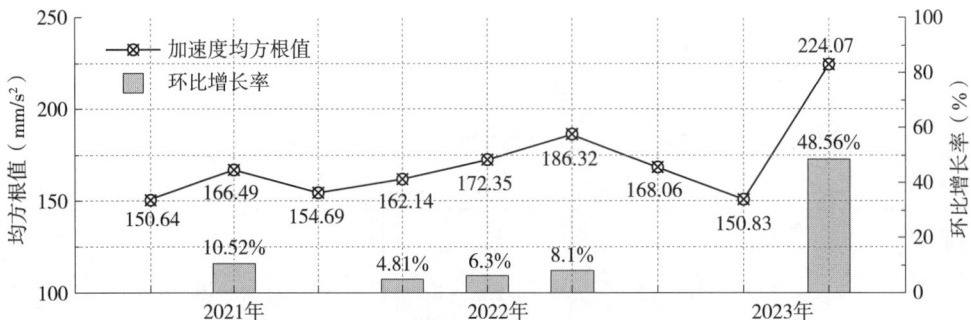

图 10-15　加速度均方根值波动图

2. 位移监测数据

选取支座位移监测数据，结合温度监测数据进行关联分析，结果如图 10-16 所示。

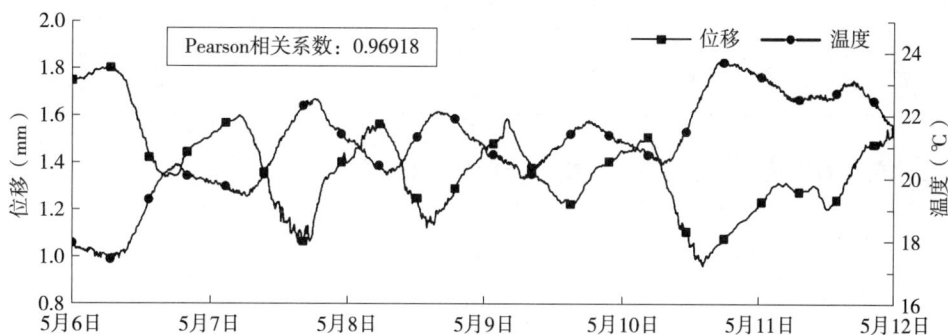

图 10-16　位移 - 温度关联分析

由结果可知，端纵向位移和温度呈负相关且相关性极强，说明梁体在系统升降温时可以自由地进行微小位移，不存在阻挡梁底微小位移的情况。但考虑到现场踏勘发现存在伸缩缝型钢破损，可能存在因跳车冲击导致的疲劳破坏，因此需要对位移监测数据进行累积位移分析。

桥梁在日常的运营中，其结构自身处于复杂的环境条件之中，遭受到各种各样的环境作用与人为事件，随着时间的增加，将导致结构产生不同程度的性能劣化退化、疲劳破坏及结构破坏等问题。针对桥梁的长期服役现状，结构本身的性能可能相对于初建时发生了较大的变化，因此，对监测桥梁开展长期性能研究能够为桥梁的维护提供可靠依据，保障桥梁的长期安全运营。

3. 长期频率变化评估

频率特征是桥梁结构基本的动力学特征，在一定程度上反映桥梁结构性能的演变方向。提取 2020—2023 年的加速度监测数据（因 Az8 存在信号中断情况，选取 Az1~Az7 进行分析）进行模态分析，对比近年的频率变化（表 10-11）。

在模态分析时，为确保可以准确识别出结构的模态频率信息，需要满足如下条件：

（1）基于奈奎斯特采样定理，加速度传感器的采样频率须大于信号分析最高频率的两倍，才可完整地还原原始信号；

（2）采样时长至少大于 20min 且无数据丢失情况；

（3）为最大限度地采集结构在自然激励下的随机振动信号，需确保在采样期间无较大的外部振动干扰。

为满足以上条件，需对加速度监测数据进行筛选和预处理，最终选择以下时间节点的监测数据用以识别结构模态频率（表 10-11、表 10-12）。

加速度数据信息　　　　　　　　　　　表 10-11

年份	日期	监测时间
2020 年	11 月 25 日	00：00—00：30
2021 年	11 月 25 日	00：00—00：30
2022 年	11 月 26 日	00：00—00：30
2023 年	9 月 11 日	00：00—00：30

采用自然激励法进行模态分析，提取结构频率如下所示（图 10-17）。

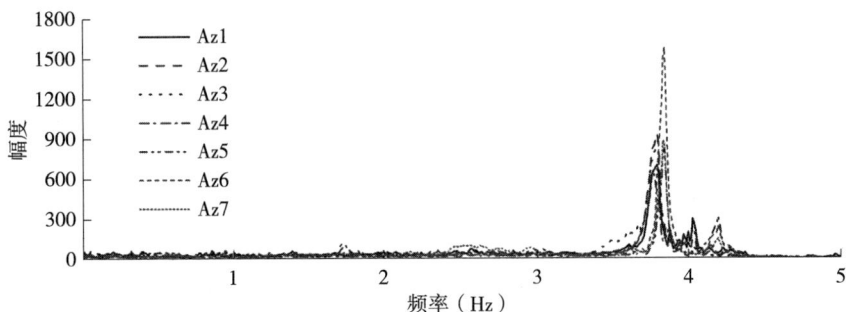

图 10-17　2023 年 9 月 11 日频域图

频率统计表　　　　　　　　　　　　表 10-12

测点编号	一阶模态频率（Hz）		下降
	2020 年 11 年 25 日	2023 年 9 月 11 日	
Az1	3.85	3.79	1.56%
Az2	3.85	3.71	3.64%
Az3	3.85	3.66	4.94%
Az4	3.85	3.79	1.56%
Az5	3.94	3.76	4.57%
Az6	3.94	3.83	2.79%
Az7	3.94	3.84	2.54%

分析长期频率变化（图 10-18）可知：

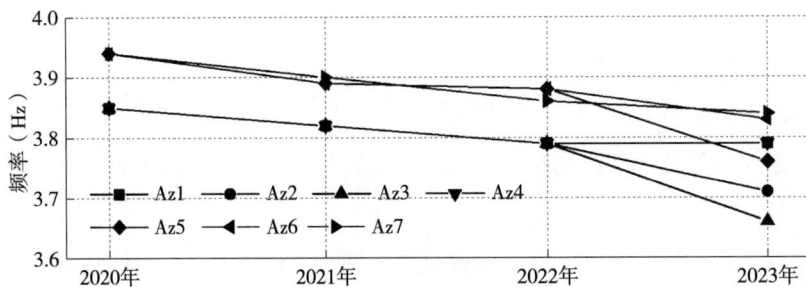

图 10-18　长期频率变化图

（1）2020 年至 2023 年结构平均频率降低了约 3%，其中，Az3 及 Az5 所测频率下降均超过 4%，最大下降率接近 5%。

（2）在监测周期内，结构频率变化虽不大，但是存在缓慢下降趋势，结构周期增大，结构刚度减小，结构的性能随着时间发生劣化，建议对桥梁开展检修与维护。

（3）值得注意的是，在 2018 年的检测报告中显示结构模态频率为 4.00Hz，对比最新监测数据，下降了 8.5%。说明 2018—2023 年的运行周期内，在外部荷载的作用下，桥梁结构的刚度在持续退化，不容忽视。

4. 梁端累积位移评估

桥梁在运营中受到车辆荷载、风荷载、温度等作用会引起梁端发生振动位移，梁端纵向位移的监测能够为评估各类荷载作用提供有效依据。桥梁在运营阶段，伸缩缝由于受到往复运动的疲劳作用，常常易于损坏，通过现场踏勘发现，伸缩缝破损较为严重，且该桥于 2022 年 11 月 11 日发生过伸缩缝工字钢脱出事件，因此梁端纵向累积位移需作为重要分析指标用于评估长期结构状态与伸缩缝疲劳状态。

提取监测点位 Dx1~Dx8 在 2020 年 12 月 1 日至 2023 年 8 月 31 日的梁端位移数据，通过绝对值求和方法得到共 33 个月的梁端月累积位移数据（图 10-19）。

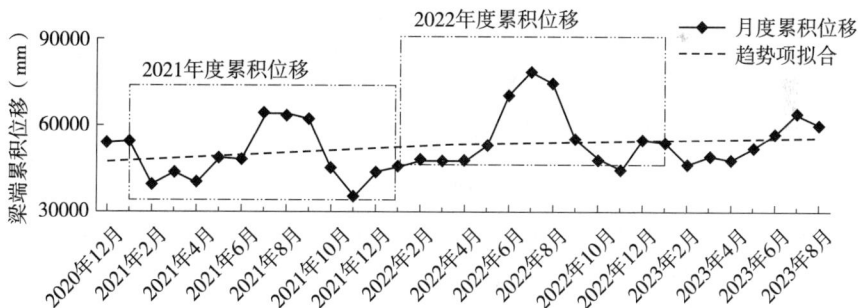

图 10-19　梁端月累计位移

通过分析 2020 年 12 月初至 2023 年 8 月底共计 33 个月的梁端位移统计可知：

（1）梁端月累积位移常常超过 40m，并于 2022 年 7 月达到约 80m。

（2）对梁端月累积位移开展非线性趋势项拟合：

$$y=482.87745x-6.58918x^2+47006.07398（x=1, 2, 3 \cdots 33）$$

分析发现梁端月累积位移虽在上下波动，但整体存在缓慢上升的趋势，说明该桥在重复性重载作用下，结构伸缩缝存在疲劳破坏，且发生较为频繁。

（3）2021 年梁端年累积位移约为 588m，2022 年梁端年累积位移约为 668m，2023 年梁端累积位移（截至 8 月底）约为 429m。统计发现，梁端年累积位移存在逐年上升情况，建议加强对梁端伸缩缝的定期检测，及时提升结构性能，保障运营过程中的安全性与舒适性。

5. 疲劳荷载统计评价

在应变曲线监测的过程中，当车辆通过时，会产生峰状起伏，可以看作应力循环，当应力循环多次出现，会产生疲劳荷载的累积。因此，可采用雨流计数法（参考《Standard Practices for Cycle Counting in Fatigue Analysis》ASTM E1049—85）对应力循环进行统计和分析，得到每个应力循环的幅值和均值，以此开展疲劳荷载分析。

任意选取某日 3h 的实测应变数据进行统计分析：

（1）在同一截面下，中梁的应力幅值大于边梁的应力幅值，这一特点符合车道线的布置规律。

（2）进一步分析发现，Sx9 和 Sx10 同为中梁测点，但两者应力幅值有所不同，Sx9 的应力谱幅值普遍大于 Sx8 的应力谱幅值。结合结构现场踏勘发现，多处湿接缝存在裂缝修补痕迹，综合考虑可能是横向连接损伤导致传力不均。

（3）通过应力谱分析，要进一步加强湿接缝的养护管理，避免湿接缝破损导致桥梁出现"单梁受力"现象。

10.3.4 模型仿真推演

案例桥梁为 16 跨后张法预制预应力混凝土组合小箱梁，桥跨布置为 $3 \times 30.0\text{m} + 5 \times 30.0\text{m} + 5 \times 30.0\text{m} + 3 \times 30.0\text{m}$。各跨桥跨径相同、桥宽相同，可以通过建立一联（$5 \times 30.0\text{m}$）结构模型来进行数值模拟分析。

依据设计图纸，采用 MIDAS/Civil 2021 进行三维建模分析，采用梁单元模拟主梁，采用虚拟横梁单元模拟小箱梁之间的连接。全桥离散为 771 个单元、544 个节点，桥梁设计阶段有限元模型及一、二阶振型见图 10-20 及图 10-21、图 10-22。

1. 考虑顶板厚度不足的模拟推演

对箱梁顶板厚度探测发现：

顶板最小值满足设计（$\geqslant 18\text{cm}$）的占探测箱梁总数的 4%；

顶板最小值满足 15~18cm 的占探测箱梁总数的 37%；

顶板最小值满足 10~15cm 的占探测箱梁总数的 51%；

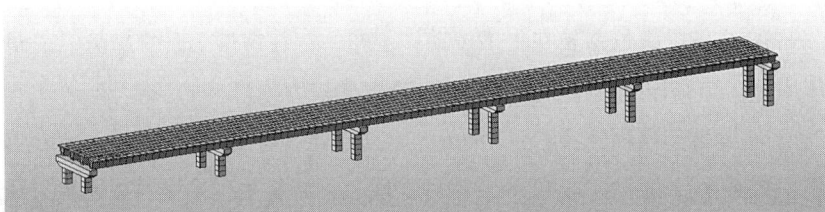

图 10-20 桥梁设计阶段有限元模型

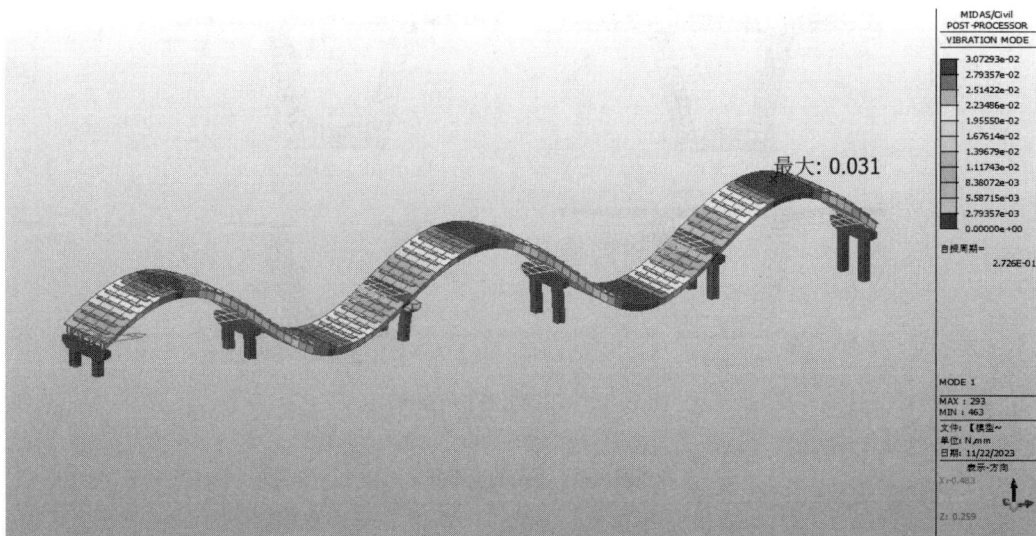

图 10-21　一阶振型（3.565232Hz）

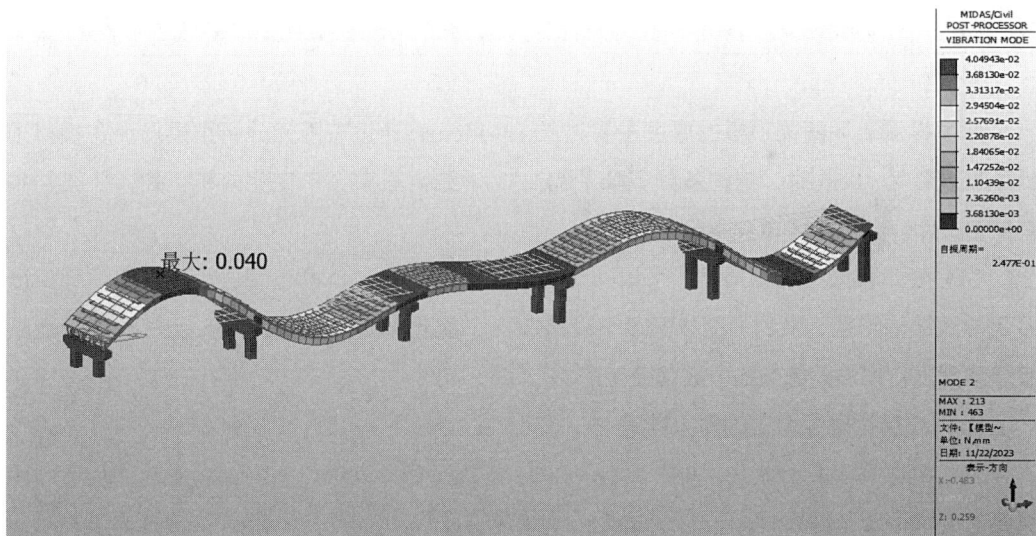

图 10-22　二阶振型（3.923367Hz）

　　顶板最小值满足 7~10cm 的占探测箱梁总数的 8%。

　　箱梁顶板普遍存在厚度不足的情况，这会导致箱梁抗弯抗力的折减，因此有必要开展考虑顶板厚度不足的模拟推演，即考虑顶板 18cm（设计厚度）、10cm、5cm、0cm（顶板失效）共 4 种工况进行参数化验算（图 10-23）。

　　依据上述 4 种工况减小截面顶板厚度，对桥梁开展有限元分析，提取模态频率如表 10-13 所示。

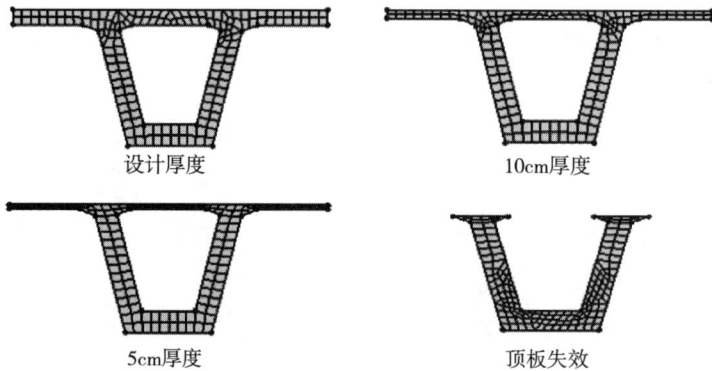

图 10-23 不同工况下的截面

考虑顶板厚度不足的模态频率变化 表 10-13

阶次	不同顶板厚度的模态频率（Hz）				不同顶板厚度的频率下降比		
	18cm	10cm	5cm	0cm	10cm	5cm	0cm
一阶	3.6686	3.5744	3.4142	3.0327	2.57%	6.93%	17.33%
二阶	4.0369	3.9358	3.7614	3.3430	2.51%	6.82%	17.19%
三阶	4.9863	4.8698	4.6611	4.1512	2.34%	6.52%	16.75%

厚度探测表明箱梁顶板的厚度主要处于 10~15cm，通过有限元分析结果发现在模拟顶板厚度衰减为 10cm 时，结构基频下降了约 2.5%。结合长期频率变化分析可知，桥梁结构基频自 2018 年至 2023 年共下降了约 8.5%。

在有限元模拟推演结果下，可以一定程度地认为在近 5 年的运营过程中，因顶板厚度不足导致结构刚度下降约占整体刚度下降的 30%，除此之外还存在约 70% 的不利因素影响着整体刚度，如伸缩缝破损、结构疲劳等。

2. 考虑结构刚度衰退的模拟推演

在长期频率变化分析中可知，2018—2023 年的运行周期内，在外部荷载的作用下，桥梁模态频率下降了约 8.5%。

$$1/f = T = \sqrt{M/K}$$

通过上式可知，结构频率 f 和周期 T 与桥梁结构的质量 M 及刚度 K 有关（一般认为质量不变），因此模态频率的下降可以反映出桥梁结构存在刚度衰减问题，因此本节通过降低箱梁截面的弹性模量，来模拟推演动力性能的下降。

修改箱梁混凝土材料的弹性模量，桥梁一阶基频由 3.6686Hz 变化为 3.3575Hz，下降了 0.3111Hz，变化率约为 8.48%，对应了上述 2018—2023 年实测模态变化率（实测 8.5%）。此时，混凝土材料的弹性模量从 $3.65 \times 10^4 \text{N/mm}$ 减小至 $3.05 \times 10^4 \text{N/mm}$。根据模型推演结果，若基频下降 8.5%，那么其结构刚度将会下降约 16.44%。

10.3.5　案例总结

1. 主要结论

结构缺陷确认：桥梁的检测和监测报告明确揭示了设计和施工中的主要缺陷。顶板厚度不足导致了结构刚度显著衰减，造成了抗弯能力的降低和桥面破损。这一问题源于预制过程中模板质量控制不严，直接影响了桥梁的结构安全和耐久性。

长期监测数据分析：从 2020 年至 2023 年的监测数据显示，桥梁模态频率逐年下降，2023年比 2020 年下降了最高 4.94%。这表明桥梁结构刚度的劣化趋势明显。加速度监测结果显示振动幅值逐年递增，2023 年达到 220mm/s²，超出了正常水平，表明桥梁的抗疲劳性能显著下降。

设计施工缺陷的影响：有限元模型仿真结果显示，顶板厚度不足导致桥梁结构刚度衰退约 16.44%。这证实了设计和施工缺陷对桥梁整体性能的严重影响，表明桥梁的长期安全性受到威胁。

2. 具体建议

实施修复与加固工程：建议相关部门尽快组织实施桥梁修复与加固工程。重点应放在更换或加固顶板、伸缩缝和支座等关键构件，重新铺设桥面，彻底解决结构缺陷带来的安全隐患。

采取交通管理措施：为了减轻桥梁的负荷，建议实施限载限流措施，尤其是对超 49t 的重型车辆进行限制。这将有助于减少桥梁的振动压力，降低结构破损风险，确保交通安全。

加强周边基础设施保护：建议加强对桥梁周边基础设施的保护和监测，尤其是对城市干道和下穿高速区域的其他关键设施，预防次生灾害的发生，确保区域的整体安全。

3. 最新进展跟踪

2024 年桥梁改造工程：根据最新进展，2024 年已对桥梁进行了上部结构的改造工程。此次改造显著提升了桥梁的结构性能，缓解了由于设计和施工缺陷带来的问题。改造后的桥梁结构更符合现代技术规范，增强了整体安全性和耐久性。

监测与评估：改造工程完成后，将继续进行桥梁的监测和评估，以确保修复措施的有效性和桥梁性能的稳定。后续的监测数据将用于验证改造效果，并指导未来的维护工作。

10.4　外部荷载风险——车辆撞击桥梁的应急处置案例

10.4.1　事件概述

2023 年 6 月 9 日 08：58，通过城市生命线桥梁安全监测系统发现某跨河桥应变 Sx26、应变 Sx27、静力水准仪 D6、吊杆力 F2 等多个传感器数据超出阈值，发出报警。值守工程师发现警情后，立即通知数据分析师，数据分析师立即对桥梁监测数据进行分析，通过传感器报警位置和安防平台视频发现桥梁出城方向有一辆重型货车失控撞向护栏，导致护栏受损严重，撞击到拱脚（图 10-24、图 10-25）。

图 10-24　撞击位置图示　　　　　　　　　　图 10-25　重车图例

监测中心发现这一险情后，根据桥梁安全监测系统预警响应工作规程，立即向直属分中心发出二级预警，并将桥梁数据分析初步结果以及桥面情况进行了上报（图 10-26）。

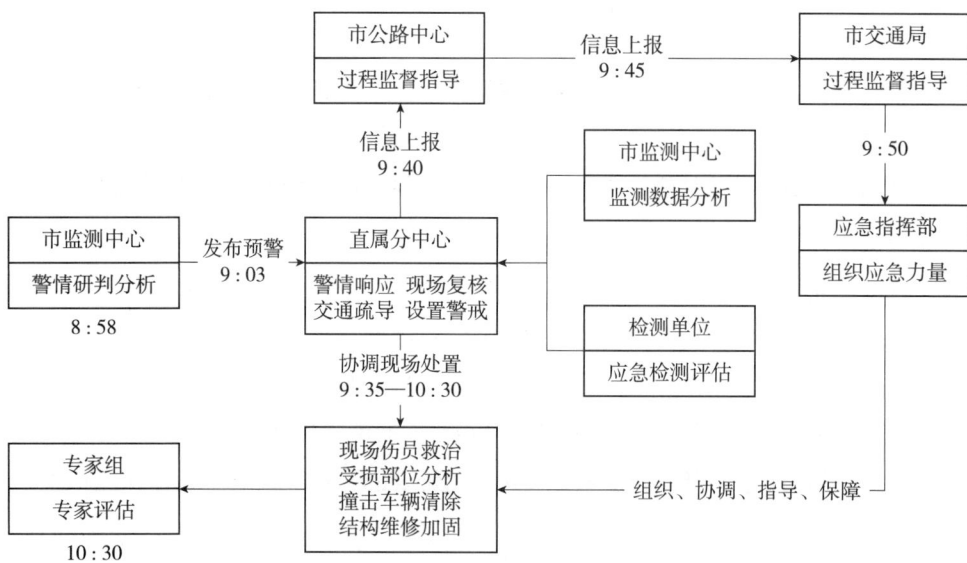

图 10-26　事件流程

主桥跨径布置为（54+130+54）m，主桥全长 238m，为飞雁造型钢箱拱圈三跨下承式系杆拱桥。主拱圈采用双片钢箱拱，主跨采用正交异性钢桥面板，边跨采用钢箱梁断面，主桥吊杆采用热挤聚乙烯高强钢丝拉索。全桥从立面上看为飞雁式造型，从横断面上看，配合风撑效果，呈门式造型。桥梁结构上，为创新型桥型，主桥全桥构成三跨连续梁受力体系，其中，主跨本身为下承式系杆拱桥，系杆为刚性与柔性组合系杆（图 10-27）。

图 10-27　主桥 GIS 图

10.4.2　应急响应联动

2023 年 6 月 9 日 09：08，直属分中心接到监测中心发出的预警信息，预警内容显示桥梁存在异常状况，可能涉及结构损伤和安全隐患。直属分中心的应急指挥人员迅速响应，第一时间调取相关监测数据，结合现场报告和监控视频画面，开展全面的综合分析和研判工作。经过对桥梁实时监测数据的评估及对比现场影像，初步判断事件达到了一般事件等级。根据省国省干线公路桥梁突发事件专项应急预案及市交通运输局公路交通突发事件应急预案的规定，直属分中心决定启动四级应急响应，进入事故处置模式。此时，指挥部迅速成立，并组织应急小组准备进行现场应急处置。

09：35，直属分中心主管领导、分管领导，带领工程养护科、应急管理科、办公室等相关部门人员赶赴现场进行处置。与此同时，市公路管理服务中心应急管理科的相关负责同志也接到通知，连同监测中心的数据分析师、桥梁专家及检测单位的技术人员共同赶赴现场，确保事故处理能够获得技术支撑和专家指导。此时，直属分中心立即联系公安、应急、医疗和交通等相关部门，要求各部门尽快集结力量，准备前往现场协同处理事故（图 10-28）。

图 10-28　现场管控

09：40，监测中心及检测单位技术团队抵达事故现场，协助直属分中心的负责人对桥梁的受损状况进行进一步的评估。桥梁结构的稳定性关系到交通安全，经过现场初步勘察，技术团队确认桥梁存在较大的安全风险，进一步证实了早期监测数据的准确性。根据市城市安全风险监测预警响应工作规程的要求，直属分中心立即与监测中心展开研讨，并将评估结果迅速上报至市公路管理服务中心。市公路管理服务中心在获取报告后，第一时间向市交通运输局提交事故情况汇报，请求进一步的支持和指示。

同时，直属分中心还成立了以中心主要领导为组长的应急督导小组，负责全程监督和指挥现场工作（图10-29、图10-30）。该小组包括技术指导、装备物资保障、抢修保通及后勤保障等多个分组，各组按照既定职责开展应急处置工作：

1. 应急领导组

组长：直属分中心领导、市公路管理服务中心应急管理科负责人。

成员：分管不同方向的副职领导。

职责：应急领导组是整个突发事件处置的中枢，负责整个事件的统筹和安排，组织专家进行初步分析研究。

2. 现场指挥组

组长：分管应急的领导。

成员：各个科室的主要负责人。

职责：现场指挥组是处置事故的临近办公场所，是开展处置工作的指挥中心，负责现场资源协调、技术指导、抢修保通等工作的统筹。

3. 技术指导组

组长：工程养护科负责人。

成员：科室成员、监测中心和检测单位人员。

职责：负责组织协调桥梁养护管理科及监测中心和检测单位的数据分析师和技术人员对现场桥梁结构状态进行初步研判。监测中心对桥梁实时的监测数据趋势变化特征进行分析，结合现场桥梁出现损伤部位的情况对监测数据进行对比分析，检测单位通过一些便携仪器对桥梁进行现场检测数据分析，同时结合历史检测报告对比分析。协调及技术指导组对桥梁初步的分析结果进行汇总和上报，同时给出初步的管养建议。

4. 装备物资保障组

组长：组织人事科负责人。

成员：科室成员。

职责：负责现场装备物资的协调调运，包括处理桥梁现场的可能需要的起重机、牵引车、推车等，以及桥梁的防护装备护桶、护栏加固等物资，根据现场的具体情况，协调资源，做好相应的物资保障。

图 10-29　应急响应

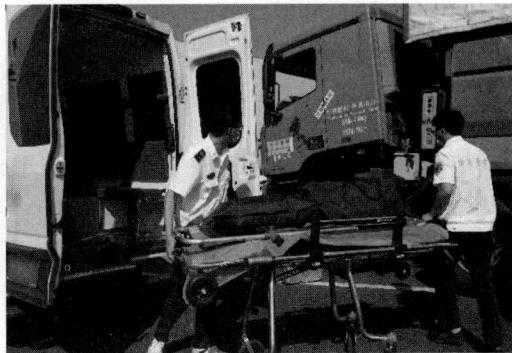

图 10-30　多部门协同联动

5. 抢修保通组

组长：应急管理科负责人。

成员：科室成员。

职责：主要负责车桥撞击后，撞击车辆的清除和协助交通部门做好桥梁堵塞车辆的引流。在桥梁状态安全的情况下，保障最短时间内恢复车辆通行。

6. 后勤保障组

组长：办公室负责人。

成员：科室成员。

职责：负责组织落实应急救援物资、车辆及装备的装运工作，做好应急生活保障、应急资金等抢险救援工作的后勤保障。

10.4.3　应急处置救援

当日 09：35，事故发生后，交警和交通执法大队立即展开现场交通管制工作。根据事故严重程度和现场交通状况，在桥梁两端设置了警戒标志，并安排执勤人员进行现场交通疏导。为确保交通的有序流动，交警队伍划定了安全区，将事故区域完全封锁，防止无关车辆和行人进入。与此同时，通过对交通流量的监测，调整周边路段的交通信号，以缓解因事故造成的交通拥堵。通过分流及调控，过往车辆被引导至备用路线，最大限度减少事故对城市交通的影响。

09：35—10：00，监测中心的数据分析师与检测单位的工程师迅速行动，赶赴桥梁受损区域，协助直属分中心开展结构评估预测工作。为了确保桥梁的结构稳定性，技术团队携带了便携式监测设备，对桥梁的关键受力部位进行了详细的检测，重点评估撞击点附近的梁体、支座以及桥墩的损伤情况。通过现场数据采集和实时分析，初步判断出桥梁损伤的范围和严重性。与此同时，技术团队将这些监测数据与历史检测报告进行比对，结合现场视频记录，对桥梁的整体安全状况做出了综合研判。

事故导致一辆车内有人员被困，救援人员迅速使用专业工具撬开车门，成功将被困人员救出。急救人员接到通知后迅速赶到现场，对伤者进行初步救治，并迅速送往医院以确保其能得到及时医疗救助。与此同时，抢修保通组负责制定事故车辆的清理和拖运方案，联合交警部门对事故车辆的类型、受损程度以及对交通的影响进行详细评估。根据现场实际情况，抢修小组提出了可行性方案，动用起重机、牵引车等设备，将事故车辆拖离现场，确保交通疏通工作能够顺利开展。交警部门同步进行事故现场的勘察与证据收集，对车辆损毁情况、撞击点及现场痕迹进行全面记录，所有证据按照规定程序进行拍摄、采集和登记，并做好备案，为后续的事故调查和责任认定提供依据。

10：00—10：30，随着事故救援的顺利进行，现场清障和拖运工作进入关键阶段。抢修小组动用专业设备，将受损车辆逐一移离事故现场，确保道路尽快恢复通行能力。在此过程中，所有清理工作按照安全规范进行，避免二次损伤和现场混乱。与此同时，监测中心的数据分析师与检测单位的技术人员继续协助工程养护科对桥梁的损坏部位进行更深入的评估。在初步评估基础上，技术团队使用便携式检测仪器对桥梁的关键结构部件进行精细检查，重点检测了桥梁的梁体裂缝、支座偏移情况以及墩柱的承载能力。

通过进一步的检测，技术团队收集了更为精确的数据，并根据桥梁结构损伤的具体情况，提出了初步的修复建议，包括对桥梁的关键节点进行加固处理，以及对受损区域进行应急维修。在这段时间内，所有相关部门密切配合，各司其职，确保事故现场的清理、抢修及桥梁检测工作同步进行，为后续的桥梁安全修复提供了科学依据和技术保障（图 10-31）。

10.4.4　专家分析研判

事故发生后，监测中心和检测单位迅速完成了初步的检测和数据分析，将相关的分析

图 10-31　现场结构初步分析

结果汇总并上报至直属分中心应急指挥组。为确保桥梁的安全问题得到全面评估，应急指挥组决定立即组织由结构工程、桥梁监测、维修加固等领域的专家团队对初步结果进行综合分析研判。专家组通过多方协作，对桥梁可能出现的结构性问题以及需要采取的措施进行了深入的讨论和推演，确保分析过程全面且科学。

监测中心根据长期对桥梁的监测数据，通过分析事故发生前后的索力、挠度、加速度等关键指标的变化，结合模态分析法，进行了精细的对比分析。模态分析是一种通过对结构的振动特性进行研究的方法，能够有效评估桥梁在外力作用下的响应情况。监测中心的技术人员指出，虽然事故导致桥梁局部受损，但从各项数据的变化特征来看，桥梁整体结构的受力状态没有发生明显异常，关键指标均在正常范围内。这表明桥梁的主体结构仍然保持稳定，事故未对其承载能力或使用功能产生重大影响。

与此同时，检测单位的工程师使用便携式检测设备对事故发生后的桥梁关键部位进行了详细的现场检测。通过对桥梁护栏、吊索等易受冲击的结构进行逐一检查，技术人员发现桥梁护栏发生了明显的变形，这表明撞击力量主要集中在护栏部分。此外，某些吊索在撞击中出现了轻微损伤，但经过进一步检查，这些损伤尚未对吊索的承载能力和桥梁的正常功能造成实质性影响。总体来看，桥梁的功能保持完好，车辆的通行安全可以得到保障。

最终，通过综合分析，专家认为，此次事故对桥梁局部产生了轻微的损伤，护栏和部分吊索上较为明显。尽管损伤不严重，桥梁的主要结构和功能未受影响，但为确保桥梁的长期安全性和可靠性，专家组建议对损伤部位进行及时的维护和加固，尤其是在护栏和吊索等受撞击的部位，采取必要的补强措施，防止进一步恶化。同时，监测中心需要继续加强对监测数据的深度分析和挖掘，实时掌握桥梁最新的结构受力动态。检测单位做好桥梁的检测计划，对桥梁进行系统全面的检测分析。

10.4.5　案例总结

在此次车辆撞击桥梁事故的应急处置过程中，各相关部门迅速反应、多方联动，成功将事故对桥梁的影响降至最低，展现了高效的城市桥梁应急处置能力。

监测系统实时采集并及时发出报警信号，数据分析师通过桥梁监测数据和视频监控，迅速定位到事故发生点，并初步研判事故严重性。这一系列的应急反应，确保了在最短时间内采取行动。接到预警后，直属分中心启动了四级应急响应，组织多部门力量赶赴现场，包括工程养护科、应急管理科、公安、医疗等部门，快速完成交通管制、人员救援、桥梁安全初步评估及现场清理等关键任务。

现场的应急小组表现出高度的组织性，尤其是在装备物资保障、抢修保通等环节上，确保了设备和物资的高效调配，并及时清理了事故车辆，恢复了桥梁的通行能力。同时，监测中心和检测单位在事故处理过程中充分发挥了技术支撑作用，通过现场检测和数据分析，对桥梁的受损情况进行初步评估，为后续的结构修复和维护提供了科学依据。

在事件的后续处理中，专家组通过对监测数据的进一步深度挖掘，确认桥梁受损部位并未影响整体结构功能，但建议对局部护栏进行加固，并加强日常监测与检测频率。此次事件中，监测中心、检测单位和应急部门展现了良好的协作机制，充分体现了现代城市桥梁监测与应急管理体系的成熟度。

总结来看，此次事件的应急处置展现了以下几点成功经验：

（1）高效的预警与监测机制：通过智能化的桥梁监测系统，能够第一时间发现风险并做出预警，为应急处理争取了宝贵的时间。

（2）快速响应与多部门联动：各相关部门按照应急预案迅速做出响应，指挥得当，协同有序，保障了事件的快速处置和交通恢复。

（3）技术支撑与科学研判：数据分析与结构检测技术在事故处置中的关键作用，通过数据的深入分析与现场检测，确保了对桥梁结构状态的科学判断，为后续的桥梁维护与修复提供了依据。

（4）完善的应急物资保障：在应急过程中，装备物资保障组高效调度各种设备，确保了现场救援、清理及修复工作的顺利进行。

通过此次事件，各部门总结了宝贵的实践经验，进一步完善了突发事故的应急处置流程。未来，需持续加强桥梁监测数据的深度分析与系统管理，优化应急预案，确保城市桥梁的长久安全与稳定。

10.5 外部荷载风险——重车偏载失稳的应急处置案例

10.5.1 事件概述

2023 年 4 月 26 日下午，一座跨河大桥的南半幅桥面因频繁通行的重型车辆出现严重偏载，桥梁监测系统检测到应变等数据异常波动后，向市政管理部门发出三级预警，并紧急通知交警前往疏导（图 10-32）。该桥为独塔双索面斜拉桥，因重型车辆集中停留，东西两侧索力严重不均，主梁出现倾覆垮塌的风险。各部门迅速启动应急响应，交警采取车辆分流和现场封控等措施，桥梁管理单位密切监控结构状态，最终消除安全隐患。事后专家通过监测数据和有限元分析，确认桥梁未产生残余应变，但指出若类似事件频繁发生，可能对桥梁耐久性造成影响，建议加强交通疏导和超载管控。此次应急处置展现了多部门高效

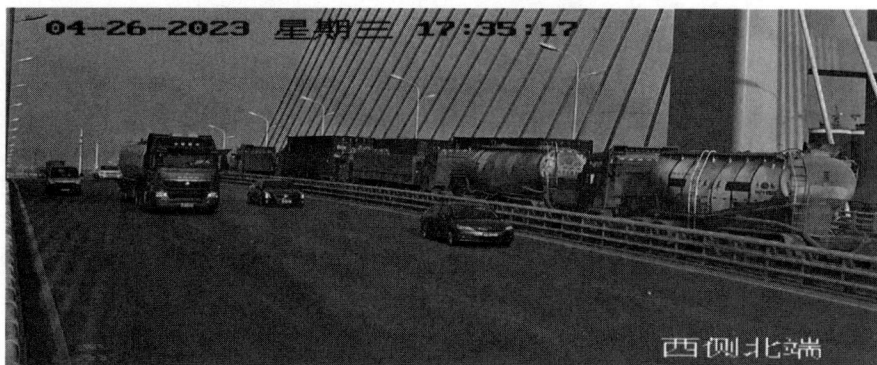

图 10-32　桥面实况及影响范围

联动、监测预警和技术分析的重要性，为今后桥梁安全管理提供了宝贵经验。

　　大桥主桥跨径布置为（120+160）m，全长 280m，为独塔双索面塔梁墩固结体系斜拉桥。主梁为预应力混凝土双边箱梁断面，主塔采用船帆式钢 – 混组合式桥塔，下部采用承台及群桩基础（图 10-33）。

图 10-33　主桥 GIS 图

　　斜拉桥是由主梁、拉索和桥塔组合而成，是一种高次超静定结构。从受力角度来看，主梁作为多点弹性支撑的连续梁，斜拉索作为弹性支撑，将自重和活载传递到索塔上；同时斜拉索水平分力对主梁产生了轴向预压作用，使主梁处于最佳的受力状态，使得这种结构处于整体较安全的状态。但是该桥主梁并没有以索塔为对称轴对称分布，可能导致索塔两侧受力不均，虽然设计时进行了不对称压重以改变这种不对称性，但随着环境、荷载的改变和桥梁自身的老化，可能引起新的不平衡；同时，若重型超载也可能加速箱梁疲劳致损伤，需要引起桥梁管理者的关注。

10.5.2   应急响应联动

事故发生的第一时间，监测中心通过监控视频迅速确认了桥梁西向东方向下桥处发生了交通事故。事故导致桥梁上的混凝土罐车、渣土车、大货车等重型车辆密集通行，导致桥梁南半幅桥面严重堵塞，并出现了明显的偏载现象。由于重型车辆集中停留在桥梁的一侧，监测数据显示桥梁的应变数值发生突变，东西两侧的索力严重不均，主梁存在倾覆垮塌的风险。

在发现异常情况后，监测中心立即启动了应急响应程序。首先向桥梁的权属管理单位发出了预警信息，详细说明了当前桥梁的受力异常情况及潜在的结构安全隐患。同时，监测中心通知了当地的交警部门，请求其立即进行交通疏导和车辆分流。权属单位和交警部门在接到警报后，迅速展开了联动行动，按照既定的应急预案，采取了相关措施以消除桥梁的安全隐患。

权属单位在接到预警后，立即对监测数据进行了复核，并与监测中心保持密切沟通，以确认桥梁结构的受力状态是否存在进一步恶化的可能。交警部门则调动了附近的警力资源，迅速赶赴现场，控制了交通流量，防止情况进一步恶化。

10.5.3   应急处置疏导

交警部门在抵达事故现场后，首先对事故点进行了全面封控，以防止后续车辆继续进入已经严重堵塞的桥面。通过布设警戒线和警示标志，并在重要的入口处安排执勤警员，确保了交通控制措施的迅速实施。接着，交警部门优先疏散了停留在桥梁南侧的重型车辆，以恢复桥面的均匀受力状态（图10-34）。

为了提高疏导效率，交警部门根据应急预案中的分流方案，调动了附近的交通控制系统，迅速开辟了临时的分流线路，将部分车辆引导至邻近的道路，从而减轻桥梁的交通负

图10-34   现场交通疏导

担。监测中心则持续跟踪桥梁的应变和索力变化，以确保桥梁结构处于可控状态。随着堵塞车辆的逐步撤离，桥梁的偏载现象得到了有效缓解，索力逐渐恢复到正常范围，桥梁的安全隐患被成功消除。

与此同时，监测中心实时跟踪桥梁的应变和索力变化，确保桥梁结构处于可控状态。随着堵塞车辆的逐步撤离，桥梁偏载现象得到有效缓解，索力逐渐恢复到正常范围，桥梁结构的安全隐患被成功消除。

从南侧车道监测断面来看（图 10-35），Sx22 向下波动，说明顶板受压，最大波动值为 $-32.526\mu\varepsilon$；Sx23 向上波动，说明隔板受拉，最大波动值为 $25.292\mu\varepsilon$；Sx24 向上波动，说明底板受拉，最大波动值为 $24.292\mu\varepsilon$。

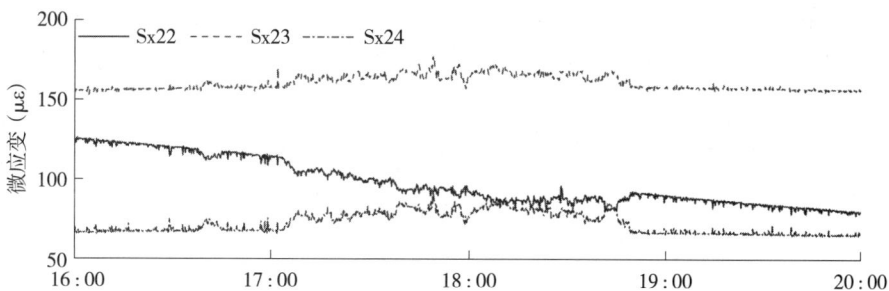

图 10-35　南侧车道应变监测曲线图

从北侧车道监测断面来看（图 10-36），Sx19 向下波动，最大波动值为 $-28\mu\varepsilon$，Sx21 向上波动，最大波动值为 $7\mu\varepsilon$，Sx20 波动不明显。

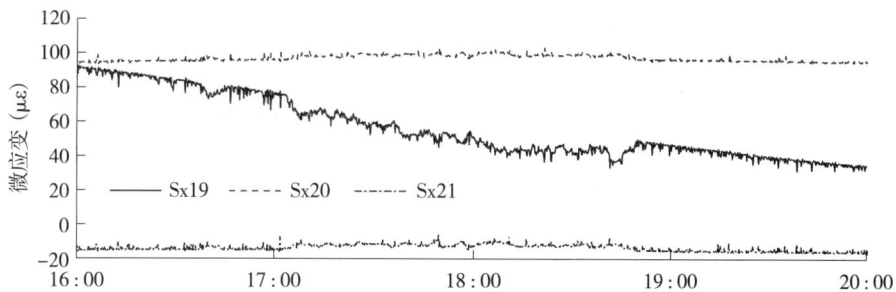

图 10-36　北侧车道应变监测曲线图

10.5.4　专家分析研判

事故得到控制后，权属单位组织了桥梁安全领域的专家团队，对此次车辆撞击引发的桥梁偏载和安全隐患进行了全面分析。专家组从桥梁结构的设计特点、外部荷载影响、监测系统响应及应急处置效果等多个维度进行了深入探讨，以评估事件的根本原因及未来预防措施的有效性。

首先，专家组对桥梁的监测数据进行了持续观察。南侧车道的挠度监测数据显示，在交通堵塞期间，挠度数据出现了下挠现象，最大波动值为 -7.8mm。堵车结束后，挠度数据逐渐恢复正常，表明桥梁在重载影响下产生了变形，但在拥堵缓解后，结构变形恢复正常，未出现永久变形（图 10-37）。

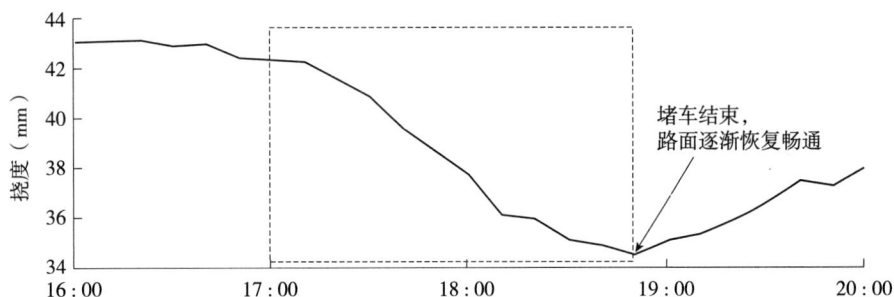

图 10-37　南侧车道挠度监测曲线图

为进一步验证桥梁的受力情况，专家组使用了有限元分析方法，对桥梁进行了模拟分析。通过 MIDAS Civil 软件建立了桥梁的空间结构模型（图 10-38），并模拟了 55t 移动荷载对桥梁的影响。模型共划分为 389 个节点和 294 个单元，模拟结果显示，在 55t 移动荷载作用下，主跨跨中的最大挠度为 9.4mm，最大应力达到 868kN/m²，与实测的应变值一致（图 10-39、图 10-40）。

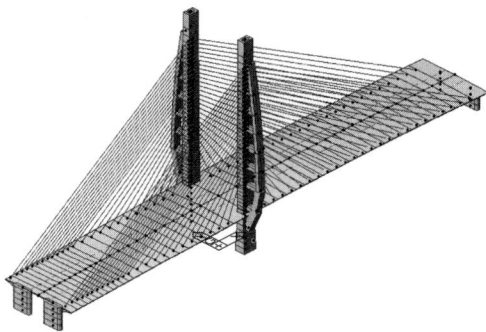

图 10-38　有限元模型

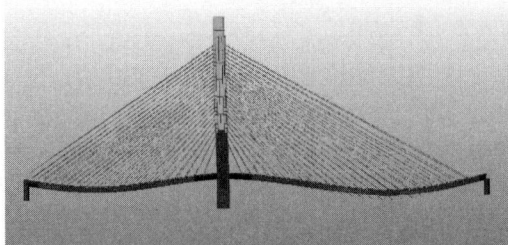

图 10-39　位移等值线

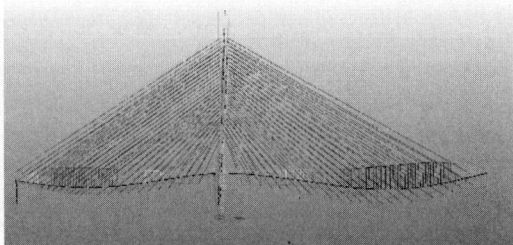

图 10-40　全桥应力图

根据有限元模型计算和监测数据的分析结果，专家组得出结论：桥梁在此次事件中承受的荷载相当于 55t 移动荷载的影响，已达到了城市桥梁的限载标准。桥梁主跨的应变和挠度在拥堵后发生了剧烈变化，但在拥堵缓解后，数据恢复正常，表明桥梁结构的安全性得到了保证。然而，长期存在重载情况可能对桥梁的耐久性和抗疲劳性能造成影响。因此，专家组建议加强对该桥的交通疏导，并对严重超载车辆采取强制卸荷措施，避免类似事件的发生。同时，建议加强对桥梁的交通管理和监测，确保桥梁在复杂交通条件下的安全性。

10.5.5　案例总结

在此次重车偏载失稳事件的应急处置过程中，各部门协同作战，通过实时监测、快速响应和有效的交通疏导措施，成功化解了桥梁结构的安全隐患。桥梁监测系统的预警功能在本次事件中发挥了关键作用。监测系统通过数据异常波动及时检测到桥梁南侧的重车偏载现象，触发三级预警，迅速通知相关部门采取应急措施。尤其是通过索力和应变数据的分析，准确判断了桥梁面临的结构性风险，避免了更为严重的事故发生。

在应急响应和联动方面，监测中心、桥梁权属单位和交警部门紧密合作，及时启动应急预案。交警部门迅速赶赴现场，对事故点进行封控和车辆分流，有效疏导了大量重型车辆，缓解了桥梁偏载的压力。同时，监测中心持续跟踪桥梁的受力情况，确保其结构处于可控范围内。随着堵塞车辆的逐步撤离，桥梁的偏载现象逐渐消失，桥梁恢复了正常的受力状态。

事件处置过程中，技术部门通过监测数据的分析，结合有限元建模模拟重载工况，深入研究了此次事故对桥梁结构的影响。结果表明，桥梁的受力状态在重型车辆密集通行时发生了显著变化，但在事故处理后，挠度和应变数据恢复正常，桥梁并未产生残余应变，显示出整体结构仍处于安全状态。然而，事件的分析也指出，若此类偏载现象频繁发生，将会加剧桥梁的疲劳损伤，降低其耐久性和抗疲劳能力。

总结本次事件的应急处置经验，得出以下几点关键结论：

（1）实时监测与预警的重要性：智能化的桥梁监测系统能够准确捕捉异常数据波动，提前预警，为应急处置争取了宝贵时间。

（2）多部门协同应急处置：监测中心、桥梁权属单位和交警部门的快速反应和紧密联动，确保了事故现场的迅速控制和交通秩序恢复，成功化解了潜在的桥梁失稳风险。

（3）技术支撑与深度分析：通过数据分析、现场监测和有限元建模相结合，技术团队对桥梁结构的受力变化进行了科学研判，为后续桥梁维护和管理提供了重要依据。

（4）加强预防与管理：尽管本次事件得到了妥善处理，但为防止类似事件的再次发生，建议加强桥梁的日常监测，特别是在重型车辆通行密集的时段，严格执行超载车辆的管控措施。同时，应强化桥梁的交通疏导能力，优化分流方案，确保桥梁的长期安全运行。

此次重车偏载失稳事件的成功处置不仅展现了城市桥梁应急体系的高效运作，也为未来类似突发事件的应急预案和处置流程提供了宝贵的实践经验。

10.6　气象环境风险——冬季桥面结冰的多部门协同案例

10.6.1　事件概述

2024年2月4日，某市区受到寒潮影响，出现了持续的低温雨雪冰冻天气。复杂的降水形式，如雷雨、冻雨、冰粒、霰和降雪，加剧了路面和桥面的结冰风险（图10-41）。这种极端天气不仅增加了车辆失控的可能性，还可能引发桥梁撞击等次生灾害。面对这一严峻气象挑战，市桥梁管理部门、监测中心、气象

图10-41　桥面结冰现场

部门和交通管理部门迅速协同，通过数据共享和高效的应急处置措施，成功防范了由于桥面结冰而引发的安全事故，确保了市民的安全出行。

10.6.2　多部门数据共享

在历年冬季桥面结冰的应对过程中，气象部门、桥梁监测中心和交通管理部门各自面临特定的痛点问题。气象部门虽然负责提供天气信息，但不涉及具体的桥梁情况，这限制了对桥面结冰的精准预测。桥梁监测中心专注于实时监测桥面温度，但温度降至零点以下只是冰凝条件的一个方面，实际结冰还受到水膜、大气湿度等多种因素的影响。交通管理部门虽具备扫雪车和撒融雪剂的设施，但在缺乏准确预警的情况下，难以确定最佳的行动时机和资源调配策略。这些痛点共同导致了对桥面结冰的预测和应急响应的低效。

为解决这些问题，案例城市成功建立并启动了跨部门数据共享机制，推动数据的高效流动，显著提升了预测预警的准确性和应急响应的整体能力。

市气象局：通过气象监测系统，实时提供详尽的气象数据，包括能见度、路面温度、

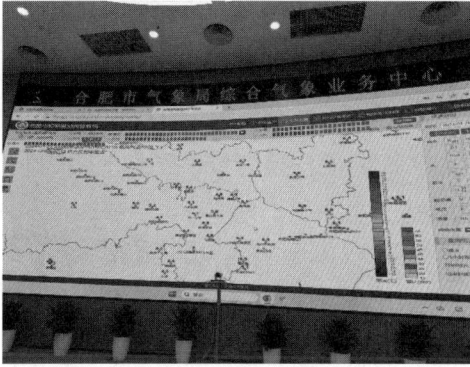

图 10-42　数据共享机制探讨

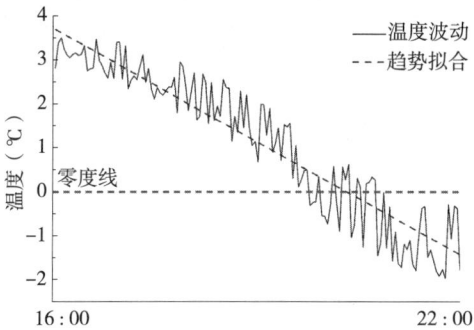

图 10-43　视频监控与监测数据

水膜高度、冰厚、雪深、降雨量、路面状况、降水强度等 18 项指标。基于路面温度通常比自动站监测温度高 0~2℃，而桥面温度则低 0~4℃的经验，构建了空气温度与桥体温度交换的理论模型，以便与实测数据进行拟合。当气温持续低于冰点，且降水强度逐渐加大时，桥面温度易降至结冰点，尤其是在降水形式转化为冻雨或湿雪的情况下，冰层和雪层厚度的变化会对桥梁产生直接影响。这些数据为预测桥面何时何地可能出现结冰现象提供了关键支持（图 10-42）。

监测中心：利用桥梁监测系统，实时跟踪桥面温度，并通过桥梁上的视频监控设备观察到桥面上出现了明显的结冰迹象，结合气象局的数据和视频监控结果，监测中心能够更精确地了解桥面结冰的实际情况（图 10-43）。

桥梁管养部门：多年积累的历史易凝冰点数据在监测中心开展桥面结冰预测中起到了至关重要的作用。这些数据为监测中心提供了对桥梁高风险区域的关键参考，通过历史数据与实时监测数据的交叉比对，监测中心能够更精确地识别潜在风险区域，提升预测的准确性和时效性，从而为防范措施的及时部署和应急响应提供有力支持（图 10-44）。

图 10-44　融雪铲雪

10.6.3　预测预警

在数据共享的基础上，结合气象局提供的实时气象数据，如气温、降水强度、冰厚、雪深等，以及桥面温度数据和视频监控画面，监测中心运用算法模型和数据分析工具对未来几个小时的桥面状况进行综合分析，结合历史易凝冰点位数据，分析结果表明，部分区域的桥梁在夜间低温条件下可能出现严重的桥面结冰现象。基于这些分析，监测中心发出了针对桥梁凝冰的预警信息。预警信息中详细说明了受影响的桥梁区域、预计的结冰时间以及可能造成的交通安全隐患，并及时通过市政信息平台传达给桥梁管养单位和交通管理部门。

10.6.4　事前预防

在收到预警后，桥梁管养部门迅速展开了事前预防措施。管养部门立即与交警部门联系，协调对高风险桥梁区域的交通管控。交警部门在桥梁周边设置了警示标志，提醒驾驶员注意桥面湿滑，并加强了对桥梁的实时监控，确保任何异常情况能够得到及时处理。与此同时，桥梁管养部门的应急队伍迅速赶赴重点桥梁区域，进行精准的除冰作业。应急队伍首先使用扫雪车对积雪进行清理，然后撒布了融雪剂以防止结冰。特别是在历史易凝冰点位，管养部门加强了融雪剂的撒布密度，确保这些高风险区域的桥面得到充分处理。为了提高效率，管养部门还调动了备用设备和应急物资，确保在情况恶化时能够快速反应。交通管理部门也根据实际情况调整了交通流量，开辟了临时分流路线，减轻了桥面的负荷。监测中心在此期间继续与各部门保持密切的数据共享，实时跟踪路面温度和冰层厚度，确保作业效果和道路安全。此次事前预防工作充分体现了各部门的协调合作和迅速反应，成功防止了结冰引发的交通事故，保障了市民的安全出行（图 10-45）。

图 10-45　现场处置图片

10.6.5 案例总结

此次事件的成功处置突显了多部门联动机制的高效性，特别是在数据共享和实时预警方面的紧密协作。通过各部门的快速响应和精准行动，成功避免了潜在的交通安全隐患，保障了桥梁和道路的安全通行。事件的处理经验表明，数据共享与多部门协作对于应对复杂的气象环境风险至关重要，也为未来类似情况下的应急处置提供了宝贵的经验和参考。总结本次事件的关键经验：

（1）数据共享的关键作用：跨部门的数据共享平台提供了全面的气象数据和桥面监测信息，增强了风险预测的准确性和应急响应的及时性。

（2）精准预测与预警：通过对多源数据的综合分析，准确预测了结冰风险，并及时发布了预警信息，为各部门提供了有效的应对依据。

（3）高效的事前预防措施：管养部门和交通管理部门的协同作业，包括除冰作业和交通管控，成功降低了结冰对桥梁和道路的影响，确保了交通安全。

（4）持续监测与应急响应：实时监测和数据分析确保了应急处置的有效性，并为后续的桥梁维护和管理提供了重要依据。

第 11 章　城市桥梁安全创新发展

本章围绕城市桥梁安全的创新发展，探讨了现代监测技术的进步与应用，重点分析了电磁波监测技术、机器视觉监测技术等在桥梁安全监测中的前沿应用，并展望了未来智能化、系统化的桥梁监测体系的发展方向。通过引入新技术和新方法，城市桥梁安全监测正在向着更高效、更智能的方向发展，为城市交通的稳定运行和人民生命财产的安全提供强有力的技术保障。

11.1　监测设备创新发展

11.1.1　电磁波监测技术

1. 电磁波监测技术的定义与基本原理

电磁波监测技术作为一种前沿的监测手段，基于电磁波与物体相互作用的物理原理，通过探测电磁波在传播过程中的特性变化，实现对目标结构状态、演变以及性能等信息的获取与深度分析。其原理在于电磁波在与物体交互作用时经历着多种现象，如反射、散射、吸收等，这些现象的特征被有效应用于获取关于目标物体的内在特性。

在电磁波监测技术中，核心概念如下所述：

（1）电磁波的发射和传播：电磁波以电场和磁场交替变化的形式传播，其特性的波长和频率在不同应用场景下选择不同。通过发射电磁波并监测其传播过程，能够获取物体与波之间相互作用的信息。

（2）反射和散射：当电磁波与物体表面相遇时，一部分能量会反射回来，而另一部分则在物体表面发生散射。通过分析反射和散射的模式，可以获取物体的尺寸、形状以及表面特性等重要信息。

（3）吸收：物体对电磁波能量的吸收导致波的强度减弱。这种吸收现象程度的变化取决于物体的材料特性和密度。因此，通过测量吸收特性，能够推测物体的组成和材质。

（4）幅度、相位和频率变化：电磁波与物体交互作用会导致其幅度、相位和频率等特性发生变化。这些变化可以被精确测量，从而用于分析物体的结构变形、损伤情况以及内部状态。

电磁波监测技术在不同频段和波长下应用广泛，包括微波、毫米波和雷达等。在城市桥梁监测中，这项技术被应用于实时追踪桥梁的变形、损伤、索力和荷载分布等参数，从而为桥梁的安全运营和持续维护提供了重要的数据支持。

2.电磁波监测技术的优势

电磁波监测技术作为一种先进的结构监测方法，在城市桥梁安全领域具备多项显著的优势，为其广泛应用提供了坚实的基础。

（1）非侵入性监测：电磁波监测技术的非侵入性本质意味着无需直接接触目标结构，避免了可能对桥梁完整性产生的任何物理干扰。这种优势确保了结构的原始状态和性能不受影响，为准确监测提供了保障。

（2）远程监测能力：该技术具备远程监测能力，能够通过无线通信实时传输数据。这使得工程师和管理者能够随时获取桥梁的状态和变化信息，无论身在何处，都能保持对桥梁情况的紧密关注，提高了监测的效率和灵活性。

（3）多参数综合分析：电磁波监测技术不仅可以测量多个参数，如变形、振动、索力和荷载等，而且能够综合分析这些参数，为结构的综合安全状况提供准确评估。这种综合性分析能够快速、全面地识别可能存在的问题。

（4）高灵敏度：该技术的高灵敏度使其能够探测微小的结构变化和损伤，甚至可以对微小缺陷和裂缝进行精确的检测。这种特性使工程师能够及早发现潜在问题，采取针对性的维护措施。

（5）实时性和及时性：电磁波监测技术能够实时监测结构的变化，并能够在出现异常情况时即时发出警报。这种实时性和及时性使得工程师能够迅速做出反应，采取必要的维护行动，防范问题进一步恶化。

（6）多层次信息获取：该技术不仅能够获取结构外部信息，还可以深入探测内部的变化。这种多层次信息获取能够提供更全面的结构评估，有助于对桥梁的整体状况进行更加深入的理解。

（7）降低维护成本：及时监测和预测结构问题，使得维护措施可以在问题尚未严重之前实施，从而降低了维护成本，延长了桥梁的使用寿命。

（8）环境适应性：电磁波监测技术具备高度的环境适应性，不受天气、温度等因素的影响，能够在各种复杂环境下稳定运行。

综上所述，电磁波监测技术在城市桥梁的安全监测中具有诸多优势，这些优势为其在桥梁运行和维护方面的应用提供了可靠的支持，并为其未来的发展提供了广阔的前景。

3.电磁波监测技术在城市桥梁安全中的应用

电磁波监测技术作为一种创新的结构监测方法，在城市桥梁的安全性评估和维护方面发挥着重要作用。以下是该技术在桥梁安全中的应用示例。

（1）索力监测

索力监测是电磁波监测技术在城市桥梁安全中的重要应用之一。索承式桥梁作为城市交通网络的关键组成部分，其安全性和稳定性对城市运行至关重要。索力监测利用电磁波监测技术，追踪和评估桥梁拉索的受力情况，为工程师和维护人员提供及时有效的数据支持。

在索力监测中，电磁波被发射到桥梁的拉索中，通过分析回波信号与发射信号之间的相位差，实现对拉索振动位移的精确测量（图 11-1）。并基于所得的位移信息，计算得出拉索的振动频率，并进一步利用此频率推导出拉索的信息。这一方法结合了电磁学和结构动力学的原理，为索力监测提供了一种高效且可靠的手段。这种方法无需物理干预桥梁结构，避免了对拉索完整性的影响。同时，由于电磁波传播的远程特性，可以实现对拉索状态的实时远程监测，即使在偏远或难以进入的区域也能进行监测。

这项技术的应用能够帮助工程师及时发现拉索的变形、磨损、应力集中等问题，预测索力的分布情况，以及预警潜在的问题。这样，维护人员可以更加精准地制定维护计划，保障索道桥梁的安全运行。

（2）挠度监测

1）静荷载：电磁波监测技术在城市桥梁安全监测中的另一个重要应用领域是静荷载监测，特别是与桥梁的挠度相关的监测。静荷载监测旨在实时监测桥梁承受的静态荷载情况，其中挠度作为一个关键参数被广泛关注。

在静荷载监测中，电磁波通过与桥梁结构相互作用，能够捕捉到结构的挠度变化。当桥梁承受静态荷载时，结构会发生弯曲和变形，进而引起电磁波特性的变化。通过测量电磁波的变化，工程师可以获取桥梁不同部位的挠度信息，从而了解荷载引起的结构变形程度。

2）动荷载：电磁波监测技术还可以应用于动态荷载监测，同样以桥梁的挠度作为监测的关键参数。动态荷载监测旨在追踪桥梁在车辆、行人等交通荷载作用下的动态响应，以及在振动等情况下的变形情况。

在动荷载监测中，电磁波监测技术可以实时监测振动和荷载引起的挠度变化。当荷载作用于桥梁时，桥梁会发生动态变形和振动，这些变化会导致电磁波的特性发生变化（图 11-2）。通过分析电磁波的反应，工程师可以获得桥梁在不同荷载情况下的挠度响应，从而更好地理解桥梁的动态性能。

4. 前景与挑战

电磁波监测技术作为一种创新的结构监测方法，在城市桥梁安全中展现出了广阔的前景，然而也面临一些挑战需要克服。

图 11-1　电磁波测索力

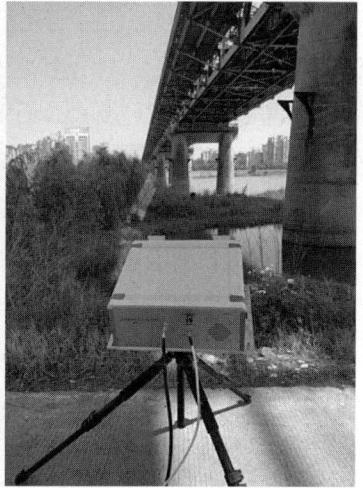

图 11-2　电磁波测挠度

（1）前景

1）增强监测精度：随着技术的不断进步，电磁波监测技术的监测精度将得到进一步提升。更先进的传感器和信号处理方法有望使得对桥梁状态和性能的监测更加准确和细致。

2）多参数综合分析：未来，电磁波监测技术可能会发展成为能够同时监测多个参数（如挠度、应力、变形等）的综合性解决方案，为工程师提供更全面的结构安全状况评估。

3）智能化与自适应：结合人工智能和机器学习等技术，电磁波感知系统有望变得更智能化，能够自动识别异常情况并做出预测，提高预警能力。

4）实时监测网络：基于电磁波监测技术的实时监测网络将逐渐扩展，构建起一个跨越城市范围的桥梁健康监测网络，从而实现更全面的城市基础设施管理。

（2）挑战

1）复杂环境影响：城市环境中存在许多干扰源，如建筑物、信号干扰等，这些因素可能影响电磁波监测技术的准确性和稳定性。

2）多样化桥梁结构：不同桥梁具有不同的结构和材料，因此技术需要适应不同类型的桥梁，提高其通用性和适用性。

3）数据处理和解释：电磁波监测技术产生大量复杂的数据，如何高效地处理和解释这些数据，将是一个挑战。

4）隐私和安全问题：实时监测网络涉及大量数据传输和存储，隐私和数据安全问题需要得到充分关注。

技术成本：一些高精度的电磁波感知系统可能会涉及高昂的设备成本，因此技术的可行性和成本效益需要仔细考虑。

11.1.2　机器视觉监测技术

1. 机器视觉监测技术的定义与基本原理

机器视觉监测技术是一种利用计算机和数字图像处理技术，使计算机能够模拟人类视觉系统，对图像进行感知、分析和理解的领域。它通过摄像头、传感器等设备采集现实世界中的图像，然后利用各种图像处理算法和模式识别技术来解析图像内容，从而实现自动化的视觉任务，如物体检测、识别、测量、分类和质量控制等。

机器视觉监测技术的基本原理涵盖以下几个关键方面（图11-3）：

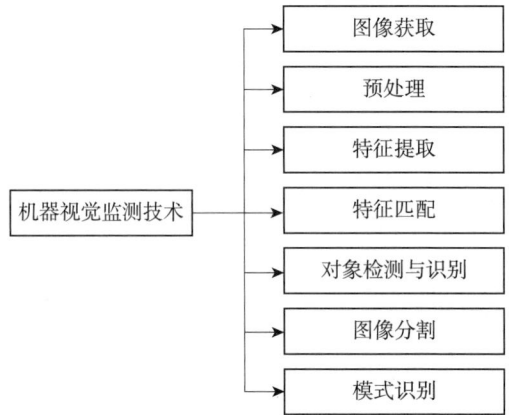

图 11-3　机器视觉监测技术

（1）图像获取：首先需要通过摄像头、传感器等设备获取目标的视频图像序列。这些图像可以是静态图像，也可以是实时的视频流。

（2）预处理：获取到的图像可能包含噪声、光照变化等干扰因素，需要进行预处理来减少这些干扰。预处理步骤可能包括去噪、图像增强、颜色校正等。

（3）特征提取：在图像中识别出有用的特征，如边缘、角点、纹理等。这些特征可以帮助区分不同的物体或图像区域。

（4）特征匹配：将提取的特征与预先定义好的模板或特征数据库进行匹配，以识别出物体或图像中的目标。

（5）对象检测与识别：根据特征匹配的结果，可以进行对象的检测和识别。这可以涉及目标物体的形状、大小、颜色等特征。

（6）图像分割：将图像分割成不同的区域，以便更好地分析和处理各个部分。

（7）模式识别：利用机器学习和模式识别算法，将图像中的特征与已知的模式或类别进行比较，从而确定图像中的内容。

机器视觉监测技术在桥梁监测领域中具有巨大的潜力。通过将图像处理和模式识别技术应用于桥梁的视觉数据，可以实现更高效、精确和自动化的桥梁监测，有助于保障桥梁的安全性和可靠性。

2. 机器视觉监测技术的优势

（1）高精度的数据获取与分析：机器视觉监测技术凭借高精度的数据采集和分析能力，捕捉桥梁表面微小变形、裂缝等问题。通过将图像转化为数据，并运用复杂算法识别和量化结构变化，为工程师提供精确信息，助力评估桥梁的结构安全。

（2）实时监测与预警：机器视觉监测技术具备实时性，持续监测桥梁变化。一旦出现异常，如损伤、位移超标，系统能迅速发出预警，帮助采取及时应对措施，防范潜在风险和事故。

（3）无损检测与安全性：相较传统的物理检测方法，机器视觉监测技术是一种无损检测手段。无需对桥梁进行破坏性操作，避免对结构的二次伤害，确保桥梁安全稳定。

（4）大数据处理与智能分析：机器视觉处理海量图像数据，并通过智能分析提取关键信息。帮助工程师深入了解桥梁变化趋势，为长期结构维护和管理提供数据支持，优化维护方案，降低运营成本。

（5）自动化与效率提升：机器视觉监测技术实现自动化监测和分析，显著提升工作效率。全天候、不受时间和环境限制地工作，释放人力资源，使工程师能更专注于决策和规划。

（6）未来拓展与创新：随着技术不断发展，机器视觉监测技术不断演进和创新，为桥梁监测领域带来更多可能性。结合人工智能、深度学习等技术，机器视觉监测技术有望更准确地预测和识别潜在问题，进一步提升桥梁安全性和可靠性。

综上所述，机器视觉监测技术在桥梁监测中具备明显优势，其高精度、实时性、无损性以及自动化带来的效率提升，为桥梁的安全运行和可持续发展提供了强大支持。

3.机器视觉监测技术在城市桥梁安全中的应用

（1）高分辨率摄像技术的桥梁裂缝识别

在现代城市建设的浩瀚工程中，桥梁作为连接纽带，承载着日益繁重的交通负荷和人流压力。然而，随着时间的推移和环境的变迁，桥梁的健康状况逐渐引发关注。在这一背景下，基于高分辨率摄像技术的桥梁裂缝识别应用以其贴近实际的实时监测和精确分析，成为维护城市骨干交通网络的重要支撑。如图 11-4 所示为无人机巡检，检查桥梁裂缝情况。

实时识别与监测：精细呈现桥体微观。位于某主要交通干道上的桥梁，通过高分辨率摄像机实时捕捉桥体表面的图像。借助专业的图像处理和计算机视觉技术，系统能够高精

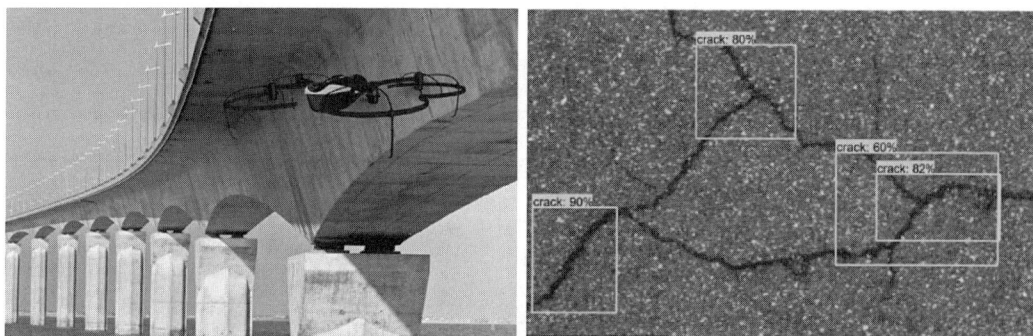

图 11-4　基于视觉的桥梁裂缝识别

度地识别裂缝、损伤等微观细节，无需人工干预即可全方位呈现桥体表面的实时状况。

一图胜千言：数据可视化解读实时振动。城市的主要悬索桥，利用高分辨率摄像技术捕捉到桥梁的微小振动。通过先进的数据处理，系统能够将这些振动数据转化为清晰的图像和曲线，直观呈现桥体在不同荷载下的振动模式。这种直观的数据可视化方式，让工程师能够一目了然地解读桥梁的动态响应特性。

长期监测与智能分析：敏锐洞察隐患。一座城市要塞桥，采用高分辨率摄像技术进行长期监测。通过不断地积累图像数据，系统可以智能分析出桥体的演化趋势，迅速识别出潜在的损伤问题。工程师可以凭借这些数据，制定有针对性的维护策略，做到在隐患还未显现时即刻介入，确保桥梁的稳定性。

跨越时空的智慧：远程监控保障。位于城市核心区的桥梁网络，基于高分辨率摄像技术实现远程监测。图像数据可以实时传输至监测中心，工程师可以无需亲临现场，即可了解桥梁的实时状况。这种跨越时空的智慧监测，使得对城市桥梁安全的保障更加高效可靠。

基于高分辨率摄像技术的桥梁损伤与裂缝识别应用，以其高度专业和接地气的方式，为城市基础设施的可持续发展注入了新的智能动力。通过实时监测、智能分析和远程控制，这一应用既实现了城市桥梁的安全守护，又为城市交通的畅通提供了坚实支持。

（2）索力监测

城市中耸立的拉索桥、悬索桥等索承式桥梁，以其雄伟的外观和独特的结构设计，成为城市的亮丽风景。这些桥梁的稳定性和安全性紧密依赖于其索道系统的状态。为了监测索道的健康状况，基于机器视觉的索频和索力监测应用应运而生。通过高度专业的图像处理和分析技术，系统能够感知拉索的振动频率和力的变化，从而为桥梁的运行状态提供准确的评估和智能预测。其中，基于视觉的索频检测方法主要分为两大类：目标辅助法和无目标辅助法。前者主要依靠识别和跟踪标记点，通过在拉索上放置或应用特征标记点，然后跟踪该点的位移时间信息，可以得到频率信息。无目标辅助法包括拉索边缘检测和深度学习方法，它们根据拉索上的振动信息对拉索进行识别，计算拉索频率。此外，其他新兴的方法如光流估计法和基于视频相位的方法也被用于计算拉索频率。使用相机设备（帧率大于或等于拉索振动频率的2倍，帧率在30帧可以满足大部分采集要求）采集一段拉索振动视频，然后对采集的视频图像进行复可控金字塔分解，获取图像的相位信息，然后利用相位信息计算拉索的时域振动信号，最后经过傅里叶变换获取拉索的频谱信息。这一方法无需安装传感器，并且可以从视频画面中提取多条拉索的振动信息，从而显著提高了检测效率（图11-5、图11-6）。

（3）静荷载监测

静荷载监测利用非接触式摄像机对桥梁在恒定荷载作用下的形变进行全程记录与分析，从而评估其稳定性和承载能力。实施时，在桥面或支座区布设高分辨率工业摄像机，通过标定板或自然特征点进行相机校正，消除镜头畸变，随后在无车荷或规定静载状态下连续采集图像序列。基于数字图像相关等图像处理算法，能够精确测量出桥体关键部位的位移和转角，达到毫米级精度。将所得的最大变形量和时程曲线与设计规范限值对比，并结合结构力学模型计算安全裕度，既可判定桥梁整体健康状况，又能预见潜在失稳或裂缝扩展风险。

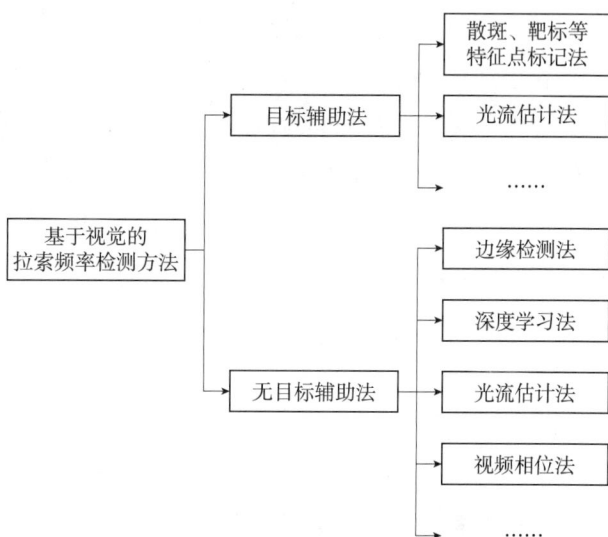

图 11-5　视觉测索力方法

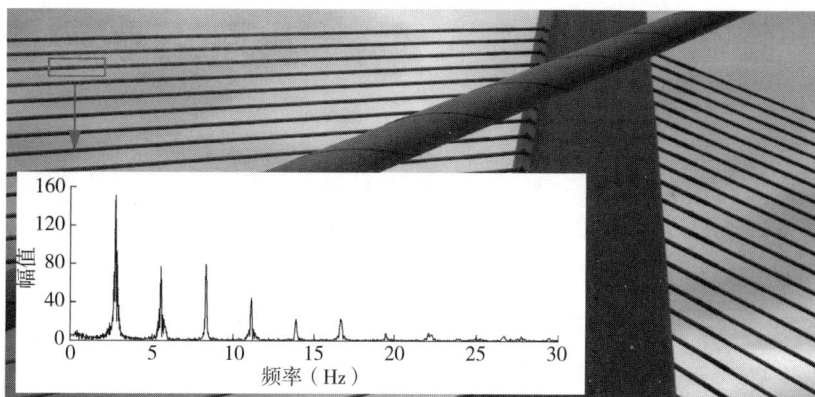

图 11-6　视觉法测索频

（4）动荷载监测

动荷载监测则通过机器视觉技术捕捉桥梁在车流、行人振动等动态荷载作用下的瞬态响应，帮助工程师研究结构的振动特性和响应行为。该方法在桥面或结构关键节点安装高速摄像机，在车辆行驶或其他激励作用时持续采集图像和视频，通过图像处理与时域、频域分析相结合，提取出振动频率、振幅及模态特征。将这些动态参数与设计模型或历史监测数据对比，不仅可以识别共振风险，还能对不同荷载情形下的响应趋势进行预测，并据此制定合理的通行限制与维护方案。

4. 机器视觉监测技术在城市桥梁安全中的前景和挑战

（1）前景

随着科技的不断进步，机器视觉监测技术在城市桥梁安全领域展现出了令人瞩目的前景。这些前景包括自动化监测和数据驱动决策，为城市桥梁的维护、管理和安全性提供了全新的方法和工具。

自动化监测：实时洞察桥梁状态。城市桥梁的安全性和稳定性需要持续的监测和评估。机器视觉监测技术能够实现自动化监测，通过高分辨率摄像机和智能分析算法，实时捕捉桥梁的变形、振动、应变等关键参数。这种自动化监测能力使得工程师可以随时了解桥梁的状态，发现潜在问题，并及时采取措施进行干预，从而保障桥梁的安全性和可靠性。

数据驱动决策：精准维护和管理。机器视觉监测系统所获得的大量数据为工程师提供了精准的维护和管理依据。通过对数据的深入分析，工程师可以识别出结构的变化趋势、异常情况以及潜在问题。基于这些数据驱动的信息，他们能够制定科学的维护计划、决策策略和风险管理方案。这种数据驱动的决策方式有助于更好地优化资源分配，提高维护效率，同时降低了人为主观因素的影响。

未来展望：智能化桥梁安全管理。在不久的将来，机器视觉监测技术有望实现更高级别的智能化桥梁安全管理。通过结合人工智能、大数据分析等技术，系统可以更准确地预测潜在问题，实现预防性维护和及时干预。这将大大提高桥梁的安全性和可靠性，为城市交通和发展提供更强大的支持。

综合而言，机器视觉监测技术在城市桥梁安全领域的前景充满希望。通过自动化监测和数据驱动决策，这项技术将为城市桥梁的维护和管理带来更高效、更智能的方法，确保桥梁持续安全地为人们提供重要的交通和连接。

（2）挑战

尽管机器视觉监测技术在城市桥梁安全领域有着巨大的潜力，但也面临着一些挑战，特别是在应对复杂环境和确保高准确性等方面。

1）复杂环境挑战：城市桥梁往往处于复杂多变的环境之中，受到交通流量、气象变化、周边建筑等多种因素的影响。这些因素可能导致摄像机视野被遮挡、光照变化等问题，从而影响图像采集的质量和准确性。应对复杂环境挑战需要研发更强大的图像处理算法和技术，以确保即使在恶劣条件下也能够获得可靠的监测结果。

2）准确性要求挑战：城市桥梁的安全性是至关重要的，任何监测系统的准确性都不能有丝毫妥协。机器视觉监测技术需要能够准确地捕捉微小的变形、振动和应变等信息，以便及时发现潜在问题。然而，实现高准确性需要克服图像噪声、精确度衰减等技术难题，确保监测数据的可信度和可靠性。

3）数据处理与存储挑战：随着机器视觉监测系统不断产生大量数据，有效的数据处理和存储成为一个挑战。如何快速、高效地分析大规模图像数据，提取有价值的信息，以及如何安全地存储和管理这些数据，都需要创新的技术和策略。

4）保护隐私与安全挑战：城市桥梁的监测涉及公共空间，同时也涉及行人和车辆等个人隐私。如何在数据采集和分析过程中保护个人隐私，防止数据泄露和滥用，是一个需要认真考虑的问题。

11.1.3　全场振动放大技术

1. 振动可视化监测技术的定义与基本原理

振动可视化监测技术是一种将振动数据转化为可视化信息的创新方法。在桥梁监测领域，其意义重大。该技术通过将抽象的振动数据转换为图表、曲线和动画等形式，这创新的技术使工程师和决策者能够以直观的方式理解桥梁的振动特性。通过可视化展示，他们能够快速察觉到任何异常振动、趋势变化或周期性波动，从而为桥梁的结构安全和稳定运行提供了提前的预警和保障措施。

振动可视化监测技术在桥梁监测中具有重要意义。它不仅为城市基础设施的健康状况提供了实时监测手段，还能为工程师制定维护计划、诊断问题提供更精准的依据。此外，通过可视化信息的共享，不同部门和决策者能够更好地合作，实现更高效的城市桥梁管理。

（1）基于振动数据的可视化

振动数据的可视化将抽象的数据转化为易于理解的图表和动画。这种可视化方式有助于工程师和决策者更容易理解桥梁的振动情况，从而识别出异常振动、趋势和周期性变化。通过直观的图表等，可以提前预警潜在问题，保障桥梁运行安全。

（2）基于目标本体的方法

基于目标本体的可视化技术涉及在目标实体上创建结构模型，结合目标自身的运动和局部振动信号特征。通过运用快速微小振动放大技术，该方法实现对运动状态下振动信号的全面快速捕获和形态分析。通过将振动信息以可视化的方式呈现在整个观测场景中，达到实时感知的目的。这项技术具有出色的使用便利性。它能够避免复杂的传感器安装和繁琐的结构模型构建过程。此外，无需进行测点与模型的匹配，该技术能够直接生成基于目标实体的时域和频域工作变形分析结果。

通过将振动信息与目标实体的实际运动相结合，这一方法提供了更加精准和全面的振动感知，为工程师提供了更为深入的数据分析和决策依据。

2. 振动可视化监测技术的优势

振动可视化监测技术在城市桥梁监测中呈现出一系列显著的优势，为保障结构安全和运行可靠性提供了有力的支持。

1）实时监测与早期预警能力：该技术使得工程师能够实时监测桥梁振动状况，迅速识别出潜在问题。通过将振动数据转化为可视化图表等，异常振动和变化趋势能够即时被捕获，使得问题能够在发展初期被及早发现和处理，避免进一步的损害。

2）精准的异常检测与诊断能力：振动可视化监测技术能够深入分析振动特性，实现异常振动的准确检测。工程师能够通过图表等直观的可视化手段，迅速辨识出与正常状态不符的振动模式，从而进行精准的问题诊断。

3）快速维护计划制定：通过分析振动数据的可视化结果，工程师能够更迅速地制定维护计划。对于捕捉到的趋势和周期性变化，可及早采取预防性维护措施，避免日后的紧急情况出现，从而降低维护成本和风险。

4）高效的数据呈现与共享：可视化的方式使得复杂的振动数据变得易于理解和传播。工程师、维护人员和决策者能够通过直观的图像，共同了解桥梁的振动状态，促进信息共享和跨部门协作。

综上所述，振动可视化监测技术在桥梁监测领域呈现出多方面的优势，通过直观的数据呈现和精准的异常检测，为城市桥梁的安全运行提供了实质性的支持。

3. 振动可视化监测技术在城市桥梁安全中的应用

（1）数据分析

数据分析是振动可视化监测技术在城市桥梁安全中的关键应用领域之一。通过对振动数据的深入分析，工程师能够获得有关桥梁健康状况的宝贵信息，从而实现有效的安全保障和决策制定。

1）振动特征识别与异常检测：利用振动可视化监测技术，工程师能够识别出桥梁振动的特征模式，如频率、幅值和振动模态。通过观察可视化图表等，异常振动能够被及时捕捉，从而提前预警潜在的结构问题，避免可能的灾害事件。

2）趋势分析与性能评估：通过分析振动数据的历史记录，工程师能够追踪振动特征的变化趋势。这种趋势分析可以揭示桥梁结构的演化情况，从而进行性能评估并制定相应的维护计划，确保桥梁的长期运行安全性。

3）实时监控与事件响应：振动可视化监测技术能够实时监测桥梁振动情况，一旦出现异常，工程师能够立即做出响应。通过直观的可视化图表等，工程师能够快速判断问题的严重性，并采取必要的措施，从而防止问题进一步扩大。

4）桥梁健康评估与预测维护：通过对振动数据的深入分析，工程师能够对桥梁的安全状况进行全面评估。基于振动可视化监测技术，他们可以预测出潜在问题的发展趋势，制定精准的维护计划，最大限度地延长桥梁的使用寿命。

（2）结构分析

振动可视化监测技术在城市桥梁安全中的另一个重要应用领域是结构分析。通过深入研究桥梁的振动特性，工程师能够获得有关结构健康和性能的关键信息，为评估安全状况和制定维护策略提供科学依据。

1）模态分析与频率识别：通过振动可视化监测技术，工程师可以进行模态分析，揭示桥梁的振动特征频率。这些频率反映了桥梁的固有振动模式，对结构的健康状况具有重要指示意义。通过可视化的方式呈现这些模态，工程师能够更好地理解桥梁的动力特性。

2）振动模态的形态变化分析：随着外部因素的变化，桥梁的振动模态可能发生变化。通过振动可视化监测技术，工程师能够捕获这些变化，分析振动模态的形态变化。这有助于识别潜在的损伤和变形情况，为准确的结构安全评估提供支持。

3）疲劳分析与损伤检测：桥梁在长期运行中可能会受到疲劳损伤的影响，导致结构的逐渐退化。振动可视化监测技术能够帮助工程师分析振动信号的频谱和幅值变化，从而检测出潜在的疲劳损伤迹象，提前采取维护措施。

综上所述，振动可视化监测技术在城市桥梁安全中的结构分析应用具有重要意义。通过对振动特性的深入研究，工程师能够实现更准确的结构评估和损伤检测，为城市桥梁的安全运行提供科学支持。

4. 振动可视化监测技术在城市桥梁安全中的前景和挑战

振动可视化监测技术作为城市桥梁安全监测领域的创新手段，具备广阔的发展前景，然而也面临一些挑战需要克服。

（1）前景

1）智能化维护决策：随着数据收集和分析能力的提升，振动可视化监测技术将赋予工程师更智能化的维护决策能力。结合人工智能和机器学习，系统能够自动分析大量振动数据，预测结构健康状态，从而实现更精准的维护计划制定。

2）实时监测网络：部署更多的传感器和监测设备，结合物联网技术，将实现城市桥梁的实时监测网络。振动可视化监测技术将成为这一网络中的重要组成部分，为城市基础设施的安全提供持续、全面的保障。

3）多模态融合：将振动数据与其他监测手段，如声学、光学等数据融合，可以提供更全面的结构信息。多模态融合能够增强对桥梁健康状况的理解，进一步提升监测和评估的准确性。

（2）挑战

1）数据质量与噪声：振动数据的质量对分析结果至关重要。现实环境中的噪声和干扰可能影响数据的准确性，因此需要采用有效的滤波和校准方法来保证数据的可靠性。

2）大数据处理：随着数据规模的不断扩大，振动数据处理和存储的挑战也日益凸显。如何高效地处理大量数据，并从中提取有价值的信息，需要进行有效的算法优化和计算资源管理。

3）准确性与模型：振动数据的可视化分析依赖于精确的数学模型和算法。模型的准确性直接影响分析结果的可信度，因此需要不断改进模型，以适应不同桥梁的复杂情况。

4）隐私与安全：在数据共享和传输过程中，隐私和数据安全问题需要被高度重视。确保数据的隐私保护和安全传输是一个不容忽视的挑战。

综合考虑，振动可视化监测技术在城市桥梁安全领域有着广泛的应用前景，但也需要持续的研究和创新来解决所面临的挑战，以实现更安全、可靠的城市桥梁运行。

11.1.4 智能构件监测技术

在城市桥梁的安全管理和维护中，智能构件监测技术扮演着越来越重要的角色。这种技术结合了传感器、数据分析以及实时监测等领域，旨在实现对桥梁结构健康状态的实时监控和预测。本章将介绍智能构件监测技术的基本原理、优势，以及其在城市桥梁安全中的应用和未来前景。

1. 智能构件监测技术概述

（1）智能构件监测技术的定义与基本原理

智能构件监测技术是一种应用于城市桥梁的先进监测方法，其基本原理在于结合传感器、数据采集、信息处理和通信等技术，旨在实时获取、分析和解释桥梁各个构件的状态信息。这些构件可以涵盖桥墩、梁、钢缆等关键部位，其状态信息包括但不限于应力、振动、变形、温度等关键参数。通过不断监测和收集这些参数，智能构件监测技术能够实现对桥梁结构健康状态的实时监控和预测。该技术的基本原理可归纳如下：

1）传感器部署：在城市桥梁的关键构件上部署各种传感器，用于实时监测各种物理参数，如应力、应变、振动、位移、温度等。

2）数据采集与传输：传感器持续地采集数据，并将这些数据通过无线或有线通信方式传输到中央数据存储和处理系统。

3）数据分析与处理：中央系统对接收到的数据进行实时分析和处理，通过算法和模型识别出异常变化、趋势或可能的结构问题。

4）状态评估与预测：基于分析结果，系统能够评估桥梁各个构件的健康状况，预测潜在问题，并提供是否需要维护、修复或进一步监测的建议。

5）警报与反馈：若分析发现异常情况，系统会生成警报，通知相关人员采取措施，以避免潜在风险。

6）数据存储与追踪：收集的数据被存储起来，以便进行长期追踪、对比分析，评估桥梁的健康状况随时间的变化。

综上所述，智能构件监测技术在城市桥梁监测领域旨在通过多种技术手段，实现对桥梁结构的实时监测、分析和预测，以确保其安全性和可靠性。

（2）智能构件监测技术的优势

智能构件监测技术在城市桥梁监测领域具有多方面的优势，如：

1）实时监测和预警能力：智能构件监测技术能够实时采集和传输数据，及时监测桥梁构件的状态变化，从而能够迅速发现潜在问题和异常情况，提供早期预警，有助于避免潜在的安全隐患。

2）精准识别结构问题：通过不断监测关键参数，智能构件监测技术能够精确识别结构的异常变化、疲劳、损伤等问题，使得问题可以在早期得到识别和解决，避免进一步恶化。

3）降低维护成本：传统的定期维护通常基于时间表，而智能构件监测技术能够根据实际状态和需求制定维护计划，最大限度地优化资源分配，降低维护成本。

4）数据驱动决策：通过分析大量实时监测数据，决策者可以更好地理解桥梁的运行状况，基于数据驱动做出维护、修复或升级等决策，提高决策的准确性和效率。

5）延长使用寿命：及时监测和维护可以减少因未及时处理而导致的损害，从而延长桥梁的使用寿命，提高基础设施的可持续性。

6）可远程监测：智能构件监测技术支持远程监测，无需人工实时在现场，提高了监测的便捷性和灵活性。

7）提高安全性：通过实时监测和预警，该技术能够减少结构失效引发的安全事故风险，提升桥梁的整体安全性。

8）科学决策支持：基于监测数据的分析，决策者可以制定更加科学合理的维护和管理策略，优化资源分配，从而提高桥梁运行效率。

综上所述，智能构件监测技术在城市桥梁监测中的优势在于其实时性、精准性、成本效益和数据驱动决策等方面，为城市桥梁的安全管理和维护提供了重要支持。

2. 智能构件监测技术在城市桥梁安全中的应用

智能构件监测技术在城市桥梁安全中具有重要的应用，以下是一些典型的应用：

（1）实时结构监测：通过布置传感器在桥梁的关键部位，如支撑柱、梁等，智能构件监测技术能够实时监测结构的振动、应力、变形等参数，为桥梁的健康状态提供及时准确的数据。

（2）荷载监测：该技术可以追踪桥梁承受的荷载情况，包括交通荷载和环境荷载，通过实时监测荷载变化，有助于确定桥梁的受力状况，避免超载情况的发生。

（3）损伤监测：智能构件监测技术可以监测结构的微小变化和损伤，如裂缝、腐蚀等，提前发现潜在的问题，避免严重损害的发生。

（4）自适应维护：基于实时监测数据，智能构件监测技术可以制定自适应维护策略，根据实际状况和需求安排维护工作，提高维护的效率和精确性。

（5）环境适应：智能构件监测技术能够实时监测环境因素对桥梁的影响，如温度、湿度等，帮助评估环境对结构的影响程度，从而采取适当的措施。

（6）预警系统：基于实时监测数据，智能构件监测技术可以建立预警系统，一旦发现结构异常或风险，系统将自动发出警报，通知相关人员进行及时处理。

（7）结构评估：通过长期的监测数据，该技术可以为桥梁的结构评估提供有力支持，了解结构的演化趋势，制定合理的维护和更新计划。

基于实时监测数据和分析结果，智能构件监测技术可以为决策者提供数据支持，帮助他们做出关于维护、修复、加固等方面的决策。综上所述，智能构件监测技术在城市桥梁安全中的应用非常丰富，不仅可以实现实时监测，还能提供数据支持、预警系统和自适应维护等功能，为桥梁的安全管理和维护提供了多种有效手段。

3. 智能构件监测技术在城市桥梁安全中的前景和挑战

智能构件监测技术在城市桥梁安全中具有广阔的前景，但同时也面临一些挑战，以下是相关的前景和挑战：

（1）前景

1）精准预测和维护：随着数据采集和分析技术的不断发展，智能构件监测技术将能够帮助相关人员更准确地预测桥梁结构的健康状态，从而实现更精准的维护计划，延长桥梁的寿命。

2）自适应监测：未来的智能构件监测技术将能够根据实际情况自动调整监测频率和参数，实现自适应监测，从而提高资源的利用效率。

3）数据驱动决策：随着数据量的增加和数据分析算法的改进，智能构件监测技术将能够更好地为决策者提供数据支持，帮助其制定更科学的维护和管理策略。

4）智能预警系统：基于大数据分析和人工智能技术，智能构件监测技术有望建立更智能化的预警系统，能够更准确地判断结构异常并及时发出警报。

（2）挑战

1）数据隐私和安全：随着数据的不断采集和传输，保障数据的隐私和安全将变得更加关键，需要强化数据加密和隐私保护措施，以防止数据泄露和滥用。

2）技术成本：初始的安装和设备采购成本可能较高，尤其对于大规模的桥梁网络，需要平衡成本和维护效益。

3）数据处理和分析：大量的实时监测数据需要高效的数据处理和分析能力，需要开发先进的算法和系统，以提高数据的价值和可用性。

4）环境适应性：桥梁常处于复杂多变的环境中，如交通振动、气候变化等，如何排除环境因素的影响，准确地监测和分析数据，是一个需要解决的难题。

5）标准与规范：智能构件监测技术的应用需要建立一系列的标准和规范，以确保监测数据的准确性、一致性和可比性。

综合来看，智能构件监测技术在城市桥梁安全中具有巨大的潜力，可以提高桥梁的监测效率和维护质量。然而，随之而来的挑战也需要技术、政策和管理层面的综合努力来解决，以确保技术能够持续地为城市交通基础设施的可持续发展提供支持。

11.2　数据分析创新发展

11.2.1　大数据分析技术

大数据分析技术是指通过对海量数据进行存储、处理、分析和可视化，从中提取有价值的信息和知识，以辅助决策和行动。在桥梁结构健康监测中，大数据分析技术的应用主要集中在以下几个方面：数据预处理、数据融合、高维数据分析、故障诊断与预测等。

1. 数据预处理

桥梁结构健康监测产生的数据量巨大，包括温度、应力、振动、位移等多种类型的数据。由于环境因素、设备误差等原因，监测数据中常伴随噪声、失真和缺失。有效的数据预处理是确保后续数据分析准确性的关键步骤。

大数据分析技术通过机器学习和信号处理等方法，可以有效地对监测数据进行预处理。例如，利用小波变换、卡尔曼滤波等方法对监测数据进行去噪，利用插值方法和数据填补技术处理数据缺失问题。此外，基于统计学方法的数据清洗技术可以识别和剔除异常数据，提高数据的可靠性。

2. 数据融合

桥梁结构健康监测涉及多种类型的数据，这些数据之间可能存在相关性和互补性。数据融合技术通过将不同类型的数据进行综合处理，提高监测结果的准确性和可靠性。

大数据分析技术中的数据融合方法主要包括数据级融合、特征级融合和决策级融合。在数据级融合中，将多个传感器采集的原始数据进行融合，例如，通过多传感器数据同步和加权平均等方法提高数据的准确性。在特征级融合中，提取不同类型数据的特征，并将这些特征进行综合分析，例如，利用主成分分析（PCA）和独立成分分析（ICA）等方法降低数据维度，提高特征提取的效果。在决策级融合中，对各个数据源的分析结果进行综合处理，例如，通过贝叶斯网络和证据理论等方法进行决策融合，提高监测结果的可靠性。

3. 高维数据分析

桥梁结构健康监测数据具有高维度、多尺度、多模态等特点。高维数据分析技术通过在高维数据空间中发现有意义的特征和规律，能够为桥梁结构的诊断和预测提供重要的依据。

大数据分析技术中的高维数据分析方法主要包括降维技术和聚类分析。降维技术通过将高维数据映射到低维空间中，保留数据的主要特征，例如，主成分分析（PCA）、线性判别分析（LDA）和t–分布随机邻域嵌入算法（t-SNE）等方法在桥梁监测数据的降维分析中得到了广泛应用。聚类分析通过将相似的数据点聚类到一起，揭示数据的内在结构，例如，

K- 均值聚类算法（K-means）、层次聚类和密度聚类等方法可以用于桥梁结构健康状态的分类和识别。

4. 故障诊断与预测

桥梁结构健康监测的最终目的是对桥梁的健康状态进行评估，及时发现潜在故障，并进行预测预警。大数据分析技术在故障诊断与预测中具有重要应用。

基于大数据分析的故障诊断方法主要包括基于统计学的方法、基于信号处理的方法和基于机器学习的方法。基于统计学的方法利用历史数据的统计特征进行故障识别，例如，通过控制图和概率统计等方法监测桥梁结构的异常变化。基于信号处理的方法利用监测信号的时频特征进行故障诊断，例如，通过傅里叶变换、小波变换等方法分析监测数据的频谱特征，识别结构损伤。基于机器学习的方法通过对监测数据进行训练和学习，建立故障诊断模型，例如，支持向量机（SVM）、决策树和神经网络等方法在桥梁故障诊断中得到了广泛应用。

在故障预测方面，大数据分析技术通过时间序列分析和预测模型，可以对桥梁结构的未来健康状态进行预测。例如，利用自回归积分滑动平均模型（ARIMA）和长短期记忆网络（LSTM）等方法对桥梁监测数据进行时间序列分析，预测桥梁结构的未来变化趋势。此外，结合机器学习和深度学习技术，可以建立更加复杂的预测模型，提高预测的准确性和可靠性。

11.2.2　轻量化监测技术

城市桥梁作为基础设施的重要支点，在现代城市化进程中扮演着关键角色。其稳定性与安全性直接影响城市的可持续发展。为确保桥梁的可靠性与持久性，结构监测技术显得尤为关键。而在这一领域，轻量化监测技术因其高效、精准、经济的特点正备受关注。

本节旨在探讨轻量化监测技术在城市桥梁安全中的应用。这项技术借助轻量传感器、设备和算法，实时获得桥梁的结构信息、状态数据和性能指标。其目标是实时发现结构变化、损伤或异常情况，以提高桥梁安全性和可靠性，同时降低维护成本，优化设计与管理。与传统方法相比，轻量化监测技术具有明显优势。其成本较低、部署便捷，特别适用于中小跨度桥梁的监测。在城市桥梁养护中，该技术为实时监测和风险评估提供了有效支持。本章后续部分将探讨轻量化监测技术在城市桥梁安全中的前景和可能挑战。透过深入分析，能更好地理解轻量化监测技术在城市桥梁安全中的实际应用和未来走向。

1. 轻量化监测技术概述

（1）轻量化监测技术的定义与基本原理

轻量化监测技术是桥梁监测领域中的一种方法，旨在通过使用轻巧、高效的传感器和监测系统来实时监测桥梁的结构健康状态，以及在可能出现问题之前进行预警和诊断。这些技术可以帮助工程师和维护人员及时了解桥梁的性能，以便采取适当的维护和修复措施，从而延长桥梁的使用寿命，提高交通安全性。轻量化监测技术的基本原理包括以下几个方面：

1）传感器技术：轻量化监测技术使用各种类型的传感器，如加速度计、应变计、位移传感器、温度传感器等，以捕捉桥梁结构的各种信息。这些传感器将物理量转化为电信号，并通过无线或有线方式传输到中央监测系统进行处理和分析。

2）数据采集与传输：传感器采集到的数据需要传输到中央监测系统进行分析。这可以通过无线传输技术（如 Wi-Fi、蓝牙、LoRa 等）或有线方式实现。数据传输的可靠性和实时性对及时监测至关重要。

3）数据分析与处理：监测系统会对传感器采集到的数据进行分析和处理。这包括数据的滤波、去噪、特征提取等步骤，以便从海量数据中提取有用的结构健康信息。

4）健康评估和预警：基于分析的结果，监测系统会对桥梁的结构健康状态进行评估。如果发现了异常或潜在的问题，系统会发出预警信号，提示维护人员进行进一步的检查和处理。

5）数据可视化与报告：监测系统通常会将分析结果以图表、报告等形式呈现给维护人员和工程师。这样的可视化能够帮助他们更好地理解桥梁的状态，并做出相应的决策。

6）远程监控：轻量化监测技术通常支持远程监控，使维护人员能够通过互联网等方式随时随地访问桥梁的监测数据。这对于及时响应和决策具有重要意义。

总之，轻量化监测技术通过高效的传感器和智能化的监测系统，能够实时、准确地获取桥梁结构的信息，帮助维护人员及时采取措施，确保桥梁的安全性和可靠性。

（2）轻量化监测技术的优势

轻量化监测技术在桥梁监测领域具有许多优势，以下是轻量化监测技术的主要优势：

1）高效实时监测：轻量化监测技术可以实时监测桥梁的结构健康状态，几乎即时地获取数据。这使得问题能够被迅速识别和解决，从而降低了潜在风险。

2）准确性和精度：现代传感器技术具有高精度和可靠性，能够捕捉微小的变化和变形。这使得轻量化监测技术能够提供准确的数据，有助于精确评估桥梁的状态。

3）实时预警：监测系统能够即时发出预警信号，一旦检测到异常情况或潜在问题。这有助于维护人员及早采取行动，避免可能的灾难性事件。

4）降低维护成本：通过实时监测，维护人员可以针对实际情况进行维护，而不是定期维护，从而降低了不必要的维护成本。

5）延长使用寿命：及时的监测和维护可以延长桥梁的使用寿命。通过检测问题的早期迹象，可以采取预防性措施，防止问题进一步恶化。

6）数据分析和趋势预测：监测系统可以分析长期数据，帮助工程师了解桥梁的性能变化趋势。这有助于预测未来可能出现的问题，制定更加有效的维护计划。

7）可远程访问：监测数据可以通过互联网远程访问，使工程师和维护人员无需亲临现场即可获取数据，提高了监测的灵活性和效率。

8）环境适应性：轻量化传感器和监测系统通常设计紧凑、轻便，能够适应各种环境条件，包括恶劣天气和极端温度。

综合来看，轻量化监测技术通过提供高效、准确、实时的监测数据，有助于保障桥梁的安全性和可靠性，降低维护成本，延长使用寿命，是现代桥梁管理和维护的重要工具。

2. 轻量化监测技术在城市桥梁安全中的应用

轻量化监测技术在城市桥梁安全保障中具有重要实际应用，为城市基础设施的可持续运营和发展提供了有力支持。

（1）实时结构监测：轻量化监测技术通过轻便的传感器和无线通信系统，能够实时监测桥梁的变形、振动、温度等参数。这些数据的准确获取使得城市桥梁的结构健康状态能够得到迅速评估，及时监测任何异常变化，从而预防潜在问题的发生，确保桥梁运行的安全性。

（2）病害诊断与预警：轻量化监测技术能够捕捉桥梁的微小变化，例如裂缝、腐蚀等，为早期病害诊断提供了可能。监测系统通过实时数据分析，可以迅速发现结构的异常情况，提前预警维护人员，从而避免病害进一步扩展，保障桥梁的安全性。

（3）维护决策支持：轻量化监测技术生成的实时数据为维护决策提供了科学依据。基于数据分析，维护人员能够制定合理的维护计划和优化管理策略，以提高维护效率，降低成本，延长桥梁的使用寿命，确保城市交通的可靠性。

（4）评估预测和管理：通过持续的数据监测，轻量化监测技术能够为桥梁的整体安全性评估提供数据支持。这有助于确定桥梁的结构健康等级，及时进行维护干预，从而最大限度地保障城市桥梁的安全运行。

（5）灾害事件响应：在突发的灾害事件中，轻量化监测技术能够迅速提供桥梁结构状态的实时信息。这有助于快速判断桥梁的受损程度，为紧急救援和修复工作提供关键指导。

综上所述，轻量化监测技术在城市桥梁安全中具有多方面的实际应用。其在实时监测、病害诊断、维护决策、评估预测和灾害响应等方面的功能，为城市桥梁的安全性和可靠性提供了全面保障（图11-7）。

3. 轻量化监测技术在城市桥梁安全中的前景和挑战

轻量化监测技术在城市桥梁安全领域呈现出广阔的前景，然而，也面临着一系列的挑战，需要持续的创新和努力来应对。

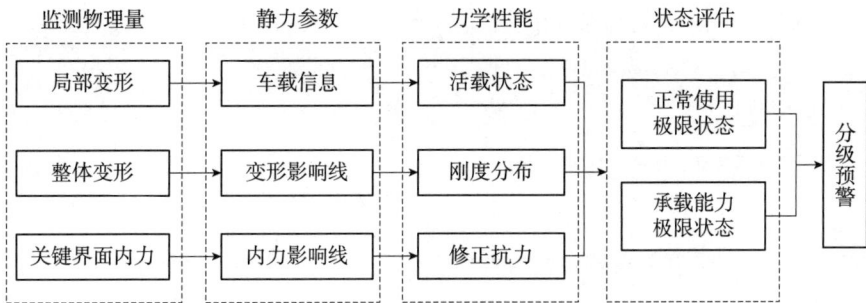

图 11-7　中小跨径桥梁结构健康监测系统轻量化设计方法

（1）前景

1）智能化与自动化发展：随着人工智能、物联网和自动化技术的不断进步，轻量化监测技术将更加智能化和自动化。智能传感器、自主决策系统等的应用，将使监测系统能够更加自主地进行数据分析和预警，提高桥梁的安全性和预防能力。

2）大数据与数据分析：轻量化监测技术产生的数据量庞大，需要有效的数据分析手段。随着大数据分析技术的成熟，监测系统可以从海量数据中提取有价值的信息，帮助制定更精准的决策，实现更高效的桥梁管理。

3）智慧城市融合：轻量化监测技术将逐步与智慧城市建设融合，形成更紧密的网络。桥梁监测数据可以与城市其他领域的数据进行交叉分析，从而更好地反映城市基础设施的整体健康状况，推动城市的智能化发展。

（2）挑战

1）数据隐私和安全：轻量化监测技术涉及大量的实时数据，数据隐私和安全成为重要问题。确保数据的安全传输和存储，以及合法使用，需要制定严格的数据保护政策和技术手段。

2）传感器可靠性：传感器作为监测技术的核心组件，其可靠性对整个系统的性能至关重要。传感器的稳定性、耐久性和准确性等方面的挑战需克服，以保证监测数据的可信度。

3）技术集成与标准化：轻量化监测技术涵盖多学科领域，需要各种技术的有效集成。此外，缺乏一致的技术标准也可能导致不同系统之间的兼容性问题，需要建立统一的标准体系。

4）成本和可持续性：虽然轻量化监测技术具有成本效益，但其部署和维护仍然需要投入。如何在长期内保持监测系统的可持续性，平衡投入和收益，是一个需要考虑的问题。

综合而言，轻量化监测技术在城市桥梁安全中有着广泛的前景，但也需要克服多种挑战。通过持续的研究和创新，以及政府、学术界和产业界的合作，可以进一步推动轻量化监测技术的发展，为城市桥梁的安全性和可持续性做出更大的贡献。

11.3　桥梁损伤临界状态实验平台

11.3.1　桥梁实验平台简介

桥梁实验平台位于清华大学合肥公共安全研究院，是国内外首个以临界安全状态桥梁为主体的实验设施，建成于 2020 年，占地 1600m²。其设计与建设旨在为桥梁安全监测与评估提供全面而科学的实验支持。平台涵盖 6 种典型的城市桥梁类型，包括上下引桥、大跨斜拉桥、简支板梁桥、弯箱梁桥、连续钢箱梁桥及曲线高墩匝道桥，这些桥梁首尾相连，形成了一个闭合环状体系。实验车辆可在桥面上连续行驶，实现动态与静态加载。其中，叉车自重为 1.9t，额定起重为 1.2t（混凝土试块单个 0.2t）；不含货叉长度为 1.8m，宽度为 1.04m，高度为 2m；含货叉长度为 2.72m；叉车试验速度为 0.5m/s。

平台安装了 30 多种、140 多个传感器，覆盖结构类、荷载类及气象类数据采集，具备持续监测桥梁结构变化及其周边环境的能力。这些传感器包括电子平衡梁、动应变传感器、加速度传感器及毫米波雷达靶标，分别用于监测主梁转角、车辆荷载、桥梁振动及动态挠度等重要参数。通过对这些数据的分析，平台实现了"桥梁会说话"的目标，从而准确掌握其健康状态。

与实际桥梁不同的是，该实验平台通过精密设计和精准模型加工，将 6 座实验桥梁设置在了临界安全状态。某些桥梁自带特定病害特征，例如简支板梁桥的连接构件不完整，板底存在明显受力裂缝；另一些桥梁通过实验模拟特定风险场景，例如大跨斜拉桥通过松弛特定拉索，重现其失效状态。目前，平台可模拟包括桥墩沉降、单板受力、拉索断裂、主梁倾覆及支座脱空在内的 20 余类典型桥梁风险场景，为科学研究提供关键的实验条件（图 11-8）。

其核心功能有：

1. 桥梁安全预警模型与监测系统研究

通过实验平台的测试结果，深入分析桥梁风险规律，识别关键风险点，为实际桥梁监

图 11-8　桥梁实验平台

测传感器的选型、测点布置、预警模型与阈值设置提供科学依据。优化后的预警系统能够实现更快速、更精准、更有效的风险响应，目前已广泛应用于城市生命线桥梁监测体系。

2. 桥梁安全技术产品中试支持

该平台为桥梁安全相关技术产品提供了接近实际桥梁环境的中试条件。产品在此进行实验验证、性能优化及反复迭代，可显著缩短研发周期并提升实用性。目前，该平台已支持研发或升级了前端综合处理主机、非接触式多维位移监测仪及可调高测力支座等多项技术产品。

3. 监测设备性能检验与检测

该平台基于真实室外环境对现有桥梁监测设备的准确性、稳定性及耐久性进行测试，确保筛选出高质量设备应用于桥梁安全工程建设。通过这种实景化检测，监测设备的可靠性大幅提升，为桥梁安全监测技术的优化提供了重要保障。

桥梁实验平台的建立填补了国内外在桥梁安全监测领域大型实验平台的空白，不仅为城市生命线工程的桥梁专项提供了核心技术支撑，也对桥梁安全领域的科学研究与技术实践具有里程碑意义。

11.3.2　单板受力损伤场景试验

1. 试验目的

单板受力损伤场景试验的主要目的是研究桥梁简支板梁在铰缝连接老化、横向联系减弱甚至完全丧失情况下的受力特性及损伤演化规律，为桥梁老化评估、病害监测及维护决策提供科学依据。在实际桥梁中，简支板梁的板与板之间通常通过铰缝连接实现横向共同受力，维持整体稳定性。然而，随着桥梁使用年限的增加，铰缝连接部位因长期荷载作用、疲劳积累和材料劣化而逐渐失效，导致横向联系减弱乃至破坏。这一过程中，板与板间的整体受力模式可能转变为单板受力，显著增加局部板梁的荷载和变形风险。

试验旨在模拟简支板梁由共同受力逐渐演化为单板受力的典型场景，分析其横向联系退化过程中板梁的荷载分布、变形特性及应力集中区域的变化。通过逐级加载实验，观测单板在承受更大荷载时的下挠幅度、裂缝扩展及最终破坏模式，从而识别其损伤临界点及破坏机理。

本试验的成果将为优化桥梁监测系统中的铰缝健康评估指标提供参考依据，支持裂缝监测与变形预警模型的参数设定。此外，试验结果还能为老旧桥梁的加固设计与应急修复方案提供关键数据支撑，最大限度降低因横向联系退化而导致的桥梁失效风险。

2. 试验对象

本试验对象为桥梁实验平台中的 D 桥，即简支板梁桥，本桥全长 8.611m，结构宽度

1-2 号铰缝连接完好；2-3 号铰缝 80% 破坏

图 11-9 铰缝破坏示意图

3.8m。其设计基于实际桥梁结构，旨在模拟铰缝连接从逐渐老化到完全丧失横向联系的极端状态（图 11-9）。D 桥由 3 条并排的简支板梁通过铰缝浇筑形成一个整体，从东至西分别为 1 号板、2 号板和 3 号板。其中：

1 号板与 2 号板之间：即 1-2 号铰缝，铰缝连接完好，无明显裂缝，横向联系保持正常。

2 号板与 3 号板之间：即 2-3 号铰缝，铰缝连接已严重退化，约 80% 的铰缝长度出现破坏，其中部分铰缝已脱落，其余部分仍有填充，形成了"部分连接、部分断裂"的过渡状态。

通过这一设计，试验得以再现铰缝连接从完整到退化的渐变过程，以及横向联系丧失后板梁的单板受力状态。D 桥的试验将重点研究铰缝损伤对简支板梁桥整体受力性能的影响，为评估桥梁铰缝老化对安全性能的威胁提供重要数据支持。

3. 试验方法与技术路径

本试验针对 D 桥（简支板梁桥），通过静载与动载工况的实验设计，研究在铰缝连接逐步退化条件下简支板梁桥的受力与变形特性。试验车辆为叉车，运行方向由北向南。桥梁体系由异形混凝土平台引入，经 A 类独塔两跨斜拉桥引出，形成完整试验环路。本试验的主要监测指标为空心板梁挠度差，重点分析铰缝退化导致的板间变形差异及对主梁安全性能的影响。

本次试验采用多维位移监测仪监测梁间挠度差，其主机布设在不动点桥墩处，使用 3 个靶标分别安装在 3 个空心板的梁底跨中处（图 11-10）。

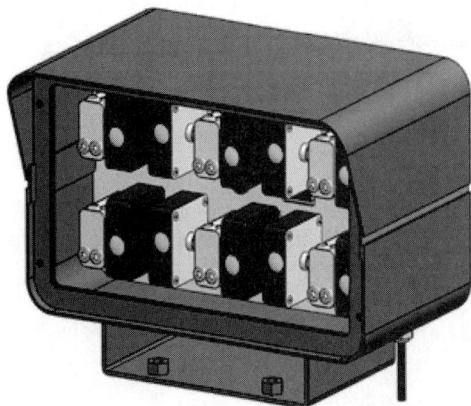

图 11-10 多维位移监测仪

本次试验如表 11-1、表 11-2。

动载工况　　　　　　　　　　表 11-1

工况编号	试验内容	加载位置	加载方式	目的
D-D-1	单叉车在 1 号板加载	1 号板截面中心线	匀速由北向南行驶	研究单板中载条件下的下挠特性及挠度差
D-D-2	单叉车在 2 号板加载	2 号板截面中心线	匀速由北向南行驶	研究单板中载条件下的下挠特性及挠度差
D-D-3	单叉车在 3 号板加载	3 号板截面中心线	匀速由北向南行驶	研究单板中载条件下的下挠特性及挠度差
D-D-4	单叉车在 1-2 号缝加载	1-2 号缝中心线	匀速由北向南行驶	模拟偏载条件，分析铰缝失效时的挠度差及应力集中现象
D-D-5	单叉车在 2-3 号缝加载	2-3 号缝中心线	匀速由北向南行驶	模拟偏载条件，分析铰缝失效时的挠度差及应力集中现象
D-D-6	双叉车并列在 1-2 号缝及 2-3 号缝加载	1-2 号缝中心线以及 2-3 号缝中心线	匀速由北向南行驶	模拟双重偏载条件，研究极端状态下铰缝失效对板梁性能的影响

静载工况　　　　　　　　　　表 11-2

工况编号	试验内容	加载位置	加载方式	目的
D-J-1	单叉车在 1 号板加载	1 号板截面中心线	匀速由北向南行驶，跨中停留 1min	研究静载条件下单板的下挠幅度及铰缝横向传力效果
D-J-2	单叉车在 2 号板加载	2 号板截面中心线	匀速由北向南行驶，跨中停留 1min	研究静载条件下单板的下挠幅度及铰缝横向传力效果
D-J-3	单叉车在 3 号板加载	3 号板截面中心线	匀速由北向南行驶，跨中停留 1min	研究静载条件下单板的下挠幅度及铰缝横向传力效果
D-J-4	单叉车在 1-2 号缝加载	1-2 号缝中心线	匀速由北向南行驶，跨中停留 1min	模拟偏载条件，评估铰缝局部失效时的受力特点和单板变形影响
D-J-5	单叉车在 2-3 号缝加载	2-3 号缝中心线	匀速由北向南行驶，跨中停留 1min	模拟偏载条件，评估铰缝局部失效时的受力特点和单板变形影响
D-J-6	双叉车并列在 1-2 号缝及 2-3 号缝加载	1-2 号缝中心线以及 2-3 号缝中心线	匀速由北向南行驶，跨中停留 1min	分析双重偏载静载条件下的铰缝失效对桥梁的极端受力影响

4. 实验现象

通过动载和静载实验工况的实施，实验平台中 D 桥在不同铰缝退化及加载条件下的受力与变形特性得到了全面展示和分析（图 11-11）。

当试验叉车在 1 号板、2 号板以及 1-2 号缝行驶时，正常状态下的铰缝连接能够有效传递横向荷载，板梁之间的挠度差较小，整体变形呈现连续性。监测数据显示，板梁的挠度随着叉车运行位置的变化呈规律性分布，表明板梁之间具有良好的横向协同受力能力。实验数据中显示，1 号板和 2 号板的最大下挠量约为 0.32mm，板梁整体处于安全设计范围内，

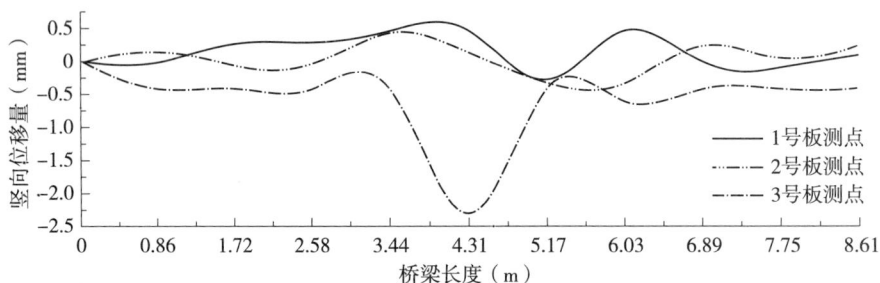

图 11-11　D-J-5 工况试验结果

未观察到异常受力或变形现象。

　　然而，当试验叉车在 3 号板以及 2-3 号缝行驶时，铰缝退化带来的影响逐步显现。实验显示，2 号板和 3 号板之间的挠度差发生显著变化。与 2 号板相比，3 号板在相同荷载作用下表现出明显的单板受力现象，其下挠量明显大于 2 号板，挠度波动幅度较大。监测数据显示，3 号板的最大下挠量约为 2.3mm，比正常状态下的最大下挠值增加了 6 倍多。实验结果表明，当铰缝横向连接失效时，板梁逐渐失去横向协同受力能力，受力板的变形幅度显著增大，而非受力板的变形则趋于平缓。

5. 试验结论与应用

　　试验表明，铰缝退化显著削弱了简支板梁桥的横向协同受力能力，导致单板受力现象的出现。在铰缝完全失效时，单板受力会使板梁下挠幅度显著增加，例如 3 号板在实验中的最大下挠量达到 2.3mm，远超正常状态下的 0.32mm。同时，单板受力还引发应力集中和疲劳裂缝扩展，极端情况下可能导致板梁失效或主梁附加荷载过大而失稳，对桥梁结构安全构成严重威胁。

　　在实际桥梁中，为防控铰缝退化及单板受力的危害，应定期开展铰缝状态检测，利用无损检测技术监测裂缝扩展及挠度变化，设置偏载和动态荷载的预警阈值。同时，对铰缝退化区域及时进行灌浆修复或横向加固，恢复板梁的协同受力能力，并结合试验结果优化桥梁监测系统和设计方案，以提高桥梁整体性能和安全性。

11.3.3　重车偏载损伤场景试验

1. 试验目的

　　重车偏载损伤场景试验的主要目的是研究桥梁在重型车辆偏载条件下的主梁受力特性及失稳风险，为预防偏载引发的桥梁主梁失稳提供科学依据。偏载工况是桥梁实际运行中的常见场景，尤其在独墩桥、弯道匝道桥等情况下，重型车辆荷载的偏心分布可能引发主梁在横向受力上的不均衡，进而导致桥梁的安全隐患。

　　本次试验采用可调高测力支座作为监测设备，通过模拟不同偏载工况下的支座反力变化，重点研究主梁在偏载作用下的受力响应及支座反力差异。该设备能够实时调节支座高度和测量反力变化，从而更准确地监测主梁在偏载下的力学行为，尤其是局部变形、挠度差异及应力集中区域。本试验将通过设置动载和静载两种工况，分别模拟不同偏载及加载位置对桥梁主梁稳定性的影响，分析偏载作用下主梁的失稳风险。

本试验成果将进一步优化桥梁健康监测系统中的预警模型和阈值设置，提升偏载损伤识别和预测能力。同时，试验结果还将为桥梁主梁关键部位的加固设计及安全维护提供可靠依据，从而有效防止偏载引发的桥梁主梁失稳及其可能带来的安全风险。

2. 试验对象

本试验对象为桥梁实验平台中的 B 桥（独柱墩钢箱梁桥），桥梁全长 9m+15.5m+9m，宽度 2.25m，为连续三跨结构，整体支撑形式采用独柱墩。独柱墩桥因其横向刚度较低，在重车偏载作用下更容易发生局部承载力过大、支座反力异常分布及横向变形失衡，甚至可能引发倾覆失稳风险（图 11-12）。研究表明，支座反力的实时监测对于识别桥梁边界节点失稳和预防结构性破坏具有重要意义。

采用可调高测力支座作为核心监测设备，通过压力传感技术实时监测桥梁支座反力的动态变化，同时支持调节支座高度以模拟不同支座工况。设备能够捕捉偏载下的支座反力异常及局部失稳趋势，并通过主动调整支座反力分布改善桥梁的承载状态，从而显著提升桥梁边界节点的安全性。

通过配重小车模拟单车重载作用，调整荷载大小和加载位置，重点研究独柱墩桥在不同偏载条件下的支座反力分布规律及其对桥梁整体稳定性的影响（图 11-13）。试验结果将

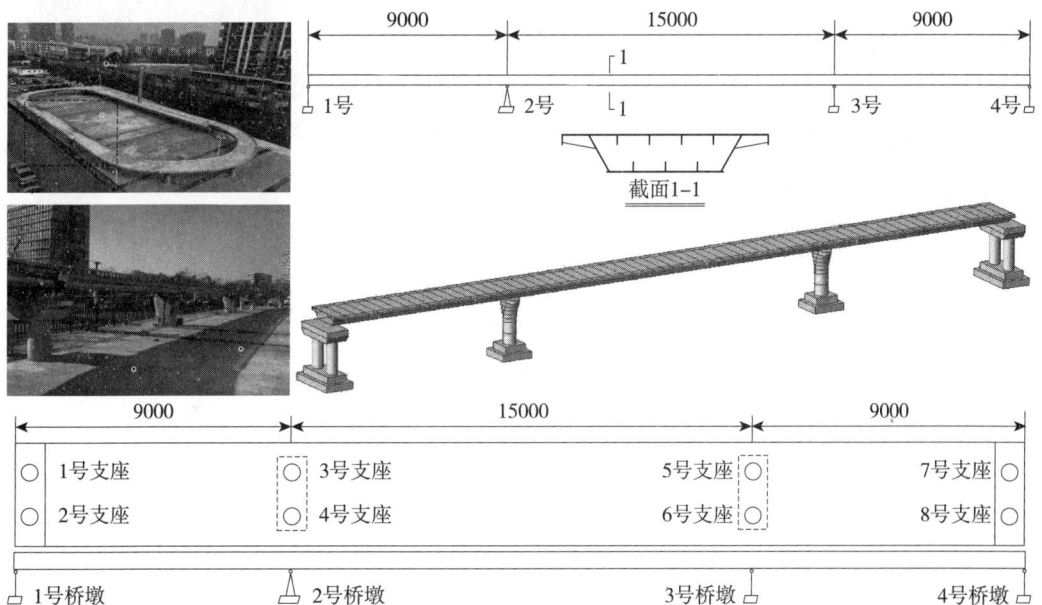

图 11-12　支座桥墩布置图

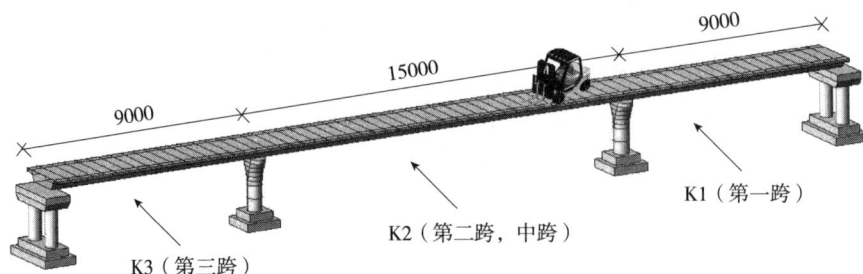

图 11-13　现场试验示意图

用于分析独柱墩桥在重车偏载条件下的失稳风险，为优化桥梁安全监测系统的支座反力预警阈值提供科学依据，同时为桥梁加固设计和安全维护提供可靠支持。

3. 试验方法与技术路径

本试验采用可调高测力支座作为核心监测设备，通过动载工况模拟单车及多车重载偏载条件下的桥梁受力特性，重点研究桥梁关键支座的反力变化及主梁在不同偏载条件下的力学响应特性。试验设计旨在评估偏载对桥梁支座反力分布及局部失稳风险的影响，为独柱墩桥在复杂工况下的评估预测提供科学依据。

试验中，采用配重叉车及两车组合作为加载设备，通过调整荷载大小、偏心分布及运行路径，模拟桥梁在重载偏载条件下的真实工况（图 11-14）。加载过程中，基于可调高测力支座的实时测力功能，监测不同偏载条件下支座反力的动态变化（表 11-3），重点分析支座反力不均对桥梁整体受力状态及局部失稳趋势的影响（图 11-15）。

图 11-14　试验监测装置

重车偏载工况　　　　　　　　　　　　　　表 11-3

工况编号	试验内容	加载位置	加载方式	目的
B-D-1	单叉车中载	桥梁中心线	无配重，匀速由南向北行驶	研究桥梁在常规单车中载作用下的关键截面挠度变化及主梁的受力均匀性
B-D-2	单叉车偏载	向中心线右侧偏心 0.5m	无配重，匀速由南向北行驶	分析单车偏载对桥梁关键截面挠度变化及主梁横向变形的影响，评估偏载作用风险
B-D-3	双叉车中载	桥梁中心线	无配重，前后间距 1m 匀速由南向北行驶	研究桥梁在双重中载叠加条件下的受力分布、关键截面挠度及局部变形特性
B-D-4	双叉车偏载	向中心线右侧偏心 0.5m	无配重，前后间距 1m 匀速由南向北行驶	分析双重偏载作用下桥梁关键截面的变形加剧现象及主梁倾覆失稳的临界条件

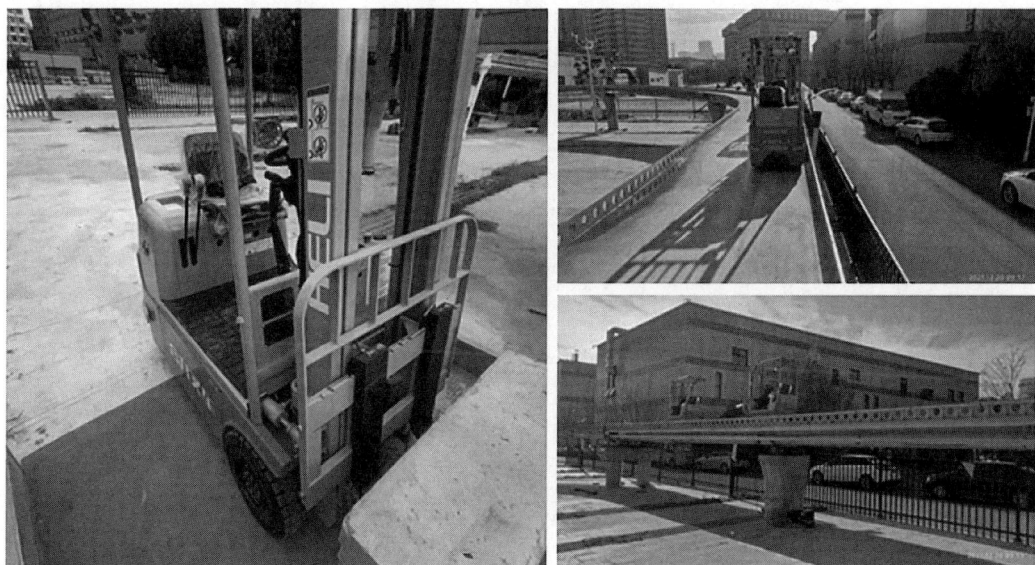

图 11-15　试验现场

4. 试验现象

通过动载与极限荷载工况的实施，试验全面展现了 B 桥（独柱墩钢箱梁桥）在不同车辆荷载条件下的受力特性及支座反力分布规律。试验中，通过精确的支座反力监测技术，捕捉到桥梁在车辆加载与偏载条件下的动态受力变化特征，为评估偏载效应对桥梁整体与局部安全性的影响提供了科学依据。

在工况 D-1（单叉车中载）下，叉车沿桥梁中心线以恒速行驶，监测数据显示桥梁支座反力分布均匀，两侧支座反力变化呈对称性。随着叉车位置的移动，跨中支座反力逐步增大，达到最大反力（约 33.18kN），未发现异常的反力集中或不均现象。试验表明，在该工况下，桥梁整体受力处于设计安全范围内，无失稳趋势。

在工况 D-2（单叉车偏载）下，叉车偏离桥梁中心线向右侧偏心 0.5m 行驶，监测结果显示偏载效应对桥梁横向受力分布产生了显著影响。右侧支座反力显著增加，较左侧支座反力高出 15kN，显示出横向稳定性受到影响。右侧主梁边缘区域出现了明显的支座反力集中现象，可能增加局部失稳的风险，需在实际应用中加强对此类偏载效应的监测。

在工况 D-3（双叉车中载）下，两辆叉车前后间距 1.5m 沿桥梁中心线匀速行驶，支座反力表现出叠加效应，跨中支座的反力最大值约为 55.2kN，较单车中载工况显著提高，但桥梁整体受力仍然均匀。试验未观察到异常的反力波动或超出设计值的受力状况，整体安全性良好。

在工况 D-4（双叉车偏载）下，两辆叉车均向桥梁中心线右侧偏心 0.5m 行驶，监测数据显示偏载效应对桥梁横向稳定性产生了严重影响。右侧支座反力剧烈增加，关键支座反力达到 72.8kN，较中心线双车中载工况高出 32%。试验过程中，右侧主梁边缘支座反力集中明显，并伴随局部变形积累现象，横向失稳风险显著提升，建议对偏载条件下的安全性加强评估和防护措施。

5. 试验结论与应用

试验结果表明，重车偏载对独柱墩钢箱梁桥的结构性能构成了显著威胁。偏载作用导致支座反力分布不均，桥梁横向稳定性显著下降，关键支座处反力集中现象尤为明显。在双车叠加偏载的极限工况下，表现出明显的横向失稳倾覆风险。长期偏载作用可能进一步加剧支座反力的不均累积，诱发桥梁边界节点的局部失稳，从而导致主梁局部构件的疲劳损伤、支座脱空，甚至主梁屈曲失效等问题，最终威胁桥梁整体的安全性和使用寿命。

试验结果证实，支座反力是桥梁倾覆风险监测的关键指标。通过可调高测力支座实时监测支座反力的动态变化，可准确识别桥梁在偏载条件下的受力异常及失稳趋势。支座反力的显著变化是桥梁倾覆风险的早期信号，可作为桥梁安全监测系统中极为重要的预警参数。偏载条件下的支座反力监测为桥梁边界节点的状态评估及失稳预警提供了科学依据，显著提升了桥梁倾覆风险的防控能力。

为应对重车偏载的危害，需进一步强化桥梁的设计与运营管理。通过优化桥梁安全监测系统，将支座反力实时监测结果与历史数据分析相结合，完善预警模型与阈值设置，以更高的灵敏度识别偏载引发的倾覆失稳风险。同时，在桥梁设计中，需重点提升主梁的横向抗弯刚度和支座的反力分布均匀性，通过优化横隔板设置、增加横向加劲构件等措施改善桥梁结构性能，降低偏载对桥梁边界节点的影响。针对桥梁实际运行状况，需加强交通管理，避免车辆偏载幅度过大或超载现象频繁发生，从而最大限度降低偏荷载载对桥梁安全性的威胁。此外，通过定期检修与维护，重点检查桥梁关键支座和主梁节点的状态，及时发现支座反力异常累积或疲劳损伤趋势，并采取针对性修复措施，以延长桥梁的使用寿命。

11.3.4 桥墩沉降损伤场景试验

1. 试验目的

桥墩沉降损伤场景试验的主要目的是研究桥梁在地基不均匀沉降条件下的受力特性及损伤演化规律，为评估桥墩基础沉降对桥梁整体安全性能的影响提供科学依据。桥墩基础的沉降通常由地基不均匀固结、土体流失或荷载过大等因素引起，可能导致桥墩产生竖向位移或倾斜变形。这种基础沉降效应不仅会引发桥墩本体的局部损伤，还可能导致支座脱空、主梁变形、桥面不平整等问题，严重时甚至会危及桥梁的整体稳定性和使用功能。

本试验通过模拟地基沉降导致的桥墩沉降过程，重点研究桥梁跨中支座在沉降条件下的反力变化及桥梁的受力特性和变形规律。利用自主研发的可调高测力支座，通过逐级调高跨中支座至支座脱空状态，再现桥梁在极端沉降条件下的力学响应。试验过程中，将重点监测支座反力变化及桥梁结构在不同沉降状态下的变形特性，明确桥梁关键构件的受力极限及沉降风险的演化过程。

本试验成果将为桥墩基础沉降引发的桥梁病害评估提供科学依据，并为支座脱空等特殊工况下的监测预警系统设计提供技术支撑。同时，试验数据将为桥梁加固设计、抗沉降性能优化及运行管理提供重要的技术参考，帮助最大限度降低桥墩沉降对桥梁整体安全性的威胁。

2. 试验对象

本试验对象为桥梁实验平台中的 B 桥（独柱墩钢箱梁桥），桥梁全长 9m+15.5m+9m，宽度 2.25m，为连续三跨结构，整体支撑形式为独柱墩结构，桥梁跨中支座设计用于承载竖向荷载并维持桥梁的稳定性（图 11-16）。由于独柱墩支撑系统在地基沉降和不均匀位移条件下的敏感性较高，容易因地基固结、土体流失或超载作用产生桥墩竖向或倾斜沉降，从而引发支座脱空、主梁变形和桥面不平整等结构问题。本试验通过模拟地基沉降导致的支座高度变化，再现桥梁结构在不同沉降状态下的受力特性与变形规律。

试验中通过逐级调高 B 桥跨中 3 号支座至支座脱空状态，利用自主研发的可调高测力支座精确控制加载状态，并实时监测支座反力变化及桥梁结构变形特性。重点研究在不同沉降幅度下，桥梁关键构件（主梁、桥墩、支座）受力的变化规律以及桥墩沉降对桥梁整体安全性的影响。本试验对象的设计能够有效模拟地基不均匀沉降对桥梁结构性能的典型影响，为桥墩基础沉降病害的评估及防控措施的优化提供科学依据。

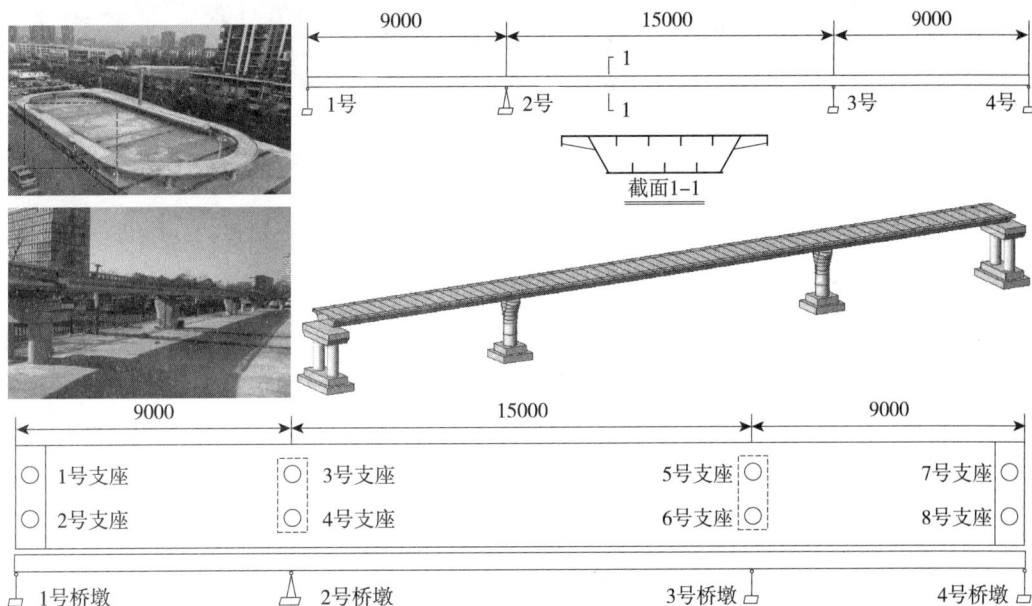

图 11-16　支座桥墩布置图

3. 试验方法与技术路径

本试验通过七级加载模拟地基不均匀沉降引起的桥墩沉降过程，以 3 号支座的支座反力为控制变量，逐级调高跨中支座的高度，研究桥梁在不同沉降状态下的受力特性和变形规律（表 11-4）。试验采用自主研发的可调高测力支座，通过精准调节支座反力和高度，分析支座反力变化、主梁挠度及桥梁整体稳定性的演化过程（图 11-17）。

桥墩沉降试验工况

表 11-4

加载级别	试验内容	支座反力	调高高度	目的
一级加载	调整支座反力至初始反力的 80%	80% 初始反力	—	模拟桥墩初始沉降阶段，研究桥梁整体受力特性及主梁挠度变化
二级加载	调整支座反力至初始反力的 50%	50% 初始反力	—	
三级加载	调整支座反力至初始反力的 30%	30% 初始反力	—	
四级加载	调整支座反力至 0	0	0.45mm	模拟支座完全脱空，研究极端沉降状态下桥梁受力重分布及主梁变形特性
五级加载	进一步调高支座高度至 0.8mm	—	0.8mm	
六级加载	进一步调高支座高度至 1.1mm	—	1.1mm	
七级加载	进一步调高支座高度至 1.5mm	—	1.5mm	

图 11-17　可调高测力支座与现场试验图

4. 试验现象与结果展示

通过桥墩沉降工况的实施，试验清晰展现了 B 桥（独柱墩钢箱梁桥）在不同加载工况下的受力与变形特性（图 11-18），具体分析如下：

通过对上述支座反力变化数据的分析可知，随着 2 号桥墩逐渐调高，跨中支座（3 号支座至 6 号支座）的反力受调高程度的影响最为显著，表现出明显的力学响应。当支座高度调高至五级加载（0.8 mm）时，3 号支座和 4 号支座的反力变化幅度显著减小，最大变化量约为 30kN，同时 3 号支座的反力达到 -2.16kN，表明该支座已完全脱空，失去承载能力，荷载已逐步向周边支座区域转移。此时，跨中区域的力学行为出现了明显的转折点，支座脱空导致跨中结构的应力重分布，其他跨中支座（如 5、6 号支座）以及调高千斤顶开始承担更大的荷载。

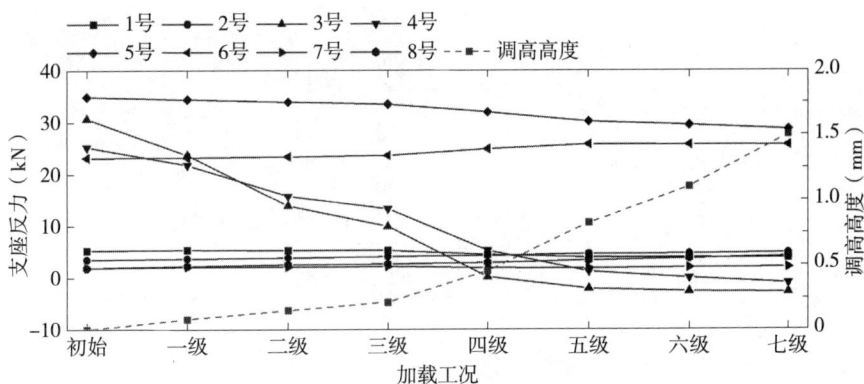

图 11-18　桥墩沉降试验结果

当继续调高至七级加载（1.5mm）时，3 号支座和 4 号支座已完全脱空，支座反力基本保持稳定，不再发生显著变化。然而，由于跨中结构的荷载转移，5 号和 6 号支座的反力出现明显下降。相比之下，边跨支座（1、2、7、8 号）的反力变化幅度较为缓和，调高过程中的变化趋势较小，基本保持稳定，这表明边跨区域对跨中沉降的力学响应具有更强的适应性，受沉降影响较小。

由此可看出，支座调高过程中的关键风险在于跨中支座脱空导致的受力重分布现象。脱空不仅减小了跨中区域的承载能力，还对其他支座和结构的稳定性形成了更大的考验。基于此，需在实际桥梁监测中密切关注跨中支座的反力变化，结合数据及时判断支座脱空的程度，并制定相应的加固或荷载转移策略。此外，这种荷载转移效应也为桥梁加固设计提供了数据支持，提示相关人员应增强跨中区域支座的适应能力，同时优化周边支座的结构设计，以分担因沉降而引发的应力集中问题。

5. 试验结论与应用

桥墩沉降或支座脱空带来的危害不仅局限于跨中区域的局部失效，更体现在整体结构稳定性的削弱。试验结果表明，支座脱空会显著削减桥梁关键构件的承载能力，引发主梁挠度变化和应力重新分布。极端情况下，支座脱空可能导致主梁局部屈曲、桥面严重变形、铰缝开裂甚至桥梁整体失稳。此外，不均匀沉降还可能对桥墩本体产生额外的附加力，进一步加剧其内部损伤，增加维护和修复的复杂性。

针对桥墩沉降和支座脱空的危害，需采取以下防控措施：加强桥梁沉降状态的实时监测，利用高精度监测设备（如可调高测力支座、位移传感器等）实时记录支座反力及关键截面的挠度变化，建立科学的预警机制；优化支座的设计，提升其适应沉降变形的能力，通过加强支座区域的刚度或增设调整功能支座来减少脱空对整体结构的影响；在桥墩基础施工阶段，需注重地基处理，避免因地基固结不均或土体流失引发桥墩沉降。此外，对桥梁运行中发现存在沉降或支座损伤的情况，应及时进行加固和修复，特别是针对跨中支座和边跨支座的协同受力设计，提升其抗沉降性能。

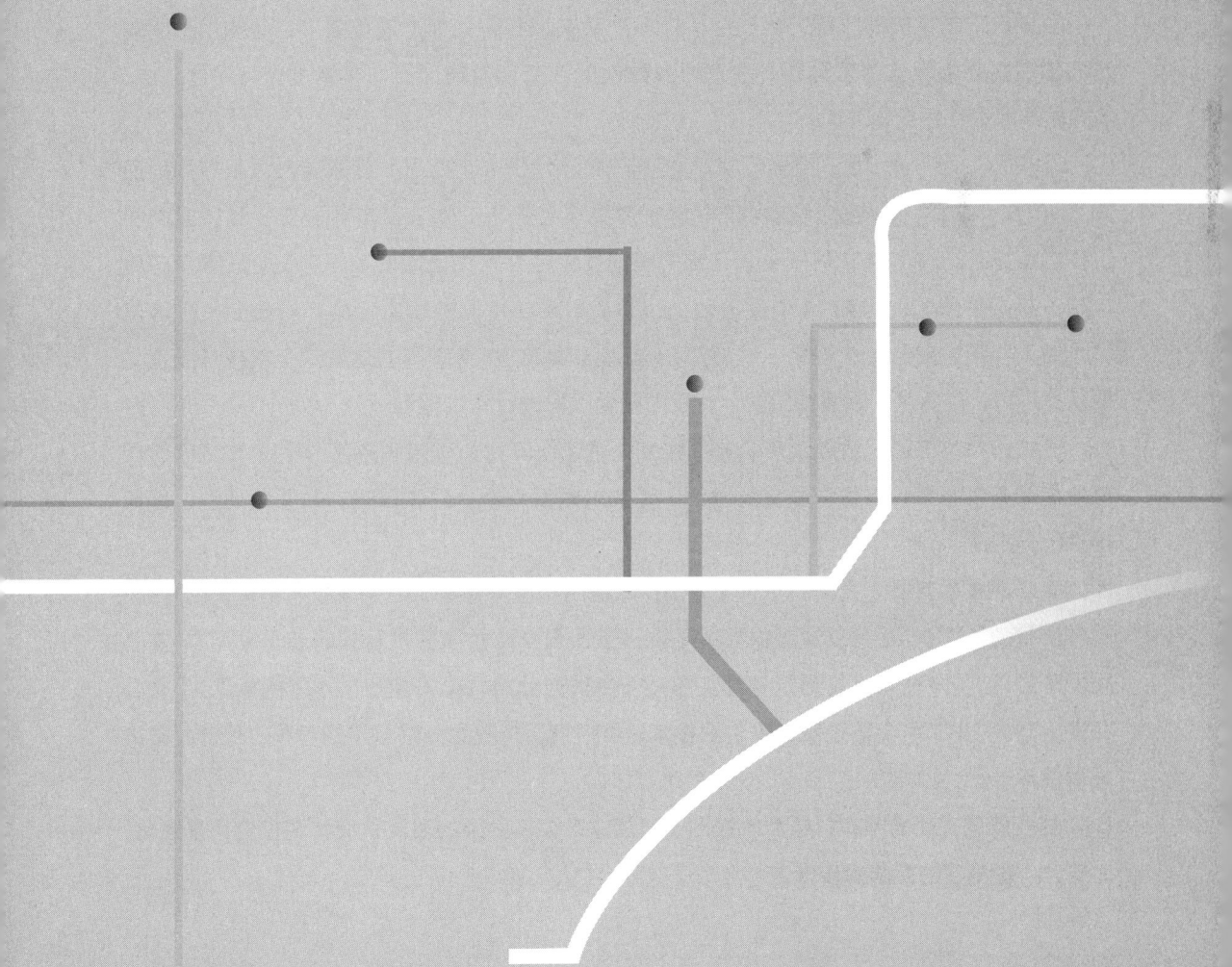

第 12 章

城市桥梁政策与标准规范解读

为了提高城市桥梁的安全管理水平并规范风险防控措施，住房城乡建设部及相关部门已制定了一系列关于城市桥梁安全的政策和标准。这些政策和标准不仅在提升我国城市桥梁安全方面发挥了重要作用，还促进了桥梁工程的健康可持续发展。本章将从政策文件、桥梁监测相关标准以及监管机制等方面进行详细探讨。

12.1　城市桥梁安全管控标准概述

我国针对桥梁安全工程方面颁布了许多规章制度和相关标准规范要求，这些规范的制定和颁布主要涉及应急管理部、住房城乡建设部、交通运输部等，具体可分为安全工程、城市桥梁和公路桥梁等方面。

在安全工程方面，我国颁布了如《国务院关于印发"十四五"国家应急体系规划的通知》（国发〔2021〕36号）、《国务院安全生产委员会关于加强公交车行驶安全和桥梁防护工作的意见》（安委〔2018〕6号）、《国务院安委会办公室关于印发〈国家安全发展示范城市建设指导手册〉的通知》（安委办函〔2020〕56号）、《国务院安全生产委员会关于印发〈"十四五"国家安全生产规划〉的通知》（安委〔2022〕7号）等，这些规范或规章制度主要从宽视野、高角度、远瞻性出发，对我国安全工程进行系统指示。

在城市桥梁方面，我国颁布了如《城市道路管理条例》《城市桥梁检测和养护维修管理办法》等条例和管理办法，从更为精细、专业的角度入手，对我国城市桥梁的建造、运行等进行一定指导。

在公路桥梁方面，我国颁布了《公路桥梁群结构监测系统试点建设技术指南》《公路桥梁养护管理工作制度》《交通运输部关于进一步加强公路桥梁养护管理的若干意见》（交公路发〔2013〕321号）、《交通运输部关于进一步提升公路桥梁安全耐久水平的意见》（交公路发〔2020〕127号）等规章制度，从技术角度出发，对我国公路桥梁的养护、运营等做出技术性指导。

这些政策文件的颁布，极大地推动了我国城市公路桥梁的发展，使其朝着更为系统化、专业化、精细化的方向稳步推进。

有关城市桥梁方面，我国颁布了更细致的标准规范，如《城市桥梁养护技术标准》CJJ 99—2017、《城市桥梁检测与评定技术规范》CJJ/T 233—2015、《城市桥梁抗震设计规范》CJJ 166—2011、《城市桥梁结构加固技术规程》CJJ/T 239—2016，这些标准规范提出了城市桥梁养护、检测、抗震、加固等各个方面的技术规定，为我国城市桥梁提供了系统且完善的技术准则。

在公路桥梁方面，我国颁布了包括公路桥梁抗震、结构加固、防车船撞击等方面的标准规范。如《公路桥涵养护规范》JTG 5120—2021、《公路桥梁技术状况评定标准》JTG/T H21—2011、《公路桥梁承载能力检测评定规程》JTG/T J21—2011、《公路桥梁抗撞设计规范》JTG/T 3360–02—2020、《公路桥梁抗震设计规范》JTG/T 2231–01—2020，围绕公路桥梁这一主体，从和公路桥梁相关的其他方面颁布一系列标准规范，形成一个公路桥梁规范生态。

12.2　桥梁安全工程相关标准规范、文件解读

12.2.1　《公路桥梁群结构监测系统试点建设技术指南》

随着城市桥梁规模的不断增长，桥梁安全问题日益严峻，如何高效地监测桥梁运行状态、预警结构风险、优化养护管理成为城市桥梁安全管理的重要课题。

《公路桥梁群结构监测系统试点建设技术指南》（交办公路〔2024〕26 号）由交通运输部公路科学研究院牵头编制，旨在推动全国范围内公路桥梁群的结构监测系统试点建设，并形成可复制、可推广的技术体系。

该指南在桥梁安全监测领域提供了一整套完整的技术规范，涵盖监测内容、测点布设、系统设计、实施方案、运维管理、数据应用等核心环节。

1. 监测系统的总体架构

该指南提出的公路桥梁群结构监测系统采用"部 – 省 – 桥群"三级架构（图 12-1）。

（1）桥群监测平台（前端数据采集层）：

负责单座桥梁或区域桥梁群的数据采集、存储、初步分析，并提供本地化监测服务。采用高精度传感器 [如光纤光栅、微机电系统（MEMS）加速度计、全球卫星导航系统（GNSS）] 进行桥梁健康状态监测。

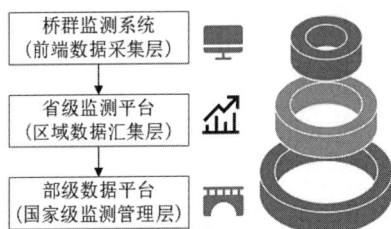

图 12-1　桥梁群监测系统层结构

（2）省级监测平台（区域数据汇聚层）：

负责全省范围内桥梁群的监测数据汇总和管理，承担数据清洗、趋势分析和风险评估任务。提供省级桥梁健康监测报告，并向部级平台上传关键数据。

（3）部级数据平台（国家级监测管理层）：

负责全国范围内公路桥梁监测数据的归集与分析。采用大数据分析、人工智能（AI）技术，构建全国桥梁安全风险评估模型。通过智能预警机制，识别区域性桥梁安全隐患，并向省级或桥群监测平台下发指令。

2. 监测内容与测点布设

该指南明确了公路桥梁群监测系统的主要监测内容，涵盖环境风险、作用风险、结构风险三大类别，并提供了详细的测点布设方案（图12-2）。

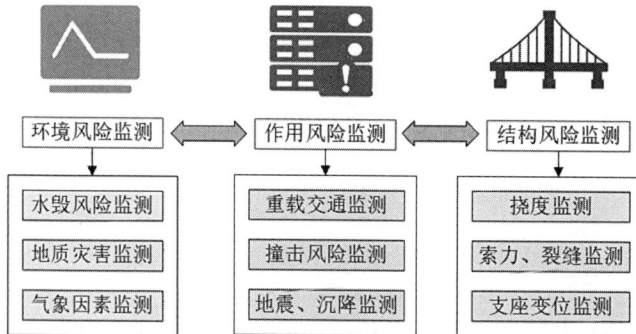

图12-2　监测内容

（1）监测内容

1）环境风险监测

①水毁风险监测：监测桥墩冲刷、桥基冲蚀，结合水位传感器与雷达测距设备，分析洪水作用下桥梁稳定性。

②地质灾害监测：监测边坡稳定性、地基沉降，采用GNSS位移监测与倾斜传感器，评估地质灾害的潜在风险。

③气象因素监测：实时监测温湿度、风速风向、降雨量、雷暴等环境参数，以分析气象条件对桥梁材料性能及结构行为的影响。

2）作用风险监测

①重载交通监测：布设动态称重系统，结合光纤光栅应变传感器，分析桥梁在长期重载交通影响下的疲劳损伤。

②撞击风险监测：安装高清视觉监测系统、雷达感知系统，用于实时监测船舶撞击、车辆撞击等突发事件。

③地震监测：采用 MEMS 加速度计、地震波传感器，分析桥梁在地震作用下的振动响应。

④沉降监测：布设高精度位移传感器、GNSS 监测站，用于评估桥墩、桥台在长期运营过程中的沉降趋势。

3）结构风险监测

①挠度监测：利用激光位移传感器、光纤光栅测量系统，测量主梁竖向变形。

②索力监测（适用于斜拉桥、悬索桥）：采用电磁谐振传感器、光纤布拉格光栅（FBG），监测主索、斜拉索的张力变化。

③裂缝监测：安装智能裂缝传感器（位移式、电阻式、超声波），精准测量裂缝宽度、深度及发展趋势。

④支座变位监测：采用倾角传感器、位移传感器，监测桥梁支座的滑移、旋转角度，预防支座失效。主梁振动监测：结合模态分析技术，采用高精度加速度传感器，实时监测桥梁振动特征。

（2）测点布设（图 12-3）

1）环境监测测点布设

①水位监测：水位传感器宜布设于桥墩或桥台附近。

②地质灾害监测：边坡监测仪应布设于桥梁两侧边坡滑坡高发区。

③风速风向监测：风速传感器宜安装于桥梁主塔或高墩顶部。

2）作用监测测点布设

①车流荷载监测：动态称重系统应布设于桥梁进出口位置，监测车辆轴重、荷载分布。

②撞击监测：视觉监测系统应安装于桥梁主梁下缘或桥墩迎撞面，确保能够清晰捕捉撞击事件。

③地震监测：加速度计应安装于桥墩顶部、桥台、主梁关键部位，用于监测地震引起的结构响应。

3）结构监测测点布设

①索力监测：应在斜拉索锚固点、悬索锚碇处布设电磁式索力传感器。

②裂缝监测：裂缝传感器宜布设在主梁关键受力部位，如跨中、支座附近。

③支座变位监测：倾角传感器应安装于支座滑移方向，监测异常位移情况。

3. 监测技术方案

该指南提出了一套多传感器融合＋智能分析＋

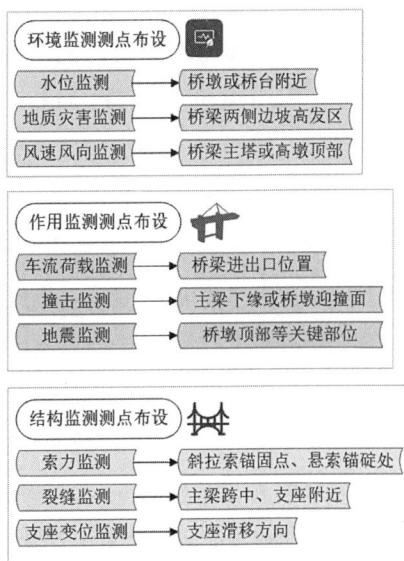

图 12-3　监测布点

物联网远程监测的先进桥梁监测技术体系，涵盖传感技术、数据传输、数据处理、智能预警等核心环节。相比传统的测量方法，该体系结合人工智能（AI）、机器视觉、大数据分析等技术，提升监测的精准度和实时性。在公路桥梁群成功应用的经验，为城市桥梁群监测提供了重要的借鉴价值，特别是在低功耗监测、自动化数据分析、远程预警等方面，能够优化城市桥梁安全管理体系。

（1）核心监测技术

监测系统主要涵盖结构健康监测、荷载监测、环境监测、视觉智能监测四大类别。

结构健康监测通过振动、应力、位移、裂缝、索力、温湿度传感器等实时获取桥梁状态信息；荷载监测依托动态称重、雷达测速、高清摄像等分析交通流量及其对桥梁的影响；环境监测包括地震感应、水毁监测、边坡监测等，确保桥梁在极端天气或地质灾害条件下的安全；视觉智能监测利用 AI 图像识别、无人机巡检、BIM 数字孪生等技术，实现自动化巡检，提高检测效率。

（2）数据传输与存储

监测系统采用多模式数据传输，结合光纤、5G/LoRa 无线传输、北斗 /GNSS 高精度定位、卫星通信等技术，确保数据的稳定性和实时性。同时，数据采用边缘计算 + 云存储架构，在桥梁端进行数据预处理，提高计算效率，减轻网络负担。

存储系统支持云计算、大数据分析、区块链加密，确保数据的安全性和可追溯性，为桥梁健康状态评估、趋势预测和智能预警提供技术支撑。这一数据管理模式适用于城市桥梁群监测，可构建更精准、智能化的城市桥梁安全管理体系。

4. 预警机制与数据应用

该指南构建了一套基于多层级数据分析与智能预警算法的预警机制，可对桥梁结构状态进行实时监测、异常识别、风险评估与预警发布。系统融合机器学习（ML）、大数据分析（Big Data）、物联网（IoT）等智能技术，确保预警信息的精准性、及时性与可操作性。

（1）多层级报警体系与智能分析

报警体系采用三级报警模式（黄色 – 橙色 – 红色），不同级别对应不同管控措施。

三级报警（黄色）：数据接近阈值，提示加强巡检。

二级报警（橙色）：数据超出阈值 80%，需启动专项检查。

一级报警（红色）：数据达到设计极限，需采取交通管控措施。

（2）监测系统定期生成数据分析报告

日常监测报告（半年一次，提供桥梁健康状态评估）。

特殊事件报告（针对重大灾害或事故进行专项分析）。

养护评估报告（为桥梁维修决策提供技术支持）。

（3）预警发布与应急响应机制

系统采用多通道预警发布，包括短信／邮件通知、可视化平台展示、声光报警系统，并可联动政府与应急管理平台。当发生二级及以上报警时，桥梁管养单位立即派遣专业人员检查，交通管理部门可实施限速或封闭措施，应急机构迅速启动抢修预案。

5.对城市桥梁安全监测的借鉴意义（图12-4）

（1）桥梁群监测模式：将"单桥监测"升级为"城市桥梁群监测"。

（2）轻量化监测技术：低功耗、智能化监测方案可降低城市桥梁维护成本。

（3）智能预警机制：引入公路桥梁报警体系，提高城市桥梁安全管理水平。

（4）数据共享机制：推动城市桥梁监测系统与市政管理平台对接，实现数据共用。

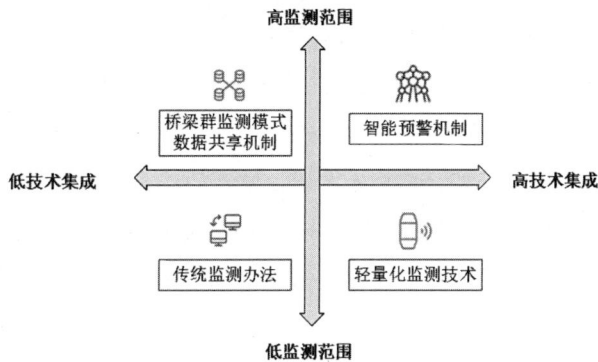

图 12-4　桥梁监测划分

6.总结

《公路桥梁群结构监测系统试点建设技术指南》提供了一套完整的桥梁安全监测技术体系，可为城市桥梁监测系统的规划和优化提供重要参考。城市桥梁管理部门可结合本地桥梁特点，借鉴该指南的监测内容、技术手段、数据分析方法，提升桥梁安全管理的科学性和智能化水平。

12.2.2　《建筑与桥梁结构监测技术规范》GB 50982—2014

随着我国基础设施建设的快速发展，高层建筑、大跨度桥梁、大型空间结构的数量不断增加，其结构复杂性和安全管理要求日益提高。然而，传统的人工巡检和定期检测方式在监测精度、实时性、数据可追溯性等方面存在诸多局限，难以满足现代建筑与桥梁安全管理的需求。同时，近年来全球范围内发生的一些严重桥梁垮塌、建筑垮塌事故暴露出结构健康监测体系的不完善，促使我国加快构建标准化、系统化、智能化的建筑与桥梁结构监测体系。

在此背景下，住房城乡建设部组织行业专家和研究机构，制定了《建筑与桥梁结构监测技术规范》GB 50982—2014，以推动我国建筑与桥梁监测技术的规范化和智能化，提升工程设施的安全性和耐久性。该规范由住房城乡建设部发布，并于 2015 年 8 月 1 日正式实施，为建筑与桥梁健康监测提供了系统性的技术依据，涵盖监测方法、设备技术要求、测点布设、数据分析与预警机制。

该规范由八个章节和两个附录构成，内容涵盖建筑与桥梁结构监测的全过程，包括监测系统的架构、监测方法、数据分析、预警机制、设备选型及维护管理等内容。主要章节包括：总则（明确监测的目的、原则、适用范围）、术语和符号（统一监测领域的关键术语和定义）、基本规定（提出监测系统建设的基本要求，涵盖施工期间和使用期间的监测内容）、监测方法（详述不同建筑和桥梁结构的监测手段及技术要求）、高层与高耸结构（专门针对超高层建筑和塔架的监测要求）、大跨空间结构（针对机场航站楼、体育馆等大跨度结构的监测方案）、桥梁结构（涵盖桥梁在施工及使用期间的监测标准）、其他结构（对隔震结构、地下工程穿越施工等特殊结构的监测规定）。该规范适用于新建、改造、运营中的高层建筑、桥梁及其他重要结构，适用于政府监管部门、工程设计单位、施工企业、监测设备供应商以及运维管理单位，指导其科学规划和实施结构健康监测。

在城市桥梁安全管理方面，本规范具有重要的指导价值。首先，它提供了系统化的监测方法，通过全生命周期的监测体系，实现桥梁结构的实时评估，及时发现潜在的安全隐患。其次，规范明确了监测系统的技术标准，为不同类型桥梁的传感器布设、数据采集、智能分析、预警机制提供了技术依据，提高桥梁健康监测的精准度和标准化水平。此外，本规范强调智能化技术的应用，如物联网（IoT）、人工智能（AI）、大数据分析、无线监测等先进手段，这些技术的融合提升了城市桥梁监测的自动化程度和响应效率，助力现代桥梁管理从被动维护向主动预防转型，延长桥梁使用寿命，保障交通安全。

1. 总则

本规范的核心目标是建立标准化的建筑与桥梁结构健康监测体系，确保监测数据可靠、技术先进、经济合理。强调：

监测应贯穿施工期间和使用期间，分别进行结构安全监测和长期健康监测。

监测系统应符合国家现行技术标准，并根据具体工程特点制定监测方案。

施工期间的监测应与结构分析、工程控制相结合，使用期间的监测应采用自动化、智能化系统。

2. 术语和符号

本章定义了一系列核心监测术语：

结构监测（structural monitoring）：频繁、连续观察或量测结构的状态。

施工期间监测（construction monitoring）：施工期间进行的结构监测。

使用期间监测（post construction monitoring）：使用期间进行的结构监测。

监测系统（monitoring system）：由监测设备组成实现一定监测功能的软件及硬件集成。

监测预警值（precaution value for monitoring）：为保证工程结构安全或质量及周边环境安全，对表征监测对象可能发生异常或危险状态的监测量所设定的警戒值。

3. 监测系统的设计

本规范详细规定了监测系统的组成与设备类型（图 12-5）。

（1）监测系统架构

监测系统应包括：

1）数据采集系统（传感器、采集仪）；

2）数据传输系统（有线 / 无线网络）；

3）数据存储与管理系统（本地服务器或云存储）；

4）数据分析与智能预警系统（异常识别、AI 分析）；

5）可视化与决策支持系统（图形界面展示）。

（2）监测设备的选型

不同类型的监测指标需要不同的传感器：

1）应变监测：电阻应变计、光纤光栅传感器；

2）变形监测：激光位移传感器、GPS/ 北斗高精度定位系统；

3）振动监测：加速度传感器、MEMS 传感器；

4）风荷载监测：风速仪、压力传感器；

5）地震监测：强震仪、地震动传感器；

6）温湿度监测：智能环境传感器。

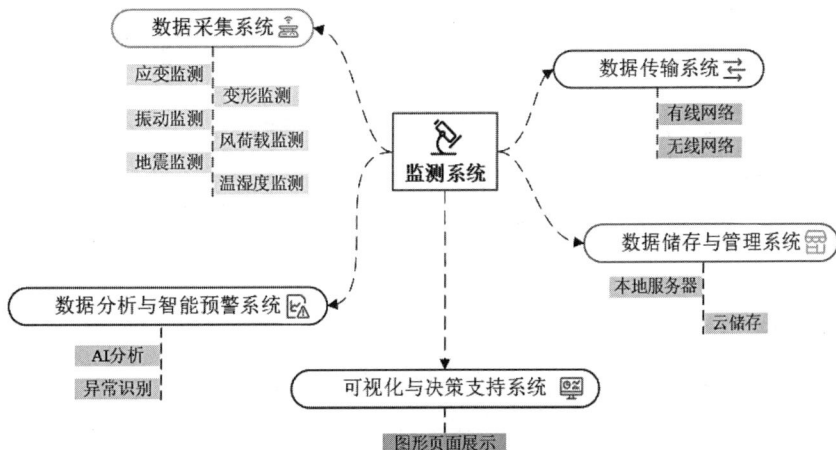

图 12-5　监测系统设计

4. 监测方法与实施

本规范提供了详细的监测方法指南，包括：

应变监测（评估结构受力状态）；

变形监测（监测桥梁挠度、基础沉降等）；

裂缝监测（监测裂缝宽度、发展趋势）；

振动监测（监测结构振动特性）；

地震响应监测（分析地震对桥梁的影响）；

风荷载监测（评估风对结构的影响）。

（1）施工期间监测

施工期间监测的核心目标是保障施工安全，优化施工工艺。关键监测内容：

1）应力应变监测：确保施工过程中结构的应力不超过安全阈值。

2）变形监测：防止不均匀沉降、支座失效、桥梁挠度异常。

3）环境影响监测：如温湿度、风速、振动影响等。

（2）使用期间监测

1）结构健康监测：分析长期使用中的疲劳损伤、裂缝扩展、材料老化等情况。

2）智能预警机制：当数据超过设定的警戒值时，自动发送预警信号。

3）数据分析：结合大数据、AI 分析，预测结构安全趋势。

（3）报警机制

桥梁监测系统采用三级报警机制（图 12-6）：

三级报警（黄色）：监测数据接近临界点，建议关注。

二级报警（橙色）：监测数据超过 80% 阈值，需启动专项检查。

一级报警（红色）：监测数据达到设计极限，需要立即采取交通管控措施。

一级报警	二级报警	三级报警
监测数据接近临界点	监测数据超过 80% 阈值	监测数据达到设计极限

图 12-6　三级报警机制

5. 其他结构监测

本规范还对隔震结构、穿越施工工程的监测做出规定：

（1）隔震结构：监测隔震支座的水平剪切变形和竖向压缩变形。

（2）穿越施工监测：监测桥梁、地铁、隧道在地下工程穿越施工安全状态。

6.关键附录解析

本规范附带了两个重要的附录：

（1）附录 A：监测设备主要技术指标（传感器精度、量程、误差范围）。

（2）附录 B：不同类型桥梁在使用期间的监测要求（具体监测参数、布设方案）。

7.总结

《建筑与桥梁结构监测技术规范》GB 50982—2014 是我国首部针对建筑和桥梁健康监测的国家级技术规范，提供了完整的监测体系，包括：

（1）施工期间监测：确保桥梁施工安全，优化施工工艺。

（2）使用期间监测：智能化、长期健康监测，提高养护决策的科学性。

（3）标准化的监测系统架构：数据采集、传输、存储、分析一体化。

（4）智能预警机制：数据驱动的安全预警，减少事故风险。

本规范的实施，将有助于提升我国建筑与桥梁结构监测的智能化、标准化和自动化水平，为未来桥梁和建筑的安全管理提供重要支持。

12.2.3 《公路桥梁结构监测技术规范》JT/T 1037—2022

《公路桥梁结构监测技术规范》JT/T 1037—2022 是对《公路桥梁结构安全监测系统技术规程》JT/T 1037—2016 的首次修订，按照《标准化工作导则　第 1 部分：标准化文件的结构和起草规则》GB/T 1.1—2020 的要求起草，并由全国交通工程设施（公路）标准化技术委员会（SAC/TC 223）提出并归口。本规范由中交公路规划设计院有限公司、哈尔滨工业大学、交通运输部公路科学研究院、同济大学、中交公路长大桥建设国家工程研究中心有限公司、中交公规土木大数据信息技术（北京）有限公司等单位共同起草，主要起草人包括李惠、李娜、孙利民等。本次修订在名称、术语、监测范围、系统建设与运维、数据管理与应用等方面均进行了系统性完善。

本规范共分为 11 章及 4 个资料性附录，包括：范围、规范性引用文件、术语和定义、总则、基本规定、监测内容、监测测点布设、监测方法、监测系统、数据管理、监测应用等。

规范的核心内容与特点包括：

更新术语与范围：将"预警"改为"超限报警"，引入"作用""结构响应""结构变化""桥梁结构健康度"等新术语，明确了适用桥梁的跨径和技术状况等级要求。

技术体系升级：鼓励采用卫星导航、5G、人工智能、大数据等新技术；扩大了监测内容和测点布设的范围，增加了桥面结冰、螺栓状态、索夹滑移等监测项。

系统建设全周期：从设计、实施、试运行、验收到运维，形成一体化建设与管理流程，并提出硬件、软件及配套工程全方位要求。

数据治理与应用：首次系统性提出监测数据的编码、预处理、存储、交互与共享、安全管理，以及超限报警、健康度评估、车辆管控、检查指引、应急管理等应用框架。

接下来，对本规范的部分内容进行解读：

1. 范围

适用于公路桥梁结构监测系统的设计、实施、验收、运营维护、数据管理与应用，对其他类型桥梁可参照使用。

2. 规范性引用文件

列举了本规范所参考的《外壳防护等级（IP代码）》GB/T 4208—2017、《公路交通气象监测设施技术要求》GB/T 33697—2017、《低轨星载GNSS测量型接收机通用规范》GB/T 39410—2020等22项标准以及《公路数据库编目编码规则》JT/T 132—2014、《林区公路桥涵设计规范》LYJ 106—1990等技术文件，确保各项条款有据可依。

3. 术语和定义

定义了"桥梁结构监测"与"桥梁结构监测系统"等核心概念，并新增"作用（Action）""结构响应（Structural Response）""结构变化（Structural Variation）""超限阈值（Alarming Threshold）"和"桥梁结构健康度（Bridge Structural Health Level）"等重要术语，为后续各章节的技术表述奠定了统一基础。

4. 总则

本规范明确规定了桥梁结构监测的适用范围、基本要求：

跨径限制：主跨跨径≥500m（悬索桥）、主跨跨径≥300m（斜拉桥）、主跨跨径≥160m（梁桥）、主跨跨径≥200m（拱桥）需进行监测。

监测系统应独立运行，同时具备与上级监测平台的数据共享能力。

支持卫星导航、5G通信、大数据分析等新兴技术的应用。

5. 基本规定

六阶段建设：系统设计、实施、试运行、验收、运维、监测数据应用；

构成要素：由系统硬件、系统软件及配套工程组成；

传感器寿命：预埋式不低于20年，附着式不低于5年，确保长期数据连续性。

6. 监测内容

将监测内容划分为环境、作用、结构响应、结构变化4大类，并按桥型（悬索、斜拉、梁、拱）给出应选、宜选、可选监测项的详尽清单，涵盖温湿度、荷载、风、地震、位移、应变、索力、裂缝、腐蚀等共几十项指标（图12-7）。

（1）环境监测

温湿度监测（桥址区、主梁、索塔等）；桥面结冰监测。

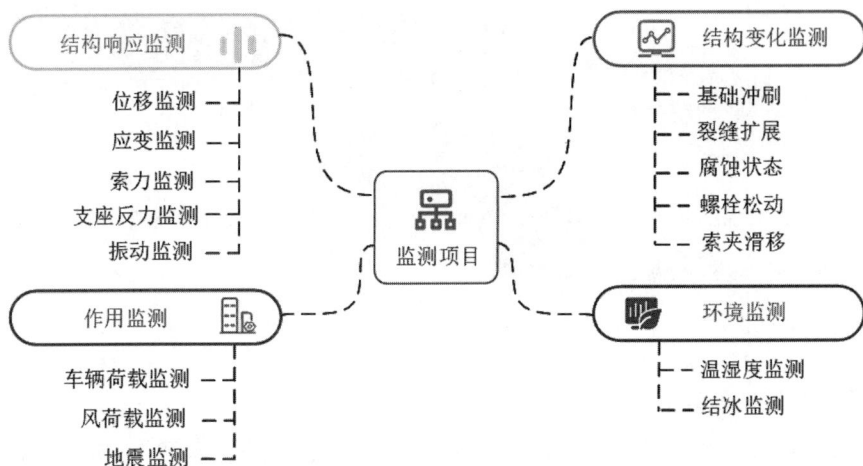

图 12-7　监测内容

（2）作用监测

车辆荷载监测（车道车重、轴重、轴数、车速）；风荷载监测（风压、风速）；地震监测（地表加速度、桥墩反应）等。

（3）结构响应监测

主梁、索塔、拱桥的位移监测；关键部位应变监测；索力监测（斜拉索、吊索、系杆）；支座反力监测；桥梁振动监测等。

（4）结构变化监测

基础冲刷；裂缝扩展；腐蚀状态；螺栓松动；索夹滑移等。

7. 监测测点布设

布局原则：兼顾代表性、经济性、可更换性及设备约束；

重点部位：受力或变形较大、易损及已有病害位置应增加测点；

协同布设：环境、荷载、视频、位移、应变等测点应协同规划，详见其附录布设示意图。

8. 监测方法

针对不同监测内容推荐相应技术（图 12-8）：

环境：热电偶、光纤温度传感、氯化锂湿度计、超声/视频结冰监测；

作用：动态称重（WIM）、视频监测、三向/机械风速仪、加速度传感器；

结构响应：GNSS、压力式、激光/拉线位移计、倾角传感器、光纤/电阻/振弦应变计；

结构变化：声发射、超声波、图像识别等。

并对传感器精度、量程、抗干扰、采样频率等均给出详细技术指标。

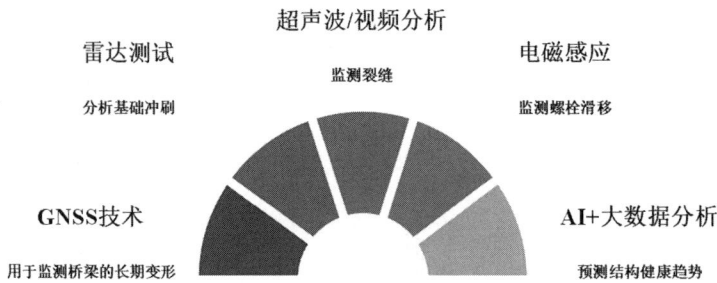

图 12-8 监测方法概述

9. 监测系统的设计

包括桥梁现场监测系统（数据采集）、监控中心（数据处理与管理）、省 / 部级监测平台（数据汇总与分析）（图 12-9）。

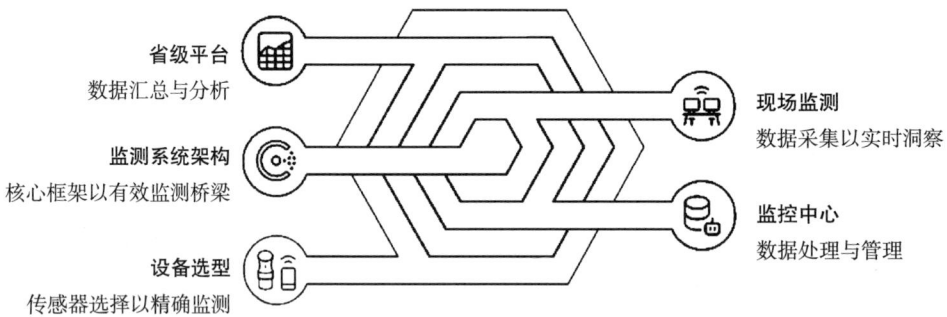

图 12-9 监测系统的设计

10. 监测应用

本规范依据桥梁结构构件以及整体的健康度，梳理了健康度等级评定依据，如表 12-1 所示。

桥梁结构健康度等级评定依据 表 12-1

健康度等级	结构构件	结构整体
I 基本完好	构件健康度表征评估参数中所列监测数据无超限	结构整体健康度表征评估参数中所列监测数据超限等级全部为一级或无超限
II 轻微异常	构件健康度表征评估参数中所列监测数据超限等级为一级	除塔顶偏位、锚碇位移、拱脚位移之外，结构整体健康度表征评估参数中所列其他监测数据与分析结果超限等级仅有 1 项为二级、无三级
III 中等异常	构件健康度表征评估参数中所列监测数据超限等级为二级	结构整体健康度表征评估参数中所列监测数据与分析结果超限等级出现多项二级或 1 项三级；或当塔顶偏位、锚碇位移、拱脚位移出现 1 项以上二级；或多项构件健康中等异常
IV 严重异常	构件健康度表征评估参数中所列监测数据超限等级为三级	结构整体健康度表征评估参数中所列监测数据与分析结果超限等级出现多项三级；或多项构件健康度严重异常

对于涡振、强风、地震、车辆超载等情况，规范要求触发应急预案，必要时采取封桥、交通管制等措施。

11. 总结

《公路桥梁结构监测技术规范》JT/T 1037—2022 以"全过程、全要素、全生命周期"为设计理念，集成前沿传感技术与网络化、智能化手段，对公路桥梁结构监测提出了一套从内容、方法、系统建设到数据治理与应用的系统化、一体化规范，为桥梁安全运营与精准养护提供了全面的技术支撑。其重点在于融合新技术、强化数据管理与应用、提升监测系统的稳定性和可持续性，对推动我国公路桥梁的智慧化监测与管理具有重要意义。

12.2.4 《城市生命线工程安全运行监测运营标准》DB34/T 4713—2024

《城市生命线工程安全运行监测运营标准》DB34/T 4713—2024 由安徽省住房和城乡建设厅归口管理，清华大学合肥公共安全研究院组织编制，合肥市城乡建设局、合肥市应急管理局等为主编单位，参编单位包括市政、管网、燃气及高校等多家单位。该标准依据《安徽省市场监督管理局关于下达 2022 年第二批安徽省地方标准制修订计划的通知》（皖市监函〔2022〕550 号）开展广泛调研，在总结实践经验并结合国家和行业相关标准的基础上制定，旨在规范城市生命线工程安全运行监测与运营，保障人民生命财产安全、维护社会稳定。

本标准正文共分 9 章，包括：总则、术语、基本规定、组织体系、日常监测、分析研判、预警响应、系统维护、运营管理，此外本标准设有附录 A、用词说明、引用标准名录及条文说明等。

规范的核心内容与特点包括：

统一规范：构建从日常监测、分析预判、预警响应到系统维护、运营管理的全流程标准体系，弥补各类城市生命线工程管理中的碎片化问题。

提升能力：强调"智能与人工相结合""专业运维""联动处置"等原则，提高监测及时性、研判准确性与响应协同性。

保障协同：明确各级组织职责与信息共享机制，强化主管部门、监测单位、运维单位、权属单位之间的协同工作，为应急处置提供制度支撑。

接下来，对本规范的部分内容进行解读：

1. 总则

适用于城市生命线工程（燃气、供水、排水、热力、桥梁等）的安全运行监测与运营。提出了"五有机结合"原则——日常监测的及时性、分析研判的准确性、预警响应的协同性、系统维护的高效性、运营管理的科学性。

2. 术语

明确定义"监测运营""监测运营组织体系""监测系统""运行监测单位""运维单位""权属单位""报警""预警"等关键术语，为后续阅读与执行提供统一口径，如：

（1）监测运营（monitoring and operation）：对城市生命线工程安全运行监测系统开展的日常监测、分析研判、预警响应、系统维护、运营管理等活动。

（2）报警（alarm）：相关指标数值达到监测系统中设定阈值时产生的警示信号的过程。

（3）预警（early-warning）：通过对报警信息进行科学分析，确定可能发生、即将发生或正在发生的风险事件，并针对性地提前或及时发出风险警示的过程。预警级别按照风险事件可能造成的后果严重性，从高到低分为一级预警、二级预警、三级预警。

（4）预警事件（early-warning event）：指可能发生、即将发生或正在发生的风险事件。

3. 组织体系

组织架构由城市生命线安全主管机构、行业主管部门、运行监测单位、运维单位、权属单位组成（图 12-10）。

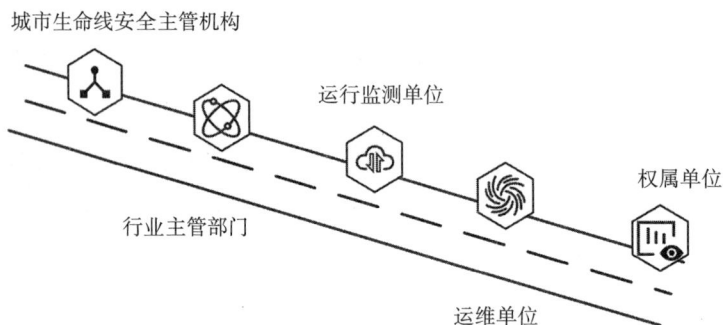

图 12-10　监测体系架构

其中，具体职责分工为：安全主管机构负责总体指挥协调；行业主管部门负责监管与协调；运行监测单位 24h 值守、分级发布预警并全流程跟踪；运维单位负责系统运维保障；权属单位负责预警处置与反馈。

4. 预警响应

应急准备：制定综合与专项预案，年度演练、半年度现场演练；

预警发布：按三级、二级、一级等级授权发布，时效性要求逐级严格；

联动处置：权属单位现场复核并处置，运行监测单位提供数据支持，主管部门统筹协调；

其中，预警处置时效性按表 12-2 执行。

预警处置时效性规定　　　　　　　　　表 12-2

预警级别	级别说明	预警接收时间	警情控制时间	完成处置时间
红色（一级）	预计将要发生一般及以上突发事件，事件会随时发生，事态正在不断蔓延，后果很严重	不大于15min	不大于2h	视现场情况而定
橙色（二级）	预计会发生一般及以上突发事件，事件即将临近，事态正在逐步扩大，后果比较严重	不大于30min	不大于3h	
黄色（三级）	预计可能会发生一般突发事件，事件可能会来临，事态有扩大的趋势	不大于1h	不大于4h	

5. 总结

该标准通过对组织体系、监测、研判、预警、维护和运营管理全流程的系统规范，形成可操作的闭环机制，充分体现"专业运行、联动处置、智能＋人工"的理念，为城市生命线工程的安全运行提供了制度化保障。未来执行中应结合地方实际，动态完善细则，不断提升监测预警与应急处置能力。

12.2.5 《城市生命线工程安全运行监测技术标准》DB34/T 4021—2021

《城市生命线工程安全运行监测技术标准》DB34/T 4021—2021 是安徽省地方标准，由安徽省住房和城乡建设厅牵头制定，并由安徽省市场监督管理局发布，于 2021 年 10 月 14 日正式实施。该标准出台的背景主要源于我国城市化进程的加快，城市基础设施负荷加重，各类城市生命线工程面临日益复杂的安全风险。近年来，燃气泄漏爆炸、供水管道破裂、桥梁垮塌、地下管廊塌陷等事故频发。此外，全球智慧城市建设加快，智能化监测技术在基础设施管理中的应用逐步成熟，为解决城市生命线安全问题提供了新的手段。在此背景下，本标准的制定以城市生命线工程的安全、稳定、可持续运行为目标，系统性引入现代监测技术，并形成完整的数据采集、分析、预警、应急响应和运维管理体系，为城市管理提供科学、可操作的技术指导。

全标准共分为 9 个内容，包括：总则、术语、基本规定、风险评估、监测对象、系统架构、安全预警、应急响应、验收与运行维护。

规范的核心内容与特点包括：

规范化管理：明确了城市燃气、供水、排水、热力、桥梁等生命线工程的安全监测全生命周期管理要求。

风险防控：将风险评估、安全预警、应急响应有机结合，构建覆盖规划、设计、施工、验收、运行维护的闭环监控体系。

安全保障：通过技术指标、监测布点、报警阈值等具体要求，提高监测的及时性和准确性，有效预防事故发生，保障人民生命财产安全和社会稳定。

接下来，对本规范的部分内容进行解读：

1. 总则

制定目的：规范城市生命线工程安全运行监测的风险评估、系统设计、施工、验收、运行维护，提高监测管理水平，保护人身和财产安全，维护社会稳定。

适用范围：适用于城市燃气、供水、排水、热力、桥梁等工程的监测系统建设与运维管理。

总体要求：要求将风险评估、安全预警、应急响应等要素有机结合，选用安全可靠设备，并满足安全性、可靠性、可维护性、可扩展性。监测技术除应符合本标准外，还须符合国家、行业、地方相关标准。

2. 术语

对"城市生命线工程""阈值""风险识别""风险分析""风险评价""风险矩阵法""监测报警""安全预警""城市生命线工程安全运行监测中心"等关键概念作了统一定义，为全书术语使用提供基础。

3. 基本规定

系统建设：包括监测系统和运行机制两个方面，应统筹规划、分阶段实施。

运行机制：建立安全预警与应急响应机制，并规定验收与运行维护要求。

监测对象：根据风险评估确定核心监测场所和设施，并将日常监测数据及业务管理平台数据接入系统。

数据管理：要求统一数据接口、格式和共享，实现与各业务平台及智慧城市管理平台的协同。

部署管理：市、县级监测中心设置要求；信息安全应符合密码技术及网络安全等级保护要求。

4. 风险评估

四阶段流程：计划与准备、风险识别、风险分析、风险评价。

子系统要求：对燃气、供水、排水、热力、桥梁等各自的基础数据（设计／竣工资料、运行记录、管理资料、应急处置资料、周边环境资料）提出具体建议。

评价方法：采用"可能性—后果"风险矩阵法，将安全风险分为Ⅰ（重大）、Ⅱ（较大）、Ⅲ（一般）、Ⅳ（低）四级，并以四色图形式分布展示（表12-3）。

风险划分   表 12-3

风险等级		后果严重性				
		很小	小	一般	大	很大
可能性	基本不可能	低	低	低	一般	一般
	较不可能	低	低	一般	一般	较大
	可能	低	一般	一般	较大	重大
	较可能	一般	一般	较大	较大	重大
	很可能	一般	较大	较大	重大	重大

5. 监测对象

布点原则：根据监测对象类型、风险等级与方法要求确定点位布局；应反映指标变化规律、便于安装维护，并随风险变化动态调整。

典型布点：逐一列明燃气管线、供水管网、雨污排水管网、热力管网及桥梁监测的重点部位或区域。

监测指标：详列各子系统的监测参数及技术要求（图 12-11）。如：

图 12-11 生命线安全监测

燃气：压力、流量、甲烷浓度等；

供水：流量、压力、漏水声波、水质（浑浊度、余氯）等；

排水：雨量、液位、流量、pH、COD、氨氮、可燃气体浓度等；

热力：温度、压力、流量；

桥梁：结构（倾角、位移、裂缝宽度、应变、索力、加速度、挠度等）、外部荷载（车船、交通流量、撞击、地震）、气象（温度、湿度、风速风向、降雨、能见度、桥面状态遥感）等多维度指标。

6. 安全预警与应急响应

对于风险的严重性，对预警划分了 3 个等级，其中一级预警最严重。一级预警风险应急响应流程的建立应符合图 12-12 的规定，并符合以下要求：

（1）监测中心通过预警分析判定为一级风险后，应立即将预警信息发送至权属责任单位、行业监管部门和城市安全主管机构，并持续进行监测分析，必要时进行现场技术支持。

（2）权属责任单位按照相关技术要求进行现场排查处置并及时向监测中心反馈相关情况。行业监管部门视情况进行抢修监督和处置协调。

（3）城市安全主管机构组织相关部门做好应急准备，视情况启动应急预案。待完成处置后，监测中心解除预警，预警响应终止。

监测中心	权属责任单位	行业监管部门	城市安全主管部门

```
┌──────────┐
│ 监测中心  │
└────┬─────┘
     │
┌────▼─────┐
│ 发现报警  │─────────────────────────────────────► ┌──────────┐
└────┬─────┘                                          │ 应急准备  │
     │                                                └──────────┘
┌────▼─────┐
│ 报警分析  │──────────────────► ┌──────────┐
└────┬─────┘                      │ 监督协调  │
     │                            └──────────┘
┌────▼───────┐      ┌──────────┐
│ 一级风险预警 │────►│ 现场排查  │
└────┬───────┘      └────┬─────┘
     │                   │
┌────▼─────┐      ┌──────▼────┐
│ 警情变更  │      │ 处置反馈   │
└──────────┘      └──────┬────┘
                         │
┌──────────┐             │
│ 预警解除  │◄────────────┘
└────┬─────┘
     │
┌────▼─────┐
│ 响应终止  │
└──────────┘
```

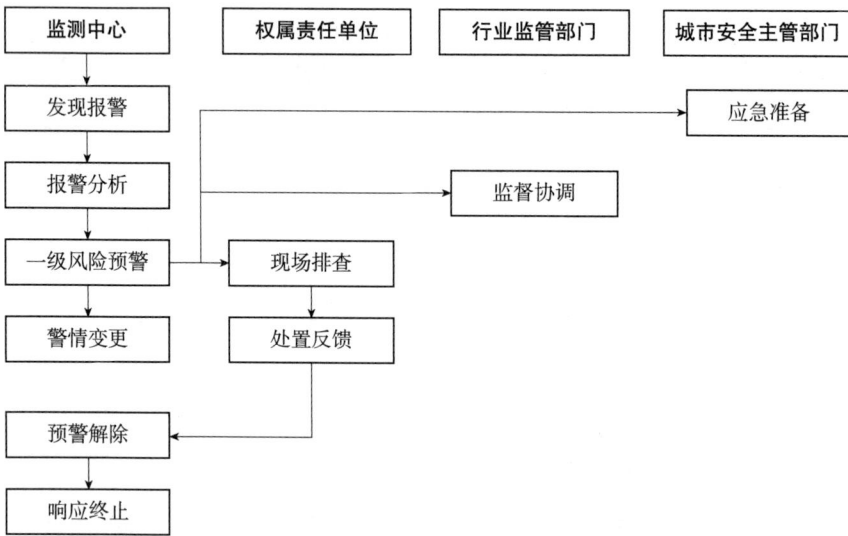

图 12-12　一级预警风险应急响应流程图

（4）监测中心可根据现场实际情况，适时调整风险应急级别。

二级预警风险应急响应流程的建立应符合图 12-13 的规定，并符合以下要求：

（1）监测中心通过预警分析判定为二级风险后，应立即将预警信息发送至权属责任单位和行业监管部门，并持续进行监测分析，必要时进行现场技术支持。

（2）权属责任单位按照相关技术要求进行现场排查处置并及时向监测中心反馈相关情况。

（3）行业监管部门视情况进行抢修监督和处置协调。待完成处置后，监测中心解除预警，预警响应终止。

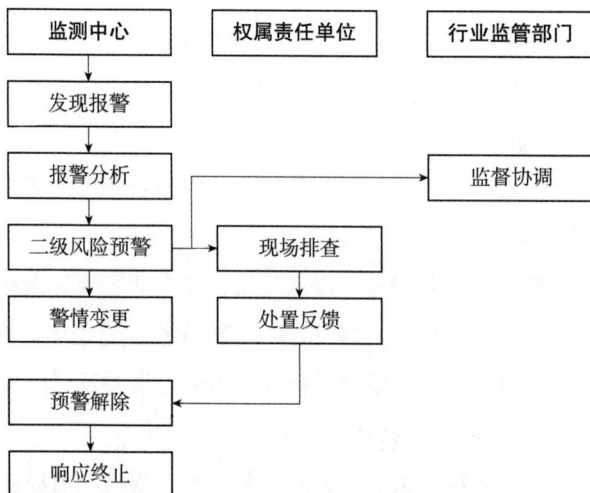

监测中心	权属责任单位	行业监管部门

```
┌──────────┐
│ 监测中心  │
└────┬─────┘
     │
┌────▼─────┐
│ 发现报警  │
└────┬─────┘
     │
┌────▼─────┐
│ 报警分析  │──────────────────► ┌──────────┐
└────┬─────┘                      │ 监督协调  │
     │                            └──────────┘
┌────▼───────┐      ┌──────────┐
│ 二级风险预警 │────►│ 现场排查  │
└────┬───────┘      └────┬─────┘
     │                   │
┌────▼─────┐      ┌──────▼────┐
│ 警情变更  │      │ 处置反馈   │
└──────────┘      └──────┬────┘
                         │
┌──────────┐             │
│ 预警解除  │◄────────────┘
└────┬─────┘
     │
┌────▼─────┐
│ 响应终止  │
└──────────┘
```

图 12-13　二级预警风险应急响应流程图

（4）监测中心可根据现场实际情况，适时调整风险应急级别。

三级预警风险应急响应流程的建立应符合图12-14的规定，并符合以下要求：

（1）监测中心通过预警分析判定为三级风险后，应立即将预警信息发送至权属责任单位，并持续进行监测分析，必要时进行现场技术支持。

（2）权属责任单位按照相关技术要求进行现场排查处置并及时向监测中心反馈相关情况。待完成处置后，监测中心解除预警，应急响应终止。

（3）监测中心可根据现场实际情况，适时调整风险预警级别。

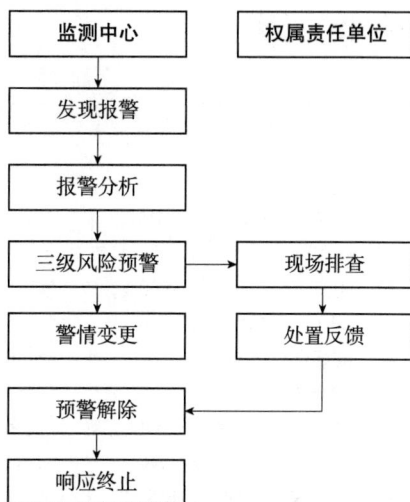

图 12-14　三级预警风险应急响应流程图

应急响应通过安全预警发布满足风险防控时效性要求，所发布内容应能准确反映城市生命线工程安全运行监测的安全风险状况。城市生命线工程应综合利用信息化系统、书面材料和即时报警等途径完成预警联动和应急响应工作，所有预警信息反馈和联动响应均应形成闭环。城市生命线工程运行预警发布的主体单位为监测中心，预警响应的主体单位为城市生命线工程权属责任单位、行业监管部门和城市安全主管机构。并应结合本地实际情况，针对安全预警的级别和发布内容，制定城市生命线工程安全预警应急响应机制。

7. 总结

本标准构建了"风险评估、监测布点与指标、系统架构、预警报警、应急响应、验收维护"闭环体系，针对城市燃气、供水、排水、热力、桥梁等生命线工程各环节提出了详尽的技术和管理要求，为地方政府和运营单位建立统一、高效、可扩展的安全运行监测平台提供了坚实依据。

参考文献

［1］ 范维澄. 公共安全科学导论 [M]. 北京：科学出版社，2013.

［2］ 李国强，顾明，孙利民. 拉索振动、动力检测与振动控制理论 [M]. 北京：科学出版社，2014.

［3］ 周海怡，韩东睿，林颖典，等. 基于物联网的城市桥梁安全监测管理系统的研究与应用 [J]. 公路，2023，68（6）：441-445.

［4］ 赵晓晋，吴佳佳，汪贤安，等. 大件运输桥梁通行安全快速初筛算法研究 [J]. 公路交通科技，2023，40（2）：81-88.

［5］ 刘旭政，李任福，余晨曦，等. 火灾后混凝土桥梁结构安全初步评估方法 [J]. 广西大学学报（自然科学版），2022，47（1）：62-73.

［6］ 刘永健，张国靖，周绪红. 桥梁结构安全系数取值问题讨论 [J]. 中国公路学报，2022，35（11）：116-132.

［7］ 熊文，蔡春声，张嵊钊. 桥梁水毁研究综述 [J]. 中国公路学报，2021，34（11）：10-28.

［8］ 熊文，石惠铎，刘海龙，等. 基于响应面法的桥梁抗洪裕度计算理论与应用 [J]. 东南大学学报（自然科学版），2021，51（5）：803-812.

［9］ 杨杰文，章光，陈西江，等. 基于深度学习的较复杂背景下桥梁裂缝检测 [J]. 铁道科学与工程学报，2020，17（11）：2722-2728.

［10］ 吴海军，袁光杰，王涛，等. 基于中小跨梁桥结构响应特点的阈值设定及应用 [J]. 重庆交通大学学报（自然科学版），2020，39（9）：54-58，66.

［11］ 王建民. 公路桥梁结构运营荷载下安全状态评价方法 [J]. 中国安全科学学报，2020，30（7）：48-54.

［12］ 朱利明，钱思沁，陈沁宇，等. 在役桥梁垮塌风险评估及预防策略 [J]. 南京工业大学学报（自然科学版），2020，42（3）：284-290.

［13］ 彭卫兵，沈佳栋，唐翔，等. 近期典型桥梁事故回顾、分析与启示 [J]. 中国公路学报，2019，32（12）：132-144.

［14］ 廖海黎，李明水，周强. 海洋桥梁工程抗风安全的难题及其对策思考 [J]. 中国工程科学，2019，21（3）：12-17.

［15］ 任普，丁幼亮，李亚东，等. 基于大数据的桥梁健康监测数据存储及预警方法 [J]. 科学技术与工程，2019，19（12）：266-270.

［16］ 吴海军，袁光杰，屈浩然，等. 常见中小跨混凝土梁桥的恒活载效应比例关系研究 [J]. 重庆交通大学学报（自然科学版），2019，38（8）：33-38.

［17］ 赵少杰，唐细彪，任伟新. 桥梁事故的统计特征分析及安全风险防控原则 [J]. 铁道工程学报，2017，34（5）：59-64.

［18］ 李舒. 城市道路高架桥基于宏应变的损伤识别方法研究 [D]. 南京：东南大学，2018.

［19］ 马宏伟，聂振华. 桥梁安全监测最新研究进展与思考 [J]. 力学与实践，2015，37（2）：161-170，181.

［20］ SUM L M，CHEN L，HUANG H W. Stay cable vibration mitigation：A review[J]. Advances in Structural Engineering，2022，25（16）：3368-3404.

［21］《中国公路学报》编辑部. 中国桥梁工程学术研究综述 2021[J]. 中国公路学报，2021，34（2）：1-97.

［22］ 王智德，甘万炜，刘奇，等. 兰江特大桥施工过程安全风险评估体系的建立及分析 [J]. 武汉理工大学学报，2023，45（4）：117-125.

［23］ 孙宗磊，孟繁增. 下穿高铁桥梁施工安全风险评估及变形动态控制技术 [J]. 桥梁建设，2022，52（5）：135-141.

［24］ 吴杰良. 大跨度钢箱梁斜拉桥施工安全风险评估体系建立与应用 [J]. 世界桥梁，2022，50（3）：59-65.

［25］王立峰，肖子旺，于赛赛．基于 Bayesian 网络的多塔斜拉桥挂篮系统风险分析的新方法 [J]. 吉林大学学报（工学版），2022，52（4）：865-873.

［26］汤天明，管义能，王国斌，等．武汉青山长江公路大桥施工阶段安全风险评估 [J]. 桥梁建设，2020，50（S1）：38-43.

［27］李贤钰，郭忠印，方勇，等．基于耦合贝叶斯网络的桥隧过渡段交通系统风险评估模型 [J]. 武汉理工大学学报（交通科学与工程版），2017，41（5）：781-786.

［28］张翼飞，刘洪涛，王佳瑀，等．基于极大似然异方差高斯过程的桥梁纵向变形数据回归与预测分析 [J]. 土木工程与管理学报，2023，40（3）：57-62，87.

［29］陈志扬．基于重要性排序的跨海斜拉桥施工安全总体风险评估 [J]. 公路交通科技（应用技术版），2017，13（8）：184-185，193.

［30］FRANGOPOL D M，KIM S Y. Bridge safety, maintenance and management in a life-cycle context[M]. New York：CRC Press，2021.

［31］郭健．桥梁结构风险评估与养护管理 [M]. 北京：科学出版社，2020.

［32］吴明先，宋宁，孙磊，等．高速公路桥梁安全状态监管技术 [M]. 北京：人民交通出版社，2024.

［33］施洲，纪锋，冯传宝．大型桥梁施工风险评估 [M]. 北京：人民铁道出版社，2022.

［34］孙钧，张宇峰，李贤琪．桥梁结构健康监测与状态评估 [M]. 上海：上海科学技术出版社，2018.

［35］邓扬，丁幼亮，李爱群．桥梁健康监测海量数据分析与评估 [M]. 北京：人民交通出版社，2021.

［36］蒋田勇，王磊．桥梁结构健康监测及检测技术 [M]. 北京：人民交通出版社，2022.

［37］张凯．桥梁结构基于性能的地震风险评估方法研究 [D]. 北京：北京交通大学，2017.

［38］LI S，GAN L Y，ZHAO R N，et al. Research on bridge integrity assessment and early warning monitoring methods based on bearing reaction force[J]. Buildings，2024，14：763.

［39］LI S，ZHANG Z Y，GAN L Y，et al. Design and monitoring application of an adjustable intelligent bearing based on pressure sensing[J]. Sensors，2024，24：7820.

［40］吴桐．融合测点加速度的桥梁全息动态位移监测及损伤识别方法研究 [D]. 重庆：重庆交通大学，2024.

［41］苏丹．大型桥梁结构健康评估及预防性养护多目标决策方法研究 [D]. 北京：北京交通大学，2022.

［42］丁杨．基于监测的大跨桥梁吊杆风致疲劳分析及系统可靠度评估 [D]. 杭州：浙江大学，2022.

［43］戴显著．工具式应变传感器在桥梁检测中的应用研究 [D]. 重庆：重庆交通大学，2016.

［44］禹鹏．桥梁监测中应变测试技术研究 [D]. 重庆：重庆交通大学，2015.

［45］何道清，张禾，石明江．传感器与传感器技术 [M]. 北京：科学出版社，2020.

［46］中华人民共和国住房和城乡建设部．建筑与桥梁结构监测技术规范：GB 50982—2014[S]. 北京：中国建筑工业出版社，2014：33-39.

［47］中华人民共和国交通运输部．公路桥梁结构监测技术规范：JT/T 1037—2022[S]. 北京：人民交通出版社股份有限公司，2022：12-15.

［48］吴智深，张建．结构健康监测先进技术及理论 [M]. 北京：科学出版社，2015.

［49］山东省市场监督管理局．桥梁智慧健康监测技术标准：DB37/T 5245—2022[S]. 北京：中国建筑工业出版社，2021：14-33.

［50］彭卫兵，朱志翔，陈光军，等．梁桥倾覆机理、破坏模式与计算方法研究 [J]. 土木工程学报，2019，52（12）：104-113.

［51］田浩，马如进，邵吉林．大跨桥梁结构监测数据分析与评估预测 [M]. 北京：人民交通出版社股份有限公司，2016.

［52］国家市场监督管理总局．设备可靠性—可靠性评估方法：GB/T 37079—2018[S]. 北京：中国标准出版社，2018.

［53］中华人民共和国住房和城乡建设部．城市桥梁养护技术标准：CJJ 99—2017[S]. 北京：中国建筑工业出版社，2018.

［54］中华人民共和国交通运输部．公路桥涵养护规范：JTG 5120—2021[S]. 北京：人民交通出版社股份有限公司，2021.

[55] 佘廉，黄超．突发事件案例生成理论与方法 [M]. 北京：科学出版社，2017.

[56] 伊廷华．结构健康监测教程 [M]. 北京：高等教育出版社，2021.

[57] 李惠，鲍跃全，李顺龙，等．结构健康监测数据科学与工程 [J]. 工程力学，2015，32（8）：1-7.

[58] BOJIDAR YANEV. 桥梁管理 [M]. 孙利民，陈斌，叶肖伟，译．北京：人民交通出版社股份有限公司，2016.

[59] 王翔，汪正兴．高速铁路桥梁雷达非接触测试技术研究 [J]. 铁道工程学报，2020，37（1）：50-54.

[60] SUN L M, LI Y X, ZHANG W. Experimental study on continuous bridge-deflection estimation through inclination and strain[J]. Journal of Bridge Engineering，2020，25（5）：04020020.

[61] 邵新星，黄金珂，员方，等．基于视觉的桥梁挠度测量方法与研究进展 [J]. 实验力学，2021，36（1）：29-42.

[62] 茅建校，徐寅飞，王浩，等．南京长江大桥运营监测数据可视化方法及建筑信息模型插件开发 [J]. 哈尔滨工程大学学报，2023，44（6）：910-916.

[63] 伊廷华，郑旭，杨东辉，等．中小跨径桥梁结构健康监测系统轻量化设计方法 [J]. 振动工程学报，2023，36（2）：458-466.

[64] 张劲泉，晋杰，汪云峰，等．公路桥梁智能检测技术与装备研究进展 [J]. 公路交通科技，2023，40（1）：1-27，58.

[65] 钟继卫，王波，王翔，等．桥梁智能检测技术研究与应用 [J]. 桥梁建设，2019，49（S1）：1-6.

[66] SUN L M, LI Y X, ZHU W, et al. Structural response reconstruction in physical coordinate from deficient measurements[J]. Engineering Structures，2022，212：110484.

[67] 国家市场监督管理总局．公共安全城市安全风险评估：GB/T 42768—2023[S]. 北京：中国标准出版社，2020.

[68] 中华人民共和国住房和城乡建设部．城市桥梁检测与评定技术规范：CJJ/T 233—2015[S]. 北京：中国建筑工业出版社，2017.

[69] 中华人民共和国住房和城乡建设部．城市桥梁结构加固技术规程：CJJ/T 239—2016[S]. 北京：中国建筑工业出版社，2016.

[70] 安徽省住房和城乡建设厅．城市生命线工程安全运行监测技术标准：DB34/T 4021—2021[S]. 合肥：安徽省工程建设标准设计办公室，2021.

[71] 安徽省住房和城乡建设厅．城市生命线工程安全运行监测运营标准：DB34/T 4713—2024[S]. 合肥：安徽省工程建设标准设计办公室，2024.